Privileg und Verwaltungsakt

Rechtshistorische Reihe

Band 280

Peter Lang
Frankfurt am Main · Berlin · Bern · Bruxelles · New York · Oxford · Wien

Thorsten Lieb

Privileg und Verwaltungsakt

Handlungsformen der öffentlichen Gewalt im 18. und 19. Jahrhundert

Peter Lang
Europäischer Verlag der Wissenschaften

Bibliografische Information Der Deutschen Bibliothek
Die Deutsche Bibliothek verzeichnet diese Publikation in der Deutschen Nationalbibliografie; detaillierte bibliografische Daten sind im Internet über <http://dnb.ddb.de> abrufbar.

Zugl.: Bayreuth, Univ., Diss., 2003

Die vorliegende Arbeit wurde von
Herrn Prof. Dr. Diethelm Klippel
zur Aufnahme in die Reihe empfohlen.

Gedruckt auf alterungsbeständigem,
säurefreiem Papier.

D 703
ISSN 0344-290X
ISBN 3-631-51390-9

Printed in Germany 1 2 4 5 6 7

www.peterlang.de

Meinen Eltern

Die Organe des Staats sind Menschen; jede staatliche Tätigkeit ist daher menschliche Tätigkeit; wer die Arten der menschlichen Tätigkeit kennt, kennt auch die Arten der staatlichen Tätigkeiten.

(Walter Jellinek)

VORWORT

Die vorliegende Untersuchung wurde im Sommersemester 2003 als Dissertation von der Rechts- und Wirtschaftswissenschaftlichen Fakultät der Universität Bayreuth angenommen. In der Druckfassung konnte in der Einleitung sowie in den Fußnoten noch die Arbeit von Markus Engert über die historische Entwicklung des Rechtsinstitutes Verwaltungsakt berücksichtigt werden.

Ein herzlicher Dank gebührt meinem Lehrer, Herrn Prof. Dr. Diethelm Klippel, der die Arbeit betreut und mich bei ihrer Verwirklichung stets in jeder Weise unterstützt hat. Besonders danke ich ihm für die Aufnahme in die von ihm mit herausgegebene Rechtshistorische Reihe.

Zu danken habe ich auch dem Leitungsgremium, den Betreuern, Stipendiaten und Kollegiaten des Graduiertenkollegs "Mittelalterliche und neuzeitliche Staatlichkeit (10.-19. Jahrhundert)" der Justus-Liebig-Universität Gießen für zahlreiche Anregungen. Ein besonderer Dank richtet sich an die Mitarbeiterinnen und Mitarbeiter der Universitätsbibliothek Bayreuth für ihre ständige Hilfsbereitschaft und die tatkräftige Unterstützung bei der Literaturbeschaffung.

Frankfurt am Main, im September 2003 Thorsten Lieb

INHALTSVERZEICHNIS

EINLEITUNG

I. Fragestellung

Ausgangspunkt dieser Arbeit war die Frage nach der Entwicklung des Privilegs als Rechtsbegriff vor allem auf dem Gebiet des öffentlichen Rechts zwischen dem Ende des 18. Jahrhunderts und dem ersten Drittel des 20. Jahrhunderts. Begrenzt wird der Zeitraum einerseits durch das Ende des Ancien régime und die französische Revolution, in deren Folge die Privilegienordnung in Frankreich beseitigt wurde, und durch die Abschaffung der letzten Privilegien im rechtlichen Sinn in Deutschland in den 1930er Jahren andererseits. Die zunächst ungewöhnlich erscheinende Verknüpfung von Privileg und Verwaltungsakt in einer Arbeit entstammt einem Aufsatz von Heinz Mohnhaupt über das Verhältnis des althergebrachten Privilegienbegriffs zum entstehenden Begriff des modernen Verwaltungsaktes im Zeitraum von der Mitte des 18. Jahrhundert bis etwa um 1870.[1] Diese Untersuchung gab auch die entscheidende Anregung für die vorliegende Arbeit. Heinz Mohnhaupt behandelt die Frage, inwiefern das Privileg als einer der Vorläufer des modernen Verwaltungsaktes, welcher seine theoretische Grundlegung am Ende des 19. Jahrhunderts erfuhr,[2] angesehen werden kann. Bei dieser Untersuchung steht der Vergleich der Funktion des Privilegs mit der des aufkommenden Verwaltungsaktes im Vordergrund.[3] Einen weiteren Anstoß gab die zunächst überraschende Erkenntnis, daß der Begriff des Verwaltungsaktes keineswegs seit dem Beginn seiner Behandlung in der Rechtswissenschaft in Verbindung mit der Forderung nach Rechtsstaatlichkeit steht; gilt der Verwaltungsakt doch heute innerhalb des Grundsatzes der Gesetzmäßigkeit der Verwaltung und ihrer Tätigkeit geradezu als der sichtbarste Ausdruck des rechtsstaatlich regulierten Verwaltungshandelns. Vielmehr sah sich der Begriff 'Verwaltungsakt' zunächst dem Vorwurf ausgesetzt, zu „administrativem Despotismus" zu führen.[4]

Ausgehend von der Arbeit Heinz Mohnhaupts lagen der Fragestellung zwei Hypothesen zugrunde: zum einen, daß das Privileg als Rechtsinstitut in seinen Funktionen und in der konkreten Ausgestaltung einzelner Elemente der Privilegienlehre eine der

---

[1] Heinz Mohnhaupt, Vom Privileg zum Verwaltungsakt, in: Wissenschaft und Recht der Verwaltung seit dem Ancien régime, hrsg. v. Erk Volkmar Heyen, Frankfurt a. M. 1984, S.41-58.

[2] Siehe dazu die grundlegenden Arbeiten am Ende des 19. Jahrhunderts: Otto Mayer, Deutsches Verwaltungsrecht, Zwei Bände, Leipzig 1895 u. 1896; Georg Mayer, Lehrbuch des Deutschen Verwaltungsrechtes, Zweite Auflage, Zwei Teile, Leipzig 1893 u. 1894; Edgar Loening, Lehrbuch des Deutschen Verwaltungsrechts, Leipzig 1884.

[3] Mohnhaupt, Vom Privileg zum Verwaltungsakt (Anm. 1), S. 44.

[4] Otto Kuhn, Die Trennung der Justiz und Administration, Ein Beitrag zur Staatsphilosophie und zum positiven deutschen Staatsrechte, Leipzig 1840; ähnlich auch nach dem 2. Weltkrieg Hans Heinrich Rupp, Die Dogmatik des Verwaltungsrechts und die Gegenwartsaufgaben der Verwaltung, in: DVBl. 1971, S. 669-674, 670: „Der alte Obrigkeitsstaat lebte in den neuen Formen des bürgerlichen Rechtsstaats weiter, Verwaltungsakt und besonderes Gewaltverhältnis, ... waren nach wie vor die stabilisierenden Elemente dieses Systems."

wichtigsten Wurzeln ist, aus denen sich der moderne Verwaltungsakt entwickelte; zum anderen, daß das Privileg, obwohl es umfassender Kritik im Laufe des 19. Jahrhunderts ausgesetzt war, bis zum Ende des 19. Jahrhunderts ein bedeutendes Instrument staatlichen Handelns blieb. Beide Vermutungen haben sich am Ende bestätigt.

Zentraler Gegenstand der Untersuchung ist die Frage nach der Entwicklung des Rechtsbegriffs des Privilegs seit dem Ende des Ancien régime. Die zu Beginn des Untersuchungszeitraums bedeutende Rolle des Privilegienrechts, die sich durch eine Vielzahl von Veröffentlichungen belegen läßt[5] und die ihren Niederschlag auch in der Gesetzgebung jener Zeit fand,[6] setzte sich - wie im einzelnen zu zeigen sein wird - im 19. Jahrhundert fort.[7] Noch bis zum Ende des 19. Jahrhunderts enthält beispielsweise die Gesetzsammlung für die preußischen Staaten Jahr für Jahr mehrere Dutzend Erteilungen von Privilegien und anderer mit dem Privileg verwandter Rechte.[8] Schon vor dem Hintergrund der angesprochenen Kritik an der Existenz von Privilegien überhaupt, erscheint diese Tatsache höchst bemerkenswert. Eines der Ziele der vorliegenden Arbeit ist es daher zu untersuchen, warum die Erteilung von Privilegien noch durch fast das gesamte 19. Jahrhundert hindurch erfolgte und warum die Erteilung von Privilegien am Ende des Jahrhunderts aufhörte.

Einer der wichtigsten Teilaspekte der Arbeit besteht in der Untersuchung der Diskussion, die über die Recht- und Zweckmäßigkeit der Erteilung von Privilegien in der ersten Hälfte des 19. Jahrhunderts vorwiegend in den Lehrbüchern und Monographien

---

[5] Dazu gehören Monographien bedeutenden Umfangs: Friedrich Georg August Lobethan, Abhandlung über die Lehre von Privilegien überhaupt und Buchhändlerprivilegien insbesondre, Dispensationen und Immunitäten, Leipzig 1796; Johann Georg Friedrich Wasmuth, Tractatio de privilegiorum natura generatim et in specie de modis, quibus finiuntur vel amittuntur. Goettingae 1787; weiterhin umfangreiche Kapitel in den zentralen Werken der Reichspublizistik: Johann Jacob Moser: Neues teutsches Staatsrecht, Band 5, Frankfurt a. M. 1772, Nachdruck Osnabrück 1967, S. 518-563; Christoph George Jargow, Einleitung zu der Lehre von den Regalien oder Majestätischen Rechten eines Regenten, und sonderlich der Chur- und Fürsten des Heil. Römischen Reiches Teutscher Nation, Rostock u. Wismar 1757, S. 185-224.

[6] Die Einleitung des Allgemeinen Landrechts für die Preußischen Staaten enthält in den §§ 52, 54-56, 58, 64 f., 66-70, 72 eine Reihe von Bestimmungen über das Privilegienrecht, die sich mit Privilegienhoheit und Auslegung beschäftigen. Zur Bedeutung der Einleitung zum allgemeinen Landrecht vgl. auch Andreas Schwennicke, Die Entstehung der Einleitung des Preußischen Allgemeinen Landrechts von 1794, Frankfurt a. M. 1993, S. 238.

[7] Die Auseinandersetzung mit dem Privileg gehört generell zum Gegenstand der Behandlung der Gesetzgebung in den Lehrbüchern und Monographien des Staatsrechts im 19. Jahrhundert. Auch die Auseinandersetzung mit dem Privileg in den naturrechtlich-rechtsphilosophischen Schriften ist sehr umfangreich; vgl. zum letzteren Diethelm Klippel, Das Privileg im deutschen Naturrecht des 18. und 19. Jahrhunderts, in: Das Privileg im europäischen Vergleich 1, hrsg. v. Barbara Dölemeyer u. Heinz Mohnhaupt, Frankfurt a. M. 1997, S. 329-345.

[8] Für das Jahr 1892 ergibt die empirische Auswertung 13 Privilegien für die Emission von Anleihen, 20 Allerhöchste Erlaubnisse zur Erhebung von Chausseegeldern und 26 Allerhöchste Erlaubnisse zwecks Übertragung eines Übereignungsrechts; für 1894 ergibt sich folgendes Bild: Emissionprivilegien 13; Chaussegelder 11; Enteignungsrechte 42.

des allgemeinen Staatsrechtes geführt wurde.[9] Diese Auseinandersetzung hatte auf den ersten Blick keine Folgen, wurden doch in dieser Zeit weiterhin zahlreiche Privilegien erteilt. Dementsprechend finden sich ebenfalls in der ersten Hälfte des 19. Jahrhunderts auch zahlreiche Quellen, die sich mit der Rechtfertigung der Erteilung von Privilegien beschäftigen.[10] Demnach liegt die Vermutung nahe, daß die Privilegien durch die daran geübte Kritik zumindest unter Druck geraten waren.

Die von Heinz Mohnhaupt aufgestellte These, das Privileg unter bestimmten Aspekten als Vorläufer des modernen Verwaltungsaktes zu begreifen,[11] dient zugleich dazu, den sachlichen Umfang der Fragestellung zu begrenzen. Das Privileg als Instrument staatlichen Handelns zieht sich durch alle Bereiche des Rechts. Im Vordergrund dieser Arbeit steht jedoch die Rolle des Privilegs im öffentlichen Recht, und zwar aus zwei Gründen: Zum einen hatte das Privileg in seiner privatrechtlichen Ausprägung seine Bedeutung um die Mitte des 19. Jahrhunderts bereits weitgehend eingebüßt,[12] zum anderen liegen zum Thema des Privilegs im Privatrecht bereits zahlreiche Forschungen vor. Dennoch erwies sich die Beschränkung auf das öffentliche Recht jedoch nicht immer als zweckmäßig. Daher werden gelegentlich auch zivilrechtliche Privilegien mit in die Arbeit einbezogen.

Insgesamt also soll die Ausgestaltung des Privilegs als Rechtsinstitut - insbesondere seine Funktion im gesamten Raum staatlichen Handelns - im 19. Jahrhundert untersucht werde; ein Schwerpunkt der Arbeit betrifft die Frage nach einem Fortwirken von Elementen der Privilegienlehre im modernen Verwaltungsrecht.

Die Untersuchung erfolgt in sechs Schritten: Zunächst wird, um einen Ausgangspunkt zu gewinnen, das Privileg als Rechtsinstitut am Ende des Ancien régime behandelt. Dazu gehören auch die unmittelbaren Auswirkungen der französischen Revolution auf das Privilegienrecht (1.). In einem zweiten Schritt wird das Privilegienrecht des Preußischen Allgemeinen Landrechts im Hinblick auf seine Stellung zum Privilegienrecht des Ancien régime behandelt (2.). Anschließend erfolgt die Untersuchung des

---

[9] Zu den naturrechtlich geprägten Werken zwischen 1780 und 1850 vgl. den 1. Teil der im Erscheinen begriffene Bibliographie von Diethelm Klippel.

[10] Vgl. etwa Johann Gebhard Ehrenfried Maaß, Grundriß des Naturrechts, Leipzig 1808, S. 318 f.; Wilhelm Traugott Krug, Dikäopolitik oder neue Restauration der Staatswissenschaft mittels des Rechtsgesetzes, Leipzig 1824, S. 142; Gottlob Wilhelm Gerlach, Grundriß der philosophischen Rechtslehre, Halle 1824, S. 272.

[11] Mohnhaupt, Vom Privileg zum Verwaltungsakt (Anm. 1), S.41 ff.

[12] Gerade bei der Entwicklung der Gesetzgebung im Bereich des gewerblichen Rechtsschutzes und des Urheberrechts ergeben sich deutliche Entwicklungsunterschiede zwischen den einzelnen Mitgliedsstaaten des Deutschen Bundes; vgl. Elmar Wadle, Der langsame Abschied vom Privileg, Das Beispiel des Urheberrechts, in: Das Privileg im europäischen Vergleich 1, hrsg. v. Barbara Dölemeyer u. Heinz Mohnhaupt, Frankfurt a. M. 1997, S. 377-399; Ludwig Gieseke, Vom Privileg zum Urheberrecht, Die Entwicklung des Urheberrechts in Deutschland bis 1845, Göttingen 1995; Wilhelm Treue, Die Entwicklung des Patentwesens im 19.Jahrhundert in Preußen und im Deutschen Reich, In: Wissenschaft und Kodifikation des Privatrechts im 19. Jahrhundert IV., Frankfurt a. M. 1979, S. 183-205.

Privilegs als Rechtsbegriff in der Rechtswissenschaft der ersten Hälfte des 19. Jahrhunderts, insbesondere die Auseinandersetzung mit dem Privileg im deutschen Naturrecht (3.). Die Entwicklung des Privilegs zwischen der Verfassung von 1849 und der Gründung des Norddeutschen Bundes bzw. der Errichtung des zweiten Kaiserreiches bildet den Gegenstand des darauf folgenden Abschnittes (4.). Die Auseinandersetzung mit dem Privileg als Rechtsinstitut in der Zeit des zweiten Kaiserreichs schließt die Untersuchungen im Wesentlichen ab (5.). In einem kurzen Ausblick werden die Abschaffung der letzten Privilegien im Rechtssinne behandelt und der Wandel des Privilegs zum politischen Begriff dargestellt (6.).

II. Methodisches und Quellen

Methodisch versteht sich die Arbeit vor allem als Beitrag zur Begriffs- und Theoriegeschichte, daneben auch zur Gesetzgebungs- und Rechtsprechungsgeschichte. Insbesondere terminologisch ergaben sich Schwierigkeiten, da es nicht als zweckmäßig erschien, durchgehend und ausschließlich die Begriffe 'Privileg' und 'Verwaltungsakt' zu verwenden. Die Quellen des Untersuchungszeitraums kennen eine Reihe von ähnlichen Begriffen, die eine weitgehend identische Funktion hatten. Statt 'Privileg' werden Begriffe wie 'Konzession' oder 'iura singularia', wenn es um den Verwaltungsakt geht, werden Begriffe wie 'Verfügung' und 'Konzession' verwendet. Oft werden auch innerhalb der gleichen Publikation verschiedene Begriffe verwendet, die jeweils Teilaspekte des Privilegs oder des Verwaltungsaktes umfassen.[13] Zudem war darauf zu achten, daß nur der Rechtsbegriff des Privilegs untersucht werden sollte. Vor allem aber waren das Verständnis der Begriffe und die konkrete Ausgestaltung der rechtlichen Inhalte über den gesamten Untersuchungszeitraum hinweg einem Wandel unterworfen.

Die Arbeit beruht auf umfangreichem Quellenmaterial. Am Beginn des Untersuchungszeitraumes wurde im Wesentlichen auf die Werke der Reichspublizistik zurückgegriffen. Im 19. Jahrhundert hatte das Privileg eine zentrale verfassungsrechtliche Bedeutung; es bestand dahingehend Einigkeit, daß die Privilegienhoheit ein Ausfluß der 'potestas legislatoria', der gesetzgebenden Gewalt sei. Damit waren für die Untersuchung die Verfassungstexte des Untersuchungszeitraums ebenso heranzuziehen, wie die Lehr- und Handbücher sowie Monographien des geltenden öffentlichen Rechts. Dabei finden die bekannten Werke von Robert von Mohl, Ludwig von Rönne oder auch Paul Laband ebenso Berücksichtigung, wie eine große Anzahl weniger bekannter Autoren, in geringerem Umfang auch Arbeiten zum Staatsrecht kleinerer Staaten.

---

[13] Innerhalb des Privilegienbegriffs werden häufig ein 'Privileg im weiten Sinn', ein 'Privileg im engeren Sinn' und ein 'Privileg im engsten Sinn' unterschieden; vgl. Lobethan, Abhandlung (Anm. 5), S. 2 f.; Das sog. 'Privileg im engsten Sinn' stellt dabei den Schwerpunkt der Untersuchung dar, da hier der Schwerpunkt der Privilegienlehre liegt.

Unter dem Aspekt seiner Zulässigkeit und Ausgestaltung wurde das Privileg in den Quellen des Privatrechts behandelt, so daß auch diese berücksichtigt werden mußten, soweit sich Erkenntnisse auch für den Bereich des öffentlichen Rechts ergaben. Ab dem letzten Drittel des 19. Jahrhunderts fand das Privileg zudem Berücksichtigung in Teilen der sich entwickelnden Literatur des modernen Verwaltungsrechts. Dazu gehören unter anderem Arbeiten von Georg Meyer[14] und Otto Mayer[15] und damit Werke der wichtigsten staats- und verwaltungsrechtlichen Autoren am Ende des 19. Jahrhunderts. Folglich mußten auch die Lehrbücher und Systeme des Verwaltungsrechts in die Analyse einbezogen werden.

Einen wesentlichen Teil der untersuchten Quellen bilden die Schriften vor allem des jüngeren Naturrechts etwa ab dem Ende des 18. Jahrhunderts, die vor allem durch die Arbeiten von Diethelm Klippel entdeckt worden sind.[16] Vor dem Hintergrund des öffentlich-rechtlichen Schwerpunktes der Untersuchung wird dabei besonders die Literatur des allgemeinen Staatsrechts behandelt. Teilweise wird aus den oben genannten Gründen auch auf Literatur des philosophischen Privatrechts zurückgegriffen. Literarische Quellen, die sich mit dem Privileg beschäftigen, waren kaum zu ermitteln. Lediglich bei Johann Gottfried Seume finden sich einige Passagen über das Privileg, die allerdings zu keinen besonderen Erkenntnissen führten.[17]

Soweit die Rechtspraxis in den Blick genommen wurde, boten die Gesetzessammlungen des 19. Jahrhunderts reichhaltiges Material. Dort finden sich Privilegienerteilungen ebenso wie Gesetze, die sich mit einzelnen Privilegien beschäftigen. Gegen Ende des 19. Jahrhunderts finden sich auch häufiger in den Entscheidungssammlungen der Gerichte Urteile zu Privilegien. Auch diese wurden in die Untersuchung einbezogen.

Zeitlich stammen die - ausschließlich gedruckten - herangezogenen Quellen hauptsächlich aus den Jahren zwischen 1780 und 1910. Jedoch wurden auch einige ältere Quellen berücksichtigt. Jüngere Quellen bis etwa 1935 wurden im Ausblick herangezogen. Der örtliche Schwerpunkt der Quellen ist durch die verfügbaren Quellen beeinflußt: So ergab sich ein weitgehend umfassendes Bild über die größeren deutschen Staaten wie Preußen, Bayern, Sachsen und Württemberg. Die kleineren Staaten bleiben daher mit ihrem Landesrecht weitgehend unbeachtet. Nach 1871 erlangt das Reichsrecht herausragende Bedeutung. Teilweise werden auch österreichische Quellen berücksichtigt, im Hinblick auf die Einflüsse auf das Rheinland französische Quellen.

---

[14] Meyer, Lehrbuch des Deutschen Verwaltungsrechtes (Anm. 2).

[15] Mayer, Deutsches Verwaltungsrecht (Anm. 2); ders., Theorie des Französischen Verwaltungsrechts, Straßburg 1886.

[16] Vgl. Diethelm Klippel, Politische Freiheit und Freiheitsrechte im deutschen Naturrecht des 18. Jahrhunderts, Paderborn 1976.

[17] Johann Gottfried Seume, Apokryphen, 1806 u. 1807, Zit. nach: Ders., Prosaschriften, Mit einer Einleitung von Werner Kraft, Darmstadt 1974.

III. Literatur

1. Seit im Jahre 1975 die erste Arbeit von Heinz Mohnhaupt über Privilegien[18] erschien, hat die Forschung über das Rechtsinstitut des Privilegs deutlich zugenommen. Es ist im Wesentlichen diesem Autor zu verdanken, daß ein nahezu vergessener Rechtsbegriff in das Bewußtsein der rechtshistorischen Forschung gerückt ist.[19] Bis Mitte der siebziger Jahre gab es nahezu keine nennenswerten Arbeiten zur Rechtsgeschichte des Privilegs.

Die wenigen älteren Arbeiten, in denen das Privileg eine Rolle spielt, beschäftigen sich zum einen mit gewerblichen Privilegien; der Schwerpunkt der Untersuchungen liegt dabei jeweils auf dem gewerberechtlichen Aspekt.[20] Nicht mehr zu halten ist dabei die Auffassung, daß mit der deutschlandweiten Einführung der Gewerbefreiheit 1864 alle Privilegien entfielen.[21] Zum anderen setzen sich eine Reihe von Arbeiten zwar vordergründig nicht mit Privilegien, wohl aber mit den Rechtsbegriffen auseinander, die in den Quellen häufig als Synonyme des Privilegs zu finden sind.[22] Als wichtig erwies sich die Erkenntnis von Herbert Keil, daß der Begriff der Konzession sowohl einer des Privilegienrechts als auch des Verwaltungsrechts war bzw. ist.[23] Einige Hinweise auf eine Diskussion um Privilegienhoheit und Dispensationsgewalt im 19. Jahrhundert liefern Ursula Bindschedler und Reinhard Mussgnug. Hier finden sich

---

[18] Heinz Mohnhaupt, Untersuchungen zum Verhältnis Privileg und Kodifikation im 18. und 19. Jahrhundert, in: Ius Commune V, Frankfurt a. M. 1975, S. 71-121.

[19] Heinz Mohnhaupt, Privatrecht in Privilegien, in: Vorträge zur Geschichte des Privatrechts in Europa, Symposium in Krakau 9.-12. Oktober 1979, Frankfurt a. M. 1981, S.58-75; ders., Art. Privileg. neuzeitlich, in: HRG, III. Band, Berlin 1984. Sp. 2005-2011; ders., Vom Privileg zum Verwaltungsakt (Anm. 1); ders.: I diritti di privilegio e i diritti di libertà nella Germania del XVIII e XIX secolo, in: Saperi della borgesia e storia dei concetti fra Otto e Novecento, A cura die Raffaella Gherardi e Gustavo Gozzi, Bologna 1995, S. 17-51; ders.: Privilegien und „gemeines Wohl" im ALR sowie deren Behandlung durch Theorie und Praxis im 19. Jahrhundert, in: 200 Jahre Allgemeines Landrecht für die preußischen Staaten, Wirkungsgeschichte und internationaler Kontext, hrsg. v. Barbara Dölemeyer u. Heinz Mohnhaupt, Frankfurt a. M. 1995, S.105-144; ders., Die Unendlichkeit des Privilegienbegriffs, Zur Einführung in das Tagungsthema, in: Das Privileg im europäischen Vergleich 1, hrsg. v. Barbara Dölemeyer u. Heinz Mohnhaupt, Frankfurt a. M. 1997, S. 1-11; ders.: Erteilung und Widerruf von Privilegien nach der gemeinrechtlichen Lehre vom 16. bis 19. Jahrhundert, in: Das Privileg im europäischen Vergleich, Bd. 1, hrsg. v. Barbara Dölemeyer u. Heinz Mohnhaupt, Frankfurt a. M. 1997, S. 93-121.

[20] Egon Friedrich Hoffmann, Der urheberrechtliche Privilegienschutz in Bayern, München 1954; Marcel Silberstein, Erfindungsschutz und merkantilistische Gewerbeprivilegien, Winterthur 1961; H. Colshorn, Privilegien im alten Hamburg und in Schleswig-Holstein, in: Börsenblatt für den deutschen Buchhandel 1963, S. 1867-1869.

[21] Colshorn, Privilegien (Anm. 20), S. 1869.

[22] Herbert Keil, Die Problematik von Erlaubnis, Genehmigung und Konzession, Göttingen 1954; Ursula Bindschedler, Die Dispensation unter besonderer Berücksichtigung der Dispensation von öffentlich-rechtlichen Pflichten im Verwaltungsrecht des Kantons Zürich, Winterthur 1958; Reinhard Mussgnug, Der Dispens von gesetzlichen Vorschriften, Heidelberg 1964; Klaus Becker, Die behördliche Erlaubnis des absolutistischen Fürstenstaates, Marburg 1970.

[23] Keil, Die Problematik von Erlaubnis, Genehmigung und Konzession (Anm. 22), S. 134 f.

auch erste Hinweise auf eine differenzierte Entwicklung der eigentlichen Privilegien auf der einen und den Dispensationen auf der anderen Seite.[24]

Mit den Arbeiten von Heinz Mohnhaupt beginnt die eingehendere Beschäftigung mit dem Privileg. Dieser setzte sich unter verschiedenen Aspekten mit dem Privileg auseinander. Die Diskussion um das Privileg und ihre Auswirkungen auf die Gesetzgebung des 18. und 19. Jahrhunderts bilden den Gegenstand seiner ersten Untersuchung.[25] Ein Schwerpunkt ist dabei der Begriff des Privilegs, dessen Terminologie nach Nipperdey „keinesfalls eine feste" war.[26] Mohnhaupt sieht das Privileg im Spannungsfeld zwischen persönlicher Berechtigung und objektiver Rechtssetzung und damit im Kontext der Modernisierungsbemühungen der Staaten um die Wende zum 19. Jahrhundert. Die Kodifikationsbewegung ist dementsprechend ein Versuch, die durch Privilegien zersplitterte Rechtsordnung zu vereinfachen.[27] Heinz Mohnhaupt verweist in diesem Zusammenhang auf die umfassende Bedeutung der Privilegien in der Rechtsordnung am Ende des 18. Jahrhunderts.[28] Das Privileg erscheint als Massenphänomen[29] in den Rechtsordnungen am Ende des 18. und zu Beginn des 19. Jahrhunderts.

Hinsichtlich privatrechtlicher Privilegien gelangt Heinz Mohnhaupt zu der Erkenntnis, daß der Anwendungsbereich der Privilegien mit der Ausdehnung der Gesetzgebung auf den jeweils betroffenen Rechtsgebieten immer weiter eingeschränkt wurde.[30] Auch dabei erscheint das Privileg als ein überkommenes, veraltetes Rechtsinstitut. In der gleichen Arbeit deutet Heinz Mohnhaupt an, daß das ursprünglich selbst als Gesetz angesehene Privileg auf den Vollzug des Gesetzes beschränkt wurde und weist damit bereits auf die Verbindung zum Verwaltungsakt hin.[31]

Ein Schwerpunkt der Arbeiten von Heinz Mohnhaupt und Auslöser der vorliegenden Arbeit sind dessen Untersuchungen zu der Frage der Verbindung zwischen Privileg und Verwaltungsakt.[32] Der Wandel des Privilegs zum Verwaltungsakt erscheint einerseits durch das dem Verwaltungshandeln übergeordnete Gesetz und andererseits

[24] Bindschedler, Die Dispensation (Anm. 22), S. 30 ff.; Mussgnug, Der Dispens von gesetzlichen Vorschriften (Anm. 22), S. 45 ff.

[25] Mohnhaupt, Untersuchungen zum Verhältnis Privileg und Kodifikation (Anm. 18).

[26] Ludwig Enneccerus, Allgemeiner Teil des Bürgerlichen Rechts. 15., neubearbeitete Auflage von Hans Nipperdey, Tübingen 1959, S. 292, Fn. 2.

[27] Mohnhaupt, Untersuchungen zum Verhältnis Privileg und Kodifikation (Anm. 18), S. 91.

[28] Mohnhaupt, Untersuchungen zum Verhältnis Privileg und Kodifikation (Anm. 18), S. 85 ff.

[29] Auch dieser Ausdruck ist geprägt von Heinz Mohnhaupt: vgl. Mohnhaupt, Erteilung und Widerruf von Privilegien (Anm. 19), S. 112.

[30] Heinz Mohnhaupt, Privatrecht in Privilegien (Anm. 19), S. 73.

[31] Heinz Mohnhaupt, Privatrecht in Privilegien (Anm. 19), a.a.O.

[32] Mohnhaupt, Vom Privileg zum Verwaltungsakt (Anm. 1), S. 44 ff.; Mohnhaupt, Art. Privileg (Anm. 19), Sp. 2009.

besonders durch die Neuordnung der gerichtlichen Zuständigkeiten für den Bereich des Verwaltungshandelns bedingt.[33]

Als besonders lehrreich erwies sich die Untersuchung von Heinz Mohnhaupt über Erteilung und des Widerruf von Privilegien bis zum 19. Jahrhundert. Zum einen weist die Fülle des Materials über den Widerruf von Privilegien auf einen rechtlich und politisch umstrittenen Bereich der Privilegienlehre.[34] Zum anderen zeigt die Arbeit, daß eine Reihe von Elementen der Privilegienlehre im Bereich der Endigungsgründe für das Privileg, nämlich Verzicht, Mißbrauch, Verjährung, Delikt und Nichtgebrauch, am Ende des 19. Jahrhunderts in die Lehre vom Verwaltungsakt aufgenommen wurden.[35]

Angeregt durch die Arbeiten von Heinz Mohnhaupt hat Diethelm Klippel in den letzten Jahren Untersuchungen zum Privileg veröffentlicht,[36] des näheren zu der Frage, inwieweit das Privileg ein Thema des deutschen Naturrechts im 18. und 19. Jahrhundert war, und zu der Frage nach der Legitimation des Privilegs als Rechtsinstitut im 19. Jahrhundert.[37] Der Eigentumsbegriff und die Kategorien der Immaterialgüter- und Persönlichkeitsrechte gerieten damit in das Blickfeld, des Weiteren der Rückgang der Bedeutung des Privilegs in der deutschen Staatsrechtslehre.[38]

Im Licht der preußischen Deutschlandpolitik hat Elmar Wadle das letztlich erfolgreiche Gesuch Goethes um ein Nachdruckprivileg des Deutschen Bundes untersucht. Der Autor sieht im Weg zu diesem Privileg „einen entscheidenden Anstoß für die weitere Modernisierung des Urheberschutzes in Deutschland“.[39]

Neben den bisher genannten Fragekomplexen hat sich die Literatur mit Inhalt und Zuordnung der Privilegienhoheit sowie dem Begriff des Privilegs auseinandergesetzt.[40] Anmerkungen zum historischen Privilegienbegriff und zur Funktion des Privilegienbegriffs in der Gegenwart verdanken wir wiederum Heinz Mohnhaupt.[41] Häufig lassen sich Beschreibungen von unterschiedlichen Privilegienbegriffen und einigen

---

[33] Mohnhaupt, Vom Privileg zum Verwaltungsakt (Anm. 1), S. 45.

[34] Heinz Mohnhaupt, Erteilung und Widerruf von Privilegien (Anm. 19), S. 114; zu dieser Thematik ebenfalls lehrreich: Christoph Link, Herrschaftsordnung und bürgerliche Freiheit, Wien u.a. 1979, S. 156 ff.

[35] Mohnhaupt, Erteilung und Widerruf von Privilegien (Anm. 19), S. 113.

[36] Diethelm Klippel, Das Privileg im deutschen Naturrecht des 18. und 19. Jahrhunderts, in: Das Privileg im europäischen Vergleich 1, Frankfurt a. M. 1997, S. 329-345; ders., Das Privileg in der deutschen Staatsrechtslehre des 19. Jahrhunderts, in: Das Privileg im europäischen Vergleich 2, Frankfurt a. M. 1999, S. 285-308.

[37] Klippel, Das Privileg im deutschen Naturrecht (Anm. 36), S. 343 ff.

[38] Klippel, Das Privileg in der deutschen Staatsrechtslehre (Anm. 36), S. 300 ff.

[39] Elmar Wadle, Goethes Gesuch um ein Nachdruckprivileg des Deutschen Bundes und die preußische Politik, in: NJW 1999, S. 2545-2551, 2551.

[40] Bindschedler, Die Dispensation (Anm. 22), S. 30 ff.

[41] Heinz Mohnhaupt, Die Unendlichkeit des Privilegienbegriffs (Anm. 19), S. 1 ff.

Synonymen[42] sowie Darstellungen der verschiedenen Arten von Privilegien finden.[43] Die Zuordnung der Privilegienhoheit zur gesetzgebenden Gewalt gehört zu den zentralen Ergebnissen der bisherigen Forschung.[44]

In der Literatur zur Geschichte des Urheberrechts, des Patentrechts und der Immaterialgüterrechte finden sich weitere Hinweise auf die Geschichte des Privilegs. Diese Rechtsgebiete haben ihre Wurzeln in der Erteilung von Privilegien gegen den Nachdruck, zum Schutz von Erfindungen u.a.[45] Für das Patentwesen gipfelt die Auseinandersetzung um die Erteilung von Patenten zwischen 1850 und 1875 in der sog. Patentkontroverse. Diese findet ihr Ende im Erlaß des ersten Patentgesetzes für das Deutsche Reich 1877;[46] Gründe für die Durchsetzung des Patengedankens liegen in der Wirtschaftskrise Anfang der 1870er Jahre, der Reichsgründung und der Entwicklung des internationalen Patentschutzes.[47] Die Entwicklung der österreichischen Erfindungsprivilegien hat Barbara Dölemeyer behandelt.[48] Die Geschichte des Urheberrechtes von den Privilegien gegen den Nachdruck u.a. hin zu den modernen Urheberschutzgeset-

---

[42] Hans-Georg Krause, Art. Privileg, mittelalterlich, in: Handwörterbuch zur deutschen Rechtsgeschichte (HRG), III. Band, Sp. 1999-2005; Rudolf Weber-Fas, Art. Privileg, in: Das kleine Staatslexikon, Stuttgart 1995; Gerhard Köbler, Art. Privileg, in: Lexikon der europäischen Rechtsgeschichte, S. 455; Hans-Gerd Schumann, Art. Privileg, in: Handwörterbuch der Sozialwissenschaften, 8. Band, S. 569-571.

[43] Mohnhaupt, Art. Privileg (Anm. 19), Sp. 2005 ff.; eine ausführliche Auseinandersetzung findet sich bei Mohnhaupt, Untersuchungen zum Verhältnis Privileg und Kodifikation (Anm. 19), S. 74, 77 f.; Schumann, Art. Privileg (Anm. 42), S. 569 ff.

[44] Schumann, Art. Privileg (Anm. 42), S. 569 ff.; Mohnhaupt, Art. Privileg (Anm. 19), a.a.O.; Köbler, Lexikon (Anm. 42), S. 455.

[45] Ilya Mieck, Preussische Gewerbepolitik in Berlin 1806-1844, Berlin 1965, S. 78 ff.; Friedrich-Karl Beier, Gewerbefreiheit und Patentschutz, in: Wissenschaft und Kodifikation des Privatrechts im 19. Jahrhundert IV, Frankfurt a. M. 1979; Treue, Die Entwicklung des Patentwesens im 19. Jahrhundert (Anm. 12); Östereichische Fabriksprivilegien vom 16. bis ins 18. Jahrhundert, hrsg. v. Gustav Otruba, Wien u.a. 1981; Dietmar Willoweit, Gewerbeprivileg und „natürliche" Gewerbefreiheit, in: Vom Gewerbe zum Unternehmen, Darmstadt 1982; Diethelm Klippel, Historische Wurzeln und Funktionen von Immaterialgüter- und Persönlichkeitsrechten im 19. Jahrhundert, in: ZNR 1982, S. 132-155; Elmar Wadle, Vor- oder Frühgeschichte des Urheberrechts?, in: UFITA 106 (1987), S. 95-107; Barbara Dölemeyer u. Diethelm Klippel, Der Beitrag der deutschen Rechtswissenschaft zur Theorie des gewerblichen Rechtsschutzes und Urheberrechts, in: Gewerblicher Rechtsschutz und Urheberrecht in Deutschland I, S. 185-237; Diethelm Klippel, Die Idee des geistigen Eigentums in Naturrecht und Rechtsphilosophie des 19. Jahrhunderts, in: Historische Studien zum Urheberrecht in Europa, Berlin 1993, S. 121-138; Gieseke, Vom Privileg zum Urheberrecht (Anm. 12); Wadle, Der langsame Abschied vom Privileg (Anm. 12).

[46] Zur Entwicklung des Patentrechts von den Patentprivilegien bis zum Patentgesetz und der sog. Patentkontroverse vgl. Mieck, Preussische Gewerbepolitik (Anm. 45), S. 78 ff.; Beier, Gewerbefreiheit und Patentschutz (Anm. 45), S. 183 ff., 199ff.; Treue, Die Entwicklung des Patentwesens im 19. Jahrhundert (Anm. 12), S. 163 ff; Barbara Dölemeyer, Erfinderprivilegien und Patentgesetzgebung am Beispiel der Habsburgermonarchie, in: Das Privileg im europäischen Vergleich 2, S. 309-333.

[47] Beier, Gewerbefreiheit und Patentschutz (Anm. 45), S. 201 ff.

[48] Barbara Dölemeyer, Vom Privileg zum Gesetz, in: Ius Commune 15 (1988), S. 57-71.

zen haben Elmar Wadle und Ludwig Gieseke erforscht.[49] Die Erteilung von Privilegien findet auch in diesem Bereich ihr Ende durch die Gesetzgebung. Ausdrücklich heißt es 1870: „Die Ertheilung von Privilegien zum Schutze des Urheberrechts ist nicht mehr zulässig".[50] Arbeiten, welche sich mit gewerberechtlichen Privilegien auseinandersetzen, berühren den Untersuchungszeitraum nur am Rande. So hat sich Gustav Otruba mit der Erteilung und Behandlung von Fabrikprivilegien in Österreich beschäftigt;[51] Dietmar Willoweit und Robert Walz haben die Gewerbeprivilegien im 18. Jahrhunderts behandelt. Das Baurecht in Franken am Ende des 18. Jahrhunderts hat Dietrich Pirson untersucht.[52]

In seiner Arbeit über die Entstehung der Einleitung des ALR behandelt Andreas Schwennicke auch die Paragraphen über Privilegien. Er sieht diese Bestimmungen im Einklang mit der gemeinrechtlichen Privilegienlehre des 18. Jahrhunderts.[53]

2. Angesichts des zu vermutenden historischen Konflikts zwischen dem Privileg als Ausnahmerecht und der Forderung nach Gleichheit vor dem Gesetz war zunächst zu erwarten, daß in der Literatur zur Geschichte der Grundrechte, insbesondere des Gleichheitsbegriffs, auch die Privilegien als ein Aspekt behandelt werden, die der Durchsetzung der Gleichheit vor dem Gesetz entgegenstanden. Immerhin stellt nach dem heutigem Verfassungsrecht und -verständnis die Erteilung eines rechtlichen Privilegs einen Verstoß gegen das Gleichheitsprinzip (Art. 3 GG) ebenso dar, wie sie mit dem Verbot der Einzelfallgesetzgebung zur Beschränkung von Grundrechten (Art. 19 Abs. 3 GG) kollidieren würde. Diese Vermutung hat sich jedoch nur zum Teil bestätigt. Der in den Quellen zu Tage tretende Widerspruch zwischen der Forderung nach der Gleichheit vor dem Gesetz und noch vorhandenen Privilegien wird zwar erkannt und problematisiert, aber weitgehend nur unter dem Aspekt der ständischen Vorrechte behandelt.[54] Die Forschung zeigt aber, daß der Gleichheitsbegriff Verände-

---

[49] Wadle, Vor- oder Frühgeschichte des Urheberrechts? (Anm. 45); ders., Der langsame Abschied vom Privileg (Anm. 12); ders., Privilegienpraxis in Preußen, in: Das Privileg im europäischen Vergleich 2, S. 335-362; Gieseke, Vom Privileg zum Urheberrecht (Anm. 12).

[50] Gesetz betreffend das Urheberrecht an Schriftwerken, Abbildungen, musikalischen Kompositionen und dramatischen Werken v. 11. Juni 1870, § 71 Abs. 1, BGBl. S. 330.

[51] Gustav Otruba, Von den „Fabriksprivilegien" des 17. und 18. Jahrhunderts zum „Österreichischen Fabrikenrecht" 1838, in: Scripta Mercaturae 2, S. 75-107.

[52] Dietmar Willoweit, Gewerbeprivileg und natürliche Gewerbefreiheit, Strukturen des preußischen Gewerberechts im 18. Jahrhundert, in: Vom Gewerbe zum Unternehmen, Darmstadt 1982, S. 60-111; Robert Walz, Privilegien zum württembergischen Gewerberecht im 18. Jahrhundert, in: Das Privileg im europäischen Vergleich 2, S. 419-462; Dietrich Pirson, Das Baurecht des fürstlichen Absolutismus im hohenzollernschen Franken, Düsseldorf 1960.

[53] Schwennicke, Die Entstehung der Einleitung des ALR (Anm. 6), S. 239 ff.

[54] Ernst Eckhardt, Die Grundrechte vom Wiener Kongress bis zur Gegenwart, Breslau 1913, S. 137; Adalbert Erler, Alle Menschen sind vor dem Gesetz gleich, Die Geschichte des Gleichheitsgrundsatzes, Hannover 1967, S. 22 ff.; Jürgen Schlumbohm, Freiheit, Die Anfänge der bürgerlichen Emanzipationsbewegung in Deutschland im Spiegel ihres Leitwortes, Düsseldorf 1975, S. 91 ff.;

rungen unterworfen war und ständische Vorrechte durchaus als mit dem Gleichheitspostulat vereinbar angesehen werden können.[55] Auf den jeweiligen Inhalt des Gleichheitsbegriffes in den Quellen war daher besonders zu achten. Wenig aufschlußreich war überraschenderweise die Literatur zur Entwicklung des modernen Rechtsstaates. Das Privileg findet in diesem Zusammenhang keine Erwähnung.[56]

3. Die Verbindungslinien zwischen Privileg und Verwaltungsakt ließ Arbeiten zur Geschichte des Verwaltungsrechts und der Verwaltungsorganisation in das Blickfeld der Untersuchung geraten. Für den Untersuchungsgegenstand war die Ausbeute jedoch enttäuschend. Die Disziplin der Verwaltungsgeschichte, die in erster Linie Fragen der Verwaltungsorganisation behandelt, brachte keinen Erkenntnisgewinn;[57] die Rechtsformen des Verwaltungshandelns werden dort überhaupt nicht behandelt. Trotz der zahlreichen Untersuchungen zur Geschichte des Verwaltungsrechts[58] verbleibt ein großer Teil der bisherigen Forschung allerdings im Korsett des heutigen Verwaltungsrechts. Die Rechtsformen des Verwaltungshandelns werden anhand von dessen Begriffen behandelt; deren funktionale Wurzeln kommen selten in das Blickfeld. Die neuere Arbeit von Markus Engert behandelt die Geschichte des Verwaltungsaktes im Wesentlichen erst ab seiner Entstehung, ohne auf die Vorgeschichte einzugehen.[59]

Neben dem Begriff 'Verwaltungsakt'[60] sind es außerdem die Begriffe 'Verfügung'[61] und 'Entscheidung',[62] denen sich die Forschung gewidmet hat. Im Mittelpunkt der

Klippel, Politische Freiheit und Freiheitsrechte (Anm. 16), S. 96 ff.; Otto Dann, Gleichheit und Gleichberechtigung, Das Gleichheitspostulat in der alteuropäischen Tradition und in Deutschland bis zum ausgehenden 19. Jahrhundert, Berlin 1980.

[55] Klippel, Politische Freiheit und Freiheitsrechte (Anm. 16), S. 98.

[56] Statt vieler: Dietmar Willoweit, War das Königreich Preußen ein Rechtsstaat?, in: Staat, Kirche, Wissenschaft in einer pluralistischen Gesellschaft, Berlin 1989, S. 451-464 m.w.N.

[57] Verwaltungsgeschichte Ostdeutschlands 1815-1945, Organisation - Aufgaben - Leistungen der Verwaltung, hrsg. v. Gerd Heinrich u.a. Stuttgart u.a. 1993; Roman Loeser, Organisationsgesetze vom ausgehenden Mittelalter zur Bundesrepublik Deutschland, - Quellensammlung - 2. Aufl., Speyer 1987; Verwaltungsgeschichte, Aufgaben, Zielsetzung, Beispiele, Vorträge und Diskussionsbeiträge der verwaltungsgeschichtlichen Arbeitstagung 1976 der Hochschule für Verwaltungswissenschaften Speyer, hrsg. v. Rudolf Morsey, Berlin 1977.

[58] Die bisher umfangreichste Aufarbeitung der Geschichte des Verwaltungsrechts findet sich bei Michael Stolleis, Geschichte des öffentlichen Rechts in Deutschland, 3 Bde., München 1988-1999; außerdem ders., Verwaltungswissenschaft und Verwaltungslehre 1866-1914, in: Deutsche Verwaltungsgeschichte 3, Stuttgart 1984, S. 85-108.

[59] Markus Engert, Die historische Entwicklung des Rechtsinstituts Verwaltungsakt, Frankfurt a. M. u.a. 2002.

[60] Bodo Dennewitz, Die Systeme des Verwaltungsrechts, Hamburg 1948; Günther Winkler, Der Bescheid, Ein Beitrag zur Lehre vom Verwaltungsakt, Wien 1956; Martin Bullinger, Vertrag und Verwaltungsakt, Stuttgart 1962; Hans-Joachim Feist, Die Entstehung des Verwaltungsrechts als Rechtsdisziplin, München 1967, S. 54; Peter Badura, Das Verwaltungsrecht des liberalen Rechtsstaates, Göttingen 1967, S. 22 ff.; Dietrich Jesch, Gesetz und Verwaltung, 2. Aufl., Tübingen 1968, S. 156 ff.; Erk Volkmar Heyen, Otto Mayer, Berlin 1981, S. 126; Albrecht Rittmann, Der Begriff des Verwaltungsakts, in: BWPr 1979, S. 266 f.

Untersuchungen stehen die Werke Otto Mayers;[63] dies ist insofern naheliegend, als Otto Mayers Definition des Verwaltungsaktes als ein „der Verwaltung zugehöriger obrigkeitlicher Ausspruch, der dem Unterthanen gegenüber im Einzelfall bestimmt, was für ihn Rechtens sein soll“,[64] den Kern der heutigen gesetzlichen Regelung in § 35 VwVfG ausmacht. Daß der Begriff 'Verwaltungsakt' auch vor Otto Mayer schon eine Rolle in der Wissenschaft spielt, wurde in der Literatur mehrfach behandelt.[65]

Für die vorliegende Arbeit hilfreich war der Hinweis von Martin Bullinger, daß Wissenschaft und Rechtsprechung durchaus gezögert haben, den Verwaltungsakt, wie Otto Mayer ihn geprägt hat, als die Handlungsform der Verwaltung schlechthin zu übernehmen;[66] dennoch erscheint der Verwaltungsakt heute als Kernstück des Verwaltungsrechts im bürgerlichen Rechtsstaat.[67] Mit den wissenschaftlichen Grundlagen der Lehre Otto Mayers und dem Verhältnis von Verwaltungsakt und Rechtsstaatsprinzip hat sich Erk Volkmar Heyen beschäftigt. Er betont die Entwicklung des modernen Verwaltungsrechts trotz der Widerstände der Monarchen insbesondere auf dem Gebiet des Eingriffsvorbehalts.[68]

Neben Otto Mayer wird in der Literatur auf eine ganze Reihe weiterer Verwaltungsrechtler hingewiesen, die zur Entwicklung des Verwaltungsrechts beigetragen haben. Dazu gehören insbesondere Autoren wie Eduard Bernatzik,[69] Georg Meyer[70] und Friedrich Franz von Mayer.[71]

---

[61] Dieser Begriff ist neben dem der Entscheidung nach § 35 VwVfG Bestandteil des Verwaltungsaktsbegriffes, vgl. Hartmut Maurer, Allgemeines Verwaltungsrecht, 9. Aufl., München 1993, S. 166; Kopp/Ramsauer, Verwaltungsverfahrensgesetz, 7. Aufl., München 2000, § 35 Rdn. 3 f.

[62] Einen guten Überblick über die Vielfalt der Begriffe und ihre Behandlung in der Rechtswissenschaft bietet Winkler, Bescheid (Anm. 60), S. 1 ff.; weiterhin sind zu nennen Hans-Uwe Erichsen, Verfassungs- und verwaltungsrechtliche Grundlagen der Lehre vom fehlerhaften belastenden Verwaltungsakt und seiner 'Aufhebung im Prozeß, Frankfurt a. M. 1971, S. 110 ff.; Peter Krause, Rechtsformen des Verwaltungshandelns, Berlin 1974, S. 115 ff.

[63] Im Wesentlichen erfolgte dies in seinen beiden Hauptwerken: Mayer, Theorie des frz. Verwaltungsrechtes (Anm. 15); ders., Deutsches Verwaltungsrecht (Anm. 2); zum letzteren erscheinen 1914/17 und 1924 zwei weitere Auflagen.

[64] Mayer, Deutsches Verwaltungsrecht (Anm. 2), S. 95; zum heutigen Begriff vgl. Weber-Fas, Art. Verwaltungsakt (Anm. 42); Köbler, Lexikon der europäischen Rechtsgeschichte (Anm. 42), S. 614; für den abweichenden Begriff im österreichischen Recht vgl. Hans Wolff, Art. Verwaltungsakte, in: HbSoWi, Bd. 11, S.271. Danach fallen auch bloße Beurkundungen unter diesen Begriff.

[65] Winkler, Bescheid (Anm. 60), S. 1 ff.; Toshiyuki Ishikawa, Friedrich Franz von Mayer, Berlin 1992, S. 77 f.; Raimund Schmidt-DeCaluwe, Der Verwaltungsakt in der Lehre Otto Mayers, Tübingen 1999, S. 20; am weitesten zurück geht Erichsen, Verfassungs- und verwaltungsrechtliche Grundlagen (Anm. 61), S. 110 ff., der den ‚Verwaltungsact‘ bis 1826 zurückverfolgt.

[66] Martin Bullinger, Vertrag und Verwaltungsakt, Stuttgart 1962, S. 237.

[67] Badura, Verwaltungsrecht des liberalen Rechtsstaates (Anm. 60), S. 25.

[68] Heyen, Otto Mayer (Anm. 60), S. 116 ff.

[69] Winkler, Bescheid (Anm. 60), S. 1f.

[70] Badura, Verwaltungsrecht des liberalen Rechtsstaates (Anm. 60), S. 22 ff.

[71] Ishikawa, Friedrich Franz von Mayer (Anm. 65); Badura, Verwaltungsrecht des liberalen Rechtsstaates (Anm. 60), S. 11.

1. K A P I T E L : Das Privileg am Ende des Ancien régime

Das Zeitalter des Ancien régime ist auch das Zeitalter der Privilegien. Am eindrücklichsten ist die eingangs bereits angeführte Formulierung von Ulrich Stutz: „...wie in Verfolgung der mittelalterlichen und nachmittelalterlichen Entwicklung das Ausnahmerecht das Regelrecht völlig überwucherte und in den Hintergrund drängte, sodaß schließlich der ganze Rechtshimmel voller Privilegien hing, fast alles Recht in das Gewand von Privilegien sich kleidete, bis die französische Revolution ... dem Ausnahmerecht ein Ende machte und das Regelrecht zum Siege führte".[1] Heinz Mohnhaupt spricht zu Recht vom Privileg als einem Massenphänomen.[2] Dementsprechend befaßte sich die rechtswissenschaftliche Literatur der zweiten Hälfte des 18. Jahrhunderts und des beginnenden 19. Jahrhunderts ausgiebig mit rechtlichen und politischen Fragen des Privilegs. Dies gilt für nahezu alle rechtswissenschaftlichen Disziplinen, u.a. für die Schriften der Reichspublizistik[3] - diese führen immer auch zahlreiche Beispiele für Privilegien an - und für Arbeiten zu naturrechtlich-rechtsphilosophischen Fragen; letzteres bleibt unbeeinflußt davon, daß es am Ende des 19. Jahrhunderts zu einer fundamentalen Veränderung der naturrechtlich-rechtsphilosophischen Theorie kam.[4] Insbesondere finden sich Ausführungen zu Privileg und Privilegienlehre in den Schriften zum ius publicum universale,[5] dem Teil der naturrechtlichen Theorie, der sich mit den Rechten und Pflichten des Staates und dem Verhältnis zu seinen Unterta-

[1] Ulrich Stutz, Rez. zu Lindner, Die Lehre vom Privileg nach Gratian und den Glossatoren des Corpus iuris canonici, in: SZKan 39 (1918), S. 253 ff., 256.

[2] Mohnhaupt, Erteilung und Widerruf von Privilegien (Einl., Anm. 19), S. 112.

[3] In erster Linie sind zu nennen: Friedrich Georg August Lobethan, Abhandlung über die Lehre von Privilegien überhaupt und Buchhändlerprivilegien insbesondere, Dispensationen und Immunitäten, Leipzig 1796; Johann Jacob Moser, Teutsches Staatsrecht, 4. Teil, Leipzig u. Ebersdorf 1741 (Privilegienurkunden S. 248 ff.); ders., Teutsches Staatsrecht, 2. Aufl., 5. Teil, Frankfurt u. Leipzig 1752; ders., Neues teutsches Staatsrecht, 5. Teil, Frankfurt 1772; Johann Stephan Pütter, Kurzer Begriff des Teutschen Staatsrechts, 2. Aufl., Göttingen 1768; Nachweise für Apothekenprivilegien: Hermann Lewinsky, Die Apothekenbetriebsrechte in Preußen, 2. Aufl., Berlin 1917, S. 20 ff.;

[4] Zum Wandel vom heute sog. „älteren" zum „jüngeren" Naturrecht und seinen Einflußfaktoren vgl. die richtungsweisende Arbeit von Diethelm Klippel, Politische Freiheit und Freiheitsrechte im deutschen Naturrechts des 18. Jahrhunderts, Paderborn 1976.

[5] Dazu gehören u.a.: Justus Henning Boehmer, Introductio in ius publicum universale ex genuinis iuris naturae principiis deductum et in usum iuris publici particularis quarumcunque rerum publicarum adornatum, 2. Aufl., Halle u. Magdeburg 1726; Christian von Wolff, Grundsätze des Natur- und Völkerrechts, worinn alle Verbindlichkeiten und alle Rechte aus der Natur des Menschen in einem beständigen Zusammenhange hergeleitet werden, Halle 1754; Heinrich Gottfried Scheidemantel, Das Staatsrecht nach der Vernunft und den Sitten der Vornehmsten Völker betrachtet, Drei Teile, Jena 1770-1773; aus dem Bereich des jüngeren Naturrechts gehören dazu u.a. Heinrich Stephani, Grundlinien der Rechtswissenschaft oder des sogenannten Naturrechts, Zwei Teile, Frankfurt u. Leipzig 1797 f.; Karl Theodor Gutjahr, Entwurf des Naturrechts, Leipzig 1799; Karl Heinrich Gros, Lehrbuch der philosophischen Rechtswissenschaft oder des Naturechts, Tübingen 1802.

nen auseinandersetzt.[6] Außerdem ist das Privileg Gegenstand von Untersuchungen im Schrifttum des gemeinen Rechts.[7] Über die Disziplingrenzen hinweg werden die Privilegien in allen angeführten Arbeiten als Bestandteil der Gesetzgebung behandelt.

Die Auseinandersetzung mit dem Privileg und seiner Theorie am Ende des Ancien régime ist von Untersuchungen zu Einzelfragen geprägt.[8] Umfangreichere Darstellungen der Privilegienlehre in ihrer Gesamtheit finden sich nur in wenigen Fällen, wie etwa in den genannten Arbeiten von Johann Jakob Moser und Georg Lobethan. Von einer breit angelegten Systematik in der Privilegienlehre des 18. Jahrhunderts konnte also nicht ausgegangen werden. Ein Überblick über die Privilegienlehre war nur durch umfassende Sichtung des vorhandenen Materials zu gewinnen.

Ungeachtet der umfangreichen Auseinandersetzung mit den Problemen der Privilegienlehre vermochte die Rechtswissenschaft des 18. Jahrhunderts einige Fragen bis zum Ende des Heiligen Römischen Reiches Deutscher Nation im Jahre 1806 nicht abschließend zu beantworten. Dazu gehört insbesondere die Frage nach dem Verhältnis von Reichs-, Kreis- und Territorialgewalt im Hinblick auf die Kompetenz zur Erteilung von Privilegien. Auch die Frage nach der Beteiligung von ständischen oder anderen gesellschaftlichen Institutionen an der Erteilung von Privilegien blieb in der Praxis, ungeachtet zahlreicher theoretischer Erklärungsversuche, ungeklärt. Beides steht im Zusammenhang mit der bis zum Ende des Reiches umstrittenen und letztlich ungeklärten Staatsform des Deutschen Reiches.[9]

Die Untersuchung des Privilegs am Ende des Ancien régime erfolgt in vier Schritten. Zunächst erfolgt eine Darstellung der Privilegienlehre der Zeit (I.). Auf dieser Basis kann nach der Funktion des Privilegs in der Rechtsordnung des 18. Jahrhunderts gefragt werden (II.). Die Auseinandersetzung mit dem Privileg in Deutschland im Zuge der Abschaffung der Privilegien in Frankreich bildet den Gegenstand des nächsten Abschnittes (III.). In einem letzten Schritt werden die unmittelbaren Auswirkungen

---

[6] Lehrreich für die Bedeutung des ius publicum universale ist insbesondere die Darstellung von Michael Stolleis, Geschichte des öffentlichen Rechts in Deutschland, Erster Band, Reichspublizistik und Policeywissenschaft 1600-1800, München: C.H.Beck 1988, S. 268 ff., ff.

[7] Zwei der umfangreichsten Werke sind: Johann Bernhard Christoph Eichmann, Erklärungen des Bürgerlichen Rechts nach Anleitung des Herrn Ordinarius Hellfelds Lehrbuch der Pandecten, Zwei Teile, Berlin u. Stralsund 1779 u. 1781; Christian Friedrich Glück, Ausführliche Erläuterung der Pandecten nach Hellfeld, Erlangen 1797.

[8] U.a.: Johann G. F. Wasmuth, Tractatio de privilegiorum natura generatim et in specie de modis, Göttingen 1787; Sind alle Monopolien ohne Unterschied dem Wohl der bürgerlichen Gesellschaft nachtheilig, in: Schlettweins Neues Archiv 1786, Bd. 3, S. 183-195; Jacob F. Döhler, Abhandlung von den Rechten der obersten Gewalt oder Majestätsrechten und Regalien, 2. Aufl., Nürnberg 1785; Franz Joseph Hartleben, Meditationes ad pandaectas, Frankfurt a. M. 1778.

[9] Eindrücklich ist die Charakterisierung von Samuel Pufendorf, daß Reich sei „irregulare aliquod corpus et monstro simile“, in: Ders., De statu imperii Germanici ad Laelium fratrem dominum Trezolani, Genf 1667. Der Zustand des Reiches wurde aber nicht nur von ihm beklagt, vgl. Horst Möller, Fürstenstaat oder Bürgernation, Deutschland 1763-1815, S. 47 f; Diethelm Klippel, Art. Staat und Souveränität VI-VIII., in: Geschichtliche Grundbegriffe, Bd. 6, S. 115 ff.

der Auflösung des Heiligen Römischen Reiches Deutscher Nation im Jahre 1806 auf die Privilegienordnung dargestellt (IV.)

I. Die Privilegienlehre am Ende des Ancien régime

Überblickt man die gesamte Privilegienlehre im Zeitalter des Ancien régime, so lassen sich sechs Themenbereiche abgrenzen, die für die Fragestellung dieser Arbeit von Bedeutung sind. Erstens geht es um den wenig eindeutigen Begriff des Privilegs. Zweitens ist die Frage der Privilegienhoheit zu behandeln, um den Stellenwert des Privilegs im staatlichen Gefüge am Ende des 18. Jahrhunderts zu ermitteln. Die Grenzen der Erteilung von Privilegien bilden den dritten Punkt. Danach erfolgt - viertens - ein kurzer Überblick über die Privilegienarten, ihre Wirkung und ihre Erteilung. Fünftens ist die Auslegung von Privilegien zu untersuchen, einschließlich der Frage, inwiefern diese als Beschränkung von Privilegien angesehen wurden. Sechstens sind die Aufhebungsgründe für Privilegien zu behandeln. Kontrovers diskutiert wurden vor allem die Frage nach den Grenzen der Erteilung von Privilegien sowie diejenige nach der Möglichkeit der Aufhebung bereits erteilter Privilegien. Weitere Elemente der Privilegienlehre werden nur insoweit behandelt, als sie zum Verständnis des Zusammenhangs erforderlich sind.

1. „Was überhaupt ein Privilegium seye?" Der Begriff des Privilegs

Die Rechtswissenschaft des 18. Jahrhunderts vermutet den Ursprung des Begriffes „Privilegium" in den Begriffen 'privus' und 'lex'.[10] Die Bedeutung von 'privus' wird mit den Begriffen 'singulus' oder 'privatus' umschrieben; gemeint ist damit etwas auf eine einzelne Person Bezogenes. Der Begriff 'lex' enthält die Bedeutung 'Gesetz' ebenso, wie 'Recht' oder 'Norm' im weiteren Sinn. Der Begriff 'Privileg' umfaßte also im weitesten Sinn alle Arten rechtlicher Normen, die Bedeutung für Einzelne entfalten. Am Ende des 18. Jahrhunderts wird mit diesem Begriff ein Rechtsinstitut umschrieben, welches eines der zentralen Instrumente staatlichen Handelns im Ancien régime darstellte.[11]

Der Rechtsbegriff des Privilegs wurde in der Reichspublizistik zunächst nicht einheitlich verstanden. Es bestand Unsicherheit hinsichtlich des genauen Begriffes und seines Inhaltes. Im Jahre 1748 ließ Johann Jakob Moser in dieser Hinsicht Ratlosigkeit erkennen, obwohl er selbst sich ausführlich mit der Privilegienlehre auseinanderge-

---

[10] Art. Privilegien, in: Zedler Universal-Lexikon, Bd. 29, Sp. 589-594, 589; Glück, Pandecten (Anm. 7), S. 551; Karl Anton von Martini, Erklärung der Lehrsätze über das allgemeine Staats- und Völkerrecht, 1. Teil, Wien 1791, S. 112.

[11] Zur Bedeutung der Privilegien in der staatlichen Praxis des 18. Jahrhundert vgl. u.a. Walz, Privilegien zum württembergischen Gewerberecht im 18. Jahrhundert (Einl., Anm. 52); Willoweit, Gewerbeprivileg und natürliche Gewerbefreiheit (Einl., Anm. 52); Otruba, Von den Fabriksprivilegien zum Gewerberecht (Einl., Anm. 51).

setzt hatte: „Was überhaupt ein Privilegium seye? Davon die Lehrer der natürlich und menschlichen Rechte nicht einerley Begriffe, - mithin kommen auch ihre Beschreibungen nicht miteinander überein und wäre manches dabei zu erinnern“.[12] Christian Friedrich Glück stand fast 50 Jahre später vor dem gleichen Problem: „Fragt man jedoch, was ein Privilegium im eigentlichen Verstande sey, so sind die Begriffe der Rechtsgelehrten hierin nicht übereinstimmend“.[13] Diese Unsicherheit bei der Bestimmung des Privilegienbegriffs war weit verbreitet;[14] sie traf auf die kaiserlichen Privilegien in gleicher Weise zu wie für die Privilegien der Territorialstaaten des Deutschen Reiches.[15]

Diese Schwierigkeiten bei der genauen begrifflichen Erfassung erscheinen seltsam vor dem Hintergrund, daß Definitionen des Privilegs zum einen zum Standard bei der Darstellung der Privilegienlehre gehören und zum anderen diese Definitionen auch weitgehend übereinstimmen. Dabei näherte man sich dem Inhalt des Privilegienbegriffs vom Allgemeinen zum Besonderen und über die Bildung von Privilegiengruppen bzw. von differenzierten Privilegienbegriffen. So beschrieb Johann Stephan Pütter 1768 das Privileg in knapper Form: „Wenn von wegen der allerhöchsten Gewalt für einzelne Glieder des Staats etwas verfüget wird, das nach der allgemeinen Verfassung des Landes sonst nicht statt finden würde; so ist dieses der allgemeine Begriff von Privilegien“.[16] Eine ähnliche Formulierung verwendete auch Johann Jakob Moser 1773 für die landesherrlichen Privilegien: „Ein Privilegium ist eine Landesherrliche Erlaubniß, daß der Befreyete beständig, etwas thun oder lassen dörffe, was andere Unterthanen nicht thun oder lassen dörffen; oder auch ein Landesherrlicher Befehl, dem Befreyeten etwas angedeyhen zu lassen, was anderen Unterthanen nicht angedeyet“.[17] Für die kaiserlichen Privilegien ging er von den gleichen Grundsätzen aus.[18]

Innerhalb des Schrittums zum ‘ius publicum universale’ ist Ähnliches zu beobachten. Autoren wie Heinrich Gottfried Scheidemantel beschäftigten sich ausführlich mit der Bestimmung eines allgemeinen Privilegienbegriffs. So heißt es bei Scheidemantel: „Im allgemeinen Verstand denkt man sich unter den Privilegien alle Gesezze, welche

[12] Moser, Teutsches Staatsrecht 4 (Anm. 3), S. 251 f; immer noch unsicher für die landesherrlichen Privilegien, Johann Jacob Moser, Von der Landeshoheit in Gnaden-Sachen, Frankfurt u. Leipzig 1773, S. 39.

[13] Glück, Pandecten (Anm. 7), S. 549 f.

[14] Weitere Hinweise auf die Unsicherheit bei der Bestimmung des Privilegienbegriffs finden sich bei Christoph George Jargow, Einleitung zu der Lehre von den Regalien oder Majestätischen Rechten eines Regenten, und sonderlich der Chur- und Fürsten des Heil. Römischen Reiches Teutscher Nation, Rostock u. Wismar 1757, S. 185 f.

[15] vgl. Moser, Teutsches Staatsrecht 4 (Anm. 3), S. 251 f; Moser, Von der Landeshoheit in Gnaden-Sachen (Anm. 12), S. 39.

[16] Pütter, Kurzer Begriff (Anm. 3), S. 107.

[17] Moser, Gnaden-Sachen (Anm. 12), S. 39.

[18] Vgl. Moser, Neues teutsches Staatsrecht 5 (Anm. 3), S. 520, auch an dieser Stelle weist Moser jedoch auf die Schwierigkeit der Begriffsbestimmung hin.

eine Ausnahme machen".[19] In die gleiche Richtung zielt eine Formulierung von Jakob Friedrich Döhler aus dem Jahre 1785: „Daher wird ein Privilegium beschrieben, daß es sey ein besonderes gegen den Inhalt des allgemeinen Gesetzes eines privat oder besondern Nutzens halber eingeführtes Recht".[20]

Anhand dieser Aussagen läßt sich aufzeigen, was die Rechtswissenschaft am Ende des 18. Jahrhunderts unter dem Rechtsinstitut des Privilegiums im Grundsatz verstanden hat. Ein Privileg im Rechtssinne stellte ein Ausnahmerecht in Bezug auf eine ansonsten als allgemein gedachte Rechtsordnung dar.[21] Als quasi natürlicher Gegenbegriff zum Privileg erscheint damit das allgemeine Gesetz.[22] Der genannte allgemeine Privilegienbegriff ist das 'Privileg im weiteren Sinne'[23] im Schrifttum des 18. Jahrhunderts. Dieser Begriff wurde zum einen anhand von personalen Kriterien aufgeschlüsselt. Erstreckte sich das Privileg auf einen größeren, aber abgegrenzten Personenkreis, wurden diese als 'iura singularia'[24] bezeichnet. War nur eine einzelne Person oder Sache betroffen so hieß dies 'Privileg im engeren Sinn'.[25] Letzteres unterteilte sich anhand der Wirkung in 'Dispensation', die einmalige Ausnahme von einem allgemeinen Gesetz, und in das 'Privileg im engsten Sinn' oder auch 'Privileg im eigentlichsten Sinn';[26] dies meinte die dauerhafte Zuerkennung einer nach den allgemeinen

---

[19] Scheidemantel, Staatsrecht (Anm. 5), S. 76.

[20] Döhler, Abhandlung von den Rechten der obersten Gewalt (Anm. 8), S. 65.

[21] Vgl. zusätzlich zu den bisher genannten: Martini, Erklärung der Lehrsätze (Anm. 10), S. 112; Carl Gottlob Rößig, Die Grundsätze des Natur- und Völkerrechts, des allgemeinen Staats- und allgemeinen bürgerlichen Rechts, Zweyter Theil welcher das allgemeine Staatsrecht und allgemeine bürgerliche Recht enthält, Leipzig 1794, S. 44; Wilhelm Gottlieb Tafinger, Lehrsätze des Naturrechts, Tübingen 1794, S. 117; Johann Christian Hoffbauer, Naturrecht aus dem Begriffe des Rechts entwickelt, Halle 1793, S. 214; Ernst Ferdinand Klein, Grundsätze der natürlichen Rechtswissenschaft nebst einer Geschichte derselben, Halle 1797, S. 259.

[22] Zum Gesetzesbegriff der Zeit vgl. Heinz Mohnhaupt, Potestas legislatoria und Gesetzesbegriff im Ancien Régime, in: Ius Commune IV (1972), S. 188-239.

[23] Georg Wilhelm von Eggers, Versuch eines systematischen Lehrbuchs des natürlichen Staatsrechts, Altona 1790, S. 61; Lobethan, Abhandlung (Anm. 3), S. 2 f.

[24] Lobethan, Abhandlung (Anm. 3), a.a.O.; Boehmer, Introductio (Anm. 5), S. 429 f.; diese werden auch als 'Privilegien im uneigentlichen Verstand' bezeichnet, vgl. Art. Privilegium, in: Repertorium des Teutschen Staats und Lehnrechts, hrsg. v. Carl Friedrich Häberlin, 4. Teil, Leipzig 1795, S. 282-294, 282; Eichmann, Pandecten (Anm. 7), S. 29; begrifflich weiter abweichend Carl Christian Hofacker, Principia juris civilis romano germanici, 2. Aufl., Tübingen 1800, der die jura singularia 'privilegia proria' und die eigentlichen Privilegien 'privilegia impropria' nennt.

[25] Nicolaus Thaddäus Gönner, Teutsches Staatsrecht, Landshut 1804, S. 461; Gros, Lehrbuch (Anm. 5), S. 184; Lobethan, Abhandlung (Anm. 3), a.a.O.; dieses wird auch als 'Privileg im eigentlichen Verstand' - vgl. u.a. Eichmann, Pandecten (Anm. 7), S. 31; Glück, Pandecten (Anm. 7), S. 553 -, 'Privileg im eigentlichen Sinn' - vgl. Justus Christoph Leist, Lehrbuch des teutschen Staatsrechts, Göttigen 1803, S. 272; Gros, Lehrbuch (Anm. 5), S. 184. - oder als 'Privilegium überhaupt' - vgl. Carl Jakob Scheuffelhuth, Grundsätze der natürlichen Rechtslehre, Halle 1799, S. 205. - bezeichnet.

[26] Lobethan, Abhandlung (Anm. 3), a.a.O.; Hoffbauer, Naturrecht (Anm. 21), S. 214; Carl Gottlob Rößig, Lehr- und Handbuch der Politik, mit Rücksicht auf die neuere praktische Staatsklugheit,

Gesetzen nicht bestehenden Rechtsposition. Die folgenden Ausführungen bei Georg August Lobethan sind typisch für die Rechtswissenschaft dieser Zeit: „Privilegien als Rechte betrachtet sind solche erworbene Rechte (iura quaesita), welche durch besondre Gestattung oder Erlaubniß des Regenten erworben worden sind. Sie theilen sich in solche Privilegien, welche einer ganzen Gattung von Personen oder Sachen, oder auch allen Unterthanen, insofern sie sich in einem gewissen Fall befinden, zustehen (iura singularia, beneficia legis, privilegia in corpore clausa), und in solche, die auf Eine (einzelne oder moralische) Person oder Sache eingeschränkt sind. Von den letztern wird hier allein gehandelt. Dieser theilen sich aber wiederum in solche, die ein für allemal, und ohne Einschränkung auf einen einzelnen Fall, ertheilt worden sind, und in solche, die auf einen einzelnen Fall eingeschränkt sind. Diese letztere Art der eigentlich sogenannten Privilegien sind die aus Dispensationen erworbenen Rechte“.[27]

In Anbetracht der Einheitlichkeit bei der Bestimmung des Privilegienbegriffs erscheinen die wenigen abweichenden Definitionsversuche als marginal. Lediglich eine Beschränkung des verbreiteten Privilegienbegriffs bedeutete die Bezeichnung von Privilegien als „vorzügliche Begünstigungen oder Rechte“;[28] damit wurden die sog. belastenden Privilegien aus dem Begriff ausgeschlossen, obwohl auch diese den Ausnahmecharakter in sich tragen. Eine Rezension zu Lobethans Ausführungen bestritt den Rechtscharakter des Privilegs;[29] vollkommen abweichend definierte Johann Gottfried Sammets die Privilegien als ‘contractus bilaterales’, wies den Privilegien also vertraglichen Charakter zu.[30]

Innerhalb des Privilegienbegriffs wurde eine scharfe Abgrenzung zwischen den ‘iura singularia’ und den eigentlichen Privilegien vorgenommen. Zu den ‘iura singularia’ zählten alle Sonderrechte für bestimmte Gruppen von Personen oder Sachen. Unter diesem Begriff wurden die besonderen Rechte der Erben, der Bürgen, Abwesenden und Schuldner ebenso erfaßt wie die besonderen Rechte von Minderjährigen, Frauenspersonen, Soldaten, Geistlichen, von Alimenten und von Heiratsgütern.[31] Die Abgrenzung äußerte sich darin, daß die Darstellung der Privilegienlehre üblicherweise auf die

Leipzig 1805, S. 196; ders., Grundsätze (Anm. 21), S. 44, Carl Friedrich Häberlin, Handbuch des Teutschen Staatsrechts, Bd. 2, Frankfurt u. Leipzig 1794, S. 178 f.

[27] Lobethan, Abhandlung (Anm. 3), S. 2 f.

[28] Theodor Schmalz, Das natürliche Staatsrecht, Königsberg 1794, S. 81; Glück, Pandecten (Anm. 7), S. 533 f.

[29] „Ein Privilegium ist nie ein Recht, sondern eine rechtmäßig geschehene Ausnahme von gesetzlichen Vorschriften.“ - Rez.: Lobethan, Abhandlung (Anm. 3), in: Revision der Literatur f. d. Jahre 1785-1800, Erg, Bl. zur Allgem. Literaturzeitung, 2. Jg., 1802, Sp. 9-13.

[30] Johann Gottfried Sammets, Vorlesungen über das gesamte Naturrecht nach dem Gundlingischen Lehrbuche, hrsg. und mit kurzen biographischen Nachrichten begleitet von Friedrich Gottlob Born, Leipzig 1799, S. 321: „Privilegia sind keine leges, wofür man sie nach den Pandekten ausgiebt, sondern wirkliche contractus bilaterales.“

[31] Glück, Pandecten (Anm. 7), S. 559; Eichmann, Pandecten (Anm. 7), S. 29 f.; Art. Privilegium, in: Repertorium (Anm. 24), S. 282.

eigentlichen Privilegien beschränkt wurde.[32] Die 'iura singularia' behandelte die Literatur im Zusammenhang mit der allgemeinen Gesetzgebung; ihrer Wirkung nach waren sie allgemeine Gesetze und keine Privilegien.[33] Die Zuordnung zum Privilegienbegriff war damit im wesentlichen formaler Natur. Innerhalb der sich am Ende des 18. Jahrhunderts entwickelnden Diskussion um die Zulässigkeit der Erteilung von Privilegien spielten diese Privilegien daher auch keine Rolle.[34] Aus dem Gegenstand der Untersuchung fallen die 'iura singularia' damit heraus.

Die eingangs genannten Unsicherheiten bei der Bestimmung des Privilegienbegriffs und die Schwierigkeiten bei der Begriffsbestimmung lassen sich also damit erklären, daß die alle Rechtsbereiche umfassende praktische Bedeutung der Privilegien, die zu einer enormen Vielgestaltigkeit der einzelnen Privilegien geführt hatte, einen alle zufriedenstellenden und dennoch aussagekräftigen Rechtsbegriff für das Privileg nicht mehr ermöglichte. Dazu kam, wie noch zu zeigen sein wird, daß den Privilegien höchst unterschiedliche Funktionen zugewiesen wurden.[35] All dies betraf jedoch lediglich ein „akademisches" Definitionsproblem. Der zeitgenössischen Literatur war sehr wohl bewusst, was im Einzelfall als Privileg anzusehen war.

Im Folgenden wird in Übereinstimmung mit der vorherrschenden Literatur des 18. Jahrhunderts unter dem Begriff 'Privileg' das Privileg im engeren Sinn, also unter Einschluss der Dispensation, verstanden, sofern nicht ausdrücklich auf einen anderen Begriff hingewiesen wird.

2. Die Privilegienhoheit im Staatsgefüge des Ancien régime

Das Recht, Privilegien zu erteilen, die sog. Privilegienhoheit oder Privilegiengewalt, war in der Rechtswissenschaft des 18. Jahrhunderts eindeutig zugeordnet. Die staatliche Ordnung des 18. Jahrhunderts wurde in der Theorie aufgeteilt in die Ausübung von allgemeinen und besonderen Hoheitsrechten. Zu den allgemeinen Hoheitsrechten gehörten die vollziehende, die gesetzgebende - die sog. potestas legislatoria - und die oberaufsehende Gewalt.[36] Innerhalb dieser Ordnung war die Privilegienhoheit als be-

---

[32] Dies findet sich ausdrücklich bei Lobethan, Abhandlung (Anm. 3), S. 2; bei anderen Autoren ist diese Beschränkung nur dem Kontext zu entnehmen.

[33] „In sofern die Ausnahme von den Gesetzen nur besondere, nach allgemeinen Grundsätzen abgemessene Bestimmungen enthält, kann sie lediglich als Gesetz betrachtet werden"; Klein, Grundsätze (Anm. 21), S. 260.

[34] Karl Salomo Zachariä von Lingenthal, Anfangsgründe des philosophischen Privatrechtes, Leipzig 1804, S. 68: „Von dieser Regel, daß alle Privilegia widerrechtlich sind, machen jedoch diejenigen Vorrechte eine Ausnahme, die einer Gattung von Personen zu dem Ende ertheilt werden, um die rechtliche Gleichheit, in wie fern diese durch die physische Ungleichheit der Menschen gefährdet oder aufgehoben wird, zu sichern oder wiederherzustellen."

[35] Zur Definitionsschwäche vgl. Mohnhaupt, Erteilung und Widerruf (Einl. Anm. 19), S. 93 f.

[36] Gros, Lehrbuch (Anm. 5), S. 179 f; ausführlich zur potestas legislatoria vgl. Mohnhaupt, Potestas legislatoria und Gesetzesbegriff im Ancien régime (Anm. 22); Louis Pahlow, Justiz und Verwaltung, Zur Theorie der Gewaltenteilung im 18. und 19. Jahrhundert, Goldbach 2000.

sonderes Hoheitsrecht ein Bestandteil der 'potestas legislatoria'.[37] Bei Ludwig Julius Friedrich Höpfner heißt es dazu: „Dem Gesetzgeber steht das Recht zu, die Gesetze zu erklären ... Er kann Privilegien, Dispensationen und andere persönliche Verordnungen ertheilen; doch nicht ohne erhebliche Ursachen".[38] Ebenso klar ist die Formulierung bei Karl Anton von Martini: „Das Recht, Befreyungen zu ertheilen, ist ein Majestätsrecht, welches dem Regenten allein zukömmt".[39] Auf den Grund für die Zuordnung der Privilegienhoheit zur gesetzgebenden Gewalt deutet eine Beschreibung Ludwig Gottlieb Madihns hin: „Mit der gesetzgebenden Gewalt ist auch das Recht verbunden, die Gesetze sowohl gänzlich als auch in Ansehung gewisser Personen aufzuheben, wodurch Freiheiten, Privilegien entstehen".[40] Der Gesetzgebungsgewalt wohnte also eine umfassende Regelungsbefugnis inne, die nicht nur allgemeine Maßnahmen, sondern auch Einzelfallentscheidungen in der Form von Privilegien umfaßte. Das Privileg wurde nicht nur der gesetzgebenden Gewalt zugeordnet, sondern als ein Ausfluß derselben,[41] als Verfügung der gesetzgebenden Gewalt[42] und als Ausnahme von einem allgemeinen Gesetz[43] verstanden; Privilegien waren besondere Gesetze bzw. besonde-

[37] Franz Samuel Karpe, Darstellung der Philosophie ohne Beynahmen in einem Lehrbegriffe, Des Lehrbegriffs der praktischen Philosophie dritter Theil, Philosophische Rechtslehre, Wien 1803, S. 97; Johann Christian Christoph Rüdiger, Lehrbegriff des Vernunftrechts und der Gesetzgebung, Halle 1798, S. 207; Johann Christoph von Bartenstein, Natur- und Völkerrecht, Wien u. Erlangen 1790, S. 100; Johann Ludwig Klüber, Einleitung zu einem neuen Lehrbegriff des teutschen Staatsrechtes, Erlangen 1803, S. 125; Joachim Georg Darjes, Discours über sein Natur- und Völker-Recht, Erster Teil, Jena 1762, S. 1017 f.; Eichmann, Pandecten (Anm. 7), S. 30; Boehmer, Introductio (Anm. 5), S. 430.

[38] Ludwig Julius Friedrich Höpfner, Naturrecht des einzelnen Menschen der Gesellschaften und der Völker, 2. Aufl., Gießen 1783, S. 165.

[39] Karl Anton von Martini, Lehrbegriff des Natur-, Staats- und Völkerrechts, Bd. 3, Wien 1783, S. 50.

[40] Ludwig Gottlieb Madihn, Grundsätze des Naturrechts, Zum Gebrauch seiner Vorlesungen, Zweyter Theil, Frankfurt a. O. 1796, S. 77.

[41] Häberlin, Handbuch (Anm. 26), S. 178, Wasmuth, Tractatio de privilegiorum (Anm. 8), S. 7, Christoph Christian Dabelow, Lehrbuch des Staats- und Völkerrechts der Deutschen, 1. Teil, Halle 1795, S. 173; Theodor Schmalz, Das reine Naturrecht, Königsberg 1792, S. 91; Johann Richard von Roth, Staatsrecht deutscher Reichslande akademischen Vorlesungen gewidmet, 2. Teil, Frankfurt a. M. und Leipzig 1792, S. 134.

[42] Justus Christoph Leist, Lehrbuch des teutschen Staatsrechts, 2. Aufl., Göttingen 1805, S. 326; Rüdiger, Lehrbegriff (Anm. 37), S. 207; Das Privileg als Bestandteil der gesetzgebenden Gewalt sehen Johann Christian Briegleb, Grundsätze der philosophischen Rechtsgelehrsamkeit zum Gebrauch seiner Zuhörer, Coburg 1788, S. 48 f.; Bartenstein, Natur- und Völkerrrecht (Anm. 37), S. 100; Höpfner, Naturrecht (Anm. 37), S. 165; Ludwig Heinrich Jakob, Philosophische Rechtslehre oder Naturrecht, Halle 1795, S. 406; Karl O. Grabe, Vermischte Betrachtungen über Regenten und Unterthanen, Herrschaft und Landeshoheit, insbesondere deren Umfang, Einschränkungen und Gränzen, Frankfurt a. M. u. Leipzig 1780, S. 42.

[43] Scheuffelhuth, Grundsätze (Anm. 25), S. 205; Georg Friedrich Lamprecht, Versuch eines vollständigen Systems der Staatslehre mit Inbegriff ihrer beiden wichtigsten Haupttheile der Polizei- und Kameral- oder Finanzwissenschaft zum academischer Vorlesungen, Erster Band welcher den ersten Theil und die eine Hälfte des zweiten enthält, Berlin 1784, S. 89; Karpe, Darstellung (Anm. 36), S. 97; Hoffbauer, Naturrecht (Anm. 21), S. 214; Georg Heinrich Feder, Grundlehren zur Kenntnis des Menschlichen Willens und der natürlichen Gesetze des Rechtverhaltens, 2. Teil, 2. Aufl., Göttingen 1785, S. 73 f.; Rößig, Grundsätze (Anm. 21), S. 44.

re Rechte.[44] Auch der Ausdruck Rechtswohltat wurde zur Charakterisierung der Privilegien gebraucht.[45]

Die Begriffe des Privilegs als Ausnahme und des allgemeinen Gesetzes schlossen zwar aus, daß willkürlich entweder ein Gesetz erlassen oder ein Privileg erteilt werden konnte, um eine Regelung zu treffen. Wie gezeigt waren aber beide Instrumente Ausfluß des gleichen Hoheitsrechtes. Es ging jeweils um das Setzen von Rechtsnormen durch die Staatsgewalt. Eine Trennung von allgemeinen legislatorischen und konkreten exekutiven Maßnahmen im Sinne des Prinzips der Gewaltenteilung fand in diesem System der Hoheitsrechte nicht statt.[46] Daß die Rechtswissenschaft der Zeit dennoch nicht ganz von der Zugehörigkeit der Privilegiengewalt zur 'potestas legislatoria' überzeugt war, zeigt eine offensichtliche Hilfskonstruktion, die den Gesetzescharakter der Privilegien untermauern sollte: „In Ansehung der übrigen Unterthanen ist das Privilegium gewissermaßen als Gesetz zu betrachten, weil sie, sobald sie gehörig davon benachrichtigt sind, den Privilegirten nicht in der Ausübung des erhaltenen Vorrechts stöhren dürfen".[47] Christian Wolff begründete die Gesetzeseigenschaft in gleicher Weise: „Weil durch die Ertheilung der Privilegien andere verbunden werden zu leiden, daß der Privilegirte seines Rechtes froh werde, und nichts tun dürfen, was demselben zuwider ist; so sind die Privilegien in der That Gesetze".[48] Da die Erteilung von Privilegien, wie gezeigt, mit einer Rechtsposition verbunden war, erschien deren Schutz als eine Selbstverständlichkeit.[49] Der Grund für die Zuordnung der Privilegienhoheit zur 'potestas legislatoria' dürfte somit darin gelegen haben, daß die real existierende Staatsgewalt des 18. Jahrhunderts sowohl Gesetzgebungshoheit als auch Privilegiengewalt für sich in Anspruch nahm.

Trotz des Versuches, die Realität juristisch in den Griff zu bekommen, entsprach die theoretisch eindeutige Zuordnung der Privilegienhoheit nur teilweise der Wirklichkeit im Alten Reich. Im Gebiet des Heiligen Römischen Reiches Deutscher Nation fehlte es an einer einheitlichen höchsten Gewalt, die auch Inhaberin einer umfassenden Privilegienhoheit gewesen wäre. Es kam bis zum 18. Jahrhundert zu einer schrittweisen tatsächlichen Aufteilung der Ausübung der Hoheitsrechte und damit auch der

---

[44] Leopold Friedrich Fredersdorff, System des Rechts der Natur auf bürgerliche Gesellschaften, Gesetzgebung und das Völkerrecht angewandt, Braunschweig 1790, S. 390; Martini, Lehrbegriff (Anm. 38), S. 49; Anton Thomas, Lehrbuch der natürlichen Rechtswissenschaft, Frankfurt a. M. 1803, S. 200; Als Gesetze überhaupt faßt die Privilegien auf: Darjes, Discours über sein Natur- und Völker-Recht (Anm. 36), S. 1017 f.

[45] Martini, Lehrbegriff (Anm. 38), S. 40.

[46] Pahlow, Justiz und Verwaltung (Anm. 36).

[47] Häberlin, Handbuch (Anm. 26), S. 178 f.

[48] Wolff, Grundsätze (Anm. 5), S. 757.

[49] Das Privileg hat insofern einen Doppelcharakter, nämlich einmal als objektives Sonderrecht und zum anderen als subjektive Sonderberechtigung, vgl. Mohnhaupt, Untersuchungen (Einl. Anm. 19), S. 81 f.

Wahrnehmung von Privilegiengewalt zwischen dem Reich und den Territorien. Die Reichspublizistik gab den Stand dieser Aufteilung am Ende des 18. Jahrhunderts recht zuverlässig wieder. Im Überblick hieß es dazu bei Johann Stephan Pütter 1797 aus der Sicht der Territorialhoheit: „So kann ein jeder Reichsstand in seinem Lande Privilegien ertheilen, und zwar dergestalt, daß 1) weder Adelichen noch Städten, noch Prälaten dieses Vorrecht zusteht, und daß 2) auch der Landstände Bewilligung hiebey nicht erfordert wird, es sey denn, daß die besondere Eigenschaft des Gegenstandes solche nöthig mache; sodann 3) auch so, daß der Kayser dergleichen Privilegien nicht ertheilen darf, wo nicht etwa besonderes Reservat-Recht ihn dazu berechtigt“.[50]

Die Ausübung von Privilegiengewalt durch die Territorien befand sich damit im Spannungsfeld zwischen kaiserlichen Rechtspositionen auf der einen und Teilhabeansprüchen von Landständen und Adel auf der anderen Seite. Die im Zuge der Reichsreformen des 16. Jahrhunderts eingerichteten Reichskreise[51] spielten bei der Erteilung von Privilegien nur eine marginale Rolle.[52] Die genannten Beschränkungen standen dennoch einer Konzentration der Privilegienhoheit im Territorium des 18. Jahrhunderts entgegen.

Die Kompetenzen der Reichsgewalt auf dem Gebiet der Privilegienhoheit ergaben sich aus der jeweiligen Wahlkapitulation des deutschen Kaisers.[53] Danach sollten die Privilegien der Reichsstände und der Reichsritterschaft erhalten bleiben (Art. I § 2); das gleiche galt für bestehende Gerichtsstandsprivilegien (Art. 18 § 4, 5), und neue sollten wohlwollend geprüft werden (Art. 18 § 6). Auf Monopole und das ständische Policey-Wesen sollten keine Privilegien erteilt werden (Art. 7 § 4, 5); wurde durch Erschleichung von Privilegien das Recht eines Dritten verletzt, so war das Privileg zu kassieren (Art. 15 § 5). Außerdem durfte der Kaiser die Landeshoheit nicht durch Privilegien verletzen (Art. 1 § 9; Art. 15 § 5).[54] Für einzelne Arten von Privilegien erfolgte die Bestimmung, daß sie eben nicht kaiserliche Reservate waren, sondern der Zustimmung der Kurfürsten bedurften. Genannt wurden dabei die Zoll-, Münz- und

[50] Pütter, Kurzer Begriff (Anm. 3), S. 108; zur fehlenden Kompetenz in Privilegiensachen für Adel, Städte usw. siehe auch Lobethan, Abhandlung (Anm. 3).

[51] Zu den Reichsreformen des 16. Jahrhunderts und ihren Auswirkungen vgl. Hartmut Boockmann, Stauferzeit und spätes Mittelalter, Deutschland 1125-1517, S. 342 ff.

[52] Die Reichskreise waren zuständig für die Erteilung von Privilegien zur Veranstaltung von Glücksspielen, weitere Kompetenzen bestanden nicht; vgl. Art. Lotto, in: Zedler, Universal-Lexikon, Bd. 18, Sp. 563-573; Häberlin, Handbuch (Anm. 26), S. 180.

[53] Die im Folgenden zitierten Vorschriften sind der Wahlkapitulation von Joseph II. von 1765 entnommen. Sie sind insofern repräsentativ für das 18. Jahrhundert, als aufgrund einer Vereinbarung der Reichsfürsten die Wahlkapitulation von 1711 normierende Kraft für alle späteren entfaltete, vgl. dazu Gerd Kleinheyer, Die kaiserlichen Wahlkapitulationen, Karlsruhe 1968, S. 86 ff.; Herrschaftsverträge, Wahlkapitulationen, Fundamentalgesetze, hrsg. v. Rudolf Vierhaus, Göttingen 1977.

[54] Die Vorschriften der Wahlkapitulation sind zitiert nach Moser, Neues teutsches Staatsrecht (Anm. 3), S. 519 f. bzw. Pütter, Beyträge zum Teutschen Staats- und Fürsten-Rechte, Göttingen 1777, S. 211.

Stapelprivilegien.[55] Kein Fall ist in der Reichspublizistik genannt, in dem der Kaiser die Einwilligung des gesamten Reichs für die Erteilung eines Privilegiums bedurft hätte.[56] Es gab nur eine einzige Ausnahme, nämlich die Erteilung von Steuerprivilegien für einzelne Reichsstände. Adressaten eines kaiserlichen Privilegiums konnten die reichsunmittelbaren Stände und Reichsglieder ebenso sein, wie mittelbare Reichsglieder.

Die Vorschriften der Wahlkapitulation enthielten eine starke Beschränkung der kaiserlichen Privilegiengewalt. Die Bestimmung, daß der Kaiser die Landeshoheit in Privilegiensachen nicht verletzen durfte, bedeutete letztlich nichts anderes, als daß den Reichsständen die Privilegiengewalt originär zustand,[57] d.h. die Reichsstände konnten Privilegien aus eigener Kompetenz erteilen, soweit nicht andere Reichsglieder ausdrücklich für die Erteilung bestimmter Privilegien zuständig waren. Diese Beschränkungen wurden von der Reichspublizistik beklagt.[58]

Im Gegensatz zur theoretisch eindeutigen Zuordnung der Privilegienhoheit hatte sich damit im 18. Jahrhundert ein kompliziertes Kompetenzengeflecht zwischen Reich, Reichskreisen, Reichsständen und Landständen entwickelt. Die maßgebliche Kompetenz wurde dabei den einzelnen Reichsständen zugestanden; sie hatten als einzige Beteiligte eine originäre Zuständigkeit in Privilegienangelegenheiten.

3. Staatszweck, Rechte Dritter, Gleichheitsgedanke: Die Grenzen der Erteilung von Privilegien

Die Rechtswissenschaft des 18. Jahrhunderts formulierte Beschränkungen für die Privilegienpraxis. Eine uneingeschränkte, in der Sprache der Zeit „willkürliche", Erteilung von Privilegien wurde theoretisch nicht akzeptiert.[59] Vier Aspekte der Beschränkung lassen sich unterscheiden. Die Forderung nach völliger Beseitigung der Privilegienordnung blieb dagegen vor der französischen Revolution in Deutschland eine Randerscheinung.

a) Da es auf der Ebene des Deutschen Reiches, wie gezeigt, keine einheitliche Privilegiengewalt gab, mußten die Kompentenzen der einzelnen Reichsorgane in Privilegienangelegenheiten voneinander abgegrenzt werden.[60] Diese in erster Linie zwischen

[55] Häberlin, Handbuch (Anm. 26), S. 186.

[56] Häberlin, Handbuch (Anm. 26), a.a.O.

[57] Dies gilt auch im Verhältnis zu den Landständen, die ein Mitbestimmungsrecht nur dann haben, wenn es ihnen ausdrücklich zugestanden wird, vgl. Moser, Landeshoheit (Anm. 12), S. 40; Lobethan, Abhandlung (Anm. 3), S. 11: Häberlin, Handbuch (Anm. 26), S. 177.

[58] Häberlin, Handbuch (Anm. 26), S. 182; Moser, Neues teutsches Staatsrecht (Anm. 3), S. 522 ff.; dementsprechend fordert die Reichspublizistik auch Zurückhaltung bei der weiteren Erteilung von kaiserlichen Privilegien, um die Reichsgewalt nicht noch weiter zu schwächen.

[59] Höpfner, Naturrecht (Anm. 37), S. 165: „(7) Er [der Gesetzgeber] kann Privilegien, Dispensationen und andere persönliche Verordnungen ertheilen; doch nicht ohne erhebliche Ursachen."

[60] Vgl. dazu Kap. 1, I 2.

Reichs- und Territorialgewalt vorzunehmende Abgrenzung der Kompetenzen wirkte zu Lasten desjenigen, der Privilegiengewalt in Anspruch nahm, auch als Beschränkung bei der Erteilung von Privilegien.

b) Maßgebliches Kriterium für die Grenzen bei der Erteilung von Privilegien war im 18. Jahrhundert das sog. allgemeine Wohl. Daraus folgte, daß die Erteilung von Privilegien dem Staatszweck entsprechen mußte. Zu beachten ist dabei, daß mit dem Bezug auf den Staatszweck nicht etwa ein rechtsstaatliches Kriterium eingeführt wurde. Dagegen spricht zum einen, daß die Staatszwecktheorie umfassende Kompetenzen des Staates bzw. des Fürsten eröffnete und daß zum anderen gerade der Regent die Kompetenz haben sollte zu entscheiden, was dem Staatszweck dient.[61]

Die Privilegien wurden nach dem Verständnis der Rechtswissenschaft der Zeit immer auch im Interesse des Staates erteilt; „Der Staat muß entweder dabey sogleich einen Nutzen ... oder doch in Zukunft einen Vorteil davon ... haben“.[62] Demnach durften keine Privilegien erteilt werden, die zum Schaden oder Nachteil des Staates gewesen wären.[63] Ein Ausdruck des staatlichen Interesses war eine Klausel, die nach Johann Jakob Moser für kaiserliche Privilegien allgemein in Gebrauch war: Danach war bei einer Verletzung des Privilegs eine Strafzahlung fällig, welche dem Kaiser und dem Privilegierten jeweils zur Hälfte zustand.[64]

Das allgemeine Wohl fungierte also auf der einen Seite als Beschränkung der Privilegiengewalt, da keine Privilegien gegen das allgemeine Wohl erteilt werden durften; auf der anderen Seite lieferte das allgemeine Wohl auch die Begründung für die Erteilung von Privilegien, denn „Privilegien sollten nur dann erteilt werden, wenn das ‘Wohl des Ganzen’ dazu einen Grund abgiebt“.[65] Die Bedeutung des allgemeinen Wohls für die Erteilung und Ausübung von Privilegien ging so weit, daß es nach der Privilegienlehre denkbar erschien, daß der Inhaber zur Ausübung des Privilegs gezwungen werden konnte, auch wenn dies nicht als Regelfall angesehen wurde.[66]

Das Überwiegen von Aspekten des Gemeinwohls bei der Bestimmung der Grenzen der Privilegienerteilung bestimmte auch die Diskussion um Privilegien im Vorfeld der französischen Revolution. Nur auf dieser Argumentationsebene schien eine Kritik an

---

[61] Klippel, Politische Freiheit und Freiheitsrechte (Einl. Anm. 16), S. 50 ff. u. 61 ff.; ders., Der liberale Interventionsstaat, in: Recht und Rechtswissenschaft im mitteldeutschen Raum, S. 77 ff.

[62] Fredersdorff, System des Rechts (Anm. 44), S. 390.

[63] Döhler, Abhandlung von den Rechten der obersten Gewalt (Anm. 8), S. 65.

[64] Vgl. Moser, Teutsches Staatsrecht 4 (Anm. 3), S. 273: „Daß, wer wider das Privilegium thue, in ... Marck lötigen Goldes verfallen seyn und so offt er freventlich dawider thue, solche halb in des Kaysers und des reichs-Kammer und halb dem Privilegirten unnachläßlich bezahlen wolle“

[65] Madihn, Grundsätze (Anm. 39), S. 78; vgl. auch Höpfner, Naturrecht (Anm. 37), S. 165; Scheidemantel, Staatsrecht (Anm. 5), S. 235; Art. Privilegien, in: Zedler Universal-Lexikon (Anm. 10), S. 590; s. auch Eichmann, Pandecten (Anm. 7), S. 30, der auf den Begriff der ‘Notwendigkeit‘ abstellt.

[66] Lobethan, Abhandlung (Anm. 3), S. 25.

Privilegien denkbar. So wurden Monopole, also ausschließliche gewerbliche Privilegien, abgelehnt,[67] weil diese Wachstum und Wohlstand hemmten und damit das Wohl des Staates gefährdeten.[68] Aspekte der Gleichheit spielten keine Rolle.

c) Diskutiert wurde auch die Beschränkung der Privilegiengewalt durch bereits bestehende Rechtspositionen. Letztere konnten entweder durch Privilegien selbst entstanden sein oder auf gesetzlichen Bestimmungen beruhen. Die Privilegienlehre forderte, die bestehenden Rechtspositionen bei der Erteilung von Privilegien möglichst nicht zu verletzen;[69] diese Regelung wurde nach Moser auch durch mehrere Klauseln in kaiserlichen Privilegien getroffen.[70] Die folgende Formulierung bei Christoph George Jargow ist typisch für diese Beschränkung in der Literatur: „Bey Ertheilung eines jeden Privilegii und Dispensation ist acht zu haben 1) auf das Recht und Gesetze, wider welches das Privilegium und die Dispensation soll gegeben werden 2) Nachgehends ist auch zu regardiren auf die Personen, und ob durch ein Privilegium oder Dispensation auch eines tertii Recht könne lädiret werden".[71]

Kontrovers diskutiert wurde der Fall, daß die Rechtspositionen aus einem bereits bestehenden Privileg durch ein weiteres inhaltsgleiches Privileg verletzt wurden; dies war die sog. Kollision von Privilegien. Der Umfang der Bearbeitung dieser Thematik deutet darauf hin, daß Kollisionsfälle durchaus häufig auftraten.[72] Bei der Darstellung der Regeln für die Kollisionsfälle ging die Privilegienlehre von einem grundlegenden Lehrsatz aus: „Gewöhnlich nimmt man in dem Falle, da mehrere Privilegirte mit einander concurriren als Regel an, daß alsdann diese mehrere Privilegirte nicht nach ihren Privilegien, sondern nach dem gemeinen Rechte, zu beurtheilen sind".[73] Dieser Grundsatz wurde in recht freier Interpretation einem Rechtssatz des römischen Rechts ent-

---

[67] Zum Begriff des Monopols vgl. Roth, Staatsrecht (Anm. 40), S. 138.

[68] Zweyte Auflösung der Aufgabe: Sind alle Monopolien ohne Unterschied dem Wohl der bürgerlichen Gesellschaft nachtheilig oder giebt es von dieser Regel gewisse Ausnahmen und welches sind die Einschränkungen, unter welchen Monopolien unschädlich seyn können, in: Schlettweins Neues Archiv 1786, Bd. 3, S. 183-195, S. 183 f.

[69] Moser, Neues Teutsches Staatsrecht 5 (Anm. 3), S. 523 f.; Moser, Landeshoheit (Anm. 12), S. 43 f.; Feder, Grundlehren (Anm. 42), S. 73 f.; Häberlin, Repertorium (Anm. 24), S. 288.

[70] Moser, Teutsches Staatsrecht 4 (Anm. 3), S. 273 f.; z.B.: „Doch uns und dem Heiligen Reiche an seinen Rechten und Gerechtigkeiten unschädlich."

[71] Jargow, Einleitung (Anm. 14), S. 207.

[72] Vgl. u.a. Lobethan, Abhandlung (Anm. 3), S. 39; Joachim Heinrich Christian Lüders, Nähere Betrachtung der Lehre von der Concurrenz mehrer Privilegien, in: Niedersächsisches Archiv für Jurisprudenz und juristische Litteratur 2, Leipzig 1788, S. 485-495; Christian Heinrich Gottlieb Koechy, Meditationen über die interessantesten Gegenstände der heutigen Civilrechtsgelahrtheit, Bd. 1, S. 110 ff.

[73] Lobethan, Abhandlung (Anm. 3), S. 39; vgl. auch Lüders, Nähere Betrachtung (Anm. 72), S. 485; Koechy, Meditationen (Anm. 72), S. 111; Eichmann, Pandecten (Anm. 7), S. 127.

nommen, der den Restitutionsanspruch eines Minderjährigen gegen einen anderen behandelte.[74]

Auf dieser Grundlage unterschied die Privilegienlehre zwei Fälle des Aufeinandertreffens von Privilegien.[75] Zum einen konnten die kollidierenden Privilegien so beschaffen sein, daß beide ohne Einschränkung und Nachteil vollständig ausgeübt werden konnten. Zum anderen konnte die Ausübung des einen Privilegs nicht möglich sein, ohne daß die Rechtsposition des anderen beeinträchtigt wurde. Da der erste Fall keine Probleme aufwarf, konzentrierte sich die Rechtswissenschaft auf den letzteren.

Als entscheidendes Kriterium für die Lösung des Kollisionsfalls zog die Lehre das Alter der betroffenen Privilegien heran. Die meisten Autoren gingen von einem Vorrang des älteren Privilegs vor dem jüngeren aus.[76] Diese rechtsbewahrende Auffassung stand im Einklang mit der Forderung nach einer Bewahrung bestehender Rechtspositionen bei der Erteilung von Privilegien. Das jüngere Privileg mit dem gleichen Inhalt sollte nicht gleichzeitig als Aufhebung des älteren wirken. Vielmehr erschien es diesen Autoren als Eingriff in ein bestehendes Recht, welchen es zu beseitigen galt.[77] Bestehende Privilegien sollten danach die Ausübung der Privilegiengewalt beschränken. Die gegenteilige Auffassung zog Parallelen zur allgemeinen Gesetzgebung, bei der nach allgemeiner Auffassung der Zeit das jüngere Gesetz das ältere verdrängte und forderte dies auch für Privilegien.[78] Diese in der Literatur der Zeit aber kaum vertretene Auffassung,[79] sah in der Kollision von Privilegien keine Begrenzung der Privilegienhoheit.

Weitere der zahlreichen Regeln für die Behandlung bestimmter Kollisionsfälle betrafen gleichzeitig erteilte identische Privilegien, die Kollision von unter Widerrufsvorbehalt erteilten Privilegien und Konflikte bei der Ausübung von Rechten aus sog. 'iura singularia',[80] also aus Privilegien für eine Vielzahl von Personen oder Sachen. Durch die zahlreichen Regeln für Einzelfälle wurde der eingangs genannte Grundsatz für die Behandlung der Kollision von Privilegien soweit ausgehebelt, daß sich Joachim

---

74 D.4.4.11.6; zum Umgang mit dem Corpus iuris civilis in der Privilegienlehre und dessen Bedeutung vgl. näher Mohnhaupt, Erteilung und Widerruf von Privilegien (Einl. Anm. 19), S. 98 ff.

75 Lüders, Nähere Betrachtung (Anm. 72), S. 487; Lobethan, Abhandlung (Anm. 3), S. 40; Karl Salomo Zachariä von Lingenthal, Die Wissenschaft der Gesetzgebung, Leipzig 1806, S. 299.

76 Lobethan, Abhandlung (Anm. 3), S. 40; Lüders, Nähere Betrachtung (Anm. 72), S. 490; Koechy, Meditationen (Anm. 72), S. 113.

77 Koechy, Meditationen (Anm. 72), S. 114.

78 vgl. die Nachweise bei Koechy, Meditationen (Anm. 72), S. 116 ff., 166 Fn. g).

79 In der genannten recht umfangreichen Literatur zum Thema der Kollision von Privilegien waren die Nachweise bei Koechy, Meditationen (Anm. 72), S. 116 ff. die einzigen, die im Laufe der Untersuchungen zu der vorliegenden Arbeit überhaupt auf die Existenz der abweichenden Meinungen hinwiesen.

80 Zum Begriff der 'iura singularia' s. Kap. 1 I. 1.

Heinrich Christian Lüders zu der Bemerkung veranlaßt sah, „daß ein Privilegirter gegen den andern nach seinem Privilegio zu beurtheilen sey“.[81]

Die Gefahr der Kollision mit existierenden Privilegien konnte im Einzelfall sicherlich zu einem Verzicht des Inhabers der Privilegienhoheit auf die Erteilung eines Privilegs führen. Von einer gezielten oder auch nur gewünschten Beschränkung der Privilegienhoheit durch die Kollisionsregeln darf aber nicht ausgegangen werden; es ging vielmehr darum, innerhalb einer anerkannten Privilegienordnung klare Regeln für bestehende Privilegien zu schaffen, die auch die Ausübung der Privilegien sichern sollte.

Insgesamt stand die Beschränkung der Privilegiengewalt durch Rechtspositionen Dritter einschließlich der bestehenden Privilegien jedoch im Schatten des überragenden Staatszweckgedankens. Erforderte der Staatszweck die Erteilung eines Privilegs, dem Rechtspositionen Dritter entgegenstanden, so wurde dem Staatszweckgedanken - auch wenn das bestehende Recht selbst ein Privileg war - der Vorrang zugestanden; das Privileg konnte erteilt werden.[82]

d) Der Aspekt der Gleichheit stand der Erteilung von Privilegien in der Theorie des 18. Jahrhunderts nicht notwendig entgegen. Bei Heinrich Gottfried Scheidemantel waren Privilegien sogar ein Mittel, die Gleichheit zu fördern: „Insbesondere sind die Privilegien solche Rechte, wodurch der Souverain die Gleichheit bürgerlicher Freiheiten zum Besten des Ganzen zu heben sucht“.[83] Dahinter stand ein vormoderner Gleichheitsbegriff, der nicht die Gleichheit vor dem Gesetz zum Gegenstand hatte, sondern Gleichheit als eines unter mehreren Mitteln zur Verbesserung des allgemeinen Wohls begriff.[84] Karl Anton von Martini ging zwar grundsätzlich von einer Rechtsgleichheit der Bürger aus, dies sollte aber nur gelten, „wenn nicht zum Besten des Staates die Freiheit des einen oder des andern vermehret, oder vermindert wird“.[85] Das Gleichheitspostulat stand damit unter dem Vorbehalt des Gemeinwohls. Es war ein untergeordnetes Kriterium bei der Bestimmung der Grenzen der Privilegienerteilung.

e) Lediglich Franz Rudolf von Grossing lehnte bereits vor der französischen Revolution in Deutschland die Erteilung von Privilegien grundsätzlich ab und forderte die Beseitigung aller bestehenden Privilegien. Auf der Grundlage des geplanten Allgemeinen Gesetzbuches für Preußen sah er einen Widerspruch zwischen einem allge-

---

81 Lüders, Nähere Betrachtung (Anm. 72), S. 487.

82 Gros, Lehrbuch (Anm. 5), S. 185; Theodor Schmalz, Handbuch des teutschen Staatsrechts, Halle 1805, S. 194.

83 Heinrich Gottfreid Scheidemantel, Das allgemeines Staatsrecht überhaupt und nach der Regierungsform, Jena 1775, S. 76.

84 Vgl. zum Gleichheitsbegriff im 18. Jahrhundert: Dann, Gleichheit und Gleichberechtigung (Einl. Anm. 54); Erler, Alle Menschen sind vor dem Gesetz gleich (Einl. Anm. 54), S. 22 ff.; Hans Hattenhauer, Die geistesgeschichtlichen Grundlagen des deutschen Rechts, 3. Aufl., Heidelberg 1983, S. 29 ff.

85 Karl Anton von Martini, Allgemeines Recht der Staaten, 2. Aufl., Wien 1788; so auch Eichmann, Pandecten (Anm. 7), S. 30, der auf den Begriff der ‘Notwendigkeit’ abstellt.

meinen Gesetzbuch und der weiterhin bestehenden Möglichkeit, Privilegien zu erteilen: „Privilegien, Statuten, Provinzialgesezze sind nur in so ferne gültig, als sie durch die Vorschriften des allgemeinen Gesezbuchs bestätiget sind. Zu was allgemeine Gesezbücher, wenn man sie durch Privilegien, Statuten und Provinzialgeseze nach Belieben zernichten oder entkräften kann? ... Alle Privilegien sind ein Gift, das den Staat schleichend verzehret. Bei einer gehörig eingerichteten Gesezgebung können Privilegien nicht statt finden ...“.[86] Die Forderung nach Abschaffung der Privilegien blieb ungehört. Das Gesetzbuch trat als Allgemeines Landrecht für die preußischen Staaten 1794 in Kraft und enthielt zahlreiche Bestimmungen über Privilegien.

f) Festzuhalten bleibt, daß zwar Einschränkungen für die Erteilung von Privilegien formuliert wurden; deren Wirkung darf aber nicht überbewertet werden. Das zentrale Kriterium des allgemeinen Wohls, hinter dem, wie gezeigt, alle anderen Kriterien zurückfielen, war keine effektive Grenze. Folglich sah die Literatur die Privilegienhoheit meist als tatsächlich kaum beschränkt an.[87] Die Beschränkungen der Ausübung der Privilegienhoheit verloren dadurch entscheidend an Gewicht, daß die Rechtswissenschaft die Ausübung der Privilegiengewalt weniger weitreichenden Grenzen ausgesetzt sah als die Verabschiedung allgemeiner Gesetze.[88] Die Erteilung von Privilegien erschien damit im Vergleich zur Gesetzgebung im allgemeinen als das flexiblere Instrument staatlichen Handelns innerhalb der Ausübung der ‘potestas legislatoria’.

4. Die Privilegienarten, ihre Erteilung und ihre Wirkung

Die Erteilung von Privilegien erstreckte sich im Staat des Ancien régime über alle Lebensbereiche. Privilegien wurden erteilt für das Herstellen von Arzneimitteln,[89] zum Schuldnerschutz,[90] für die Herstellung von Münzen und die Erhebung von Zöllen;[91] durch Privilegien wurden gewerbliche Monopole verliehen, es gab Privilegien zur Anlegung von Apotheken, für Schornsteinfeger und weitere Gewerbe, die ohne die Erteilung von Privilegien nicht betrieben werden durften. Eine wichtige Rolle spielten Privilegien zum Schutz gegen den Nachdruck.[92]

---

[86] Franz Rudolf von Grossing, Freimüthige Betrachtungen über den Entwurf eines allgemeinen subsidiarischen Gesezbuchs für die Preussischen Staaten, Erste Betrachtung, Von den Gesezen überhaupt. In: Leipziger Magazin für Rechtsgelehrte 1, Leipzig 1784, S. 456-474, 471 f.

[87] Briegleb, Grundsätze (Anm. 41), S. 48 f.; Moser, Gnaden-Sachen (Anm. 12), S. 42 f.; Anton Wilhelm Gustermann, Versuch eines vollständige österreichischen Staatsrechtes, 1. Teil, Wien 1793, S. 207.

[88] Pütter, Kurzer Begriff (Anm. 3), S. 107.

[89] Pütter, Beyträge (Anm. 53), S. 215.

[90] Sog. Moratorien, vgl. Roth, Staatsrecht (Anm. 40), S. 136.

[91] Häberlin, Handbuch (Anm. 26), S. 181.

[92] Dabelow, Lehrbuch (Anm. 40), S. 248 f.; speziell zu den Buchhändlerprivilegien vgl. Lobethan, Abhandlung (Anm. 3), S. 66 ff.

Die Literatur bemühte sich, diese zahlreichen Arten von Privilegien durch Differenzierungen in den Griff zu bekommen, die dann die Grundlage für die weitere Behandlung der unterschiedlichen Privilegien bildeten. Anhand eines Überblicks bei Karl Anton von Martini aus dem Jahre 1783 lassen sich die häufigsten Arten der Privilegien erfassen: „Es giebt also deren günstige, und ungünstige, und von den ersteren giebt es wieder solche, die umsonst erhalten werden, unentgeltliche, und andere, die nur gegen Bedingnisse gleichsam eingelöst werden, also entgeltbare. Wird eine Befreyung nur einer Person verliehen, so heißt sie in besonderem Verstand ein Privilegium, und zwar ein reeles, wenn es auf Erben gelangen kann, ein persönliches hingegen, wenn es mit der Person verlöscht“.[93]

a) Entgegen dem heute verbreiteten Eindruck mußte ein Privileg also keinen Vorteil gewähren. Nach der Theorie gab es „deren günstige, und ungünstige“, sog. „privilegia gratiosa“ und „privilegia odiosa“.[94] Das Privileg mit belastender Wirkung, z.B. die dauerhafte Belastung mit dem doppelten Zolltarif als Strafmaßnahme, war nach allgemeiner Überzeugung der Rechtswissenschaft des 18. Jahrhunderts nicht ausgeschlossen.[95] Am Ende des 18. Jahrhunderts waren derartige belastende Privilegien nach Ansicht der Privilegienlehre jedoch kaum noch üblich, so daß nach Ansicht der Zeitgenossen dem üblichen Sprachgebrauch nur noch die begünstigenden Privilegien entsprachen.[96]

Bei den begünstigenden Privilegien unterscheidet die Privilegienlehre zwei Fälle. Die Ausnahme konnte einerseits negativ beschaffen sein, d.h. der Begünstigte wurde von einer bestehenden Regelung, welche belastend wirkte, ausgenommen; dies war die Dispensation. Andererseits konnte eine Begünstigung darin bestehen, daß eine bisher nicht bestehende völlig neue Rechtsposition geschaffen wurde; dies wurde als „privilegia affirmativa“[97] bezeichnet. Zu den letztgenannten gehörten beispielsweise die Abbaumonopole im Bergbau.[98]

Betrachtet man den Gegenstand der Privilegienerteilung, so konnten Privilegien für Sachen, sog. dingliche, und persönliche Privilegien, also solche, die für eine bestimmte Person erteilt wurden, unterschieden werden.[99] Der entscheidende Unter-

---

[93] Martini, Lehrbegriff (Anm. 38), S. 49.

[94] Leist, Lehrbuch (Anm. 23), S. 272; Martini, Lehrbegriff (Anm. 38), S. 49; Döhler, Abhandlung von den Rechten der obersten Gewalt (Anm. 8), S. 65; Lobethan, Abhandlung (Anm. 3), S. 28.

[95] Glück, Pandecten (Anm. 7), S. 554 f. mit weiteren Beispielen für belastende Privilegien und Verweisen auf weitere Fundstellen zu diesem Thema.

[96] Glück, Pandecten (Anm. 7), a.a.O.; Eichmann, Pandecten (Anm. 7), S. 40; ausführlich dazu auch Moser, Teutsches Staatsrecht 4 (Anm. 3), S. 253 f. und Lobethan, Abhandlung (Anm. 3), S. 28.

[97] Leist, Lehrbuch (Anm. 25), S. 272 f.; Glück, Pandecten (Anm. 7), S. 554.

[98] Leist, Lehrbuch, 2. Aufl. (Anm. 41), S. 327.

[99] Gönner, Staatsrecht (Anm. 25), S. 461; Fredersdorff, System des Rechts (Anm. 44), S. 390; Martini, Lehrbegriff (Anm. 38), S. 49; Häberlin, Repertorium (Anm. 24), S. 282; Art. Privileg, in: Zedler Universal-Lexikon (Anm. 10), Sp. 589.

schied zwischen dinglichen und persönlichen Privilegien war die Frage des Übergangs auf die Rechtsnachfolger, der unmittelbare Auswirkungen auf die Dauerhaftigkeit des Privilegs hatte. Während persönliche Privilegien mit dem Tod der Person grundsätzlich erloschen, hafteten die dinglichen Privilegien sozusagen der Sache an und gingen mit dieser auf jeden Besitzer über. Dingliche Privilegien blieben auch nach der Zerstörung einer Sache bestehen, sofern die Sache in einem bestimmten Zeitraum wiederhergestellt wurde.[100] Ein vererbliches und gleichzeitig persönliches Privileg zu erlangen, erforderte die Erteilung von sog. „privilegia mixta".[101]

Die Wirkung von Privilegien konnte sich nach deren Geltungsdauer unterscheiden. Zum einen konnte die Wirkung zeitlich begrenzt sein; es handelte sich dann um sog. temporäre Privilegien. Zum anderen war es möglich, ein Privileg auf unbestimmte Zeit zu erteilen.[102] Zeitlich unbefristete Privilegien scheinen im 18. Jahrhundert der übliche Fall gewesen zu sein, da sich die Literatur nur wenig mit temporären Privilegien auseinandersetzte und im Vergleich zu anderen Privilegienarten nur wenige Beispiele anführte.

Eine weitere Differenzierung stellte auf den Titel des Erwerbes ab. Danach wurden die Privilegien unterteilt in 'privilegia onerosa' - die Erteilung von Privilegien beruhten auf der Zahlung eines Entgelts, der Privilegientaxe[103] - und 'privilegia gratuita' - die Privilegienerteilung erfolgte „blos durch die Gnade des Ertheilers"[104] und somit ohne Gegenleistung[105]; den entgeltlichen Privilegien lag eine vertragliche Regelung zugrunde.[106] Die unentgeltliche Erteilung von Privilegien war in der Form eines Precariums möglich.[107] Unter einem Precarium verstand man, dem Vorbild der römischen Bittleihe nachempfunden, daß die verliehene Rechtsposition jederzeit ohne Angaben von Gründen wieder zurückgenommen werden konnte und damit auch keine Entschädigungspflichten gegenüber dem Privilegierten entstanden.

---

[100] Lobethan, Abhandlung (Anm. 3), S. 57.

[101] Häberlin, Repertorium (Anm. 24), S. 282; Lobethan, Abhandlung (Anm. 3), S. 27; Eichmann, Pandecten (Anm. 7), S. 89, der diese auch als sog. „ausgedehnte persönliche Privilegien" bezeichnet.

[102] Gönner, Staatsrecht (Anm. 25), S. 461.

[103] Moser, Teutsches Staatsrecht 4 (Anm. 3), S. 286 f. mit Hinweisen auf das Taxverfahren, die für die Erteilung und Abwicklung zuständigen Stellen und die sog. Taxrolle in Angelegenheiten über kaiserliche Privilegien.

[104] Lobethan, Abhandlung (Anm. 3), S. 30.

[105] Gönner, Staatsrecht (Anm. 25), S. 461; Martini, Lehrbegriff (Anm. 38), S. 49.

[106] Daher wurde auch der Begriff 'conventionelle Privilegien' verwendet, vgl. Lobethan, Abhandlung (Anm. 3), S. 30; Scheidemantel, Staatsrecht (Anm. 5), S. 77.

[107] Diese Privilegien werden auch 'privilegia ad beneplacitum concessa' genannt; vgl. dazu insgesamt Lobethan, Abhandlung (Anm. 3), S. 31; weiterführend zum Begriff des 'Precariums' s. Heinrich Honsell, Römisches Recht, 3. Aufl., Wien 1994, S. 46.

Eine weitere nach der Darstellung in der Literatur häufig genutzte Privilegienart war das sog. 'privilegium exclusivum'.[108] Diese Privilegien verliehen ausschließliche Rechtspositionen und wurden dazu genutzt, gewerbliche Monopole zu vergeben.

b) Bei allen Arten von Privilegien erfolgte die Erteilung üblicherweise durch die Verleihung einer Privilegienurkunde.[109] Bei kaiserlichen Privilegien wurden nach Johann Jakob Moser diese Urkunden mit standardisierten Bedingungen, sog. Klauseln versehen.[110] Daraus folgt, daß die Erteilung von Privilegien in dieser Zeit durchaus als Massenphänomen angesehen werden kann.[111] Die eigentliche Erteilung von Privilegien wurde mit einem eigenen Begriff, der sog. 'Concession', welches nichts anderes als Bewilligung bedeutet, belegt.[112] Daneben konnte die Erteilung von Privilegien auch stillschweigend erfolgen; die Inanspruchnahme der Rechtsposition beruhte dann auf einer Vermutung.[113] Weiterhin konnte die sog. „unvordenkliche Verjährung" als Rechtsgrund für das Bestehen eines Privilegs herangezogen werden.[114] Der Begriff Verjährung diente hier, anders als heute, der Rechtsbegründung: Eine Rechtsposition wurde solange ausgeübt und geduldet wurde, daß es als Privileg anerkannt wurde; modern gesprochen wurde also durch das Nichtbestreiten einer Rechtsposition ein Vertrauenstatbestand geschaffen.

Die Entstehung von Privilegien aus einer Vermutung heraus und insbesondere aufgrund der „unvordenklichen Verjährung" war in der Literatur des 18. Jahrhunderts umstritten.[115] Diese Privilegien wirkten wie ein Fremdkörper in einer Zeit, in der entsprechend den Vorschriften für die allgemeine Gesetzgebung auch die Privilegien zu ihrer Wirksamkeit der öffentlichen Bekanntmachung bedurften[116] und ansonsten von demjenigen, der das Recht für sich in Anspruch nahm, auch bewiesen werden mussten.[117] Gerade letzteres dürfte sich in der Praxis als nahezu unmöglich erwiesen haben.

---

[108] Glück, Pandecten (Anm. 7), S. 554.

[109] Das wichtigste Indiz dafür ist, daß in der Literatur bei der Darstellung von Beispielen nahezu ausschließlich auf Privilegienurkunden verwiesen wird, vgl. u.a. Moser, Teutsches Staatsrecht 4 (Anm. 3), S. 285; Glück, Pandecten (Anm. 7), S. 554 f.; zur Erteilung von Privilegien insgesamt vgl. Mohnhaupt, Erteilung und Widerruf (Einl. Anm. 19).

[110] Moser, Teutsches Staatsrecht 4 (Anm. 3), S. 273 ff.

[111] Zum Begriff des Massenphänomens im Zusammenhang mit der Erteilung von Privilegien vgl. Mohnhaupt, Erteilung und Widerruf von Privilegien (Einl. Anm. 19), S. 112.

[112] Boehmer, Introductio (Anm. 5), S. 431; Wasmuth, Tractatio (Anm. 8), S. 14; Schmalz, Handbuch (Anm. 78), S. 194; Gros, Lehrbuch (Anm. 5), S. 185; bei Jargow, Einleitung (Anm. 14), S. 183 werden die Begriffe 'Privileg' und 'Concession' völlig gleichbedeutend nebeneinander verwendet.

[113] Lobethan, Abhandlung (Anm. 3), S. 15; Johann Christian Quistorp, Kleinere juristische Schriften, Erste Sammlung, Bützow u. Wismar 1772, S. 100.

[114] Lobethan, Abhandlung (Anm. 3), S. 16.

[115] Quistorp, Schriften (Anm. 113), S. 107 ff.

[116] Moser, Teutsches Staatsrecht 4 (Anm. 3), S. 285; Häberlin, Repertorium (Anm. 24), S. 288.

[117] Häberlin, Repertorium (Anm. 24), a.a.O.; Lobethan (Anm. 3), S. 25; Eichmann, Pandecten (Anm. 7), S. 72; Glück, Pandecten (Anm. 7), S. 565.

Soweit die 'unvordenkliche Verjährung' daher als Erwerbsgrund anerkannt wurde, geschah dies unter sehr engen Voraussetzungen. Zum einen mußte das Privileg seit unbekannter Zeit ausgeübt worden sein. Zum anderen war erforderlich, daß eine stillschweigende Einwilligung in die Ausübung des Rechts vermutet werden konnte, also der Inhaber der Privilegiengewalt das Privileg zum Zeitpunkt der Inanspruchnahme grundsätzlich erneut mit dem gleichen Inhalt erteilen würde. Die Rechtsposition konnte aber jederzeit durch den Beweis des Gegenteils erschüttert werden.[118]

Gerade die Diskussion um eine Anerkennung von Rechtspositionen aufgrund 'unvordenklicher Verjährung' offenbart Konflikte in einer Übergangsform der Ausübung staatlicher Gewalt. Die Idee des absolutistischen Staatswesens zielte auf eine uneingeschränkte und zentralistische Ausübung der Staatsgewalt innerhalb des eigenen Staatswesens. Damit einher ging auch das Ziel einer umfassenden Gestaltungsfreiheit und Kontrolle der Rechtsordnung. Dieser Prozeß war dadurch gekennzeichnet, daß sich aus einer Ansammlung von Besitztiteln und Herrschaftsrechten eine zentralstaatlich organisierte Verwaltung, ein einheitliches Rechtswesen und ein stehendes unabhängiges Heer entwickelten.[119] Haupthinderungsgrund für eine Modernisierung der Rechtsordnung war dabei, neben den ständischen Mitspracherechten bei der Gesetzgebung, die Ausübung älterer Rechtspositionen, deren Rechtsgrund häufig im Unklaren blieb. Sofern der Staat die Ausübung von Rechtspositionen nicht vollständig an sich binden konnte, war er zumindest bestrebt, deren Ausübung von historisch entwickelten Rechten zu staatlich delegierten Aufgaben umzudeuten.[120] Die bestehenden älteren Rechtspositionen standen dem Modernisierungsstreben des absolutistischen Staates in der Rechtsordnung also entgegen und sollten soweit wie möglich eingeschränkt werden. Ein Mittel dazu bestand darin, die Geltendmachung dieser Rechtspositionen durch Schaffung von Beweishürden zu erschweren.

Ein Beispiel für den Versuch auf der Ebene des Reiches, größere Freiheit von bestehenden Rechtspositionen bei der Erteilung von Privilegien zu erlangen, war eine Klausel, die nach Moser bei kaiserlichen Privilegien verwendet wurde. In dieser hieß es: „Ob auch bisher von Unsern Vorfahren, Römischen Kaysern oder Königen einig Privilegium oder Begnadigung ausgegangen, die diser Freiheit zuwider und entgegen seyn, oder verstanden werden möchten, denselben allen wollen Wir hiemit ausdrücklich derogiret haben".[121] Diese Klausel bedeutete nichts anderes als die pauschale Aufhebung aller bestehenden privilegierten Rechtspositionen, die das neu erteilte Privileg beeinträchtigen könnten. Da dies einen Eingriff in Rechtspositionen Dritter bedeuten

[118] Vgl. Quistorp, Schriften (Anm. 113), S. 108.

[119] Möller, Fürstenstaat oder Bürgernation (Anm. 9), S. 279.

[120] Möller, Fürstenstaat oder Bürgernation (Anm. 9), S. 276.

[121] Moser, Teutsches Staatsrecht 4 (Anm. 3), S. 277.

konnte und daher nach der Lehre nicht zulässig war, widersprach ein Teil der Literatur dieser Klausel.[122]

c) Die Wirkung von einmal erteilten Privilegien war in mehrerer Hinsicht beschränkt. Grundsätzlich erlangte der Privilegierte durch die Erteilung eine eigene Rechtsposition.[123] Dabei galt nach Johann Jakob Moser im wesentlichen das Folgende: „Die Würckung eines rechtmäßig erhaltenen Privilegii bestehet in dem ruhigen Genuß desselbigen“.[124] Als Rechtsposition gab das Privileg einen Abwehranspruch gegen die unrechtmäßig Beeinträchtigung durch die anderen Untertanen und durch den Staat. Damit gerade die anderen Untertanen dem Recht Beachtung schenken konnten, war eine Bekanntmachung des Privilegs erforderlich.[125]

In zeitlicher Hinsicht war das erteilte Privileg auf die Zukunft beschränkt. Es konnte nicht auf Dinge und Handlungen ausgedehnt werden, die vor Erteilung des Privilegs erfolgt waren.[126] Eine Rückwirkung konnte bei Privilegien also nicht eintreten. In örtlicher Hinsicht war der Geltungsumfang des Privilegs territorial begrenzt. Der Inhaber der Privilegienhoheit hatte keine Kompetenz, weitergehende Ausnahmen von Rechtspositionen zu machen bzw. neue hervorzurufen, als seine Rechtssetzungskompetenz überhaupt reichte. Damit entfalteten die Privilegien außerhalb der Obrigkeit, die sie erteilt hatte, keinerlei Wirksamkeit.[127] Um einen weitergehenden Schutz für die privilegierte Rechtsposition zu erhalten, kam - sofern dies für das entsprechende Rechtsgebiet möglich war - ein kaiserliches Privileg für das gesamte Reichsgebiet in Betracht; ansonsten war in jedem Territorium, in dem ein Schutz durch ein Privileg gewünscht wurde, um ein eigenes Privileg nachzusuchen.[128]

d) Durch eine Reihe von Differenzierungen versuchte die Lehre also eine Systematisierung der Privilegienarten. Diese bildeten die Grundlage für die weiteren Elemente der Privilegienlehre. Alle Privilegienarten wurden überwiegend durch Privilegienurkunden erteilt, um der Nachweispflicht für aus Privilegien geltend gemachte Rechtspositionen Genüge zu tun. In ihrer Wirkung waren die Privilegien in erster Linie dadurch beschränkt, daß die Privilegien immer nur in dem Territorium Gültigkeit besaßen, in denen der Erteiler die Privilegienhoheit innehatte.

---

[122] Moser, Teutsches Staatsrecht 4 (Anm. 3), a.a.O.

[123] Lobethan, Abhandlung (Anm. 3), S. 33; Martini, Erklärung der Lehrsätze (Anm. 10), S. 112; Rößig, Grundsätze (Anm. 21), S. 44; Moser, Gnaden-Sachen (Anm. 9), S. 45.

[124] Moser, Gnadensachen (Anm. 9), a.a.O.

[125] vgl. Kap. 1 I 4 b).

[126] Lobethan, Abhandlung (Anm. 3), S. 35.

[127] Lobethan, Abhandlung (Anm. 3), S. 36.

[128] Zur besonderen Bedeutung der kursächsischen Privilegien gegen den Büchernachdruck vgl. Wadle, Abschied vom Privileg (Einl. Anm. 12).

5. Die Auslegung von Privilegien: Eine Beschränkung des Privilegienrechts?

Die Auslegung des Inhaltes einmal erteilter Rechtspositionen ist ein entscheidender Punkt für die praktische Umsetzung dieser Rechte. Vor dem Hintergrund der Erkenntnis, daß die Kriterien für die Grenzen der Privilegienhoheit nicht auf einer grundsätzlich kritischen Haltung zu den Privilegien beruhten, ist zu vermuten, daß auch die Auslegungsregeln eine solche Grundsatzkritik nicht enthalten. Diese Vermutung bestätigt sich, obwohl der erste Befund auf ein anderes Ergebnis hinzudeuten scheint.

Für die Auslegung von Privilegien lassen sich in der Literatur drei Grundregeln finden, die eine einschränkende Wirkung nahelegen. Erstens durften Privilegien „nicht zur Folge und Beyspiel angezogen werden, und sie gelten nicht in andern ähnlichen Fällen, an andern ähnlichen Orten, bey andern ähnlichen Personen, wenn gleich eben derselbe Grund vorhanden seyn sollte".[129] Zweitens durften die Privilegien auch nicht ausdehnend erläutert werden, sondern waren einer engen Auslegung unterworfen.[130] Zum Dritten galt das Folgende: „Uebrigens müssen Privilegien so ausgelegt werden, daß für den Privilegirten etwas dabey herauskomme, und daß derselbe nicht des Vortheils verlustig gehe, welcher in dem Privilegio seiner Natur nach liegt".[131] Da die Privilegien, wie bereits dargestellt, auch im Interesse des allgemeinen Wohls erteilt wurden, hatte auch die Auslegung so zu erfolgen, daß dieses gefördert wurde.[132]

Die Auslegungskriterien hatten einen Punkt gemeinsam: Privilegien waren restriktiv auszulegen; eine Erweiterung des Inhaltes von Privilegien sollte durch die Auslegung nicht erfolgen. Damit wurde klargestellt, daß das Privileg für einen bestimmten Fall erteilt worden war und sich nicht gleichsam von selbst ausdehnte. Die Berechtigung, ein bestimmtes Gewerbe auszuüben, sollte beispielsweise nicht für neu entstandene ähnliche Gewerbe gelten.[133] Das hätte eine Einschränkung der Handlungsfreiheit des Staates bei der Erteilung von Privilegien bedeutet. Es wäre eine völlige Überdehnung der Auslegungsregeln, wollte man sie als frühe Versuche interpretieren, quasi rechtsstaatliche Prinzipien in die Privilegienlehre einzuführen oder eine Einschränkung der Privilegienpraxis zu erreichen. Vielmehr dokumentieren diese Auslegungsregeln nur, was das zentrale Element eines jeden Privilegs war, nämlich ein Sonderrecht zu sein. Die Befugnis aus der Erteilung eines Privilegs war als Ausnahme für eine bestimmte Situation gedacht. Eine erweiternde Auslegung verbot sich geradezu von selbst, wollte man den Ausnahmecharakter des Privilegs nicht aufgeben. Darüber hin-

[129] Lobethan, Abhandlung (Anm. 3), S. 17.

[130] Lobethan, Abhandlung (Anm. 3), S. a.a.O.; Eichmann, Pandecten (Anm. 7), S. 75; Wasmuth, Tractatio de privilegiorum (Anm. 8), S. 25 ff.; Häberlin, Repertorium (Anm. 24), S. 289

[131] Lobethan, Abhandlung (Anm. 3), S. 17; in diesem Sinne auch David Georg Struben, Gründlicher Unterricht von Regierungs- und Justiz-Sachen, Hildesheim 1733, S. 185; Moser, Landeshoheit (Anm. 12), S. 45

[132] Fredersdorff, System des Rechts (Anm. 44), S. 391.

[133] Eichmann, Pandecten (Anm. 7), S. 72.

aus hätte eine ausdehnende Auslegung von Privilegien zu einer von der Privilegienlehre ungewollten Beeinträchtigung von Rechtspositionen Dritter führen können.[134]

Die genannten Auslegungsregeln gehörten zum Allgemeingut in der Literatur des 18. Jahrhunderts. Keiner der Autoren, der von diesen allgemeinen Vorschriften zur Auslegung eines Privilegs ausging, nahm eine kritische Position zur Privilegienpraxis als solcher ein.

Die restriktive Auslegung von Privilegien galt auch, wenn zweifelhaft war, welcher Art das jeweilige Privileg war. Erschien es unklar, ob ein dingliches oder ein persönliches Privileg vorlag, so war von einem persönlichen Privileg auszugehen, da dieses infolge der fehlenden Vererblichkeit eine weniger weitreichende Wirkung hatte.[135] Bei Zweifeln darüber, ob ein Privileg ausschließende Wirkung haben sollte oder nicht, ging die Lehre von einem nicht ausschließlichen Privileg aus.[136]

Insgesamt dienten die Auslegungsregeln in der Privilegienlehre des 18. Jahrhunderts also nicht der Beschränkung der Privilegienhoheit. Die Auslegungsregeln orientierten sich an dem Hintergrund, daß Privilegien eine Ausnahme zu einer bestehenden Vorschrift bzw. die Erteilung einer sonst nicht vorgesehenen Rechtsposition darstellten. Das Privileg sollte benutzt werden können; darüber hinaus durften die Privilegien nicht zur Begründung von Rechtspositionen herangezogen werden.

6. Zeitablauf, Verzicht, Nichtgebrauch, Widerruf: Das Ende von Privilegien

Bestehende Privilegien stellten, wie gesehen, eine starke Rechtsposition dar. Sie beeinflussten als bestehende Rechte den Umfang der Rechtssetzungsbefugnis der obersten Staatsgewalt. Da sie zumindest theoretisch nicht nur im Interesse der Privilegierten, sondern auch im Interesse des Staates erteilt wurden, führte dies zu einer zusätzlichen Stärkung dieser Rechte. Dennoch waren privilegierte Rechtspositionen nicht unangreifbar. Im Wesentlichen waren es vier Aspekte, unter denen das Ende von Privilegien in der Privilegienlehre diskutiert wurden. Dies waren erstens der Verlust der Rechte durch Zeitablauf, zweitens durch Verzicht auf die Rechtsposition. Drittens konnte der Nichtgebrauch des Privilegs zu seiner Aufhebung führen. Der vierte und gleichzeitig wichtigste Beendigungsgrund war der Widerruf von Privilegien.[137] In dem zuletzt genannten Zusammenhang spielten wiederum Erwägungen des allgemeinen Wohls, also der Staatszweckgedanke, eine entscheidende Rolle.

---

[134] vgl. Kap. 1 I. 3. c).

[135] Hartleben, Meditationes (Anm. 8), S. 277; Eichmann, Pandecten (Anm. 7), S. 98 ff., Gustav Christian Gebauer, Singularia de privilegiis, Göttingen 1749, S. 17 ff; Döhler, Abhandlung von den Rechten der obersten Gewalt (Anm. 8), S. 65; Glück, Pandecten (Anm. 7), S. 571.

[136] Eggers, Versuch (Anm. 23), S. 63.

[137] Diesem Aspekt wurde 'maxima difficultas' beigemessen, s. Boehmer, Introductio (Anm. 3), S. 201; vgl. zum Komplex des Widerrufs von Privilegien insgesamt Mohnhaupt, Erteilung und Widerruf von Privilegien (Einl. Anm. 20), S. 112 ff.

a) Die Erteilung von Privilegien konnte für einen eingeschränkten Zeitraum erfolgen. Dies war zum einen in der Form möglich, daß man Privilegien auf einen bestimmten Zeitraum, z.B. auf 10 Jahre, erteilte. Zum anderen wurden Privilegien auf Lebenszeit erteilt.[138] Mit dem Ablauf der Zeit endete die Wirkung des Privilegs . Ein förmlicher Aufhebungsakt war nicht mehr erforderlich.[139]

b) Diskutiert wurde in der Privilegienlehre über die Frage, ob es dem Privilegierten möglich war, auf ein Privileg zu verzichten. Es wurde vertreten, daß der Inhaber des Privilegs auf dieses sowohl ausdrücklich gegenüber dem Erteiler, als auch konkludent durch entsprechende Handlungen verzichten konnte.[140] Andererseits sollte ein Verzicht auf die privilegierte Rechtsposition dann nicht möglich sein, wenn „der Regent [das Privileg] mittelbar zum Wohl des Staats einführte; in welchem Falle die Renunciation von Seiten des Inhabers wegfällt".[141] Dabei stand wiederum der Staatszweckgedanke im Vordergrund. Es zeigt sich daran erneut, daß nach der Lehre der Aspekt des allgemeinen Wohls in allen Elementen der Privilegienlehre eine zentrale Rolle spielte.

c) Ein weiterer Diskussionspunkt in der Literatur war die Frage nach dem Umgang mit Privilegien, die von ihrem Inhaber nicht ausgeübt wurden. Da die Privilegien auch erteilt wurden, um das allgemeine Wohl zu fördern, bestand ein staatliches Interesse an der Ausübung der einmal erteilten Privilegien. Es war daher in der Privilegienlehre allgemein anerkannt, daß die Nichtausübung eine Form des Mißbrauchs von Privilegien darstellte mit der Folge, daß die jeweiligen Privilegien aufgehoben werden konnten.[142] Es wurde zwar im einzelnen über die Voraussetzungen der Aufhebung wegen Nichtgebrauchs heftig diskutiert. Insbesondere variierten die geforderten Fristen für die Aufhebung deutlich, und teilweise wurde ein zusätzlicher Grund für die Aufhebung über die fehlende Nutzung des Privilegs hinaus verlangt.[143] Einig war man sich in der Privilegienlehre jedoch in der Hinsicht, daß die Aufhebung eines Privilegs aufgrund der fehlenden Nutzung ein legitimes Mittel war, um das allgemeine Wohl zu fördern.

d) Die Möglichkeit des Widerrufs einmal erteilter Privilegien war einer der am häufigsten diskutierten Fragen in der Privilegienlehre bis zum Ende des 18. Jahrhun-

[138] Das ist der Fall des 'privilegium personale', vgl. im einzelnen Kap. 1 I. 4. a).

[139] Lobethan, Abhandlung (Anm. 3), S. 55.

[140] Lobethan, Abhandlung (Anm. 3), S. 58 f.; Glück, Pandecten (Anm. 7), S. 565; obwohl dieser Fall sehr nahe an einem Nichtgebrauch des Privilegs lag, wurden die beiden Aspekte getrennt voneinander diskutiert.

[141] Scheuffelhuth, Grundsätze (Anm. 25), S. 208.

[142] Quistorp, Schriften (Anm. 113), S. 119 f.; Scheuffelhuth, Grundsätze (Anm. 25), a.a.O.

[143] vgl. zur Diskussion Lobethan, Abhandlung (Anm. 3), S. 60; Glück, Pandecten (Anm. 7), S. 565 m.w.N.

derts.[144] An kaum einem anderen Punkt in der Auseinandersetzung mit den Elementen der Privilegienlehre lassen sich die unterschiedlichen Ansätze bei der Behandlung von Privilegien so deutlich herausarbeiten.

(1) Die Diskussion entzündete sich ausschließlich an unbedingten und zeitlich nicht befristeten Privilegien. Einigkeit bestand hingegen darüber, daß Privilegien, welche mit einem Widerrufsvorbehalt versehen waren, ohne Angabe von Gründen widerrufen werden konnten.[145] Weiterhin sollten Privilegien widerrufen werden, die unter Bedingungen erteilt worden waren, die vom Inhaber des Privilegs nicht eingehalten wurden.[146] Ebenfalls unstreitig war der Widerruf von Privilegien, die vom Privilegierten erschlichen oder auf sonstige unerlaubte Weise erlangt worden waren,[147] sowie der Entzug der privilegierten Rechtsposition, wenn der Inhaber das Privileg „gröblich mißbraucht oder sich der erwiesenen Gnade durch Undanck, Ungehorsam, u.s.w. verlustig gemacht“ hat.[148]

Bei der Frage nach dem Widerruf aller anderen Privilegien standen sich im Wesentlichen zwei grundlegend verschiedene Auffassungen entgegen. Eine ältere Auffassung, die im späten 18. Jahrhundert im wesentlichen nur noch von einigen Autoren des älteren Naturrechts vertreten wurde und die in der politischen Theorie des Absolutismus wurzelte, betonte die unumschränkte Staatsgewalt, die Privilegien sowohl aus eigenem Antrieb verleihen, als auch diese ohne Angaben von Gründen wieder aufheben konnte.[149] Danach gab es keinerlei Beschränkungen für die Aufhebung von Privilegien. Diese Auffassung fand teilweise ihre Fortsetzung bei Autoren, die für „privilegia gratuita“ - also Privilegien, die ohne Gegenleistung lediglich aufgrund der Gnade des Regenten erteilt wurden - ein unbeschränktes Widerrufsrecht vorsahen.[150]

Die meisten Autoren in der Rechtswissenschaft am Ende des 18. Jahrhunderts vertraten dagegen eine Auffassung, die auf eine weitgehende Bewahrung der bestehenden Privilegien zielte. Das einmal erteilte unbedingte Privileg bildete danach eine weitgehend unangreifbare Rechtsposition. So heißt es z.B. bei Johann Stephan Pütter: „Ueberhaupt aber kann ... weder der Kayser noch ein Reichsstand ein Privilegium, das

[144] Mohnhaupt, Erteilung und Widerruf von Privilegien (Einl. Anm. 19), S. 112 ff. mit vielen Hinweisen auch auf die Diskussion vor dem Untersuchungszeitraum der vorliegenden Arbeit im 17. und frühen 18. Jahrhundert.

[145] Das waren die Privilegien nach Art eines ‘Precariums’; vgl. dazu insgesamt Eichmann, Pandecten (Anm. 7), S. 147; Lobethan, Abhandlung (Anm. 3), S. 62; Höpfner, Naturrecht (Anm. 38), S. 165; Madihn, Grundsätze (Anm. 40), S. 78; zum ‘Precarium’ s. Kap. 1 I. 4. b).

[146] Eichmann, Pandecten (Anm. 7), S. 161.

[147] Häberlin, Handbuch (Anm. 26), S. 179.

[148] Moser, Gnaden-Sachen (Anm. 12), S. 48; außer im Fall einer ‘besonders sträflichen Handlung‘ mußte dem Betroffenen Vorsatz nachgewiesen werden, vgl. Quistorp, Schriften (Anm. 113), S. 122 f.

[149] Feder, Grundlehren (Anm. 43), S. 73 f.; Briegleb, Grundsätze (Anm. 41), S. 48 ff.; vgl. auch die Hinweise auf ältere Verfechter dieser Auffassung bei Eichmann, Pandecten (Anm. 7), S. 145 ff.

[150] Quistorp, Schriften (Anm. 113), S. 102; Sammets, Vorlesungen (Anm. 30), S. 320.

einmal auf Rechtsbeständige Art und nicht auf gewisse Zeit oder Bittweise ertheilet hat, eigenmächtig wieder aufheben, oder ändern".[151] Diese Auffassung findet sich sowohl bei Autoren der Reichspublizistik als auch in der Pandektenwissenschaft und im älteren Naturrecht.[152]

Trotz der überwiegend zurückhaltenden Auffassung zur Möglichkeit des Widerrufs von Privilegien galt das Privileg in der Privilegienlehre keineswegs als unaufhebbar. Der alles überragende Staatszweckgedanke bildete auch im Rahmen der Widerrufsmöglichkeiten das Einfallstor in die bestehende Privilegienordnung. Typischerweise wurde ein Widerruf dann als zulässig angesehen, wenn er „aus einer besondern und gerechten Ursache ... statt finde"[153] bzw. „aus rechtmäßigen Ursachen"[154] erfolgte. Daneben konnte eine außergewöhnliche Änderung der Umstände den Widerruf eines Privilegs rechtfertigen.[155] Die Beurteilung erfolgt damit anhand von Kriterien des allgemeinen Wohls.[156] Die nach der Theorie auch im allgemeinen Interesse erteilten Privilegien genossen einen Bestandsschutz nur insoweit, als das allgemeine Wohl deren Existenz verlangte bzw. ihrer Existenz nicht entgegenstand. Ein Beispiel für den Widerruf von Privilegien aufgrund des allgemeinen Wohls war der Widerruf von Privilegien, welche ungewollt in die Rechtspositionen Dritter eingriffen.[157]

Das Resultat der Diskussion über die Widerrufsmöglichkeiten von Privilegien war ein weit gehender Bestandsschutz von Privilegien. Soweit ein Widerruf nicht ausdrücklich vorgesehen war und der Privilegierte seine Rechtsposition nicht grob verletzte, blieb im Wesentlichen nur der Widerspruch zum allgemeinen Wohl als Widerrufsgrund erhalten.

(2) Neben den einzelnen Gründen, die einen Widerruf rechtfertigen konnten, diskutierte die Literatur über die rechtlichen Folgen eines erfolgten Widerrufs. Namentlich ging es dabei um die Frage, inwiefern dem Inhaber eines rechtmäßig widerrufenen Privilegs ein Entschädigungsanspruch zukam.

---

[151] Pütter, Kurzer Begriff (Anm. 3), S. 108.

[152] Moser, Gnaden-Sachen (Anm. 12), S. 48; Pütter, Kurzer Begriff (Anm. 3), a.a.O.; Eichmann, Pandecten (Anm. 7), S. 145 ff.; Scheidemantel, Staatsrecht (Anm. 5), S. 77; Martini, Lehrbegriff (Anm. 39), S. 50; Höpfner, Naturrecht (Anm. 38), S. 165; Madihn, Grundsätze (Anm. 40), S. 78; Döhler, Abhandlung von den Rechten der obersten Gewalt (Anm. 8), S. 65 f.; Martini, Allgemeines Recht (Anm. 84), S. 40.

[153] Quistorp, Schriften (Anm. 113), S. 102.

[154] Häberlin, Handbuch (Anm. 26), S. 179.

[155] Das war der Anwendungsfall der sog. „clausula rebus sic stantibus"; vgl. dazu Pict Abaus, Rebus sic stantibus, Köln 1993; Georg Gieg, De tacita conditione rebus sic stantibus, Würzburg 1992; Ralf Köbler, Die „clausula rebus sic stantibus" als allgemeiner Rechtsgrundatz, Tübingen 1991; Klaus Stern, Die „clausula rebus sic stantibus" im Verwaltungsrecht, in: Staat, Kirche, Wissenschaft in einer pluralistischen Gesellschaft, Berlin 1989, S. 775-789.

[156] Lobethan, Abhandlung (Anm. 3), S. 64; Martini, Lehrbegriff (Anm. 39), S. 50.

[157] Häberlin, Handbuch (Anm. 26), S. 179.

Die Quellen des Reichsrechtes im 18. Jahrhunderts, also im Wesentlichen die Wahlkapitulationen,[158] enthielten keine Regelung über eine Entschädigung des Privilegierten nach dem Widerruf von Privilegien.[159] Die Abschnitte über Privilegien deuten bei wörtlicher Interpretation darauf hin, daß kaiserliche Privilegien ohne weitere Gründe sowohl erteilt als auch widerrufen werden konnten; eine Entschädigungspflicht bestand demnach nicht. In der Reichspublizistik finden sich keine Ausführungen zu Fragen einer Entschädigungspflicht, was auf das Fehlen einer solchen hindeutet.

In der Literatur des älteren Naturrechts wurden zwei Ansätze bei der Frage nach einer Entschädigung verfolgt. Einerseits unterschieden Autoren zwischen Privilegien, die durch Gnade des Regenten erlangt wurden, und solchen, die mit einer Gegenleistung des Privilegierten verbunden waren.[160] Im letzteren Fall sollte nach Carl Jacob Scheuffelhuth das Folgende gelten: „Wenn der Regent um des Wohls des Staats willen ein Privilegium vor Ablauf seiner Dauer einzieht; so muß er, wenn es ein Privilegium onerosum war, den Unterthan, des Verlustes wegen, schadlos halten".[161] Dahinter steht die Auffassung, dem Betroffenen zumindest den Aufwand zu ersetzen, den er durch seine Gegenleistung im Zusammenhang mit der Erteilung des Privilegs hatte. Andererseits wurde aber auch vertreten, daß im Falle des Widerrufs von Privilegien unabhängig von Art und Geltungsgrund in jedem Fall eine Entschädigung zu leisten war: „Der Privilegiat muß entschädiget werden, wenn der Regent das Privilegium aufhebt. Denn er hatte ein vollkommenes Recht daran".[162] Georg Wilhelm von Eggers forderte damit eine Gleichstellung des Privilegs mit anderen Rechtspositionen, im Wesentlichen dem Eigentum, die dem Zugriff der staatlichen Gewalt grundsätzlich entzogen waren.

Mit dieser Auffassung blieb Eggers im Vorfeld der französischen Revolution in der Minderheit. Sofern eine Entschädigungspflicht überhaupt anerkannt wurde, galt dies bis dahin nur in dem Fall, daß dem Privilegierten eigene Aufwendungen bei der Erteilung des Privilegs entstanden waren. Die privilegierte Rechtsposition konnte damit der Privilegienlehre dieser Zeit als relativ gesichert angesehen werden. Existierte jedoch ein Grund, der einen Widerruf rechtfertigte, so mußte von einem Totalverlust der Rechtsposition ausgegangen werden.

---

[158] Vgl. dazu Anm. 53.

[159] Siehe bei Moser, Teutsches Staatsrecht 4 (Anm. 1), S. 326 ff.

[160] Zur Unterscheidung zwischen ‘privilegia onerosa’ und ‘privilegia gratuita’ vgl. Kap. 1 I. 4. a).

[161] Scheuffelhuth, Grundsätze (Anm. 25), S. 208; so auch Döhler, Abhandlung von den Rechten der obersten Gewalt (Anm. 8), S. 65.

[162] Eggers, Versuch (Anm. 23), S. 64.

II. Funktionen des Privilegs im Staat des 18. Jahrhunderts

Die Forschung hat zu Recht auf die enorme Instrumentalität des Privilegs hingewiesen, welche es erlaubte, Privilegien auf praktisch allen Rechtsgebieten einzusetzen.[163] Dementsprechend erfüllte die Erteilung von Privilegien unterschiedliche Funktionen. Das Spektrum der dem Privileg in der Forschungsliteratur zuerkannten Zwecke reicht von einem Korrekturinstrument gegenüber der generellen Regel des Gesetzes[164] über die Einordnung des Privilegs als Ersatz für fehlendes Gesetzesrecht[165] bis hin zur Funktion als äußerst flexibles Herrschaftsinstrument.[166] Darüber hinaus erscheint das Privileg als Mittel, um politische Handlungsfreiheit zu ermöglichen.[167]

Diese Interpretationen erscheinen zum Teil als fragwürdig. Die Einordnung des Privilegs als Ersatz für fehlende Gesetzgebung trägt anachronistische Züge: Das Privileg selbst galt als Gesetz und war Teil eines Dualismus innerhalb der Ausübung der gesetzgebenden Gewalt.[168] In den Bereichen staatlicher Tätigkeit, in denen das Privileg als staatliches Instrument eingesetzt wurde, waren Privilegien allgemein anerkannt. Eine Forderung nach allgemeiner Gesetzgebung in von Privilegien geprägten Rechtsgebieten wurde bis zum Ende des 18. Jahrhunderts in der Rechtswissenschaft nicht erhoben.

Der Zugang zur Frage der Funktion des Privilegs im Staat des ausgehenden 18. Jahrhunderts erfolgt in der vorliegenden Arbeit über die Diskussionspunkte innerhalb der Privilegienlehre. Dabei zeigt sich, daß die Erteilung von Privilegien für den Staat, der seine absolutistischen Ambitionen verwirklichen wollte, gegenüber der allgemeinen Gesetzgebung offenbar zahlreiche Vorteile besaß. Es lassen sich im Wesentlichen sechs Aspekte unterscheiden.

Erstens wurden Privilegien im 18. Jahrhundert nicht nur erteilt, um Rechtspositionen zu begründen. Es sind Fälle von Privilegien überliefert, obwohl bereits eine inhaltsgleiche Rechtsposition aufgrund eines allgemeinen Gesetzes bestand. Anscheinend überflüssig wurden beispielsweise Arrestverbote durch Privilegien ausgesprochen, obwohl das bereits durch einen früheren Reichsabschied gesetzlich erfolgt

[163] Mohnhaupt, Erteilung und Widerruf von Privilegien (Einl. Anm. 19), S. 93 ff.

[164] Heinz Mohnhaupt, Potestas legislatoria und Gesetzesbegriff im Ancien Régime, in: Ius Commune IV, hrsg. v. Helmut Coing, Frankfurt a. M. 1972, S. 188-239, 208 ff.; ders., Privatrecht in Privilegien (Einl. Anm. 19), S. 59 ff.

[165] Mohnhaupt, Untersuchungen (Einl. Anm. 18), S. 85-87; Hans Thieme, Die Funktion der Regalien im Mittelalter, in: SZGerm 62 (1942), S. 57-88, 68; Heinrich Mitteis, Lehnrecht und Staatsgewalt, Weimar 1933, S. 8 ff.

[166] Heinz Mohnhaupt, Erteilung und Widerruf von Privilegien (Einl. Anm. 19), S. 110.

[167] Mohnhaupt, Erteilung und Widerruf von Privilegien (Einl. Anm. 19), S. 119.

[168] Diese wird einmal tätig in Form der allgemeinen Gesetzgebung und zum andern durch die Erteilung von Privilegien in Einzelfällen, vgl. Kap. 1 I 2. Dieser Dualismus ist nicht gleichbedeutend mit einer Form der Gewaltenteilung; dazu Louis Pahlow, Justiz und Verwaltung (Anm. 36).

war.[169] Das Nachsuchen um Privilegien, deren Inhalt bereits aufgrund allgemeiner gesetzlicher Regelung rechtlich fixiert war, wurde in der Reichspublizistik zwar allenthalben als überflüssig angesehen;[170] gleichzeitig ergibt sich aus diesen Quellen aber auch, daß das Nachsuchen um derartige Privilegien keineswegs eine nur marginale Erscheinung war. So heißt es bei Kreittmayr: „In Sachen, welche ohnehin schon Juris communis et ordinarii sind, ist die Privilegirung weder üblich noch nöthig ... Pro meliori esse aber pflegt man es doch öfter zu suchen ...“.[171]

Offenbar bestand also im Staat des Ancien régime ein Bedürfnis nach einer zusätzlichen Absicherung von Rechtspositionen durch Privilegien, auch wenn eine gesetzliche Regelung vorhanden war. Dies deutet darauf hin, daß die gesetzlichen Regelungen der Zeit den betroffenen Rechteinhabern zum Schutz der Rechtspositionen nicht genügten. Den Privilegien kam daher die Funktion einer Absicherung von Rechtspositionen zu. Daß einem entsprechenden Antrag offenbar regelmäßig entsprochen wurde, läßt weitere Schlüsse zu. Dem allgemeinen Gesetz des 18. Jahrhunderts mangelte es an Wirkungs- und Überzeugungskraft;[172] privilegierte Rechtspositionen genossen ein Höchstmaß an Anerkennung und boten die nötige Rechtssicherheit bei der Ausübung der Rechte. Allerdings stellte die Erteilung von Privilegien neben der bestehenden gesetzlichen Regelung in der Theorie keine Verbesserung der bestehenden Rechtspositionen dar. Privilegien und allgemeines Gesetz waren nach der Privilegienlehre gleichrangig, da beide auf der ‘potesta legislatoria’ beruhten.

Die Erteilung von Privilegien erfolgte also zur Absicherung von allgemein bestehenden Rechtspositionen, da die allgemeinen Gesetze des 18. Jahrhunderts trotz ihrer theoretischen Gleichrangigkeit mit den Privilegien bei der tatsächlichen Absicherung von Rechten eine weniger geachtete Rolle spielten.

Zweitens erschienen die Privilegien in der Theorie als ein flexibles und schnelles Instrument staatlichen Handelns. Wie gezeigt, sah die Privilegienlehre die Privilegiengewalt im Vergleich zur Kompetenz, allgemeine Gesetze zu erteilen, als weniger eingeschränkt an.[173] Das verwundert nicht angesichts der Tatsache, daß die wichtigste in der Theorie dargestellte Begrenzung der Privilegienhoheit das Kriterium des Staatszwecks war; dessen Bestimmung sollte in der Kompetenz des Fürsten liegen.[174]

Die geringeren Beschränkungen bei der Erteilung von Privilegien im Vergleich zu dem Erlaß allgemeiner Gesetze spielten daneben eine Rolle bei der Frage nach der Kompetenzverteilung in den Territorialstaaten und im Reich. Die theoretische Forde-

---

[169] Vgl. den Nachweis bei Mohnhaupt, Untersuchungen (Einl. Anm. 18), S. 86.

[170] Moser, Neues teutsches Staatsrecht 5 (Anm. 3), S. 526. Wiguläus X. von Kreittmayr, Anmerkungen über den Codicem Maximilianeum Bavaricum civilem, Bd. 1, München 1758, S. 96.

[171] Kreittmayr, Anmerkungen (Anm. 170), a.a.O.

[172] Mohnhaupt, Untersuchungen (Einl. Anm. 18), S. 86.

[173] Vgl. Kap. 1 I 3 f).

[174] Klippel, Politische Freiheit und Freiheitsrechte (Einl. Anm. 16), S. 50 ff. u. 61 ff.

rung nach einer einheitlichen ungeteilten Staatsgewalt entsprach nicht der staatlichen Realität des 18. Jahrhunderts. In der staatlichen Ordnung des Reiches existierten neben dem Kaiser die Reichsstände,[175] in den Territorialstaaten wurde die ständische Mitbestimmung nie vollständig beseitigt.[176]

In dieser Ordnung bestand im Rahmen der allgemeinen Gesetzgebung immer ein Mitspracherecht der Landstände bzw. des Reichstages auf der Ebene des Reiches.[177] Die Ausübung der Privilegienhoheit erfolgte nach anderen Kriterien. Auf der Ebene des Reiches gehörten die Privilegien, sofern sie überhaupt noch dort erlassen wurden, zu den Reservatrechten des Kaisers. Das bedeutete nicht nur, daß die Materie überhaupt in die Kompetenz des Reiches fiel, sondern auch, daß die Reichsstände hier grundsätzlich kein Mitspracherecht hatten.[178] Eine Einschränkung dieser Reservatrechte mußte ausdrücklich in der kaiserlichen Wahlkapitulation bestimmt sein. Bei der Erteilung von Privilegien innerhalb der Territorialstaaten galt das gleiche Prinzip. War nicht ausdrücklich bestimmt, daß die Landstände ein Mitspracherecht bei der Erteilung von Privilegien hatten, konnte der Regent diese in eigener Kompetenz erteilen.[179]

Die Erteilung von Privilegien kam damit auf der einen Seite den Ambitionen derjenigen Regenten entgegen, die nach absolutistischer Herrschaft strebten. Daß auf der anderen Seite die Fülle vielfältiger Privilegien der aufklärerischen Forderung nach Klarheit und Einfachheit der Rechtsordnung entgegenstand,[180] wurde billigend in Kauf genommen.

Drittens machte die Flexibilität und Schnelligkeit bei der Erteilung von Privilegien im Vergleich zur allgemeinen Gesetzgebung Privilegien zu einem geeigneten Mittel, die Ambitionen des absolutistischen Staates bei der Vereinheitlichung des Staatswesens zu unterstützen. Damit wurde das Privileg zu einem geeigneten Instrument, unter den Bedingungen des Ancien régime die Modernisierung des Staates voranzutreiben.

Viertens erscheinen die Privilegien als ein Instrument staatlicher Wirtschaftsförderung.[181] Eine ganze Reihe von Privilegien regelte Aspekte der Wirtschaftsordnung. Dazu gehörten Gewerbe- und Fabrikprivilegien ebenso wie Privilegien zum Schutz von Erfindungen und gegen den unberechtigten Büchernachdruck. Mit Ausnahme der

---

[175] Zur Kompetenzverteilung in Privilegienangelegenheiten innerhalb des Reichsverbandes vgl. Kap. 1 I. 2.

[176] Möller, Fürstenstaat oder Bürgernation (Anm. 9), S. 274 ff.; vgl. grundsätzlich Dietmar Willoweit, Rechtsgrundlagen der Territorialgewalt, Köln 1975.

[177] So war die legislative Zuständigkeit des Regensburger Reichstages im Prinzip unbeschränkt, vgl. Möller, Fürstenstaats oder Bürgernation (Anm. 9), S. 254.

[178] Häberlin, Handbuch (Anm. 26), S. 190.

[179] Häberlin, Handbuch (Anm. 26), a.a.O.

[180] Vgl. dazu Martini, Erklärung der Lehrsätze (Anm. 10), S. 86 ff.

[181] Mieck, Preussische Gewerbepolitik (Einl. Anm. 45), S. 78: Beier, Gewerbefreiheit und Patentschutz (Einl. Anm. 45), S. 185 ff.; Treue, Entwicklung des Patentwesens (Einl. Anm. 12), S. 163; Wadle, Der langsame Abschied vom Privileg (Einl. Anm. 12), S. 379.

Nachdruckprivilegien werden damit aus der Sicht des 18. Jahrhunderts neue Entwicklungen rechtlich erfaßt. Vor dem Hintergrund des merkantilistischen Wirtschaftssystems im Staat des Ancien régime lag es nahe, durch das gezielte Erteilen entsprechender Privilegien neue Wirtschaftszweige anzuziehen, die Produkte für den Export produzieren sollten. Gewerbliche Patentprivilegien dienten dazu, neue Technologien schnell zu verbreiten und waren zumeist mit einem Monopol verbunden.[182]

Dieser Aspekt der Förderung von Wirtschaft und Gewerbefleiß wurde in der naturrechtlichen Literatur teilweise sogar als Rechtfertigungsgrund für die Erteilung von Privilegien angesehen.[183] Bei Friedrich Wilhelm Sibeth heißt es im Abschnitt über die Privilegienhoheit: „Auch folgt aus diesen Befugnissen das Recht, Gnade und Privilegien zu ertheilen, indem das allgemeine Beste durch die Belohnung der Tugend, des Fleißes und der Geschicklichkeit der Unterthanen befördert wird".[184]

Fünftens: Da wohl die Mehrzahl der Privilegien nur nach Zahlung einer Gegenleistung erteilt wurde,[185] gerät ein finanzieller Aspekt in den Blickpunkt. Die Staaten des Ancien régime gelten mit Ausnahme Preußens in der Literatur als chronisch finanzschwach. Das äußerte sich beispielsweise in der enorm hohen Staatsverschuldung.[186] Die Erhebung von Privilegientaxen stellte damit einen durchaus willkommenen Beitrag zur Finanzierung des Staatshaushaltes dar.

Aber nicht nur die Privilegientaxen allein hatten einen positiven Effekt auf die staatlichen Finanzen; vielmehr erhoffte man sich steigende allgemeine Steuereinnahmen auch infolge (erfolgreicher) Wirtschaftsförderung durch die Erteilung gewerblicher Privilegien.

Sechstens: Eine wichtige Eigenheit der Privilegien im eigentlichen Sinn war die Beschränkung der Wirkung auf den Einzelfall, während die allgemeinen Gesetze eine Vielzahl von Situationen regelten. Das Privileg erfüllte damit im Staat des Ancien régime die Funktion einer Einzelfallmaßnahme mit dem Ziel, eine auch im Einzelfall gerechte Entscheidung zu treffen. Insofern scheint das Privileg bereits funktionell dem modernen Verwaltungsakt zu entsprechen, wobei aber zu berücksichtigen ist, daß die

[182] Beier, Gewerbefreiheit und Patentschutz (Einl. Anm. 45), S. 187.

[183] Fredersdorff, System des Rechts (Anm. 44), S. 392; gerade die Rechtfertigung der Monopole mit ihrem prinzipiell ausschließenden Charakter ist aber nicht unumstritten, vgl. Sind alle Monopolien ohne Unterschied dem Wohl der bürgerlichen Gesellschaft nachtheilig, oder giebt es von dieser Regel gewisse Ausnahmen und welches sind die Einschränkungen, unter welchen Monopolien unschädlich seyn können, in: Schlettweins Neues Archiv 1786, S. 183-195, 183 kommt mit der gleichen Begründung zum gegenteiligen Ergebnis: „Die Monopolien sind ohne allen Unterschied, ohne alle Ausnahme, und unter allen denkbaren Einschränkungen ungerecht, und hindern ohne allen Unterschied, ohne alle Ausnahme unter allen Umständen und unter allen denkbaren Einschränkungen geradezu das Wachsthum der Masse der Geniessungen für die Innwohner der Staaten, den Fortgang und die Erhöhung der nützlichen Gewerbsamkeit, und die wohlfeilstmögliche Erwerbung der Bedürfnisse zum Wohl und zur Blüte der Staaten."

[184] Friedrich Wilhelm Sibeth, Versuch eines Entwurfs des Vernunft-Rechts, Rostock 1790. S. 56.

[185] Vgl. Kap. 1 I. 4. a).

[186] Möller, Fürstenstaat oder Bürgernation (Anm. 9), S. 220 ff.

Privilegien des 18. Jahrhunderts sowohl im heutigen Sinne verwaltungsrechtliche als auch zivilrechtliche Materien erfaßten. Das Privileg war damit die typische Maßnahme im Ancien régime, um einen Einzelfall rechtlich zu erfassen.

Insgesamt also zeigt sich eine enorme Bandbreite an Funktionen, welche mit der Erteilung von Privilegien ausgeübt wurden. Dies macht die zentrale Bedeutung der Privilegien für den Staat des Ancien régime verständlich. Die Erteilung von Privilegien war das typische Steuerungsinstrument des absolutistisch ambitionierten Staates im 18. Jahrhundert. Kein anderes Instrument staatlichen Handelns wies neben der umfassenden Verwendungsmöglichkeiten eine ähnliche Flexibilität auf. Mitbestimmungsrechte bei der Erteilung von Privilegien waren weitestgehend nicht vorhanden, so daß die Privilegienpraxis ein geeignetes Mittel war, die Vorstellungen des Herrschers und seiner Bürokratie durchzusetzen. Die Rechtsordnung war damit am Vorabend der französischen Revolution in hohem Maße eine Privilegienordnung.

III. Abschaffung der Privilegien in Frankreich und die Diskussion um das Privileg in Deutschland

Zu den Resultaten der Veränderungen durch die Französische Revolution gehörte die vollständige Abschaffung der Privilegienordnung in Frankreich. Anders als im Deutschland des 18. Jahrhunderts wurde die Forderung nach Abschaffung der Privilegien in Frankreich vor dem Ausbrechen der Revolution immer häufiger erhoben. Sie gehörte zu den wichtigsten Ziele der revolutionären Bewegung. Berühmt wurde insbesondere die Abhandlung des Abbé Emanuel Sieyès, „Essai sur les privilèges", aus dem Jahre 1788. Darin heißt es: „Alle Privilegien ... haben ... den Zweck, entweder vom Gesetz zu befreien, oder Jemandem ein ausschließliches Recht auf etwas zu geben, das nicht durch das Gesetz verboten ist. Das Wesentliche des Privilegiums besteht darin, daß man außer dem gemeinen Recht ist ... [daher sind] alle Privilegien durch die Natur der Dinge ungerecht, verhaßt, und dem höchsten Zweck aller bürgerlichen Gesellschaft entgegen".[187]

Die vollständige Beseitigung der Privilegienordnung in Frankreich erfolgte zunächst mit der Erklärung der Menschenrechte im August 1789[188] und der französischen Verfassung vom 14. September 1791.[189] Im Prolog dieser Verfassung heißt es: „Il n'y a plus, pour aucune partie de la Nation, ni pour aucun individu, aucun privilège,

[187] Emanuel Sieyès, Abhandlung über die Privilegien, Was ist der dritte Stand? Hrsg. v. Rolf Hellmut Foerster, Frankfurt a. M. 1968; eine weitere Übersetzung: Emanuel Sieyès, „Ueber Privilegien", in: Nemesis 9 (1817), S. 218-264, dort S. 265.

[188] Déclaration des droits de l'homme et du Citoyen, u.a. Art. 1 u. Art. 13, zitiert nach: Günter Franz (Hrsg.), Staatsverfassungen, 3. Aufl., Darmstadt 1975.

[189] Constitution Française vom 3. September 1791, u.a. Titel I, Art. 1 f., zitiert nach: Franz, Staatsverfassungen (Anm. 188), S. 302 ff.

ni exception au droit commun de touts les Français“.[190] In den darauf folgenden Jahren wurden die Privilegien aus der gesamten französischen Rechtsordnung entfernt.[191]

Im Nachklang der Ereignisse in Frankreich entbrannte in Deutschland eine heftige Diskussion über die zukünftige Rolle der Privilegien in der deutschen Rechtsordnung.[192] Diese Diskussion bezog sich nahezu ausschließlich auf die Privilegien im eigentlichen Sinn. Die sog. 'iura singularia' blieben weitgehend ausgeklammert und wurden weiterhin akzeptiert.[193] Die maßgeblichen Träger dieser Diskussion waren Autoren des naturrechtlich-rechtsphilosophischen Schrifttums, welches in den 1790er Jahren eine Wandlung vom eher aufgeklärt-absolutistischen „älteren Naturrecht“ zum tendenziell liberalen „jüngeren Naturrecht“ durchmachte.[194]

Innerhalb der naturrechtlich-rechtsphilosophischen Schriften lassen sich drei Strömungen bei der Auseinandersetzung mit den Privilegien unterscheiden. Auf der einen Seite standen Autoren, welche die Privilegienordnung in Deutschland weiterhin verteidigten (1.). Demgegenüber wurde in zahlreichen Quellen die vollständige Abschaffung der Privilegienordnung in Deutschland nach dem französischen Vorbild gefordert (2.). Eine dritte Gruppe schließlich lehnte die Privilegienordnung zwar grundsätzlich ab, war jedoch bereit, in einigen Rechtsgebieten Privilegien weiterhin zu akzeptieren, da diese erforderlich erschienen (3.).

1. Forderungen nach Beibehaltung der Privilegienordnung

Soweit die Erteilung von Privilegien in der deutschen Literatur auch nach der französischen Revolution grundsätzlich akzeptiert wurde, schrieb man die Privilegienlehre des 18. Jahrhunderts unverändert fort. Dies galt für die Privilegienhoheit ebenso, wie für die Formulierung von Grenzen bei der Erteilung von Privilegien. Im Mittelpunkt stand der Aspekt des allgemeinen Wohls, dessen Bestimmung dem Regenten obliege.[195]

---

[190] Constitution Française, zitiert nach: Franz, Staatsverfassungen (Anm. 188), a.a.O.

[191] So enthalten beispielsweise die fünf napoleonischen Gesetzbücher überhaupt keine rechtlichen Privilegien mehr. Der Wort 'privilège' taucht zwar noch in den Art. 2092 ff. des code civil auf, jedoch nur noch im Sinne einer vorrangigen Gläubigerbefriedigung. Ein Sonderrecht war damit nicht verbunden.

[192] Vgl. zu diesem Komplex Klippel, Privileg im deutschen Naturrecht (Einl. Anm. 36), S. 338 ff.; ders., Privileg in der deutschen Staatsrechtslehre (Einl. Anm. 36), S. 292 ff.

[193] Vgl. u.a. Zachariä von Lingenthal, Anfangsgründe des philosophischen Privatrechtes (Anm. 34), S. 68.

[194] Zur Entwicklung in der naturrechtlich-rechtsphilosopischen Literatur am Ende des 18. Jahrhunderts unter dem Einfluß der Arbeiten von Immanuel Kant vgl. Klippel, Politische Freiheit und Freiheitsrechte (Einl. Anm. 16).

[195] Bartenstein, Natur- und Völkerrecht (Anm. 37), S. 100, Madihn, Grundsätze (Anm. 40), S. 78; Gros, Lehrbuch (Anm. 5), S. 184; Fredersdorff, System (Anm. 44), S. 390; Thomas, Lehrbuch (Anm. 44), S. 200; Jakob, Philosophische Rechtslehre (Anm. 42), S. 406; Hoffbauer, Naturrecht (Anm. 21), S. 214 f.; Karpe, Darstellung (Anm. 37), S. 97; Rößig. Grundsätze (Anm. 21), S. 44; Tafinger, Lehrsätze (Anm. 21), S. 116 f.; Rüdiger, Lehrbegriff (Anm. 37), S. 207.

In einer Hinsicht war jedoch eine Veränderung gegenüber der Situation vor 1789 eingetreten. Alle Autoren, welche die Erteilung von Privilegien weiterhin akzeptierten, empfahlen dabei besonders vorsichtig und behutsam vorzugehen.[196] Besonders eindrücklich ist die Formulierung bei Johann Christoph von Bartenstein: „Mit dem Recht Gesetze zu geben, ist auch die Befugnis verbunden, den Unterthanen Privilegien und Freyheiten zu ertheilen, oder gewisse Personen von Beobachtung eines Gesetzes durch Dispensation loszusprechen. Beydes muß aus wichtigen Ursachen und mit großer Behutsamkeit geschehen, wenn das Gesetz selbst in seiner Kraft bleiben, und die Eifersucht nicht bei den Unterthanen regieren soll".[197] Derartige Einschränkungen fanden sich vor 1789 nicht in den Quellen. Wohlwissend um den politischen Sprengstoff, der mit der Privilegienordnung verbunden war und der sich in erster Linie in der ständischen Ordnung äußerte, sahen sich diese Autoren gezwungen, Zurückhaltung bei der Erteilung von Privilegien zu empfehlen.

Daneben gab es noch eine weitere Argumentationslinie, um Privilegien weiterhin als akzeptabel erscheinen zu lassen. Auf der einen Seite wurde die Problematik der bestehenden Privilegienordnung durchaus eingeräumt. Andererseits wurde versucht, die Gründe dafür nicht in dem Rechtsinstitut des Privilegs zu suchen, sondern diese als ein reines Anwendungsproblem zu deklarieren.[198] Der durchsichtige Versuch, die Diskussion um das Privileg auf eine andere Ebene zu verlagern, scheiterte erwartungsgemäß. Zwar kritisierte man die vermeintliche Willkür bei der Erteilung von Privilegien, es wurde aber ebenso deutlich, daß gerade dies der Funktionalität und den geringen Beschränkungen bei der Erteilung von Privilegien entsprach. Damit aber wurde erneut das gesamte Rechtsinstitut des Privilegs Gegenstand der Diskussion.

Als für die Zukunft wichtig erwies sich die Betonung des Charakters der bestehenden Privilegien als 'iura quaesita'. Dies wurde seit dem Ende des 18. Jahrhunderts in der Literatur beklagt. So heißt es beispielsweise bei Joseph Joseph Bohonovsky 1803: „Die wohlerworbenen Rechte (jura quaesita) werden allenthalben als der allgemeinste und wichtigste Gegengrund wider alle, auch die wohlthätigsten, Gesetzänderungen geltend gemacht, und unter dem Vorwande eines juris quaesiti die oberste Staatsgewalt in ihren rechtlichen Äußerungen ... eingeschränkt".[199] Privilegien, so glaubte man, wirkten sich also hemmend Wirkung auf die gesetzgeberische Tätigkeit aus. Dies diente aus politischen Gründen dazu, Vorrechte zu verteidigen und eine Veränderung

[196] Eggers, Versuch (Anm. 23), S. 60, Carl Heinrich Ernst Paulus, Versuch einer Abhandlung über die Beschaffenheit eines woleingerichteten Staats, Tübingen 1791 S. 64 f.; Von dem Staate und den wesentlichen Rechten der höchsten Gewalt, Göttingen 1794, S. 90; Bartenstein, Natur- und Völkerrecht (Anm. 37), a.a.O.

[197] Bartenstein, Natur- und Völkerrecht (Anm. 37), a.a.O.

[198] Gutjahr, Entwurf des Naturrechts (Anm. 5), S. 154.

[199] Joseph Bohonovsky, Von dem Rechte des Regenten, Gesetze über bürgerliche Rechtsverhältnisse abzuändern, und den Wirkungen einer Abänderung auf bestehende Privatgeschäfte der Unterthanen, Landshut 1803, S. 28.

der rechtlichen Situation der Betroffenen - also der Inhaber der Privilegien - zu verhindern.

2. Die Forderung nach Beseitigung der Privilegienordnung in der naturrechtlich-rechtsphilosophischen Literatur

Ein Teil der naturrechtlich-rechtsphilosophischen Literatur setzte allerdings zum Generalangriff auf die Privilegienordnung an. Zum einen wurden die Privilegien als Unrecht gebrandmarkt. So heißt es bei Heinrich Stephani: „Die [Privilegien] sind nichts anders als Begünstigungen zum Nachtheile der Rechte der übrigen Mitbürger, und es wird daher ein Privilegium sehr richtig als ein gesetzliches Unrecht (eine ungerechte Handlungsweise, die von den Gesetzen Schutz erhält) beschrieben“.[200] „Ein jedes Privilegium ist auch in kosmopolitischer Rücksicht verwerflich“,[201] so Karl Salomo Zachariä von Lingenthal.

Um die Abschaffung der Privilegien zu erreichen, wurde zum anderen auch mit dem Gedanken der Gleichheit argumentiert. Dieser Argumentation lag ein gewandelter Gleichheitsbegriff zugrunde, der die Gleichheit vor dem Gesetz meinte.[202] Da die Privilegien als Ausnahmen vom Gesetz galten, war das Bestehen von Privilegien mit diesem Gleichheitsbegriff nicht mehr vereinbar.[203] So wurde nach Johann Christian Majer durch die Erteilung von Privilegien „nichts weniger als das Princip der Gleichheit auf eine irrationable Weise gebrochen“.[204] Ebenso deutlich formulierte es Daniel Christoph Reidenitz: „Privilegien aber heben das Urrecht der Gleichheit auf“.[205] Daß es bei der Diskussion um das Privileg nicht zuletzt um die ständischen Vorrechte ging, zeigt ein Ausschnitt aus einer berühmten Rede des deutschen Jakobiners Georg Wedekind: „Die Gleichheit bringt also mit sich, daß der Adel und alle Vorrechte oder Privilegien aufhören, daß alle vernünftigen Menschen gleichen Antheil an der Gesetzge-

---

[200] Stephani, Grundlinien II (Anm. 5), S. 68 f.

[201] Karl Salomo Zachariä von Lingenthal, Über die Erziehung des Menschengeschlechts durch den Staat, Leipzig 1802, S. 242; s. auch ders., Anfangsgründe des philosophischen Privatrechtes (Anm. 34), S. 67: „Alle Privilegien sind widerrechtlich; es muß ein Jeder im Staate zu dem Posten gelangen können, zu welchem ihm Glück oder Talent verhelfen kann.“

[202] Zur Vereinbarkeit des älteren Gleichheitsbegriffs mit der Erteilung von Privilegien vgl. Kap. 1 I 3 d); die Entwicklung des Gleichheitspostulats findet sich bei Eckhardt, Grundrechte vom Wiener Kongress bis zur Gegenwart (Einl. Anm. 54), S. 137; Erler, Alle Menschen sind vor dem Gesetz gleich (Einl. Anm. 54), S. 22 ff.; Schlumbohm, Freiheit (Einl. Anm. 54) S. 91 ff.; Klippel, Politische Freiheit und Freiheitsrechte (Einl. Anm. 16), S. 96 ff; Dann, Gleichheit und Gleichberechtigung (Einl. Anm. 54).

[203] Christian Daniel Voß, Handbuch des allgemeinen Staatswissenschaft nach Schlözers Grundriß bearbeitet, 1. Teil, Leipzig 1796, S. 382; Ernst Valentin Leuthier, Vorbereitung zu weiterer Erkenntnis des allgemeinen Staatsrechtes, Leipzig 1800, S. 52 f.

[204] Johann Christian Majer, System der Staats-Regierung im Grundrisse, Hof 1803, S. 69.

[205] Daniel Christoph Reidenitz, Naturrecht, Königsberg 1803, S. 158.

bung haben, welche sie entweder selbst verstehen, oder durch ihre Repräsentanten versehen lassen“.[206]

Auf der literarischen Ebene bilden Johann Gottfried Seumes Apokryphen eine faszinierende Quelle für die Auseinandersetzung mit Privilegien. Darin heißt es unter anderem: „Solange kein Privilegium ist, findet kein Despotismus statt: mit dem ersten Privilegium findet er seinen Einzug“ - „Wer die Privilegien tötete, wäre der Weltheiland“ - „Ein Privilegiat kann sich keine Ehre erwerben; denn jedes Privilegium ist Ungerechtigkeit und hebt die Ehre auf“ - „Das erste Privilegium wurde von der Schurkerei geboren, von der Dummheit gesäugt, von der Habsucht großgezogen und von der Gaunerei in die Gesellschaft eingeführt.“ - „Privilegium heißt eine Ausnahme vom Gesetz, und wo man sie macht, taugt das Gesetz nichts, oder die Ausnahme ist schlecht“.[207]

Weiterhin wurde die Erteilung von Privilegien als nicht vereinbar mit dem Zweck und dem Wesen der Obrigkeit verstanden und folglich dem Bereich der obrigkeitlichen Kompetenzen entzogen.[208] Damit wandte man das Kriterium des Staatszwecks gegen die Privilegien.

Den theoretischen Weg zur vollständigen Beseitigung oder zumindest Umgestaltung der Privilegienordnung machte Joseph Bohonovsky frei. Er sah gegenüber der Privilegienlehre des Ancien régime einen neuen Aspekt, unter dessen Voraussetzungen Privilegien aufgehoben werden konnten. Dem Regent wurde es zugestanden, unpassend gewordene Gesetze, worunter auch die Privilegien zu zählen waren, aufzuheben oder so umzugestalten, daß sie dem Zeitgeist wieder entsprachen.[209] Dabei stand als Zielgröße die Allgemeinheit der Gesetzgebung im Vordergrund; u.a. Privilegien seien Ausdruck gesetzgeberischer Willkür und daher zu beseitigen.[210]

3. Die Forderung nach Beschränkung auf „notwendige“ Privilegien

Eine vermittelnde Ansicht in der Literatur lehnte Privilegien zwar grundsätzlich ab, akzeptierte sie aber aus praktischen Gesichtspunkten. Für sie hatte die Stabilität des Staates Vorrang vor der Abschaffung sämtlicher Privilegien. So hieß es bei Daniel Christoph Reidenitz: „Wo aber Privilegien einmal ertheilt worden, da sind sie in die fehlerhafte Verfassung meistentheils so eingewebt, daß eine plötzliche Aufhebung

---

[206] Georg Wedekind, Ueber Freiheit und Gleichheit, S. 8; gegen die Vorrechte des Adels auch Christoph Meiners, Geschichte der Ungleichheit der Stände unter den vornehmsten Europäischen Völkern, Bd. 2, Hannover 1792, S. 579 der allerdings Vorrecht akzeptiert, die Belohnungen für besondere Verdienste darstellen.

[207] Johann Gottfried Seume, Apokryphen, 1806 u. 1807, zitiert nach: Ders., Prosaschriften, Mit einer Einleitung von Werner Kraft, Darmstadt.

[208] Voß, Handbuch (Anm. 202), S. 556.

[209] Joseph Bohonovsky, Von dem Rechte des Regenten (Anm. 199), S. 72 ff.

[210] Bohonovsky, Von den Rechte des Regenten (Anm. 199), S. 61 f.

leicht auf Verwirrung und Zerstörung hinführen würde. Sie müssen daher mit Geduld ertragen werden, bis sie in der allgemeinen Meinung ihren Werth verlieren".[211] Deutlich ist die Furcht vor den Folgen einer sofortigen Beseitigung der Privilegienordnung erkennbar. Der Wunsch nach einer Reform der Rechtsordnung hatte nach den revolutionären Auswüchsen in Frankreich an Attraktivität verloren.

Neben der Furcht vor den Folgen einer sofortigen vollständigen Beseitigung der Privilegienordnung in Deutschland spielt der Gedanke eine wichtige Rolle, daß einige Privilegien als sinnvoll und notwendig angesehen wurden. Im übrigen wurde die Erteilung von Privilegien abgelehnt.[212] So forderte Christoph Meiners: „Alle Vorrechte ... müssen von Rechts wegen Belohnungen von vorzüglichen Verdiensten seyn, und können also nur den einzelnen Personen zukommen, die sich derselben würdig gemacht".[213] Akzeptiert wurden Vorzugsrechte dann, wenn die Autoren einen sachlichen Grund für die Erteilung der Privilegien sahen. Dies galt insbesondere für eine Reihe von 'iura singularia'. So wurden die Vorzugsrechte der Beamten weiterhin anerkannt, da diese mit dem Amt verbunden seien und mit dem Verlust des Amtes wieder verschwänden.[214] Bei Karl Salomo Zachariä von Lingenthal heißt es umfassender: „Von dieser Regel, daß alle Privilegia widerrechtlich sind, machen jedoch diejenigen Vorrechte eine Ausnahme, die einer Gattung von Personen zu dem Ende ertheilt werden, um die rechtliche Gleichheit, in wie fern diese durch die physische Ungleichheit der Menschen gefährdet oder aufgehoben wird, zu sichern oder wiederherzustellen".[215] Dem Gleichheitsbegriff kam hier eine andere Funktion zu. Im Vordergrund stand nicht das Ideal der rechtlichen, sondern der weitgehenden materiellen Gleichheit. Bestimmte Rechtspositionen, darunter u.a. die besonderen Rechte der Minderjährigen, erfüllten eine Schutzfunktion, die man in der Literatur als legitim ansah. Diese Form der Privilegien sollte daher aus der Diskussion um das Privileg an sich herausgenommen werden. Die Kritik galt im wesentlich den ständischen Vorrechten.

In der Diskussion um die Privilegien am Ende des 18. Jahrhunderts zeigt sich ein charakteristischer Wandel. Die Verteidiger der überkommen Privilegienlehre gerieten in die Defensive. Die Privilegienordnung bedurfte nunmehr der Rechtfertigung. Die Betonung der Privilegien als 'iura quaesita' und damit als Rechte, die Bestandteil des Eigentumsbegriffs sein konnten, bot, wie noch zu zeigen ist, eine erfolgversprechende Möglichkeit dafür. Die Privilegienordnung war in der naturrechtlich-rechtsphilosophischen Literatur heftiger Kritik ausgesetzt. Trotz dieser Kritik zeigte sich aber auch, daß eine völlige Abschaffung aller Privilegien sowohl in der Umsetzung mit Problemen behaftet war, als auch nicht immer als wünschenswert angesehen

[211] Reidenitz, Naturrecht (Anm. 205), S. 159.

[212] Theodor Schmalz, Das reine Naturrecht, Königsberg 1792, S. 91.

[213] Meiners, Geschichte der Ungleichheit der Stände (Anm. 206), S. 579.

[214] Reidenitz, Naturrecht (Anm. 205), S. 159 ff.

[215] Zachariä von Lingenthal, Anfangsgründe des philosophischen Privatrechtes (Anm. 34), S. 68.

wurde. Einmal mehr erweist sich die wichtige Rolle von Privilegien im Staat des 18. Jahrhunderts. Während die ständischen Vorrecht nahezu einhellig abgelehnt wurden, erschienen Privilegien auf dem Gebiet des Büchernachdrucks, der Patente etc.[216] als weiterhin erforderlich.

IV. Das Privileg im Kontext der Reichsauflösung

Am 6. August 1806 legte Franz II. von Habsburg-Lothringen die deutsche Kaiserkrone nieder und erklärte das Kaisertum für erloschen.[217] Die Auflösung des Reiches hatte wesentliche Folgen für die Privilegienordnung im Gebiet des ehemaligen Reiches.

Das für die Ausübung der Privilegiengewalt zentrale Problem der Abgrenzung von Reichs- und Territorialgewalt[218] bestand nach 1806 nicht mehr. Den nunmehr souveränen ehemaligen Reichsständen stand unbestritten die Gesetzgebungs- und damit auch die Privilegienhoheit zu.[219] Konflikte um die Ausübung der Privilegiengewalt gab es nach der Auflösung des Reiches lediglich noch innerhalb der einzelnen Territorien. In mehreren Wellen der Verfassungsgebung wandelten sich bis zur Mitte des 19. Jahrhunderts die meisten deutschen Staaten zu konstitutionellen Monarchien; das Zeitalter des Absolutismus neigte sich dem Ende zu.[220] In den Blick gerieten dabei auch die Mitspracherechte der Landstände in Privilegienangelegenheiten.

Neben der Neuregelung der Kompetenzen in der Frage der Privilegiengewalt stellte sich nach 1806 das Problem des Umgangs mit verbliebenen privilegierten Rechtspositionen, die ihren Ursprung in reichsrechtlichen Regelungen hatten. Der Umgang mit überkommenen Privilegien war in der neuen Ordnung mit souveränen Staaten weitgehend unklar. Eine Ausnahme bestand, wenn einzelne Privilegien - wie beispielsweise die Gerichtsstandsprivilegien[221] - mit dem Untergang des Reiches ohnehin gegenstandslos wurden. Es gibt im übrigen weder eindeutige Hinweise auf eine Weitergel-

[216] Gönner, Staatsrecht (Anm. 25), S. 461.

[217] Zu den Umständen der Auflösung des Reiches durch das Niederlegen der Kaiserkrone vgl. Möller, Fürstenstaat oder Bürgernation (Anm. 9), S. 575 ff., 587 f.

[218] Vgl. Kap. 1 I. 2.

[219] Wilhelm Joseph Behr, Systematische Darstellung des Rheinischen Bundes aus dem Standpunkte des öffentlichen Rechts, Frankfurt a. M. 1808, S. 228 f.; Johann Ludwig Klüber, Staatsrecht des Rheinbundes, Tübingen 1808, S. 88 ff.

[220] Während Preußen bis 1848 seine absolutistische Staatsform beibehielt, erhielten bis 1820 die meisten süddeutschen Staaten eine Verfassung; in den mittel- und norddeutschen Staaten erfolgte die Verfassungsgebung überwiegend in den 1830er Jahren, s. die Texte bei Ernst Rudolf Huber (Hrsg.), Dokumente zur deutschen Verfassungsgeschichte, Bd. 1, Stuttgart 1961, S. 304 ff.; vgl. zur Verfassungsgebung insgesamt vgl. Karl Kroeschell, Deutsche Rechtsgeschichte 3, 2. Aufl., Opladen 1993, S. 139 ff.; Heinrich Lutz, Zwischen Habsburg und Preußen, Berlin 1994, S. 64 ff.

[221] Dabei handelte es sich um die sog. 'privilegia de non appelando' die in dem privilegierten Reichsstand den Gang vor ein Reichsgericht hinderte und damit zur Souveränität des Reichsstandes in gerichtlichen Angelegenheiten führte, vgl. Ulrich Eisenhardt, Die kaiserlichen privilegia de non appellando, Köln 1980; Jürgen Weitzel, Funktion und Gestalt der Gerichtsprivilegien, in: Das Privileg im europäischen Vergleich 1, S. 191-206.

tung der Privilegien, noch darauf, daß die Privilegien allgemein als gegenstandslos angesehen wurden. Die wenigen Indizien deuten eher auf eine Weitergeltung auch der reichsrechtlichen Privilegien hin.[222] Da die meisten Privilegien bereits vor der Auflösung des Reiches von den Reichsständen erteilt wurden,[223] stellte sich das Problem allerdings eher selten.

Eine Erbschaft aus der Auflösung des Reiches war die Bewältigung der Reichsreformen von 1803. Durch den Reichsdeputationshauptschluß wurden in diesem Jahr die geistlichen Fürstentümer säkularisiert und die meisten kleineren reichsunmittelbaren Stände mediatisiert. Insgesamt kam es dadurch zur Aufhebung von 112 Reichsständen.[224] Die ehemaligen Regenten dieser Reichsstände waren in die Gesellschaft der neuen souveränen Staaten zu integrieren. Wie im 3. Kapitel zu zeigen ist, erfolgte dies im Wesentlichen über die Privilegierung dieser Personengruppe. Die Privilegierung der ehemaligen Reichsunmittelbaren wurde im 19. Jahrhundert zu einem zentralen Punkt in der Diskussion um das Privileg.

---

[222] Ein wenn auch schwacher Hinweis ist die Formulierung von § 13 ABGB aus dem Jahre 1811, welche die Privilegien allen anderen Rechtspositionen gleichstellt und keine Unterscheidung zwischen ursprünglich reichsrechtlichen und landesrechtlichen Privilegien trifft.

[223] Wie bereits dargestellt hatten diese die originäre Kompetenz in Privilegienangelegenheiten; die Zuständigkeit des Reiches musste gesondert festgelegt sein, vgl. Kap. 1 I 2; für Apothekenprivilegien insbesondere vgl. Werner Klie, Die Ablösung der Apothekenbetriebsrechte und ihre Rechtsfolgen, Hamburg 1931, S. 12 ff.

[224] Möller, Fürstenstaat oder Bürgernation (Anm. 9), S. 579.

2. K A P I T E L : Das Privilegienrecht im Allgemeinen Landrecht für die Preußischen Staaten

Am 1. Juni des Jahres 1794 wurde für das gesamte damalige Staatsgebiet Preußens das Allgemeine Landrecht für die Preußischen Staaten in Kraft gesetzt.[1] Das Gesetzbuch enthält zahlreiche Vorschriften über Privilegien. Die grundlegenden Bestimmungen befanden sich in der Einleitung. Im Kontext der Vorschriften über die Auslegung von Gesetzen regeln die §§ 52-58 Einleitung ALR die Auslegung von Privilegien. Im Abschnitt über die Aufhebung der Gesetze enthalten die §§ 62-72 Einleitung ALR Bestimmungen über das Erlöschen von privilegierten Rechtspositionen und dessen Rechtsfolgen, insbesondere die Entschädigung der Rechtsinhaber. Die Ausübung der Privilegienhoheit im preußischen Staat stand nach § 7 2. Teil Titel 13 („Von den Rechten und Pflichten des Staats überhaupt“) ausschließlich dem „Oberhaupte des Stats“, also dem preußischen König zu.

Daneben regelte das ALR die Erteilung und Ausübung bestimmter Privilegien. Die §§ 34-50 II 9 ALR enthalten Bestimmungen über die Vorrechte des Adels, der nach § 1 II 9 ALR den „ersten Stand im Staate“ darstellte. Handwerkliche Privilegien und damit die der Zunftorganisationen waren Gegenstand der §§ 224, 225 II 8 ALR. Weiterhin enthält das ALR Bestimmungen über Konkursprivilegien (§§ 629-647, 656-659 I 9 ALR) und Konzessionen zur Errichtung von Fabriken (§§ 410, 411 II 8), sowie über Apothekenkonzessionen (§§ 456-463 II 8 ALR). Die beiden letztgenannten ‘Concessionen’ waren kraft ausdrücklicher gesetzlicher Bestimmung nach den Vorschriften über die Privilegien zu beurteilen (§ 411 bzw. § 463 II 8 ALR). Von besonderen Privilegien der Apotheker - im Hinblick auf Konkurs und Rechnungslegung - handeln die §§ 472-474 II 8 ALR. Daneben regelte das Allgemeine Landrecht eine ganze Reihe steuerlicher Privilegien (§§ 3-10, 78-85 II 14 ALR).

Die große Zahl der Regelungen legen eine wichtige Rolle der Privilegien in der preußischen Staatsordnung nahe. Umfangreiche Aspekte des gesellschaftlichen - Adel - und wirtschaftlichen - Handwerk und Industrie - Lebens wurden durch Privilegien geordnet. Es stellt sich daher die Frage, welche Rolle das ALR in der Geschichte der Entwicklung des Privilegienrechts spielte und welchen Charakter die Vorschriften im ALR im Kontext der überkommenen Privilegienlehre haben.

Die Untersuchung des Privilegienrechts des ALR beschränkt sich hier auf die Vorschriften, in denen die Privilegienlehre geregelt ist. Zunächst ist die Entstehung der Vorschriften über die Privilegien kurz darzustellen (I.). Anschließend wird untersucht, inwiefern die endgültige Fassung des Privilegienrechts im ALR als Kodifizierung der überkommenen Privilegienlehre anzusehen ist (II.). Im folgenden Abschnitt wird das

[1] Vollständiger Abdruck des Gesetzeswerkes: Allgemeines Landrecht für die Preußischen Staaten von 1794, Mit einer Einführung von Hans Hattenhauer und einer Bibliographie von Günther Bernert, 3. Aufl., Neuwied 1996.

ALR den beiden anderen so genannten Naturrechtskodifikationen, dem österreichischen ABGB von 1811 sowie dem französischen Code civil von 1804, hinsichtlich der Bedeutung und Funktion von Privilegien in den jeweiligen Gesetzeswerken gegenübergestellt (III.). Die Entwicklung der gesetzlichen Vorschriften über Privilegien in der ersten Hälfte des 19. Jahrhunderts bilden den Gegenstand des letzten Abschnittes (IV.). Dabei liegt der Schwerpunkt auf der preußischen Gesetzgebungsrevision in den 1830er Jahren.

I. Die Entstehung der Vorschriften über die Privilegien

Die endgültige Fassung des Gesetzgebungswerkes von 1794 ist das Ergebnis einer Redaktionsgeschichte von etwas mehr als 14 Jahren. Den Beginn markiert die Kabinettsorder Friedrichs II. vom 14. April 1780.[2] Am Anfang einer Reihe von Zwischenentwürfen steht der gedruckte Entwurf der Redaktoren aus den Jahr 1784.[3] In den Zeitraum der Redaktionsgeschichte fällt demnach die französische Revolution, in deren Gefolge die Privilegienordnung in Frankreich vollständig beseitigt wurde. Folglich ist die Frage aufzuwerfen, inwiefern die Entwicklung in Frankreich die Kodifikation beeinflußte, genauer gesagt wie es Heinz Mohnhaupt formuliert, inwieweit das Allgemeine Landrecht „willens und in der Lage war, die überkommene Privilegienordnung mit ihren individuellen und ständischen Sonderberechtigungen aufzuheben und als Gleichheit und Freiheit verbürgendes objektives Recht“[4] zu fungieren.

Die zahlreichen Vorschriften über Privilegien lassen diese Fragestellung jedoch als zu weit erscheinen. Das Allgemeine Landrecht zeigt im Gesamtzusammenhang eine ständisch-konservative Grundhaltung.[5] Eine vollständige Abschaffung der Privilegien stand im Verlauf des Gesetzgebungsprozesses niemals zur Diskussion.[6] Es kann somit nur um die Frage gehen, inwiefern die Vorschriften über Privilegien unter dem Eindruck der französischen Entwicklungen einer zunehmenden Diskussion über ihre Existenzberechtigung ausgesetzt waren bzw. inwieweit die Bedeutung der Vorschriften über die Privilegien im Verlaufe der einzelnen Entwürfe rückläufig war. Als Vergleichsmaßstab wird dabei immer die überkommene Privilegienlehre herangezogen. Die Untersuchung erfolgt in drei Schritten. Zunächst wird der Regelungsgehalt der Privilegienvorschriften des gedruckten Entwurfs von 1784 analysiert (1.). In einem zweiten Schritt werden die wesentlichen Diskussionspunkte im Verlauf des Kodifika-

---

[2] Einen guten Überblick zur Vorgeschichte und Kodifikationsgeschichte des ALR, sowie zum Werdegang der Redaktoren bietet Hattenhauer, Allgemeines Landrecht (Anm. 1), S. 1 -25.

[3] Entwurf eines Allgemeinen Gesetzbuchs für die Preußischen Staaten, Bd. 1, Berlin 1784; zu den Entwürfen im Verlauf des Kodifikationsprozesse im Einzelnen vgl. Schwennicke, Die Entstehung der Einleitung des ALR (Einl. Anm. 6), S. 13 ff.

[4] Mohnhaupt, Untersuchungen (Einl. Anm. 18), S. 91.

[5] Mohnhaupt, Privilegien und „gemeines Wohl“ im ALR (Einl. Anm. 19), S. 106.

[6] Schwennicke, Die Entstehung der Einleitung des ALR (Einl. Anm. 6), S. 237 ff.

tionsprozesses dargestellt. Dabei werden sowohl die Monita als auch Diskussionsbeiträge außerhalb des offiziellen Kodifikationsverfahrens berücksichtigt (2.). In einem letzten Schritt wird der Einfluß der Diskussion auf das Ergebnis des Kodifikationsverfahrens dargelegt (3.).

1. Die Privilegienvorschriften im Entwurf des AGB von 1784

Der gedruckte Entwurf behandelte in seiner Einleitung die grundlegenden Vorschriften über die Privilegien in insgesamt 13 Vorschriften.[7] Der Gesetzestext faßte die Privilegienvorschriften in verschiedenen Gruppen zusammen. Der Standort der Privilegienvorschriften orientierte sich an der Struktur der Regeln über die Gesetzgebung im Allgemeinen, da die Privilegien als Bestandteil bzw. Ausfluß der Gesetzgebungshoheit angesehen wurden.[8] Am Ende der jeweiligen Bestimmungen über die allgemeine Gesetzgebung wurden die Vorschriften behandelt, welche die besonderen Regeln für die Privilegien enthielten. Die Auslegungsvorschriften über Privilegien wurden im Abschnitt über die Auslegung der Gesetze behandelt usw. Diese Struktur im Gesetz gibt damit vor, in welchem Zusammenhang die Entstehung der Vorschriften im Einzelnen zu untersuchen ist.

Die §§ 10-12 Einleitung des Entwurfes regelten die Erteilung von Privilegien, die Privilegienhoheit, die als ausschließliches Recht des Gesetzgebers postuliert wurde, und formulierten eine Definition des Privilegs. Nach § 10 waren Privilegien Rechte, „welche die Vorschriften des gemeinen Rechts, in Ansehung gewißer Sachen, Personen oder Fälle verändern". Der folgende § 11 stellte eine Vermutung auf: Privilegien, welche einen Dritten in seinem Besitz oder Recht entgegen der gesetzlichen Regelung beeinträchtigen, werden so angesehen, als ob das Privileg erschlichen worden wäre. In § 12 wurde bestimmt, daß Privilegien, sofern sie nicht ausdrücklich einem anderen ausschließlich erteilt worden sind, anderen in dem gleichen Umfang erteilt werden konnten. Der Begriff des Privilegs und die Privilegienhoheit wurden im Einklang mit der überkommenen Privilegienlehre geregelt.[9] Die Regelung in § 12 enthielt, betrachtet man die Auffassung der gemeinrechtlichen Lehre, Selbstverständliches.

In den §§ 37-39 Einleitung Entwurf befanden sich die Auslegungsregeln. Nach § 37 waren die Privilegien so auszulegen, wie sie am wenigsten die Rechtspositionen der übrigen Untertanen beeinträchtigten. Eine Interpretation von Privilegien, durch welche die „Gnade" des Landesherrn hätte beeinträchtigt werden können, untersagte § 38. Diese Vorschriften nahmen die gemeinrechtliche Lehre von der Auslegung der Privi-

[7] Die Vorschriften des gedruckten Entwurfes sind entnommen aus Schwennicke, Die Entstehung der Einleitung des ALR (Einl. Anm. 6).

[8] Schwennicke, Die Entstehung der Einleitung des ALR (Einl. Anm. 6), S. 239; Mohnhaupt, Verhältnis Privileg und Kodifikation (Einl. Anm. 18), S. 82 f.; ders., Privatrecht in Privilegien (Einl. Anm. 19), S. 59 m.w.N.

[9] Zu den Definitionsschwierigkeiten vgl. Kap. 1. I. 1.

legien auf.[10] In diesen Bestimmungen kam daher keinesfalls eine Zurückhaltung des Gesetzbuches gegenüber Privilegien zum Ausdruck, wie dies gelegentlich angenommen wird.[11] Hervorzuheben ist § 39, welcher die Ausdehnung und Einschränkung existierender Privilegien alleine dem Gesetzgeber zuwies und den Richter folglich davon ausschloss. Diese Vorschrift stand im Einklang mit der Tendenz des Gesetzbuches, dem Richter so wenig Entscheidungsspielraum wie möglich zu lassen.[12]

Die Erlöschenstatbestände behandelte der Entwurf in den §§ 44, 45, 47-49. Nach § 44 erloschen persönliche Privilegien in der Regel mit dem Tode des Privilegierten, es sei denn, das Privileg wurde ausdrücklich auch den Erben verliehen. Privilegien, die einer Sache 'ankleben', also sog. dingliche Privilegien gingen nach § 45 auf jeden Besitzer der Sache über. Zeitlich befristete Privilegien erloschen nach § 47 ohne weitere Maßnahmen mit dem Ablauf der für das Privileg bestimmten Zeit. Bedingte Privilegien behielten ihre Gültigkeit gemäß § 48 nur in dem Maße und für die Zeit, in der die auferlegte Bedingung erfüllt wurde. Nach § 49 verloren Privilegien, die auf einen bestimmten Zweck gerichtet waren, ihre Gültigkeit, wenn entweder der angestrebte Zweck eingetreten war oder nicht mehr erreicht werden konnte. Im Wesentlichen übernahmen die Vorschriften die gemeinrechtliche Lehre.[13] Zur umstrittenen Frage, inwiefern persönlich Privilegien als vererblich angesehen wurden, bestimmte der Entwurf, daß eine Vererbung nur dann in Frage komme, wenn das Privileg ausdrücklich auch dem Erben erteilt wurde.[14]

Der Widerruf von Privilegien und die Verpflichtung des Gesetzgebers zur Entschädigung waren in den §§ 43 und 46 des gedruckten Entwurfs von 1784 enthalten. Nach § 43 sollten Privilegien, die nicht aus bloßer Gnade, daß heißt aufgrund einer Gegenleistung (sog. 'privilegia onerosa'),[15] erteilt worden waren, nur dann zurückgenommen werden können, wenn bestimmte, aber wichtige Gründe des Gemeinwohls für die Aufhebung sprachen. In diesen Fällen war der Inhaber des Privilegs für die Aufhebung zu entschädigen. Die Regelung des § 46 ermöglichte es dem Landesherrn, bei Mißbrauch eines Privilegs die Rücknahme der verliehenen Rechtsposition anzuordnen. Diese Vorschrift kannte keine Verpflichtung zur Entschädigungsleistung. Beide Vorschriften orientierten sich ebenfalls an der gemeinrechtlichen Lehre. Die Unterscheidung zwischen 'onerosen' und 'gratiosen' Privilegien im Hinblick auf die Widerrufsmöglichkeit war dort ebenso ein Grundsatz wie die Aufhebung von Privilegien bei einem Mißbrauch des Rechts.[16]

---

[10] Siehe dazu noch einmal Kap. 1 I. 5.

[11] Vgl. Gerd Kleinheyer, Aspekte der Gleichheit in den Aufklärungskodifikationen, S. 11.

[12] Mohnhaupt, Privilegien und „gemeines Wohl“ (Einl. Anm. 19), S. 105 f.

[13] Vgl. dazu Kap. 1. I. 4.

[14] Vgl. dazu Kap. 1 I. 4. a).

[15] Vgl. dazu Kap. 1 I. 2.

[16] Vgl. dazu Kap. 1. I 6. d).

Der gedruckte Entwurf orientierte sich damit weitgehend an der überkommenen Privilegienlehre des 18. Jahrhunderts. Lediglich dort, wo Entscheidungen unabdingbar waren, bezog der gedruckte Entwurf Position; in allen Fällen wurde dabei der Ansicht stattgegeben, die jeweils ein höheres Maß an Rechts- und Bestandssicherheit beim Umgang mit den Privilegien gewährleistete. Die auch in neueren Arbeiten nachzulesenden Auffassung,[17] die Privilegienvorschriften des Entwurfs stellten eine restriktive Regelung im Hinblick auf die Privilegienpraxis dar, kann nicht bestätigt werden. Die im Entwurf enthaltenen Vorschriften stellen eine Kodifikation der zentralen Vorschriften der Privilegienlehre der zweiten Hälfte des 18. Jahrhunderts dar.

2. Die Diskussion um die Privilegienvorschriften im Kodifikationsprozess

Bei der Auseinandersetzung um die Entstehung des ALR sind zwei grundsätzlich unterschiedliche Gattungen von Stellungnahmen zu unterscheiden. Auf der einen Seite steht das „offizielle Gesetzgebungsverfahren", in dem neben den verschiedenen Entwürfen der Redaktoren die sog. Monita von Interesse sind. Diese Monita waren Gutachten, die aufgrund direkter Anfrage und durch ein allgemeines Preisausschreiben den Redaktoren zugingen.[18] Auf der anderen Seite steht die Kritik an dem Gesetzeswerk in Monographien, Zeitschriftenbeiträgen und privaten Gesetzentwürfen von Autoren, die nicht um Stellungnahmen gebeten wurden. Die beiden Aspekte werden getrennt untersucht.

a) Nach den Ausführungen von Andreas Schwennicke lassen sich in den Monita deutliche Schwerpunkte in der Auseinandersetzung mit den Privilegienvorschriften erkennen.

(1) Soweit die Erteilung von Privilegien behandelt wurde, waren die sog. Monopole und der Fall der Kollision von Privilegien Gegenstand von Kritik. So wurde von Seiten der ostpreußischen Regierung gefordert, möglichst keine weiteren Privilegien zu erteilen, da es nahezu nicht mehr möglich sei, „einem ein privilegium zu ertheilen, ohne daß der Dritte darunter leidet". Monopole sollten grundsätzlich als Fall des § 11 zu betrachten sein und damit als erschlichen angesehen werden.[19] Über den Text des Entwurfes hinaus wurde angeregt, daß ein Privilegium unabhängig von der Verletzung der Rechte eines Dritten „dem Wohle des Ganzen ... nicht entgegen seyn"[20] dürfe. Durch die Forderung nach Abschaffung der Monopole und die Formulierung des Gemeinwohls als zusätzliche Schranke der Privilegienerteilung forderten die Monita eine Beschränkung der Privilegienpraxis gegenüber der Fassung des Entwurfs.

[17] Schwennicke, Die Entstehung der Einleitung des ALR (Einl. Anm. 6), S. 269 f.
[18] Vgl. dazu den Überblick bei Hattenhauer, S. 7-10.
[19] GStA Merseburg, Rep. 84 Abt. XVI Nr. 7, Bd. 72, fol. 24 r. (zit. nach Schwennicke, S. 243).
[20] Monitum der Ostpreußischen Regierung v. 29. Juni 1787, GStA Merseburg, Rep. 84 Abt. XVI Nr. 7, Bd. 72, fol. 48 v. (zit. nach Schwennicke, S. 242).

Zur Frage der Kollision von Privilegien erhob das Kammergericht die Forderung, im Falle der Kollision eines jüngeren mit einem bestehenden älteren Privileg sollten sich diese gegenseitig aufheben.[21] Dagegen standen zahlreiche Stimmen, wonach ein nicht ausschließlich erteiltes Privileg nicht dadurch seiner Substanz vollständig entkleidet werden sollte, daß ein jüngeres Privileg ähnliche Rechtspositionen verschafft. Vielmehr solle dann das jüngere Privileg als erschlichen angesehen werden.[22] Die Frage der Kollision, die bereits in der gemeinrechtlichen Privilegienlehre heftig umstritten war, zog im Kodifikationsprozess also weiterhin Kontroversen nach sich.

Als Resultat der Diskussion um die §§ 10-12 Einleitung Entwurf wurden die Vorschriften vollständig durch einen § 9 ersetzt, der in der folgenden Form in das AGB übernommen wurde: „Besondere Landesherrliche Begünstigungen, Privilegien und Ausnahmen von gesetzlichen Vorschriften sind nur in so weit für Gesetze anzusehen, als dadurch das besondere Recht eines Dritten nicht beeinträchtigt wird“.[23] Die Vorschrift gewährte erweiterte Eingriffsmöglichkeiten in Privilegien, welche die besonderen Rechte Dritter beeinträchtigten. Da diese Privilegien nicht als Gesetze betrachtet werden sollten, unterblieb die Anwendung der Widerrufs- und Entschädigungsvorschriften des AGB. Nach dem AGB sollten damit Privilegien, die in Rechte Dritter eingriffen ohne Entschädigung entfallen.[24] Gegenüber dem gedruckten Entwurf bedeutete diese Vorschrift eine stärkere Einschränkung der Privilegienpraxis. Da Sie unter dem Einfluß der Monita zustande gekommen war, kann sie als ein erster Schritt zur Beseitigung der Privilegienordnung gesehen werden.

(2) Im Zusammenhang mit den Vorschriften über die Auslegung von Privilegien hat Schwennicke nachgewiesen, daß bereits im Vorfeld des gedruckten Entwurfes von 1784 unter den Redaktoren umstritten war, inwieweit eine Auslegung durch den Richter überhaupt möglich sein sollte.[25] Dabei setzte sich Svarez durch, der die Auslegung der Privilegien ebenso wie die eines allgemeinen Gesetzes behandeln wollte.[26] Im übrigen sollte die Gesetzkommission zuständig sein.[27]

Während die §§ 37 und 38 des Entwurfs in den Monita nicht betroffen waren und in ihrem Regelungsgehalt unverändert in das AGB übernommen wurden, wurde die Be-

---

21 Monitum des Kammergerichts, GStA Merseburg, Rep. 84 Abt. XVI Nr. 7, Bd. 72, fol. 51 v. (zit. nach Schwennicke, S. 244).

22 GStA Merseburg, Rep. 84 Abt. XVI Nr. 7, Bd. 72 fol. 24. (zit. nach Schwennicke, S. 244).

23 Zit. nach Allgemeines Gesetzbuch für die Preussischen Staaten, Erster Theil, Berlin 1791, Nachdruck Frankfurt a. M. 1985.

24 GStA Merseburg, Rep. 84 Abt. XVI Nr. 7, Bd. 88, fol. 80 v. (zit. nach Schwennicke, S. 246).

25 Schwennicke, Die Entstehung der Einleitung des ALR (Einl. Anm. 6), S. 249.

26 Siehe dazu den Kommentar von Svarez, GStA Merseburg, Rep. 84 Abt. XVI Nr. 7, Bd. 8, fol. 97 v: „Ist nun aber ein Privilegium einmal dar, so sehe ich keinen Grund, warum der Landesherr allein das Recht haben soll, solches zu erklären, und warum es mit der Erklärung eines solchen Privilegii nicht eben so gehalten werden soll, wie mit der Erklärung eines jeden andern Gesetzes?“ (Schwennicke, S. 249).

27 GStA Merseburg, Rep. 84 Abt. XVI Nr. 7, Bd. 8, Fol 102 r. (Schwennicke, S. 249).

stimmung des § 39 zum Gegenstand grundsätzlicher Kritik. Insbesondere hatten die Monenten gefürchtet, der Landesherr könne sich durch diese Vorschrift zum Richter in eigener Sache machen. In diesem Zusammenhang fiel auch der Begriff des Machtspruchs, der nach § 6 der Einleitung verboten sein sollte.[28] Unter dem Einfluß der Monita verschwand diese Vorschrift in den folgenden internen Entwürfen.[29] In diese Entwürfe wurden neue Bestimmungen aufgenommen. Zum einen sollten durch Vertrag erworbene Privilegien nach den Regeln über Verträge auszulegen sein, und zum anderen sollte die Auslegung von Privilegien anhand der Vorschriften des gemeinen Rechts erfolgen.[30] In diesem Umfang wurden die Vorschriften auch in das AGB übernommen. Andreas Schwennicke hat die letztgenannten Vorschriften dahingehend interpretiert, daß dadurch eine privilegienfeindliche Tendenz des neueren 'Usus modernus' verstärkt worden sei.[31] Diese Auffassung vermag nicht zu überzeugen. Eine Auslegung von aufgrund vertraglicher Vereinbarungen erteilter Privilegien anhand der vertraglichen Grundlage galt in der Privilegienlehre als allgemeiner Grundsatz.[32] Die Orientierung der Auslegung von Privilegien an der bestehenden Gesetzeslage war der gemeinrechtlichen Privilegienlehre ebenfalls nicht fremd; vielmehr macht ein solcher Grundsatz nur deutlich, daß Privilegien Ausnahmen von Gesetzen waren. Soweit die Ausnahme reichte, galt das Privileg, und im übrigen blieb es bei der gesetzlichen Regelung.[33] Die Auslegungsvorschriften des AGB brachten daher keine inhaltliche Veränderung gegenüber der gemeinrechtlichen Privilegienlehre.

(3) Die Diskussion um die Grenzen der zeitlichen und persönlichen Geltung von Privilegien entzündete sich vor allem an § 44 der Einleitung des gedruckten Entwurfes von 1784. Nach den Untersuchungen von Schwennicke verlangte das Kammergericht, § 44 solle eine zusätzliche Regelung dahingehend enthalten solle, daß persönliche Privilegien prinzipiell nicht veräußerbar sind.[34] Für den Fall der Vererbung wurde moniert, daß eine Vererbung nur auf Abkömmlinge stattfinden könne.[35] Infolge der Diskussion unterblieb in der abschließenden Fassung eine Regelung über die Vererbung von persönlichen Privilegien. Anscheinend wollten die Redaktoren zu diesem Sach-

---

[28] Die Kritik erfolgte insbesondere in den Monita der ostpreußischen Regierung (Anm. 18), des Staatsministers von Korff (17. Nov. 1784, GStA Merseburg, Rep. 84 Abt. XVI Nr. 7, Bd. 72, fol. 48 v. (Schwennicke, S. 251)) und von Gundelach (GStA Merseburg, Rep. 84 Abt. XVI Nr. 7, Bd. 72, fol. 47 v. (Schwenicke, S. 250)).

[29] GStA Merseburg, Rep. 84 Abt. XVI Nr. 7, Bd. 81, fol. 3 r. (Schwennicke, S. 251).

[30] Dies sind die §§ 60,61 in der Fassung IIIc nach Svarez, zit. nach Schwennicke, Die Entstehung der Einleitung des ALR (Einl. Anm. 6), S. 252.

[31] Schwennicke, Die Entstehung der Einleitung des ALR (Einl. Anm. 6), S. 253.

[32] Vgl. dazu oben Kap. 1. I. 5.

[33] Vgl. dazu oben Kap. 1. I. 1.

[34] GStA Merseburg, Rep. 84 Abt. XVI Nr. 7, Bd. 72, fol. 51 v. (Schwennicke, S. 254)

[35] Dies forderten die West- und Ostpreußische Regierung, sowie eine anonyme Preisschrift, Schwennicke, Die Entstehung der Einleitung des ALR (Einl. Anm. 6), S. 254.

verhalt keine endgültige Entscheidung treffen. Die Frage sollte wohl offen bleiben und damit der Rechtspraxis überlassen werden.

Das altmärkische Obergericht forderte eine zusätzliche Regelung darüber, inwiefern es möglich sei, daß ein Privileg wegen Nichtgebrauchs nach einem bestimmten Zeitpunkt erlöschen könne.[36] Während sich dieses gegen die Möglichkeit eines Verlustes durch Nichtgebrauch aussprach, forderte ein anderes Monitum eine Verjährungsfrist von 30 Jahren für den Nichtgebrauch.[37] Die Frage nach dem Erlöschen von Privilegien durch Nichtgebrauch war in der gemeinrechtlichen Lehre Gegenstand heftiger Diskussionen. Mehrheitlich sprach sich die Literatur für eine solche Verjährung aus.[38] Nach den Untersuchungen von Schwennicke hat Svarez diese Problematik in den Abschnitt des Gesetzbuches über die Verjährung verwiesen.[39] Eine Regelung ist dort jedoch nicht erfolgt. Die Frage nach dem Erlöschen von Privilegien durch Nichtgebrauch blieb damit offen.

(4) Erwartungsgemäß wurden die Vorschriften zu Aufhebung und Verwirkung von Privilegien in den Monita am stärksten diskutiert. Gerade bei der Frage des Bestandsschutzes mußte die Kardinalfrage nach der weiteren Bedeutung der Privilegien zum Tragen kommen. Zum Stand der Gesetzgebung in Preußen gehörte zum Beginn des Kodifikationsprozesses ein Landtagsrezeß aus dem Jahr 1653, welcher die Vorrechte der Landstände betraf. Dort wurde geregelt, „unsere getrewe Landtstände sambt und sonders, bey Ihren Privilegien, Freyheite, Wollhergebrachten Gerechtigkeiten, Besitz, Gewehr, und Possession ungehindert und unbetrübet zu laßen".[40] Die Regelung des Bestandsschutzes von Privilegien betraf also politische Vorrechte ebenso wie wirtschaftliche Monopole und berührte damit die Grundlagen der Privilegienordnung.

Bei der Diskussion um § 43 der Einleitung des gedruckten Entwurfes kristallisierten sich zwei Grundlinien der Kritik heraus. Zum einen wurde die Rücknahmemöglichkeit von Privilegien generell in Frage gestellt. Dies wurde insbesondere für die sog. 'privilegia onerosa' gefordert, die aufgrund von Verträgen erteilt wurden.[41] Zum anderen wurde verlangt, daß auch Privilegien, welche aus bloßer Gnade erteilt wurden, im Falle ihrer Aufhebung eine Entschädigungspflicht nach sich ziehen sollte.[42] Aus-

[36] Monitum des Altmärkischen Obergerichts zu Stendal zu § 47, zit. nach Schwennicke, Die Entstehung der Einleitung des ALR (Einl. Anm. 6), S. 255.

[37] Monitum der Westpreußischen Regierung, zit. nach Schwennicke, Die Entstehung der Einleitung des ALR (Einl. Anm.6), a.a.O.

[38] Vgl. dazu oben Kap. 1. I. 6. c).

[39] Schwennicke, Die Entstehung der Einleitung des ALR (Einl. Anm. 6), S. 255.

[40] Zit. nach Schwennicke Die Entstehung der Einleitung des ALR (Einl. Anm. 6), S. 260.

[41] GStA Merseburg, Rep. 84 Abt. XVI Nr. 7, Bd. 72, fol. 51 r. (Schwennicke, S. 264).

[42] Anonyme Preisschrift No. 77, GStA Merseburg, Rep. 84 Abt. XVI Nr. 7, Bd. 72, fol. 51 r. (Schwennicke, S. 265 f.).

nahmslos forderten die Monita also einen stärkeren Bestandsschutz für die bestehenden Privilegien.[43]

Diese Forderung nach einem stärkeren Schutz der Privilegien setzte sich in der Endfassung des AGB durch. Die Regelung differenzierte nicht mehr zwischen verschiedenen Arten der Privilegien, sondern bestimmte für alle Privilegien einheitlich eine Entschädigung im Fall einer Aufhebung aus überwiegenden Gründen des öffentlichen Wohls.[44] Die gesetzliche Regelung brachte damit gegenüber der gemeinrechtlichen Lehre gerade für die 'privilegia gratiosa'" eine Zunahme an Bestandssicherheit. Der von Andreas Schwennicke angenommene Versuch des absolutistischen Staates, politische Zugeständnisse in frei widerrufliche Gnadenakte umzudeuten, war jedenfalls gescheitert.[45]

Im Rahmen der Monita zu § 46 entzündet sich die Kritik an dem Begriff des Mißbrauchs. Es wurde befürchtet, über die Missbrauchsregelung könne der Monarch die Aufhebungstatbestände instrumentalisieren.[46] Außerdem wurde verlangt, der Landesherr dürfe jedenfalls nicht alleine und ohne vorherige Warnung ein Privileg zurücknehmen.[47] Mehrere Monenten forderten darüber hinaus, daß es nicht dem Landesherrn gebühre, das Vorliegen eines Mißbrauchs im Einzelfall zu bestimmen. Dies müsse vielmehr einem Richter überlassen werden.[48] Man berief sich auf die Gefahr von Machtsprüchen[49] und eines despotischen Systems im Falle der Beibehaltung der vorgesehenen Regelung. Die grundsätzlichen Bedenken an der Rücknahme von Privilegien infolge ihres Mißbrauchs führten zu einer Modifizierung der Vorschrift. Das Gesetzbuch sah zwar in seiner abschließenden Fassung weiterhin die Möglichkeit vor, ein Privileg nach erfolgtem Mißbrauch zu widerrufen; Voraussetzung dafür war jedoch einerseits ein grober Mißbrauch und andererseits, daß der Inhaber des Privilegs des Mißbrauchs „durch Urteil und Recht schuldig befunden wird".[50] Auch bei § 46 führte die Diskussion damit zu einem stärkeren Schutz der bestehenden Privilegien.

b) Bei der Auseinandersetzung mit dem Entwurf eines Allgemeinen Gesetzbuches in Aufsätzen und Monographien lassen sich zwei Strömungen unterscheiden. Auf der einen Seite steht die Kritik von vernunftrechtlichen Autoren wie Franz Rudolf Grossing und Christian Daniel Erhard.[51] Auf der anderen Seite steht die Arbeit von Johann

[43] Schwennicke, Die Entstehung der Einleitung des ALR (Einl. Anm. 6), S. 257 ff.

[44] Vgl. die §§ 76 der Einleitung des Entwurfs des Allgemeinen Landrechts.

[45] So auch Schwennicke, Die Entstehung der Einleitung des ALR (Einl. Anm. 6), S. 259 f.

[46] Vgl. Schwennicke, Die Entstehung der Einleitung des ALR (Einl. Anm. 6), S. 261 f.

[47] Zit. nach Schwennicke, Die Entstehung der Einleitung des ALR (Einl. Anm. 6), S. 267.

[48] GStA Merseburg, Rep. 84 Abt. XVI Nr. 7, Bd. 72, fol. 53 r (Schwennicke, S. 268).

[49] GStA Merseburg, Rep. 84 Abt. XVI Nr. 7, Bd. 72, fol. 53r-54 r. (Schwennicke, S. 267).

[50] Im AGB war diese Vorschrift als § 76 der Einleitung vorgesehen.

[51] Franz Rudolf Grossing, Freimüthige Betrachtungen über den Entwurf eines allgemeinen subsidiarischen Gesezbuchs für die Preussischen Staaten, Erste Betrachtung, Von den Gesezen überhaupt, in: Leipziger Magazin für Rechtsgelehrte 1, Leipzig 1784, S. 456-474; Johann Georg Schlosser, Briefe

Georg Schlosser, die in der Tradition der Reichspublizistik steht.[52] Diese Autoren waren nicht offiziell um Monita gebeten worden; sie formulierten daher ihre Kritik auf andere Weise.[53]

(1) Franz Rudolf Grossing forderte die Abschaffung der Privilegienordnung. Bei ihm heißt es: „Alle Privilegien sind ein Gift, das den Staat schleichend verzehret. Bei einer gehörig eingerichteten Gesetzgebung können Privilegien nicht statt finden".[54] Der Autor steht damit in der Tradition des Vernunftrechts und verknüpft die Forderung nach Einfachheit und Klarheit der Gesetzgebung mit dem Ziel der Beseitigung der Privilegien.[55]

Sofern Privilegien entgegen Grossings Auffassung dennoch weiterhin erteilt werden, forderte Grossing, sie wenigstens durch das allgemeine Gesetzbuch zu bestätigen. Denn, so formuliert er, „zu was allgemeine Gesetzbücher, wenn man sie durch Privilegien, Statuten und Provinzialgeseze nach Belieben zernichten und entkräften kann".[56] Entschädigung sollte es nach Grossing nur für diejenigen Privilegien geben, die 'titulo oneroso', also gegen Gegenleistung, erteilt worden sind. Über den im Entwurf des Gesetzbuches genannten Mißbrauch von Privilegien hinaus sollte die Schädlichkeit eines Privilegs für das allgemeine Wohl den Landesherrn zur Aufhebung des Privilegs verpflichten.[57] Mit diesen Ausführungen formulierte Franz Rudolf Grossing die grundsätzlichste Kritik an den vorgesehenen Privilegienvorschriften. Im Jahre 1784 stand er mit seiner Forderung nach Abschaffung der Privilegienordnung noch allein. Die Diskussion um das Privileg gewann erst nach der französischen Revolution und im jüngeren Naturrecht neue Aktualität. Die Forderung von Grossing nach weitergehenden Aufhebungsmöglichkeiten für Privilegien hätte einen gegenüber der gemeinrechtliche Lehre deutlich verringerten Bestandsschutz der Privilegien nach sich gezogen.

(2) Die umfangreichste Kritik des Allgemeinen Gesetzbuchs außerhalb der Monita lieferte Christian Daniel Erhard.[58] Unter der Überschrift 'Ueber die Grundsätze des allgemeinen Staatsrechts' setzte er sich mit grundlegenden Aspekten der Kodifikation auseinander. Damit legte er naturrechtliche Aspekte als seine Argumentationsgrundlage offen. Erhard untersuchte zum einen die Frage, inwiefern dem Gesetzgeber das

über die Gesetzgebung überhaupt und den Entwurf des preußischen Gesezbuchs insbesondere, Frankfurt 1789.

[52] Christian Daniel Erhard, Versuch einer Critik des allgemeinen Gesetzbuchs für die preussischen Staaten, Ersten Theils erster Band, Dresden u. Leipzig 1792.

[53] Zu den jeweiligen Hintergründen vgl. Diethelm Klippel u. Louis Pahlow, Freiheit und aufgeklärter Absolutismus, in: Reformabsolutismus und ständische Gesellschaft, Zweihundert Jahre Preußisches Allgemeines Landrecht, Berlin 1998, S. 228 ff., 241 ff.

[54] Grossing, Freimüthige Betrachtungen (Anm. 51), S. 474.

[55] Zu den Forderungen des Vernunftrechts an eine gehörige Gesetzgebung vgl. u.a. Klippel/Pahlow, Freiheit und aufgeklärter Absolutismus (Anm. 53), S. 228 ff.

[56] Grossing, Freimüthige Betrachtungen (Anm. 51), S. 472.

[57] Grossing, Freimüthige Betrachtungen (Anm. 51), S. 474.

[58] Erhard, Versuch einer Critik (Anm. 52).

Recht zustand, Privilegien zu erteilen, und zum anderen, welche Rechte und Verbindlichkeiten sich aus bestehenden Privilegien ergaben.[59] Erhard forderte eine eindeutige Grenze für die Erteilung von Privilegien. „Nur dann können in rechtmäßiger Weise einem Theile der Bürger Vorrechte ertheilt, und also dadurch die Freyheiten und die Rechte der übrigen eingeschränkt werden; wenn es erweislich ist, daß die Erreichung des Zwecks der bürgerlichen Gesellschaft eine solche Einschränkung unentbehrlich erfordere".[60] Privilegien sah er somit nur dann als rechtmäßig an, wenn das gemeine Beste die Erteilung von Privilegien erforderte. Dann sei es jedoch eine Pflicht, die entsprechenden Privilegien zu erteilen, und eben keine Gnade.[61] Die Orientierung der Erteilung von Privilegien am Kriterium des gemeinen Wohls weisen Erhard als Vertreter des 'ius publicum universale' aus. Dort galt das Kriterium des Gemeinwohls als Grenze für die Erteilung von Privilegien. Diese Auffassung konnte sich im Gesetzbuch nicht durchsetzen. Am Ende stand § 71 AGB, wonach überwiegende Gründe des Gemeinwohls eine Aufhebung des Privilegs gegen Entschädigung nach sich ziehen konnte.

(3) Die Kritik von Johann Georg Schlosser in seinen Briefen über die Gesetzgebung bezog sich auf zwei grundlegende Aspekte. Erstens vermisste er eine Definition des Privilegs im Entwurf des Gesetzbuchs. Zweitens bemängelte er den geringen Umfang der Regelungen zum Privilegienrecht.

Schlosser lieferte in seiner Abhandlung eine eigene Definition des Privilegienbegriffs. Dort heißt es: „Es ist ein Vorrecht, nach dessen Erwerbung Einer, von der Verordnung eines Gesetzes ausgenommen, oder einer allgemeinen Erlaubniß allein zu genießen, befugt ist".[62] Diese Definition ging nicht über die Festlegung eines allgemeinen Privilegienbegriffs hinaus und enthielt auch keine über § 10 der Einleitung des gedruckten Entwurfes hinausgehende Erläuterung.

Von weitergehender Bedeutung war seine Kritik am Regelungsumfang im Entwurf des Allgemeinen Gesetzbuches. Zur Frage des Mißbrauchs von Privilegien formulierte er: „Und was ist nach §. 46. Mißbrauch des Privilegiums? wer beurtheilt ihn? Auch der Landesherr? und wann er beurtheilt ist; wann muß Entschädigung gegeben werden?".[63] Diese Kritik ist vor dem Hintergrund von Schlossers Verwurzelung in der Reichspublizistik zu sehen. Verglichen mit den Ausführungen bei Pütter, Häberlin oder Moser ist der Umfang der Regelungen im AGB in der Tat dürftig.[64] Das Privile-

[59] Erhard, Versuch einer Critik (Anm. 52), S. 134 f.

[60] Erhard, Versuch einer Critik (Anm. 52), S. 152.

[61] Erhard, Versuch einer Critik (Anm. 52), S. 168.

[62] Johann Georg Schlosser, Briefe über die Gesetzgebung überhaupt und den Entwurf des preußischen Gesezbuchs insbesondere, Frankfurt 1789, S. 181.

[63] Schlosser, Briefe über die Gesetzgebung (Anm. 62), S. 190.

[64] Vgl. dazu oben Kap. 1. I.

gienrecht im Gesetzbuch enthielt nur einige grundsätzliche Bestimmungen und verzichtete auf eine Regelung der Privilegien im Detail.

(4) Die Kritik außerhalb des Gesetzgebungsprozesses war insgesamt gesehen von grundsätzlicherer Natur als die Kritik in den Monita. Das beruht auf der unterschiedlichen Herkunft und Funktion der Äußerungen. In den Monita kamen mit Regierungen und Gerichten in erster Linie die preußische Rechtspraxis zu Wort. Die Aufsätze und Monographien sind dagegen von der naturrechtlich-rechtsphilosophischen Literatur beeinflußt. Ein Einfluß dieser kritischen Stimmen auf den Gang der Gesetzgebung ist nicht festzustellen.

3. Der Einfluß des Kodifikationsverfahrens auf die Privilegienvorschriften des AGB

Die Privilegienvorschriften des Allgemeinen Gesetzbuchs für die preußischen Staaten von 1791 stimmen inhaltlich in den meisten Punkten mit den Vorschriften im gedruckten Entwurf zum AGB von 1784 überein.[65] Soweit es Veränderungen gab, führten diese wie gesehen zu einer stärkeren Bestandssicherung der bestehenden Privilegien. Im Ergebnis hatten sich daher die ständischen Interessen an einer weit gehenden Sicherung überkommener Rechtspositionen durchgesetzt. In der endgültigen Fassung des AGB hatten die Privilegien eine stärkere Rechtsposition als in der gemeinrechtlichen Privilegienlehre.[66]

Damit war der Kodifikationsprozess jedoch nicht am Ende. Durch Kabinettsordre vom 18. April 1792 wurde das Gesetzbuch zunächst suspendiert, nach Überarbeitung in der sog. 'Schlußrevision' aber schließlich doch als Allgemeines Landrecht in Kraft gesetzt.[67] Als einzige Regelung des Privilegienrechts wurde § 9 AGB von der Schlußrevision berührt. Die Vorschrift, welche wie gezeigt eine deutliche Einschränkung der Privilegienpraxis nach sich gezogen hätte, wurde ersatzlos gestrichen. Die Schlußrevision beseitigte hier ein Einfallstor in die bestehende Privilegienordnung, da es bei nahezu jedem Privileg denkbar war, daß es Rechtspositionen Dritter zumindest beeinträchtigten konnte. Die Entwicklungen in Frankreich führten somit nicht dazu, daß in der Diskussion um das Allgemeine Landrecht die Privilegien in die Defensive gerieten. Das Gegenteil war der Fall; unter dem Eindruck der Ereignisse in Frankreich errangen die Privilegien eine unanfechtbarere Position als zuvor.

---

[65] Die Vorschriften des gedruckten Entwurfs sind zitiert nach Schwennicke, Die Entstehung der Einleitung des ALR (Einl. Anm. 6).

[66] So auch Schwennicke, Die Entstehung der Einleitung des ALR (Einl. Anm. 6), S. 269 f.

[67] Zu den Hintergründen der Suspension und der schließlich doch erfolgten Verabschiedung des Gesetzes vgl. Hattenhauer, Allgemeines Landrecht (Anm. 1), S. 10-16.

II. Das Allgemeine Landrecht und die Privilegienlehre des 18. Jahrhunderts

Die umfassende Regelung von Privilegien im Allgemeinen Landrecht wirft die Frage nach der inhaltlichen Stellung der Privilegienvorschriften des ALR im zeitgenössischen Kontext auf. Nach den bisherigen Feststellungen fand die Auseinandersetzung mit den Privilegien in unterschiedlicher Ausprägung Eingang in die gemeinrechtliche Lehre und in die Reichspublizistik, ebenso wie in die Literatur zum allgemeinen Staatsrecht.[68] Die vorhandenen Streitfragen in der Privilegienlehre mußten vom Gesetzgeber entweder entschieden oder der Rechtsprechung überlassen werden. In Anbetracht des Strebens nach Vollständigkeit des Allgemeinen Landrechts mußte letzteres weitgehend ausscheiden. Die gesetzliche Fassung des ALR wird im Folgenden der überkommenen Privilegienlehre gegenübergestellt.

1. Privilegienbegriff und Privilegienhoheit

a) Zwei Aspekte sind im Zusammenhang mit dem Begriff des Privilegs zu beachten. Zum einen ist dies die Frage nach einer Definition des Privilegs, deren Beantwortung in der gemeinrechtlichen Literatur nur unter Schwierigkeiten gelang.[69] Zum anderen ist zu fragen, inwiefern das Allgemeine Landrecht Privilegien mit belastender Wirkung vorsah. In der gemeinrechtlichen Privilegienlehre war die Tendenz zu beobachten, daß belastende Privilegien zwar theoretisch denkbar blieben, die Privilegien mit begünstigender Wirkung jedoch den Normalfall darstellten.[70]

Das Allgemeine Landrecht regelte die beiden Aspekte getrennt voneinander. In § 7 II 13 ALR hieß es zum Privilegienbegriff: „Privilegia, als Ausnahmen von dergleichen Gesetzen zu bewilligen ...“ In Übereinstimmung mit der gemeinrechtlichen Privilegienlehre kannte das ALR somit einen sehr allgemeinen Privilegienbegriff. Unter einem Privileg wurde die Ausnahme vom allgemeinen Gesetz verstanden. Ebenso wie in der Privilegienlehre verblieb es bei dieser knappen Definition, weil Privilegien - wie eingangs des Kapitels dargestellt - in einer Vielzahl von Fällen Eingang in das Gesetzbuch fanden. Es gab nicht ‘das Privileg’ und daher auch keinen einheitlichen Begriff. Von einem Definitionsdefizit für den Privilegienbegriff kann daher keine Rede sein.[71]

Die Stellung des Allgemeinen Landrechts zur Möglichkeit von belastenden Privilegien ergab sich indirekt aus § 55 der Einleitung ALR; dort heißt es: „Im übrigen sind die verliehenen Privilegien und Freyheiten so zu deuten, daß die wohltätige Absicht des Gebers dabey nicht verfehlt oder vereitelt werde.“ Der Begriff der wohltätigen Ab-

---

[68] Vgl. dazu noch einmal die Ausführungen in Kap. 1 insbesondere I. und III.

[69] Vgl. Kap. 1 I. 1.

[70] Vgl. dazu Kap. 1 I. 2 und insbesondere Lobethan, Abhandlung (Kap. 1, Anm. 3), S. 520.

[71] So aber Mohnhaupt, Privilegien und „gemeines Wohl“ im ALR (Einl. Anm. 19), S. 109; dazu differenzierter Schwennicke, Die Entstehung der Einleitung des ALR (Einl. Anm. 6), S. 237, der darauf hinweist, daß der Begriff der Privilegien vielfältige Formen der Rechtswirklichkeit umfaßte.

sicht weist auf den Begriff der Rechtswohltat[72] hin. Unter einer Rechtswohltat versteht die Literatur des 18. Jahrhunderts stets ein begünstigendes Privileg.[73] Das allgemeine Landrecht übernahm damit den allgemeinen Privilegienbegriff in der Form des begünstigenden Privilegs aus der Rechtswissenschaft des 18. Jahrhunderts. Die Tendenz hin zum nur noch begünstigenden Privileg wurde also aufgenommen und dem Gesetz zugrunde gelegt.

b) Die Frage der Privilegienhoheit behandelte das Allgemeine Landrecht in § 7 II 13 ALR. Dort heißt es: „Privilegia, als Ausnahmen von dergleichen Gesetzen zu bewilligen, ..., gebühret nur dem Oberhaupte des Staats." Alleiniger Inhaber der Privilegiengewalt war damit der preußische König. Die Regelung der Privilegienhoheit folgte damit unmittelbar der gemeinrechtlichen Auffassung, wonach die Privilegiengewalt ausschließlich beim Regenten lag.[74]

In Bezug auf die Erteilung von Privilegien, also Verfahren, Adressaten, zuständige Behörden etc. enthielt das Allgemeine Landrecht keine Bestimmungen. Die Beantwortung dieser Fragen blieb damit Rechtswissenschaft und Verwaltungspraxis überlassen.

2. Die Auslegung von Privilegien

Die zentralen Auslegungsregeln waren in den §§ 54, 55 Einleitung ALR formuliert. Diese enthalten zum einen in § 54 der Einleitung die Regel, Privilegien so auszulegen, daß die Rechte Dritter möglichst wenig beeinträchtigt wurden. Zum anderen heißt es in § 55 der Einleitung: „Im übrigen sind die verliehenen Privilegien so zu deuten, daß die wohltätige Absicht des Gebers dabey nicht verfehlt oder vereitelt wird."

Die Auslegung von Privilegien in Abhängigkeit von bestehenden Rechtspositionen Dritter bedeutete eine Beschränkung des Umfangs der Privilegien. Die Vorschrift verhinderte zum einen ausdehnende Erläuterungen von Privilegien in der Art, daß der Inhaber des Privilegs die darauf beruhenden Rechtspositionen auch in vergleichbaren Fällen in Anspruch nehmen konnte. Zum anderen bestimmte sie einen Vorrang von zeitlich älteren Rechtspositionen Dritter. Obwohl die Vorschrift als Begrenzung für die Auslegung von Privilegien ausgestaltet war, beabsichtigte diese nicht, die Privilegienpraxis einzuschränken. Gerade der folgende § 55 machte deutlich, daß einmal erteilte

---

[72] Der Begriff 'Rechtswohltat' oder auch 'beneficia legis' gehört zu einer ganzen Reihe von synonymen Begriffen, die aber allesamt Privilegien, wenngleich meist in einer spezifischen Form, bezeichnen.

[73] Karl Anton von Martini, Lehrbegriff des Natur-, Staats- und Völkerrechts, Dritter Band, welcher das allgemeine Staatsrecht enthält, Wien 1783, S. 40.

[74] Vgl. dazu u.a. Ludwig Julius Friedrich Höpfner, Naturrecht des einzelnen Menschen der Gesellschaften und der Völker, Zweyte verbesserte Auflage, Gießen 1783, S. 165, Ludwig Gottlieb Madihn, Grundsätze des Naturrechts, Zum Gebrauch seiner Vorlesungen, Zweyter Theil, Frankfurt a. d. O. 1796, S. 77.

Privilegien in ihrem vollem Umfang ausgeübt werden sollten und nicht durch Auslegung ausgehöhlt werden durften.

Die Auslegungsregeln des ALR übernahmen somit die Kernpunkte der überkommenen Privilegienlehre.[75] Das Privileg, welches seinem Wesen nach eine Ausnahmeregel darstellte, durfte nicht über die gewährte Ausnahme hinaus angewendet werden. Es mußte dann um ein ergänzendes Privileg nachgesucht werden. Darüber hinaus bestimmte das Gesetz eindeutig, daß das Privileg eine anerkannte Rechtsposition verlieh. Die Auslegungsregeln im Allgemeinen Landrecht sind nicht als Versuch zu interpretieren, die Ausübung von Privilegien zu erschweren und damit quasi rechtsstaatliche Prinzipien in die Privilegienlehre einfließen zu lassen.

3. Das Ende der Wirkung von Privilegien und ihre Folgen

Im Abschnitt über die Aufhebung der Gesetze regelte das Allgemeine Landrecht in den §§ 62-72 Einleitung ALR das Erlöschen und die Aufhebung von Privilegien sowie die Voraussetzungen, unter denen Entschädigung für den Verlust eines Privilegs gewährt werden konnte.

a) Die meisten grundlegenden Regeln über das Erlöschen von Privilegien übernahm das ALR aus der überkommenen Privilegienlehre. Persönliche Privilegien erloschen mit dem Tode der Person (§ 63 Einleitung ALR), während dingliche Privilegien auf jeden Besitzer der Sache übergehen konnten, sofern nichts Besonderes bestimmt war (§ 64 Einleitung ALR).[76] Zeitlich befristete und bedingte Privilegien erloschen mit Zeitablauf bzw. mit dem Wegfall der formulierten Bedingung (§§ 67, 68 Einleitung ALR).[77] Als Sonderfall einer Bedingung bestimmte § 69 der Einleitung des Allgemeinen Landrechts das Erreichen eines bestimmten Endzwecks.

b) In der Endfassung des Allgemeinen Landrechts verhielt sich das Gesetz scheinbar neutral zu einer der zentralen Streifragen des 18. Jahrhunderts, nämlich inwiefern Privilegien durch Vererbung übertragen werden können. Wie gesehen, sah § 44 der Einleitung des gedruckten Entwurfs vor, daß die Vererbung ausdrücklich bei der Erteilung des Privilegs vorgesehen sein mußte. Die Frage wurde im Kodifikationsprozess ebenso heftig diskutiert wie in der Privilegienlehre.[78] Warum eine Regelung des erbrechtlichen Umgangs mit Privilegien letztlich unterblieb und welche Folgen dies für die Vererbung hatte, ist nur im Zusammenhang mit dem grundsätzlichen Anspruch der Kodifikation zu ermitteln. Ziel des ALR sollte es sein, als subsidiäres Gesetzbuch zu den noch zu schaffenden Provinzialgesetzbüchern die Rolle des gemeinen Rechts zu

[75] Vgl. dazu oben Kap. 1 I. V. und insbesondere Lobethan, Abhandlung (Kap. 1 Anm. 3), S. 17.
[76] Vgl. dazu oben Kap. 1 II. 5.
[77] Vgl. dazu oben Kap. 1 II. 6. a).
[78] Siehe dazu im einzelnen oben unter I.

übernehmen.[79] Damit beanspruchte das Allgemeine Landrecht umfassende Geltung, wenn die Provinzialgesetzbücher keine Regelung enthielten. Es verblieb dann bei der Regelung in § 63 der Einleitung mit der Folge, daß persönliche Privilegien mit dem Tod des Inhabers erloschen. Von Vererbung war dabei überhaupt nicht die Rede. Daher liegt nahe, daß diese Vorschrift abschließend für alle persönlichen Privilegien eine Vererbung ausschließen sollte, daß aber sehr wohl Privilegien erteilt werden konnten, die auf die Erben übergingen. Dies waren dann aber keine persönlichen Privilegien im Sinne des § 63 mehr.

c) Zu den vieldiskutierten Fragen in der Rechtswissenschaft des 18. Jahrhunderts gehörte das Erlöschen von Privilegien durch Nichtgebrauch über einen bestimmten Zeitraum. Dabei wurde meist an einen Zeitraum von 10 Jahren gedacht.[80] Begründet wurde die Forderung nach Verjährung damit, daß Privilegien nicht ausschließlich im Interesse des Privilegierten erteilt wurden, sondern auch ein „öffentliches Interesse" an der Erteilung des Privilegs bestand.[81] Wie bereits dargestellt, enthielten der gedruckte Entwurf sowie sämtliche weiteren Vorentwürfe keine Regelung dieser Frage. Das Problem war allerdings diskutiert worden.[82] Eine Regelung über den Umgang mit Privilegien, die nicht genutzt wurden, erfolgte letztlich nicht. Das Allgemeine Landrecht kannte ein Erlöschen durch Nichtgebrauch entgegen vieler Stimmen in der Literatur damit nicht.

d) Der Bestandsschutz von unbeschränkt erteilten Privilegien war von jeher einer der politisch brisantesten Bereiche der gesamten Privilegienlehre. Das Allgemeine Landrecht regelte die Aufhebung von Privilegien unter zwei Aspekten. Nach § 70 Einleitung ALR konnte ein Privileg nur aus überwiegenden Gründen des gemeinen Wohls aufgehoben werden. Diese Aufhebung zog eine Entschädigungspflicht des Staates nach sich. Der grobe Mißbrauch von Privilegien zum Schaden des Staates oder der Mitbürger führte nach § 72 Einleitung ALR zu einer entschädigungslosen Aufhebung des Privilegs.

Diese Regelungen des Allgemeinen Landrechts wichen teilweise von der überwiegenden Auffassung der überkommen Privilegienlehre ab. Während die Rechtswissenschaft des 18. Jahrhunderts unter dem Aspekt des Widerrufs zwischen verschiedenen Privilegienarten unterschied, traf das ALR eine einheitliche Regelung. Die Bestimmungen des ALR verschafften dem Inhaber von sog. 'gratiosen' Privilegien dabei einen weitergehenden Schutz seiner Rechtsposition, da die gemeinrechtliche Lehre in

[79] Hattenhauer, Einführung (Anm. 1), S. 8; Schlosser, Grundzüge (Anm. 2), S. 99.

[80] Vgl. zu Diskussion und Meinungen im einzelnen Kap. 1 I. 6.

[81] Johann Christian Quistorp, Kleinere juristische Schriften, Erste Sammlung, Bützow u. Wismar 1772, S. 119 f.

[82] Siehe dazu noch einmal oben I.

diesen Fällen von einer uneingeschränkten Widerrufsmöglichkeit ohne Entschädigungspflicht ausgegangen war.[83]

Soweit sog. 'onerose' Privilegien in Frage standen, also solche, die aufgrund einer Gegenleistung erworben worden waren, schlossen ALR und Privilegienlehre die Widerrufsmöglichkeit übereinstimmend aus, sofern nicht überwiegende Gründe des gemeinen Wohls gegeben waren.[84] Ebenso übereinstimmend mit der gemeinrechtlichen Lehre sah das ALR den Mißbrauch eines erteilten Privilegs als Grund zur Aufhebung eines Privilegs.[85]

Die theoretische Möglichkeit der Aufhebung von Privilegien wurde durch die §§ 70-72 Einleitung ALR faktisch allerdings unmöglich gemacht. Eine umfassende Entschädigungsregelung für den betroffenen Privilegierten bedeutete in Anbetracht der in Preußen, sowie im ganzen übrigen Deutschland bestehenden Notlage der öffentlichen Haushalte am Ende des 18. Jahrhunderts ein nahezu unüberwindliches Hindernis für die Aufhebung von Privilegien.[86] Die Vorschriften entfalteten daher keine praktische Relevanz.

4. Zusammenfassung

Die Privilegienvorschriften des Allgemeinen Landrechts übernahmen in ihrem Regelungsgehalt weitgehend die Inhalte der überkommenen Privilegienlehren. Hatte der gedruckte Entwurf zu den in der Privilegienlehre umstrittenen Fragen Stellung bezogen und zum Beispiel die Möglichkeit der Vererbung von persönlichen Privilegien explizit geregelt, blieb die endgültige Fassung hinter diesem Regelungsgehalt zurück. Die zentralen Streitfragen der gemeinrechtlichen Privilegienlehre wurden auch im Allgemeinen Landrecht offengelassen und blieben damit - entgegen des Ziels nach umfassender gesetzlicher Regelung des Rechts - Rechtswissenschaft und Rechtspraxis überlassen.

Mit der umfassenden Regelung des Privilegienrechts im ALR blieb Preußen der Privilegienordnung des Ancien régime verhaftet. Eine umfassende Modernisierung des Rechts unterblieb. Das Gesetzbuch diente in erster Linie der Bewahrung und Sicherung bestehender Rechtspositionen.[87] In einer Hinsicht erwies sich die umfassende gesetzliche Regelung jedoch als zukunftsweisend. Anstelle der Bindung zwischen dem König als Inhaber der Privilegienhoheit und dem Inhaber des Privilegs trat die Herrschaft des Gesetzes. Die privilegierte Rechtsposition erschien damit als ein eigentums-

---

[83] Vgl. dazu oben Kap. 1 II. 6. c).

[84] Vgl. dazu oben Kap. 1 II. 6. c).

[85] Vgl. zu diesem Komplex insgesamt noch einmal Kap. 1 II. 6.

[86] Zur Haushaltssituation des preußischen Staatswesens, daß am Ende des 18. Jahrhunderts erstmals mit der Schuldenproblematik konfrontiert wurde, vgl. Möller, Fürstenstaat oder Bürgernation (Kap. 1 Anm. 9), S. 227 ff.

[87] Mohnhaupt, Untersuchungen (Einl. Anm. 18), S. 107 f.

ähnliches Recht und genoss wie dieses umfassenden Schutz vor Beeinträchtigung und Aufhebung. Die Privilegien wurden somit integraler Bestandteil einer Rechtsordnung, die sich am Eigentumsbegriff orientierte.[88] Das verschaffte Privilegien eine zusätzliche Legitimation und erschwerte eine kritische Auseinandersetzung mit der Privilegienordnung.

III. Privilegien in ALR, ABGB und Code civil - Ein Vergleich

Zusammen mit dem französischen Code civil von 1804 und dem ABGB für Österreich aus dem Jahre 1811 gehört das Allgemeine Landrecht zu den großen territorialen Kodifikationen der Epoche des Vernunftrechts.[89] Es stellte sich damit die Frage, welche Rolle das Rechtsinstitut des Privilegs in den beiden anderen großen Kodifikationen im Vergleich mit der zentralen Rolle der Privilegien im ALR spielte.

a) Ein Blick in die Kodifikationen zeigt, daß das Privileg als Rechtsbegriff seinen Niederschlag sowohl im Code civil als auch im ABGB fand. Die jeweiligen Vorschriften finden sich in Art. 2092 ff. Code civil sowie in Art. 13 ABGB. In den Artikeln 2092 ff. Code civil wird der Begriff „privilège“ bis heute im Sinne einer vorrangigen Befriedigung des Gläubigers gebraucht. Art. 2095 Code civil definiert den Begriff des Privilegs: „Ein Privilegium ist ein Recht, welches die Beschaffenheit der Forderung einem Gläubiger ertheilt, den übrigen, selbst hypothekarischen Gläubigern vorgezogen zu werden.“[90] Die einzige Vorschrift im ABGB behandelte die Privilegien im Allgemeinen. Dort heißt es: „Die einzelnen Personen oder ganzen Körpern verliehenen Privilegien und Befreiungen sind, insofern hierüber keine besonderen Bestimmungen enthalten, gleich den übrigen Rechten zu beurteilen“.[91]

Dieser erste Eindruck verwundert bei beiden Gesetzeswerken: Der code civil enthält Vorschriften über Privilegien, obwohl die Revolution die überkommene Privilegienordnung vollständig beseitigt hatte.[92] Zudem erscheint es als ungewöhnlich, daß das ABGB das Privileg lediglich in einer einzigen Vorschrift behandelt, obwohl die Privilegienordnung in Österreich nicht beseitigt wurde.

b) Schon der Wortlaut der genannten Vorschriften von Code civil und ABGB weist jedoch darauf hin, daß das Privileg jeweils eine andere Funktion erfüllte als im Privilegienrecht des ALR. Den Begriff des Privilegs kannte das französische Recht nach der französischen Revolution nur noch im Zusammenhang mit der Rangstellung eines

---

[88] Reinhard Koselleck, Preußen zwischen Reform und Revolution, 2. Aufl., Stuttgart 1975, S. 32.

[89] Dazu z.B. Hans Schlosser, Grundzüge der Neueren Privatrechtsgeschichte, 7. Aufl., Heidelberg 1993, S. 91 ff.

[90] Deutsche Übersetzung nach Die fünf französischen Gesetzbücher in deutscher Sprache nach den besten Uebersetzungen, Zweibrücken 1827.

[91] Art. 13 ABGB zitiert nach Franz Edler von Zeiller, Commentar über das allgemeine bürgerliche Gesetzbuch, Bd. 1, Wien u. Triest 1811.

[92] Siehe dazu oben Kap. 1 IV.

Gläubigers. Da der Vorrang an die Gläubigerstellung geknüpft war und damit potentiell an eine Mehrheit von Personen, handelte es sich dabei um ein 'ius singulare'[93] in den Begriffen der überkommenen Privilegienlehre und nicht um ein Privileg im engeren Sinn. Der Code civil enthielt also keine Regelung des Privilegs als Rechtsbegriff im Sinne der Erteilung einer individuellen Rechtsposition durch einen Gesetzgebungsakt.

Das ABGB hielt demgegenüber zwar am Rechtsbegriff des Privilegs im Sinne eines Ausnahmerechtes fest. Die Regelung der Privilegien im einzelnen blieb jedoch in der in Kraft getretenen Fassung vollständig aus dem Gesetzbuch ausgespart und wurde damit anderen Rechtsgebieten zugeordnet. Der Vorentwurf des ABGB enthielt noch eine Reihe von Bestimmungen, die Privilegien betrafen. Das Ziel des Gesetzgebers bestand darin, ein geschlossenes privatrechtliches System zu entwickeln, den politischen Sprengstoff der Privilegienlehre aber auszusparen.[94]

Die Rolle des Privilegienrechts innerhalb des ALR war demnach eine gänzlich andere als in den anderen großen Kodifikationen der Zeit. Die Regelung im Allgemeinen Landrecht trägt bewahrende Züge, wie es der „ständisch-konservativen Grundhaltung“[95] des gesamten Gesetzbuches entsprach. Der Code civil war Ausdruck einer Gesellschaftsordnung, die frei von politischen, wirtschaftlichen und sozialen Privilegien ist; der Begriff Privileg hatte seine umfassende rechtliche Bedeutung verloren. Das ABGB ging auf der einen Seite von der Existenz von Privilegien aus, verwies sie aber aus dem Gesetzbuch.

IV. Das Privilegienrecht des ALR in der ersten Hälfte des 19. Jahrhunderts

Die Frage nach der Entwicklung des Privilegienrechts des ALR in der ersten Hälfte des 19. Jahrhunderts bewegt sich im Spannungsfeld von zwei Einflussfaktoren. Diese sind zum einen die preußische Gesetzgebung in dem zu untersuchenden Zeitraum und damit die Frage nach der zeitlichen Weitergeltung der Vorschriften über die Privilegien (1.). Zum anderen ist der Blick auf die tatsächliche Wirkung des Privilegienrechts zu richten. Damit ist die Frage nach der Stellung von Rechtspraxis und Rechtswissenschaft zu den privilegienrechtlichen Vorschriften des Allgemeinen Landrechts aufgeworfen (2.).

1. Die preußische Gesetzgebung in der ersten Hälfte des 19. Jahrhunderts

Die Frage nach einem Wandel der Vorschriften über Privilegien stellt sich auf den ersten Blick nicht. Betrachtet man den Wortlaut der Vorschriften des Allgemeinen Landrechts, so hat sich am Privilegienrecht in Preußen während der gesamten Gel-

[93] Zum Begriff des 'ius singulare' vgl. oben Kap. 1. 1.
[94] Heinz Mohnhaupt, Untersuchungen (Einl. Anm. 18), S. 110.
[95] Mohnhaupt, Privilegien und „gemeines Wohl“ im ALR (Einl. Anm. 19), S. 106.

tungsdauer des Allgemeinen Landrechts keine Veränderung ergeben. Die letzte Ausgabe des ALR aus dem Jahre 1931 enthielt die Vorschriften über Privilegien in einer gegenüber 1794 unveränderten Fassung.[96] Die Frage verlagerte sich daher auf die Diskussion um die Privilegienvorschriften des ALR.

Bereits kurz nach dem Inkrafttreten des Allgemeinen Landrechts begannen Bemühungen des Gesetzgebers, mit Hilfe von Verordnungen und Deklarationen Anpassungen des Allgemeinen Landrechtes vorzunehmen.[97] Davon blieben die Regelungen über das Privilegienrecht unberührt. Allerdings war mit diesen Änderungen das Projekt eines umfassenden Gesetzeswerkes dauerhafter Bedeutung, welches zu den zentralen Zielen der Kodifikation gehörte, obsolet geworden. Im Jahre 1803 wurden eine Reihe der erfolgten Veränderungen als Zusätze in das Allgemeine Landrecht aufgenommen. Davon waren die Vorschriften über die Privilegien ebenfalls nicht betroffen.

Eine Diskussion um die gesetzliche Regelung des Privilegs begann im Zusammenhang mit dem Prozeß der preußischen Gesetzesrevision, die bald nach der Neuordnung Europas durch den Wiener Kongreß in Angriff genommen wurde.[98] In erster Linie ist dabei an die Arbeiten von Eduard Gans zu denken. Dieser kritisierte die Privilegienbestimmungen des Allgemeinen Landrechts dahingehend, daß ihre Regelung vollkommen vergeblich gewesen und die geltende Fassung nicht geeignet sei, „irgend ein practisches Resultat bei der Beurtheilung eines Privilegii zu geben".[99] Eduard Gans ging es vor allem darum, auf die aus seiner Sicht mangelnde Flexibilität des Gesetzeswerkes hinzuweisen, die in erster Linie auf den beschränkten Auslegungsmöglichkeiten aufgrund § 46 Einleitung ALR beruhte. So formulierte er, „Das Landrecht setzt gar nichts voraus, und will der Schule und der Praxis auch nicht das Allergeringste überlassen".[100] Gans selbst legte einen Entwurf für eine neue Einleitung des ALR vor, die diese auf neun (9) Paragraphen reduzierte und das Privilegienrecht in einer einzigen Vorschrift behandelte. Dieser § 8 lautete: „Die, einzelnen Personen oder Körperschaften verliehnen Privilegia, müssen, obgleich auf die Absicht des Gebers, und den Inhalt derselben Rücksicht zu nehmen ist, im zweifelhaften Falle doch so ausgelegt

[96] Allgemeines Landrecht für die Preußischen Staaten, Berlin 1931; Diese letzte Ausgabe des ALR erschien jedoch in deutlich reduziertem Umfang. Die meisten Vorschriften waren durch die Gesetzgebung des Kaiserreiches (HGB, StGB, ZPO, StPO, GVG usw.) obsolet geworden. Für den gesamten Bereich des Bürgerlichen Rechts, sofern er durch das Bürgerliche Gesetzbuch vom 18. August 1896 erfaßt war, werden die Privilegienvorschriften des Allgemeinen Landrechts beseitigt. Lediglich verwaltungsrechtliche Normen des ALR waren für den Bundesstaat Preußen in der Weimarer Republik weiterhin von Relevanz.

[97] Insgesamt waren dies über 200 Rechtsnormen, vgl. die umfangreiche Analyse von G. Landwehr, Das Allgemeine Landrecht in der Rechtspraxis seiner ersten Jahre, in: Hattenhauer u. Landwehr, S. 67-129.

[98] Umfassender Überblick bei Barbara Dölemeyer, Kodifikationen und Projekte deutscher Einzelstaaten: Preußen, in: Helmut Coing, Handbuch der Quellen und Literatur der neueren europäischen Privatrechtsgeschichte III 2, München 1982, S. 1491 ff.

[99] Eduard Gans, Beiträge zur Revision der Preußischen Gesetzgebung, Berlin 1830-1832, S. 100.

[100] Gans, Beiträge zur Revision (Anm. 99), a.a.O.

werden, wie sie am meisten mit den Vorschriften des gemeinen Rechts übereinstimmen".[101] Die Reduktion des gesetzlich geregelten Privilegienrechts auf eine einzige Auslegungsvorschrift, die als pauschaler Verweis auf die gemeinrechtliche Lehre ausgestaltet ist, zeigte geringes Zutrauen in eine gesetzliche Erfassung des Privilegs und orientierte sich letztlich an dem österreichischen Vorbild. Trotz aller Bemühungen um die Erfassung des Privilegs im ALR wurde also die Forderung nach der Rückkehr zu den gemeinrechtlichen Grundsätzen erhoben. Ein Erfolg dieser Forderung hätte die Sicherheit der privilegierten Rechtspositionen in Preußen beeinträchtigen können, da das gemeine Recht weitergehende Aufhebungsmöglichkeiten kannte.[102]

Am Ende der Bestrebungen der preußischen Gesetzesrevision stand der im Jahre 1839 vorgelegte Entwurf eines Bürgerlichen Gesetzbuchs für die Preußischen Staaten von 1839.[103] Das Gesetzeswerk sollte das Bürgerliche Recht aus dem Allgemeinen Landrecht herauslösen und in einem eigenen Gesetzbuch kodifizieren. Ungeachtet der Kritik an der bestehenden Situation enthielt dieser Entwurf einen Vierten Abschnitt „Von Privilegien", der in den §§ 95-111[104] das Privilegienrecht behandelte. In drei Absätzen wurden der Gebrauch von Privilegien, ihre Auslegung sowie die Aufhebung von Privilegien geregelt.

Im Vergleich zum Regelungsgehalt der Vorschriften in der Einleitung zum Allgemeinen Landrecht sind nur wenige Änderungen im Entwurf zum Bürgerlichen Gesetzbuch festzustellen. Dementsprechend waren die Erläuterungen zu den Vorschriften über Privilegien in den Motiven zum Bürgerlichen Gesetzbuch auch nicht sehr umfangreich.[105] Ein Teil der Vorschriften wurde wörtlich aus der Einleitung des ALR übernommen; dabei handelte es sich um die §§ 102, 104 und 107 (sie entsprechen §§ 54, 56, 72 Einleitung ALR). Zahlreiche weitere Vorschriften wurden lediglich redaktionell geändert, übernahmen aber den Regelungsgehalt der Vorschriften des ALR; die §§ 96-101, 105-106 entsprechen den §§ 62-69 Einleitung ALR. Lediglich zwei Vorschriften waren gegenüber den Regelungen des Allgemeinen Landrechts neu. § 101 stellte die Vererbung von Privilegien einer ausdrücklichen Bestimmung anheim und § 109 bestimmte, daß dingliche Privilegien durch Wiederherstellung der Sache erneut auflebten. Beide Bestimmungen nahmen allgemeine Grundsätze des gemeinen Rechts auf,[106]

[101] Gans, Beiträge zur Revision (Anm. 99), S. 102.

[102] Vgl. dazu die Ausführungen in Kap. 2 II. a.E.

[103] Das gesamte Bürgerliche Gesetzbuch ist abgedruckt in: Gesetzrevision (1825-1848), II. Abteilung, Öffentliches Recht, Zivilrecht und Zivilprozeßrecht, Band 1. Öffentliches Recht und Sachenrecht I, Zwei Halbbände, hrsg. u. eingeleitet v. Werner Schubert, Vaduz 1981.

[104] Die Vorschriften über die Privilegien finden sich in Gesetzrevision (Anm. 103), S. 500-502.

[105] Die Motive finden sich in Gesetzrevision (Anm. 103), S. 634-636.

[106] Vgl. dazu oben Kap. 1 I.

deren Aufnahme in den Katalog der Bestimmungen des ALR bereits diskutiert wurde, dort jedoch mit dem Hinweis auf mangelnden Regelungsbedarf unterblieben war.[107]

Eine einzige Vorschrift greift eine Meinungsverschiedenheit zwischen Gesetzgeber und richterlicher Praxis auf. Der neu aufgenommene § 103, welcher den Unterschied in der Auslegung von dinglichen und persönlichen Privilegien explizit normierte, beruhte auf einem Zirkular-Reskript des Justizministeriums vom 27. September 1809. Darin kam die Missbilligung zum Ausdruck, daß „bei den richterlichen Entscheidungen der Unterschied zwischen persönlichen Erwerbsberechtigten und erblichen nach Art eines dinglichen Rechts verliehenen Gerechtigkeiten und Privilegien nicht gehörig berücksichtigt werden“.[108]

Die Regelungen im Entwurf zum Bürgerlichen Gesetzbuch hätten bei Inkrafttreten das Privilegienrecht in Preußen noch stärker an den Grundsätzen des gemeinen Rechts ausgerichtet, als dies ohnehin bereits der Fall war. Die Frage nach der Auslegung von dinglichen und persönlichen Privilegien wurde bereits in der überkommenen Privilegienlehre diskutiert, und das Wiederaufleben von dinglichen Privilegien bei Wiederherstellung der Sache war ein allgemein anerkannter Grundsatz.[109] Dementsprechend sahen die Redaktoren des Bürgerlichen Gesetzbuches nur einen geringen Begründungsbedarf. Hinweise darauf, daß der Regelungsgehalt nicht umstritten war, liefern Formulierungen wie, „auf unzweifelhaften Grundsätzen“[110] beruhend, oder „an sich begründet“.[111]

2. Das Privileg in den Kommentaren zum Allgemeinen Landrecht

In der ersten Hälfte des 19. Jahrhunderts erschien eine Reihe von teilweise sehr umfangreichen Kommentaren zum Allgemeinen Landrecht.[112] Soweit eine Kommentierung der Vorschriften über die Privilegien nicht vollständig fehlte,[113] blieb sie im Umfang auffällig hinter der Kommentierung im übrigen zurück. Die Erläuterungen orientierten sich in hohem Maße an der gemeinrechtlichen Literatur des 18. Jahrhunderts.

---

[107] Siehe dazu oben unter Kap. 2 I:

[108] Gesetzrevision (Anm. 103), S. 635.

[109] Vgl. dazu Kap. 1 I. VI.

[110] Gesetzrevision (Anm. 103), S. 634.

[111] Gesetzrevision (Anm. 103), S. 635.

[112] Heinrich Stenger, Versuch eines Kommentars über das Allgemeine Landrecht für die Preussischen Staaten, Bd. 1, Leipzig u. Züllichau 1797; Historisch-kritisch-exegetischer Kommentar zur neuen und alten Ausgabe des allgemeinen Landrechts, hrsg. v. Johann Christoph Merckel, Breslau u. Leipzig 1804; Gustav Alexander Bielitz, Praktischer Kommentar zum allgemeinen Landrechte für die preußischen Staaten, 8 Bde., Erfurt 1823-1830; Johann Franz Thöne, Fundamental-Lehren des Preußischen Privatrechts, einschließlich der Abfassungsgeschichte des Allgemeinen Landrechts und der Lehre von dem Besitz und der Verjährung, Bd. 1, Leipzig 1833; W. Bornemann, Systematische Darstellung des Preussischen Civilrechts mit Benutzung der Materialien des Allgemeinen Landrechts, Bd. 1, Berlin 1834.

[113] So der Historisch-kritisch-exegetischer Kommentar (Anm. 112).

Die in den jeweiligen Kommentaren aufgeworfenen und diskutierten Fragen, wie beispielsweise die nach der Vererbung von Privilegien,[114] durchzogen bereits die überkommene Privilegienlehre. Insofern behandelten die Kommentare keine neuen Aspekte.

Die Kommentarliteratur zum Allgemeinen Landrecht formulierte auch keine Kritik an der bestehenden Privilegienordnung; Forderungen nach einer Beschränkung der Privilegienpraxis oder gar nach einer Abschaffung von Privilegien wurden nicht erhoben. Insgesamt zeigte diese Literaturgattung ein relatives Desinteresse an der Erläuterung der Privilegienvorschriften.

[114] Stenger, Kommentar (Anm. 112), S. 60; Thöne, Fundamental-Lehren des Preußischen Privatrechts (Anm. 112), S. 101.

3. K A P I T E L: Privileg, Privilegienlehre und Verfassungsrecht in der ersten Hälfte des 19. Jahrhunderts

Infolge der staatlichen Veränderungen durch die Auflösung des heiligen Römischen Reiches deutscher Nation verlagerte sich die Bedeutung des Privilegienrechts auf die Ebene der Einzelstaaten. Wie im ersten Kapitel gezeigt, wurde die Privilegienhoheit nach Wegfall der Reichsgewalt zum Bestandteil der neu gewonnenen staatlichen Souveränität.[1] In mehren Wellen gaben sich die meisten der nunmehr souveränen Staaten in Deutschland zwischen 1808 und 1848 eine geschriebene Verfassung und entwickelten sich damit zu konstitutionellen Staaten. Dies wirft die Frage nach der Rolle der Privilegien in den jeweiligen Verfassungen auf. Zudem stellt sich die Frage, ob und in welchem Umfang der Rheinbund und nach 1815 der Deutsche Bund Regelungen zum Privilegienrecht trafen.

In der preußischen Gesetzgebung spielte das Privileg nach Inkrafttreten des Allgemeinen Landrechtes, wie gezeigt, weiterhin eine wichtige Rolle.[2] Folglich ist auch nach der weiteren Entwicklung der Gesetzgebung in den einzelnen deutschen Staaten hinsichtlich der Bedeutung von Privilegien zu fragen. Dies geschieht angesichts der in den beiden Staaten deutlich unterschiedlichen verfassungsrechtlichen Entwicklung im Wesentlichen am Beispiel vom Preußen und Bayern. Da unter dem Eindruck der französischen Revolution die Privilegien in der Naturrechtslehre unter Druck gerieten, vor allem in der Staatsrechtslehre aber noch akzeptiert wurden,[3] stößt auch die weitere Entwicklung der Privilegienlehre in der ersten Hälfte des 19. Jahrhunderts auf Interesse.

Die Untersuchung des Privilegienrechts in der ersten Hälfte des 19. Jahrhunderts erfolgt in vier Schritten. Zunächst werden die Gründungsakte des Rheinbundes und des Deutschen Bundes, ferner die Bedeutung des Zollvereins im Hinblick auf eine Behandlung der Privilegien untersucht (I.). Dabei liegt der Schwerpunkt auf dem Verhältnis von Bundes- zu Territorialgewalt im Bereich des Privilegienrechts. Im nächsten Schritt werden die Regelungen des Privilegienrechts in den im Untersuchungszeitraum erlassenen Verfassungen der deutschen Einzelstaaten behandelt (II.). Der dritte Abschnitt geht auf die Entwicklung der Privilegienlehre in der ersten Hälfte des 19. Jahrhunderts ein. Besonderes Augenmerk gilt dabei der Diskussion um die Privilegien in der naturrechtlich-rechtsphilosophischen Literatur der Zeit (III.). Abschließend wird untersucht, in welche Richtung sich unter dem Eindruck von verfassungsrechtlichen

[1] Vgl. dazu oben Kap. 1 V.

[2] Vgl. dazu oben Kap. 2 III.

[3] Vgl. dazu oben Kap. 1 IV.; außerdem Diethelm Klippel, Das Privileg in der deutschen Staatsrechtslehre des 19. Jahrhunderts, in: Das Privileg im europäischen Vergleich 2, Frankfurt a. M. 1999, S. 285-308.

Vorgaben und wissenschaftlicher Diskussion die einzelstaatliche Gesetzgebung und richterliche Praxis, soweit sie Privilegien betraf, entwickelte (IV.).

I. Die Privilegien in der Rechtsordnung des Rheinbundes, des Deutschem Bundes und des Deutschen Zollvereins

Nach der Auflösung des Alten Reiches fanden sich die nunmehr souveränen deutschen Staaten zu multilateralen Staatenbünden zusammen. Noch unter napoleonischer Ägide wurde 1806 der Rheinbund gegründet. In der Folge des Untergangs des napoleonischen Empire schlossen sich die deutschen Staaten 1815 zum Deutschen Bund zusammen. Sowohl die Rheinbunds-Akte vom 12. Juli 1806[4] als auch die Deutsche Bundesakte vom 8. Juni 1815[5] enthielten Bestimmungen über Privilegien, die im Wesentlichen die Rechtsstellung der ehemaligen kleinen Reichsstände betrafen (1.). Während des Bestehens des Deutschen Bundes kam es darüber hinaus zur überstaatlichen Regelung einzelner Privilegien (2.). Auch der Deutsche Zollverein befaßte sich mit Privilegien. (3.).

1. Bestimmungen über Privilegien in der Rheinbunds-Akte und der Deutschen Bundesakte

Die Bundesakte des Rheinbundes vom 12. Juli 1806 ist geprägt von der Auflösung des Reiches und den sich aus dem Reichsdeputationshauptschluß von 1803 ergebenden Veränderungen in der staatlichen Zugehörigkeit umfangreicher Territorien.[6] Die ehemaligen Landesherren wurden dabei nicht einfache Untertanen in den neuen Staaten, zu denen ihre ehemaligen Herrschaftsgebiete nunmehr gehörten; sie bildeten vielmehr innerhalb der Staaten aufgrund der ihnen zukommenden Rechte einen privilegierten Stand. Aufgrund der Rheinbunds-Akte übten die mediatisierten und säkularisierten Landesherren Teile der Gerichtsbarkeit und der niederen Polizeigewalt aus. Die entscheidenden Vorschriften befanden sich in Art. XXVII-XXXI der Rheinbunds-Akte:

„XXVII. Die gegenwärtig Regierenden Fürsten und Grafen behalten, ein jeder als Patrimonial-Privateigenthum, alle Domainen, die sie gegenwärtig besitzen, ohne Ausnahme; alle herrschaftlichen und Lehnsrechte, welche nicht wesentlich zur Souveränität gehören, namentlich die Rechte der niedern und mittlern Gerichtsbarkeit in Civil- und Criminalfällen, der Forstgerichtsbarkeit und Forstpolizei, der Jagd, des Fischfangs, des Bergbaues, der Hammerwerke, der Zehenden, der Lehensleistungen, des

---

[4] Rheinbunds-Akte vom 12. Juli 1806; zitiert nach Dokumente zur Deutschen Verfassungsgeschichte, Hrsg. v. Ernst Rudolf Huber, Bd., Stuttgart 1978, S. 28-34.

[5] Deutsche Bundesakte vom 8. Juni 1815, zitiert nach Dokumente zur Deutschen Verfassungsgeschichte 1 (Anm. 5), S. 35 ff.

[6] Alleine durch die Säkularisation wechselten über 3 Mio. Einwohner auf etwa 10.000 km^2 den Landesherren; vgl. Möller, Fürstenstaat oder Bürgernation (Kap. 1 Anm. 9), S. 579.

Patronats, und andere dergleichen Rechte, so wie die aus besagten Domainen fliessenden Einkünfte.

XXVIII. In Criminalfällen geniessen die jetzt regierenden Fürsten, Grafen und ihre Erben das Recht des Austrägalgerichts, d.h. das Recht, von ihres Gleichen gerichtet zu werden ...

XXXI. Es steht den jetzt regierenden Fürsten, Grafen und ihren Erben frei, ihren Wohnsitz zu nehmen, wo sie wollen ... Es steht ihnen frei, ihre Einkünfte oder Capitalien an sich zu ziehen, ohne dass sie deshalb irgend einer Abgabe unterworfen werden können".[7]

Ein großer Teil der bisherigen landesherrlichen Rechtspositionen verblieb daher den mediatisierten Reichsfürsten aufgrund dieser Vorschriften. Dies hinderte zwar eine durchgreifende Reformierung und Modernisierung in den betroffenen Staaten, trug aber zu einer Versöhnung mit der neuen Situation bei.

Die Regelungen des Vertrages zur Gründung des Deutschen Bundes vom 8. Juni 1815 übernahmen im wesentlichen die durch die Rheinbunds-Akte geschaffene Rechtslage. Die Bundesakte sprach im Zusammenhang mit den mediatisierten Reichsfürsten in Art. 14 von der 'privilegiertesten Klasse' unter den Staatsangehörigen.[8] Ausdrücklich bestimmte die Bundesakte, dass alle Rechte nur aufgrund der entsprechenden Landesgesetze ausgeübt werden konnten. Dies unterstrich die Souveränität der beteiligten Staaten.[9]

Die Regelungen zu Privilegien in der Bundesakte waren umfangreicher als in der Rheinbunds-Akte. Neu aufgenommen in die Bundesakte des Deutschen Bundes wurden Bestimmungen für die Standesherren über die prinzipielle Zulassung von Familienfideikommissen, über einen generellen privilegierten Gerichtsstandes und über die Befreiung von jeglicher militärischen Dienstpflicht. Die Privilegien der Standesherren entsprachen dem Stand der Regelungen durch die Rheinbunds-Akte. Dazu gehörten die Ausübung der Gerichtsbarkeit in der untersten Instanz, die Ausübung der Befugnisse der örtlichen Polizei, die Ausübung der Patrimonialrechte usw. Darüber hinaus regelte der Bundesvertrag in Art. 15 die besonderen Pensionsrechte für kirchliche Würdenträger und die Mitglieder des Deutschen Ordens. Die Rechte der Familie Thurn und Thaxis bezüglich des Postwesens in den einzelnen Mitgliedsstaaten wurden

---

[7] Rheinbunds-Akte vom 12. Juli 1806; zitiert nach Dokumente zur Deutschen Verfassungsgeschichte 1 (Anm. 4), S. 28-34.

[8] Deutsche Bundesakte vom 8. Juni 1815, zitiert nach Dokumente zur Deutschen Verfassungsgeschichte 1 (Anm. 4), S. 35 ff.

[9] Der Begriff der Souveränität zieht sich wie ein Leitfaden durch die gesamte Bundesakte, um deutlich zu machen, daß mit der Gründung des Bundes keiner der beteiligten Staaten auch nur ein Stück seiner neugewonnenen Souveränität aufgeben will; Vgl. Präambel, Art. 1, 11, 14 der Deutschen Bundesakte vom 8. Juni 1815; der Eindruck wird noch verstärkt durch die Wiener Schlußakte vom 15. Mai 1820: „Die souveränen Fürsten und freien Städte Deutschlands, ...", zit. nach Dokumente zur Deutschen Verfassungsgeschichte 1 (Anm. 4), S. 91-100.

durch Art. 17 garantiert. Insgesamt zementierte die Bundesakte damit die Ausnahmestellung der Standesherren.

Auf der Ebene des Deutschen Bundes eröffnete Art. 6 der Bundesakte prinzipiell die Möglichkeit, den mediatisierten ehemaligen Reichsständen Kuriatsstimmen in der Bundesversammlung nach dem Vorbild des alten Reichstages zu gewähren. Von dieser Möglichkeit wurde aber über den gesamten Zeitraum der Existenz des Bundes kein Gebrauch gemacht. Die politischen Einflußmöglichkeiten der Standesherren blieben auf Bundesebene damit gering - ein Nachteil, wie sich später zeigen sollte.

Während die Rechtsstellung der Landesherren umfassend geregelt wurde, klammerte die Bundesakte ökonomische Privilegien weitestgehend aus; damit verblieben sie in der Kompetenz der Einzelstaaten. Dieser Aspekt bildete ein Hindernis auf dem Weg zu einem einheitlichen deutschen Wirtschaftsraum, wirkte somit hemmend auf die wirtschaftlichen Entfaltungsmöglichkeiten und wurde schließlich bilateral zwischen den einzelnen Staaten des Deutschen Bundes geregelt.[10] Nur in einem Teilbereich legte Art. 18 der Bundesakte[11] fest, dass sich die Bundesversammlung bei ihrer ersten Zusammenkunft mit der Sicherstellung der Rechte der Schriftsteller und Verleger gegen den Nachdruck beschäftigen sollte.

2. Maßnahmen des Deutschen Bundes in Bezug auf Privilegien

Doch ließ die Behandlung der Rechte von Schriftstellern und Verlegern bis in die 1830er Jahre auf sich warten, als das Problem sich im Deutschen Bund, der einen weitgehend einheitlichen Sprachraum umfaßte, immer dringender stellte. Berühmt geworden ist das Gesuch Johann Wolfgang von Goethes aus dem Jahr 1824 um ein Nachdruckprivileg des Deutschen Bundes, das schließlich gewährt wurde.[12] Dies blieb jedoch kein Einzelfall. In den Jahren 1826/27 ergingen gleichartige Privilegien an Schiller, an die Witwe Jean Pauls, an Schlesinger und an Hummel.[13]

Preußen versuchte in den Jahren 1827 und 1828, im Wege bilateraler Vereinbarungen, eine Vereinheitlichung des Rechts der Nachdruckprivilegien herbeizuführen.[14] Der Deutsche Bund zog schließlich nach. Auf der Grundlage von Art. 6 der Bundes-

---

[10] Paul Erker, Die deutsche Wirtschaft im 19. und 20. Jahrhundert, S. 37 ff.

[11] Art. 18 d): „Die Bundesversammlung wird sich bei ihrer ersten Zusammenkunft mit Abfassung gleichförmiger Verfügungen über die Preßfreyheit und die Sicherstellung der Rechte der Schriftsteller und Verleger gegen den Nachdruck beschäftigen."

[12] Vgl. dazu Elmar Wadle, Goethes Gesuch um ein Nachdruckprivileg des Deutschen Bundes und die preußische Politik, in: NJW 1999, S. 2545-2551.

[13] Die preußische Umsetzung in PreußGS 1826, S. 42, 42 f., 76, 77.

[14] In den Jahren 1827 und 1828 schließt Preußen mit einer ganzen Reihe anderer deutscher Staaten, darunter Baden, Bayern, Württemberg und fast ein weiteres Dutzend kleinerer Staaten, Verträge, die einen gegenseitigen Schutz gegen den Nachdruck enthalten. Der Schutz sollte grenzüberschreitend sein, vgl. PreußGS 1827, S. 2 ff., 13 ff. u.a.; die Regelung blieb jedoch insofern unvollständig, als Sachsen der bedeutendste deutsche Verlagsstandort (Leipzig!) keine Vereinbarung mit Preußen traf.

akte, welcher der Bundesversammlung ermöglichte, trotz der Souveränität der Einzelstaaten jegliche Art von Beschlüssen zu fassen, und von Art. 18 der Bundesakte kam es zu einheitlichen Grundsätzen im Gebiet des Deutschen Bundes. Wesentlicher Inhalt des erfolgten Beschlusses der Bundesversammlung ist die Gleichstellung im Schutz gegen den Nachdruck zwischen Landesangehörigen und den Angehörigen eines anderen zum Deutschen Bund gehörenden Staates.[15] Bis zu diesem Zeitpunkt erfolgte noch in allen Bundesstaaten der Schutz gegen den Nachdruck durch die Erteilung von Privilegien. Der Beschluß der Bundesversammlung leitete den Weg zu einer Vereinheitlichung im Bereich des Nachdruckrechts ein und begrenzte die einzelstaatlichen Kompetenzen aufgrund des Gleichbehandlungsgebotes.

Das Interesse der Schriftsteller und Verleger lag darin, durch eine Beschlussfassung des Bundes zu vermeiden, in allen Einzelstaaten jeweils neu ein Privileg für ein und dasselbe Werk nachsuchen zu müssen. Die Forderung nach einer einheitlichen Regelung für das Gebiet des Deutschen Bundes war daher von praktischen Erwägungen geprägt und stand nicht in Zusammenhang mit einer Ablehnung des Privilegs als solchem. Sinnvoll waren solche bundesweiten Privilegien aber nur in Bereichen, in denen die Erteilung des Privilegs keine Probleme aufgrund des unterschiedlichen Modernisierungsstandes der Einzelstaaten hervorrief. Insbesondere Patentprivilegien schieden dadurch aus der Beschlussfassung des Bundes aus. Die von der Beschlussfassung des Bundes betroffenen Privilegien sind allesamt solche gegen den Nachdruck bzw. die Nachahmung künstlerischer Werke.

3. Privilegien im Deutschen Zollverein

Im Jahre 1834 wurde der deutsche Zollverein auf preußische Initiative ins Leben gerufen. Neben Vereinbarungen über das Zollwesen trafen die Mitglieder auch Übereinkommen über wirtschaftliche Sachverhalte, welche durch die Erteilung von Privilegien rechtlich erfaßt wurden. So verabschiedete der Zollverein 1842 eine Übereinkunft über die Erteilung von Erfindungspatenten und Privilegien.[16] Prinzipiell verblieb es danach bei der einzelstaatlichen Kompetenz; es wurden jedoch Schritte zur Angleichung unternommen. Im Zusammenhang mit der Erteilung von Patenten war von Privilegien

[15] „Um nach Art. 18 der Deutschen Bundesakte die Rechte der Schriftsteller, Herausgeber und Verleger gegen den Nachdruck von Gegenständen des Buch- und Kunsthandels sicher zu stellen, vereinigen sich die souverainen Fürsten und freien Städte Deutschlands vorerst über den Grundsatz, daß bei Anwendung der gesetzlichen Vorschriften nach Maaßregeln wider den Nachdruck, in Zukunft der Unterschied zwischen den eigenen Unterthanen eines Bundesstaates und jenen der übrigen im Deutschen Bunde vereingten Staaten gegenseitig und im ganzen Umfange des Bundes in der Art aufgehoben werden soll, daß die Herausgeber, Verleger und Schriftsteller eines Bundesstaates sich in jedem andern Bundesstaate des dort gesetzlich bestehenden Schutzes gegen den Nachdruck zu erfreuen haben werden.“; zit. n. PreußGS 1833, S. 25-26.

[16] Uebereinkunft der zum Zoll- und Handelsvereine verbundenen Regierungen wegen Ertheilung von Erfindungspatenten und Privilegien. Vom 21. September 1842; Bekanntmachung der Ratifikation vom 29. Juni 1843, PreußGS 1843 S. 265-267.

die Rede; Privilegien wurden als weiterhin als Mittel zur Erteilung von Patenten angesehen, und sie waren daher konstitutiv für den Patentschutz. Als ein Element der klassischen Privilegienlehre wurde für alle Patentierungen eine öffentliche Verkündigung vorgeschrieben,[17] damit das Recht auch beachtet und ggf. darauf zugegriffen werden konnte.

II. Das Privileg in den Verfassungen der deutschen Einzelstaaten bis 1849[18]

In der Verfassungsgebung der deutschen Einzelstaaten sind bis 1849 zwei Phasen zu beobachten. In einer ersten Welle ergingen zwischen 1818 und 1820 in den süddeutschen Staaten, darunter Bayern, Baden und Württemberg, Verfassungen, die teilweise auf älteren Vorläufern basierten.[19] Zwischen 1830 und 1837 kam es im Anschluß an die Juli-Revolution in Frankreich zu einer zweiten Welle der Verfassungsgebung, die vor allem mittel- und norddeutsche Staaten betraf.[20] Ebenfalls noch in die erste Hälfte des Jahrhunderts fällt die Paulskirchenverfassung von 1849.[21] Daher stellt sich die Frage, inwieweit die Verfassungen Aussagen zu Privilegien treffen. Im Anschluß gerade an die Entwicklung in Frankreich liegt der Gedanke nahe, dass es durch die Verfassungen zumindest zu einer Einschränkung der überkommenen Privilegienordnung kam.

1. Verfassungsurkunden ohne Regelung von Privilegien

Etwa der Hälfte der Verfassungstexte geht auf Privilegien ein.[22] In keinem Fall wurde nach dem Vorbild der französischen Verfassung von 1791 die Privilegienordnung vollständig beseitigt.

---

[17] Vgl. Dazu oben Kap. 1.

[18] Vgl. zum folgenden Klippel, Privileg in der deutschen Staatsrechtslehre (Anm. 3), S. 285-308.

[19] Verfassungspatent für das Großherzogtum Nassau vom 2. September 1814; Verfassungsurkunde des Königreichs Bayern vom 6. Juni 1818; Vorläufer war die Konstitution für das Königreich Bayern vom 25. Mai 1808; Verfassungsurkunde für das Großherzogtum Baden vom 22. August 1818; Verfassungsurkunde für das Königreich Württemberg vom 25. September 1819; Verfassungsurkunde für das Großherzogtum Hessen-Darmstadt vom 17. Dezember 1820; die Verfassungsurkunden sind zitiert nach Heinrich Albert Zachariä, Die deutschen Verfassungsgesetze der Gegenwart, Göttingen 1855, S. 104-126; die Konstitution für Bayern nach Gesetzblatt für das Königreich Baiern, VII. Stück vom 6. Juni 1818, Sp. 101-140.

[20] Verfassungsurkunde für das Königreich Sachsen vom 4. September 1831; Grundgesetz für das Herzogtum Sachsen-Altenburg vom 29. April 1831; Neue Landschaftsordnung für das Herzogtum Braunschweig vom 12. Oktober 1832; die Dokumente sind abgedruckt in: Zachariä, Die deutschen Verfassungsgesetze der Gegenwart (Anm. 19).

[21] Verfassung des Deutschen Reiches vom 28. März 1849; abgedruckt u.a. in: Ernst Rudolf Huber (Hrsg.), Dokumente zur deutschen Verfassungsgeschichte, Bd. 1 (Anm. 4), S. 304 ff.

[22] Verfassungsurkunde für das Königreich Württemberg vom 25. September 1819; Verfassungsurkunde für das Großherzogtum Hessen-Darmstadt vom 17. Dezember 1820; die Verfassungsurkunden sind zitiert nach: Zachariä, Die deutschen Verfassungsgesetze der Gegenwart (Anm. 19).

Soweit einige Verfassungen überhaupt keine Regelungen zu Privilegien trafen,[23] darf daraus gerade nicht der Schluß gezogen werden, in diesen Staaten sei die Privilegienordnung beseitigt worden. Die Verfassungsordnung des deutschen Konstitutionalismus war durch die Verbindung des 'monarchischen Prinzips' mit Elementen einer repräsentativen Verfassung geprägt.[24] Dieses Verfassungsprinzip kam am stärksten in Art. LVII der Wiener Schlußakte von 1820 zum Ausdruck.[25] Dort hieß es: „Da der Deutsche Bund, mit Ausnahme der freien Städte, aus souverainen Fürsten besteht, so muß, dem hierdurch gegebenen Grundbegriffe zufolge, die gesammte Staatsgewalt in dem Oberhaupte des Staats vereinigt bleiben, und der Souverain kann durch eine landständische Verfassung nur in der Ausübung bestimmter Rechte an die Mitwirkung der Stände gebunden werden." Dies bedeutet, dass die Verfassungen der ersten Hälfte des 19. Jahrhunderts ihrer Funktion nach eine Beschränkung der ansonsten absoluten Macht des Regenten darstellten. Eine originäre Kompentenzzuweisung durch die Verfassung an Regent und landständische Gremien fand nicht statt. Soweit die geschriebenen Verfassungen den Regenten nicht in seiner Souveränität beschränkten, blieb es bei dessen alleiniger Kompetenz zur Ausübung der Hoheitsrechte. Für das Privilegienrecht bedeutet dies, dass die Privilegienhoheit des Herrschers nur soweit durch das Verfassungsrecht beschränkt wurde, als die jeweilige Verfassung entsprechende Regelungen enthielt. Ansonsten verblieb es bei der unbeschränkten Privilegienhoheit des Monarchen.

2. Verfassungstexte mit einzelnen Privilegienbestimmungen

Soweit die Verfassungen das Privilegienrecht behandelten, beschränkten sie sich auf wenige Bestimmungen. Eine Reihe von Verfassungen enthielt Vorschriften über Handels- und Gewerbeprivilegien. In diesem Zusammenhang wurde auch eine Regelung über Erfindungsprivilegien bzw. Patente getroffen. Als Vorbild für die weitere Entwicklung diente § 31 der Württembergischen Verfassungsurkunde vom 25. September 1819: „Ausschließliche Handels- und Gewerbeprivilegien können nur zur Folge eines Gesetzes, oder mit besonderer, für den einzelnen Fall gültiger, Beistimmung der Stände ertheilt werden. Dem Ermessen der Regierung bleibt überlassen, nützliche Erfindungen durch Patente zu deren ausschließlichen Benutzung bis auf die Dauer von 10 Jahren zu belohnen".[26] In ähnlicher Weise wurden wirtschaftliche Privilegien in der

---

[23] Verfassungspatent für das Großherzogtum Nassau vom 2. September 1814; Verfassungsurkunde des Königreichs Bayern vom 6. Juni 1818; Verfassungsurkunde für das Großherzogtum Baden vom 22. August 1818, jeweils zitiert nach: Zachariä, Die deutschen Verfassungsgesetze der Gegenwart (Anm. 19).

[24] Kroeschell, Dt. Rechtsgeschichte 3, Opladen 1993, S. 248.

[25] Wiener Schlußakte vom 15. Mai 1820, zit. nach Dokumente zur Deutschen Verfassungsgeschichte 1 (Anm. 4), S. 91-100.

[26] Die Württembergische Regelung bildete das Vorbild für spätere Verfassungen der zweiten Hälfte des 19. Jahrhunderts, als diese den Wortlaut der Bestimmung unverändert übernehmen; vgl. Revidirtes

Verfassungsurkunde des Großherzogtums Hessen vom 17. Dezember 1820 normiert. Dort heißt es in § 104: „Ausschließliche Handels- und Gewerbsprivilegien sollen nicht Statt finden, außer zu Folge eines besonderen Gesetzes. Patente für Erfindungen kann die Regierung auf bestimmte Zeit ertheilen“. Diese Vorschriften unterwarfen die gewerblichen Privilegien der Gesetzgebung, mit der Folge, dass die landständischen Vertretungen derartigen Privilegien zustimmen mussten.[27] Dies wird aus einer Bestimmung in der württembergischen Verfassung deutlich, wonach auch bei der Privilegienerteilung im Einzelfall die Stände zustimmen mußten.[28] Die Erfindungsprivilegien wurden jeweils gesondert behandelt und verblieben in der ausschließlichen Kompetenz der Regierung und des Monarchen.

In Deutschland blieb es also im Allgemeinen bei einer weitgehend unumschränkten Privilegienhoheit des Regenten. Lediglich für den Bereich der gewerblichen Privilegien waren Mitbestimmungsrechte der Landstände bei der Erteilung vorgesehen; im Hinblick auf Patente galt auch dies nicht uneingeschränkt. Insbesondere politische Vorrechte verblieben in der Kompetenz des Regenten.

3. Die Gleichheit vor dem Gesetz in den deutschen Verfassungen bis 1848

Neben der konkreten Regelung einzelner Privilegien ist danach zu fragen, inwieweit deutsche Verfassungen der ersten Hälfte des 19. Jahrhunderts Gleichheit vor dem Gesetz gewährten. Die Diskussion über das Privileg im jüngeren Naturecht zeigt, dass im Begriff der Gleichheit ein Schlüssel auf dem Weg zur Beseitigung der Privilegienordnung lag.[29] Tatsächlich gewährten einige Verfassungen staatsbürgerliche Gleichheit[30] bzw. Gleichheit vor dem Gesetz.[31] Die Erhebung des Gleichheitsbegriffes zu Verfassungsrang beseitigte die Privilegienordnung jedoch nicht.

Zum einen wurde Gleichheit nicht unbeschränkt gewährt. Exemplarisch dafür ist die Regelung in § 7 der Badischen Verfassung: „Die staatsbürgerlichen Rechte der Badener sind gleich in jeder Hinsicht, wo die Verfassung nicht namentlich und ausdrücklich eine Ausnahme begründet.“ Noch weiter ging die Einschränkung des Gleichheitssatzes in der sächsischen Verfassung vom 4. September 1831, die in § 55

Staatsgrundgesetz für das Großherzogthum Oldenburg vom 22. November 1852, Art. 58; Verfassungsurkunde für das Kurfürstentum Hessen vom 13. April 1852, § 25; Gesetz, betreffend die Änderung einiger Theile des unter dem 14. April 1852 erlassenen Verfassungsgesetzes [betrifft das Revidirte Staatsgrundgesetz für das Fürstenthum Reuß Jüngere Linie vom 14. April 1852, eig. Anm.] betreffend vom 10. Juni 1856, § 25.

[27] Die Beteilung der Landstände an der Gesetzgebung gehört zum Regelungsgehalt aller Verfassungen der Zeit; vgl. u.a. Bayer. VerfUrk v. 26.5.1818 (Anm. 19), Titel VII., §§ 2 u. 3; Bad. VerfUrk v. 22.8.1818 (Anm. 19), § 53; Württ. VerfUrk v. 25.9.1819 (Anm. 19), § 85; Großherzogthum Hessen, Verfassungsurkunde vom 17. Dezenber 1820, § 67.

[28] Württ. VerfUrk v. 25.9.1819 (Anm. 7), § 85.

[29] Vgl. dazu oben Kap. 1 IV.

[30] § 7 der Verfassungsurkunde f.d. GHzm. Baden v. 22. Aug. 1818 (Anm. 19).

[31] Prolog der Verfassungs-Urkunde f.d. Kgr. Bayern v. 26. Mai 1818 (Anm. 19).

nicht nur besondere Gesetze, sondern auch Verträge und besondere Verhältnisse als Gründe für eine Beschränkung der Gleichheit gelten ließ.[32] Die Verfassung setzte allerdings voraus, dass die Einschränkung 'nothwendig' war. Hinter diesem Begriff standen Staatszweckerwägungen.[33] Von einer Verfassungsordnung, die auf Überwindung von rechtlichen Ungleichheiten und damit Privilegien gerichtet ist, kann daher nicht die Rede sein.

Zum anderen galt in den geschriebenen Verfassungen lediglich ein formaler Gleichheitsbegriff im Sinne einer Gleichheit vor dem Gesetz, der den Erwerb ungleicher Rechtspositionen nicht zwingend ausschloss.[34] Das Prinzip inhaltlicher Rechtsgleichheit, welches heute durch Art. 1 III, 3 I GG normiert ist, war den Verfassungen des 19. Jahrhunderts fremd.[35]

Wo der Begriff der Gleichheit in der Verfassungsgebung vollständig fehlte, also selbst eine rudimentäre Normierung eines formalen Gleichheitssatzes ausblieb, wie beispielsweise im Kgr. Hannover, wurde dies im Prozeß der Verfassungsgebung zu einem der Kernpunkte der Diskussion.[36]

---

[32] Verfassungsurkunde für das Königreich Sachsen vom 4. September 1831 (Anm. 20), § 55. „Die Rechtspflege wird auf eine der Gleichheit vor dem Gesetze entsprechende Wiese in dem Maße eingerichtet werden, soweit nicht einzelne auf Verträgen oder besonderen Verhältnissenberuhende Ausnahmen noch ferner nothwendig bleiben."

[33] Vgl. dazu oben Kap. 1 I. 3.

[34] Die in den folgenden Anmerkungen genannten Verfassungbestimmungen sind allesamt zitiert nach Zachariä, Verfassungsgesetz (Anm. 19), sowie ders., Verfassungsgesetze, Erste Fortsetzung, Göttingen 1858 u. Zweite Fortsetzung, Göttingen 1862; Hzm. Nassau, Patent v. 1./2. Sept. 1814. „Wir, ..., nicht allein bürgerliche Freiheit Unserer Unterthanen möglichst und die politische Gleichheit derselben vor dem Gesetz aufrecht gehalten ..."; Einleitung zur Bayer. VerfUrk v. 26.5.1818 (Anm. 19). „Unser Volk wird in dem Inhalte desselben die kräftigste Gewährleistung Unserer landesväterlichen Gesinnung finden. ... Gleichheit der Belegung und der Pflihtigkeit ihrer Belegung ... Gleichheit der Gesetze und vor dem Gesetz."; Verfassungsurkunde für das Königreich Württemberg vom 25. September 1819 (Anm. 19), § 21. „Alle Württemberger haben gleiche staatsbürgerliche Rechte, und eben so sind sie zu gleichen staatsbürgerlichen Pflichten und gleicher Teilnahme an den Staatslasten verbunden ..."; Grundgesetz für das Herzogthum Sachsen-Altenburg vom 29. April 1831, § 44: „Jeder altenburgische Landesunterthan, der zugleich Landeseinwohner (§ 39) ist, hat ohne Rücksicht auf Stand und Geburt gleiche Anwartschaft zu den im Grundgesetz enthaltenen staatsbürgerlichen Rechten (§ 81.)."; Neue Landschaftsordnung für das Herzogthum Braunschweig vom 12 Oktober 1832, § 200. „Alle Landeseinwohner sind vor dem Richter gleich."

[35] Konrad Hesse, Grundzüge des Verfassungsrechts der Bundesrepublik Deutschland, 19. Aufl., Heidelberg 1993, S. 176 f.

[36] Vgl. Karl Heinrich Ludwig Pölitz, Beleuchtung des Entwurfs eines Staatsgrundgesetzes für das Königreich Hannover, wie solcher der niedergesetzten Commission von Seiten der landesherrlichen Commissarien im November 1831 vorgelegt worden ist, Leipzig 1831, S. 22: „Je vorteilhafter die Wirkung davon ist, daß der „Entwurf" solche wichtige Zusicherungen des Regenten bereits in seinem ersten Capitel enthält; desto mehr wäre es zu wünschen gewesen, daß auch die Zusicherung der Gleichheit Aller vor dem Gesetz, sowie der gleichen Berechtigung aller zu allen Zweigen des Staatsdienstes, sogleich in die Reihe dieser Versprechungen aufgenommen worden wäre."

4. Besondere Bestimmungen über Privilegien in den Verfassungen von Bayern und Braunschweig

Die Konstitution für das Königreich Bayern vom 25. Mai 1808[37] und die braunschweigische Landschaftsordnung vom 12. Oktober 1832[38] enthielten zudem Regelungen zu einzelnen Fragen von Privilegien.

Die bayerische Verfassung regelte Fragen der Staatsorganisation und der ständischen Rechtspositionen. § 2 der Verfassung hob u.a. die Privilegien der einzelnen Provinzen auf. Der gesamte Staat sollte nach gleichen Gesetzen gerichtet und nach gleichen Grundsätzen verwaltet werden. Die Vorschrift war Ausdruck der Neuorganisation des Staates nach den Veränderungen der Napoleonischen Ära. Die Abschaffung der provinzialen Vorrechte bildete einen entscheidenden Schritt zur Zentralisierung und Vereinheitlichung der Verwaltungsstruktur des Staates. Eine umfassende Modernisierung blieb jedoch aus; so behielt nach § 5 der Verfassung der Adel seine Titel und seine gutsherrlichen Rechte uneingeschränkt.[39] Die durch ständische Vorrechte geprägte Gesellschaftsordnung blieb durch die Verfassung zunächst unberührt.

Die ausführlichsten Bestimmungen über Privilegien enthalten §§ 6, 10, 199 und 200 der Braunschweigischen Landschaftsordnung vom 12. Oktober 1832. Diese lauteten im einzelnen:

„§ 6. Der Landesfürst kann in einzelnen Fällen Dispensationen von den gesetzlichen Vorschriften ertheilen, jedoch, in sofern dritte Personen wegen ihrer Rechte betheiligt sind, nur mit deren Zustimmung.

§ 10. Der Landesfürst hat allein das Recht, Titel, Rang, Würden, gesetzlich zulässige Privilegien, Standeserhöhung und Ehrenzeichen zu verleihen. Titel, Rang, Würden, Privilegien, Standeserhöhungen und Ehrenzeichen, welche Landeseinwohnern von auswärtigen Regierungen verliehen worden, dürfen nur mit Zustimmung des Landesfürsten angenommen werden.

§ 199. Die bisherigen Vorrechte des Fiscus, in Beziehung auf gerichtliche Verfolgung seiner Ansprüche, Privatpersonen gegenüber, werden hierdurch aufgehoben.“

§ 200. Der privilegirte Gerichtsstand ist abgeschafft.“

Insbesondere zwei Aspekte sind hervorzuheben. Zum einen ist dies die unterschiedliche Behandlung von Dispensationen und Privilegien, zum anderen die Abschaffung der privilegierten Gerichtsstände. Der letztgenannte Aspekt stand nicht im

---

37 Konstitution f. d. Kgr. Bayern, Königlich-Baierisches Regierungsblatt 1808, Sp. 985 ff.

38 Braunschw. LO v. 12.10.1832 (Anm. 34).

39 Eine vergleichbare Norm enthält das Grundgesetz für die vereinigte landschaftliche Verfassung des Herzogthums Sachsen-Meiningen vom 23. August 1829. Dort heißt es in Art. 15: „Die besondern Rechtsverhältnisse der verschiedenen Stände genießen den Schutz der Verfassung. Kein Standesunterschied giebt jedoch im Herzogthume eine Befreiung von den allgemeinen Unterthanenpflichten, noch ein Vorrecht bei dem Erwerbe der Grundherrlichkeit und der Erlangung zu irgend einem Staatsamte.“

Widerspruch zu den oben angeführten bundesrechtlichen Vorgaben.[40] Das Problem der Rechtsstellung mediatisierter und säkularisierter ehemaliger Reichsfürsten stellte sich für das Herzogtum Braunschweig nicht. Das Staatsgebiet des Herzogtums wurde nach 1815 mit dem gegenüber 1789 unveränderten Territorium wiederhergestellt.[41] Damit blieb Braunschweig ein Hindernis auf dem Weg zur Vereinheitlichung und Modernisierung der staatlichen Verwaltung erspart.

Die Unterscheidung zwischen Privilegienhoheit und Dispensationsgewalt durch die §§ 6, 10 der Landschaftsordnung war in der Verfassungsgebung der ersten Hälfte des 19. Jahrhunderts einzigartig. Während der Landesfürst einerseits alleine befugt war, Dispensationen zu erteilen - lediglich bei einem Eingriff in Rechte Dritter mußte deren Zustimmung vorliegen -, setzte die Erteilung von Privilegien eine Ermächtigungsgrundlage in Form eines Gesetzes voraus. Nach dem Verfassungstext kam ihm nur die Exekutivgewalt zu. Die Gesetzgebung bedurfte der Mitwirkung der Landstände.[42] Mit der Bindung an eine gesetzliche Grundlage konnte die Erteilung von Privilegien rechtsstaatlich gezähmt werden. Das Privileg war damit nicht mehr selbst ein Gesetz, wie dies noch in der Privilegienlehre des Ancien régime der Fall war.[43] Die Entwicklung der Privilegien hin zu einer reinen Exekutiv- und damit letztlich Verwaltungshandlung erschien nach dem Braunschweiger Vorbild möglich.

5. Zusammenfassung zu den Privilegien der Verfassungen der deutschen Staaten

Die Verfassungsgebung der ersten Hälfte des 19. Jahrhunderts behandelte nur einzelne Aspekte des Privilegienrechts. Vor dem Hintergrund, dass die Verfassungen grundsätzlich eine Beschränkung der monarchischen Gewalt darstellten, zeigt sich, dass die Privilegienhoheit des Regenten durch die geschriebenen Verfassungen kaum beeinträchtigt wurde. Abgesehen von Handels- und Gewerbeprivilegien, worunter die Patente aber im allgemeinen nicht fielen, blieb die Kompetenz des Regenten in Privilegienangelegenheiten unbeschnitten. Die Behandlung der Privilegien im Allgemeinen, also die eigentliche Privilegienlehre, wurde aus der Verfassungsgebung vollständig ausgeklammert und blieb damit der Staatsrechtslehre überlassen.

---

[40] Vgl. dazu oben Kap. I.

[41] Putzger, Historischer Weltatlas, 101. Aufl. 1990, S. 82 f., 92 f.

[42] Braunschw. LO v. 12.10.1832 (Anm. 34), § 98. „Die ständische Zustimmung ist erforderlich: 1. wenn dieses Landesgrundgesetz, oder die mit demselben erlassenen Gesetze ergänzt, erläutert oder abgeändert, 2. wenn neue organische Staatseinrichtungen getroffen oder die bestehenden verändert, 3. wenn Landesgesetze gegeben, aufgehoben, abgeändert oder authentisch interpretiert werden, die das Landesfinanz- und Steuerwesen, die Militairpflichtigkeit und die Aushebung der Mannschaften, daß bürgerliche oder Strafrecht, den bürgerlichen oder Strafprozeß betreffen."

[43] Vgl. dazu oben Kap. 1 I 1.

6. Die Behandlung von Privilegien in der 'Paulskirchenverfassung'

Im Gegensatz zu den geschilderten Verfassungen der Einzelstaaten ist die Verfassung des Deutschen Reiches vom 28. März 1849 - die sog. Paulskirchenverfassung - von dem Willen geprägt, die vorhandenen Privilegien abzuschaffen und das Privileg als Rechtsbegriff weitgehend überflüssig zu machen.

Auf dem Gebiet des gewerblichen Rechtsschutzes und des Urheberrechts, in dem Rechtspositionen traditionell durch die Erteilung von Privilegien verliehen worden waren,[44] kam es durch § 40 der Reichsverfassung zur Unterwerfung dieser Rechtsgebiete unter die allgemeine Gesetzgebung.[45] Dabei geht die Verfassung noch einen Schritt weiter als die Regelung im Herzogtum Braunschweig, indem auf den Begriff des Privilegs in diesem Zusammenhang vollständig verzichtet wurde. Die gewerblichen Privilegien sollten durch die Bestimmung der Berufsfreiheit und die Zusage nach Errichtung einer neuen Gewerbeordnung (§ 133 der Reichverfassung) beseitigt werden.

Daneben richteten sich §§ 173 und 176 Abs. 1 der Reichsverfassung gegen Steuer- und Gerichtsstandsprivilegien.[46] Die Beseitigung der Gerichtsstandsprivilegien bedeutete den Bruch mit einer der zentralen Säulen der territorialen Neuordnung in Deutschland nach der napoleonischen Ära. Dies warf u.a. die Frage auf, inwiefern die Standesherren für den Verlust dieser Rechtspositionen, die als Kompensation für die verlorene Staatlichkeit nach 1803/05 gedacht war, entschädigt werden sollten. Dies soll im folgenden Kapitel untersucht werden. Die Beseitigung dieser Rechtspositionen war jedenfalls geeignet, einen Modernisierungsschub in der Verwaltung der betroffenen Staaten auszulösen, da nach dieser Vorschrift eine einheitliche Verwaltungsstruktur möglich wurde.

Die zentrale Bestimmung gegen politische Privilegien war § 137 der Reichsverfassung. Diese Vorschrift hätte, wäre sie zu voller Wirksamkeit gelangt, eine ähnliche gesellschaftliche Neuordnung auslösen können, wie es durch die Erklärung der Menschenrechte und die Verfassungsgebung in Frankreich gelang. In § 137 hieß es u.a. in Absatz 3: „ Die Deutschen sind vor dem Gesetz gleich." Dass damit nicht nur formale Gleichheit hergestellt werden sollte, die wie gesehen in den meisten deutschen

---

[44] Zu nennen sind in erster Linie Erfindungsprivilegien und Privilegien zum Schutz gegen den Nachdruck von Büchern; vgl. dazu Kap. 1 u. Kap. 3 I für die Rechtslage auf dem Gebiet des Deutschen Bundes; s. auch Klippel, Privileg in der Staatsrechtslehre (Anm. 3), S. 295.

[45] Verfassung des Deutschen Reiches vom 28. März 1849 [RGBl. 1849, S. 101 ff.], zitiert nach Dokumente zur Deutschen Verfassungsgeschichte 1 (Anm. 4), § 40. „Erfindungs-Patente werden ausschließlich von Reichswegen auf Grundlage eines Reichsgesetzes ertheilt; auch steht der Reichsgewalt ausschließlich die Gesetzgebung gegen den Nachdruck von Büchern, jedes unbefugte Nachahmen von Kunstwerken, Fabrikzeichen, Mustern und Formen und gegen andere Beeinträchtigungen des geistigen Eigenthums zu."

[46] § 173. „Die Besteuerung soll so geordnet werden, daß die Bevorzugung einzelner Stände und Güter in Staat und Gemeinde aufhört."; § 176. „Es soll kein privilegierter Gerichtsstand der Personen und Güter geben." Diese Angaben zitiert nach: RGBl. 1849, S. 101 ff.

Staaten ohnehin schon gewährt wurde, sondern auch materielle Gleichheitsgedanken eine Rolle spielten, zeigt der weitere Inhalt von § 137: „Vor dem Gesetz gilt kein Unterschied der Stände. Der Adel als Stand ist aufgelöst. ... Alle Standesunterschiede sind abgeschafft. Alle Titel, insoweit sie nicht mit einem Amte verbunden sind, sind aufgehoben und dürfen nie wieder eingeführt werden. Kein Staatsangehöriger darf von einem auswärtigen Staate einen Orden annehmen. Die öffentlichen Aemter sind für alle Befähigten gleich zugänglich. Die Wehrpflicht ist für Alle gleich; Stellvertretung bei derselben findet nicht Statt." Der zentrale Pfeiler der überkommenen Privilegienordnung, die politische, rechtliche und gesellschaftliche Ungleichheit der Stände, wäre durch diese Vorschriften beseitigt worden.

Der Reichsverfassung war keine dauerhafte Wirkung beschieden. Obwohl schließlich 28 deutsche Staaten die Reichsverfassung anerkannten, darunter mit Baden allerdings nur einer der Mittelstaaten, war mit der Ablehnung der Kaiserkrone durch Friedrich Wilhelm IV. von Preußen das Scheitern der Revolution nicht mehr aufzuhalten.[47] Hätte die Verfassung ihre beabsichtigten Wirkungen entfalten können, wäre es zu einer grundlegenden Umgestaltung der Rechtsordnung in Deutschland gekommen. Der gesamte Bereich der politisch-ständischen Privilegien wäre abgeschafft worden, und die wirtschaftlichen Privilegien im Bereich des Patent- und Urheberrechts wären an Gesetze gebunden worden.

Trotz des Scheiterns der Gründung eines einheitlichen Deutschen Reiches ist die Reichsverfassung staatsrechtlich nicht wirkungslos geblieben. Wirft man einen Blick in die Verfassungsgeschichte der Jahre unmittelbar nach 1848/49, so zeigt sich, dass gerade kleinere Staaten viele der Grundsätze in ihre Verfassungen übernahmen wurden. So z.B. übernahmen viele Staaten die Beseitigung der ständischen Vorrechte;[48] bis Mitte der 1850er Jahre wurde dies in einigen Staaten aber wieder rückgängig gemacht.[49] Die Gleichheit vor dem Gesetz wurde schließlich auch in Preußen und Österreich gewährleistet.[50]

[47] Vgl. dazu im einzelnen Heinrich Lutz, Zwischen Habsburg und Preußen, S. 292 ff., 307 ff.

[48] Gesetz, die Aufhebung der befreiten Gerichtsstände betreffend. Vom 15. Feb. 1851 (GHzm. Baden); Gesetz, verschiedene Aenderungen des Landesverfassungs-Gesetzes betreffend, vom 5. Sept. 1848 (Hannover); § 30 Staatsgrundgesetz d. Hzm. Coburg und Gotha v. 3. Mai 1852; § 2 d. Gesetzes, das Reichgesetz v. 27. Dez. 1848 betreffend, v. 4. Juli 1851 (Hzm. Braunschweig); Art. 31 § 1 Rev. Staatsgrundgesetz f. d. GHzm. Oldenburg v. 22. Nov. 1852; § 4 Landesverfassungsgesetz f. d. Hzm. Anhalt-Bernburg v. 28. Feb. 1850; § 10 Verfassungsgesetz f. d. Fsm. Schwarzburg-Sondershausen v. 12. Dez. 1849; § 8 d. Rev. Staatsgrundgesetz f. d. Fsm. Reuß j.L. v. 14. April 1852; § 17 d. Verfassung der freien Hansestadt Bremen v. 21. Feb. 1854.

[49] § 3 d. Gesetzes, die Abänderung des Verfassungsgesetzes v. 12. Dez. 1849 betreffend, v. 2. Aug. 1852 (Fsm. Schwarzburg-Sondershausen); Gesetz, die Änderung einiger Theile des unter dem 14. April 1852 erlassenen Verfassunggesetzes betreffen, v. 10. Juni 1856 (Fsm. Reuß j.L.); Verordnung, die Wiederherstellung des priviligirten Gerichsstandes für die mittelbar gewordenen Deutschen Reichsfürsten und Grafen betreffend, v. 12. Nov. 1855 (Kgr. Preußen).

[50] Art. 4 der VU für Preußen vom 31. Jan. 1850; Kaiserliches Patent vom 18. Dezember 1851.

III. Die Privilegienlehre in der Rechtswissenschaft der ersten Hälfte des 19. Jahrhunderts

Trotz der staatlichen Neuordnung nach 1815 und der vorhandenen Legitimationsprobleme[51] akzeptierten die Verfassungen der deutschen Staaten das Privileg also weiterhin als einen Bestandteil der Rechtsordnung. Das spiegelt sich in der Staatsrechtslehre der Zeit wider. Obwohl der Umfang der Darstellungen der Privilegienlehre deutlich abnahm, wurden die Grundzüge der Privilegienlehre des Ancien régime unverändert fortgeschrieben. Das Privileg wurde als rechtliches Handlungsinstrument des Staates weiterhin anerkannt, wenngleich neue Aspekte hinzutraten (1.). Daneben setzte sich die Diskussion um das Privileg in der naturrechtlich-rechtsphilosophischen Literatur weiter fort;[52] Privilegien blieben unter theoretischem Legitimationszwang. (2.).

1. Das Privileg in der Staatsrechtslehre der ersten Hälfte des 19. Jahrhunderts[53]

Die Kontinuität in der Privilegienlehre zeigt sich anhand der Privilegienhoheit und deren Einordnung in das Gefüge der Hoheitsrechte. Die oberste Staatsgewalt blieb in der Staatsrechtslehre weiterhin aufgeteilt in die höchste Oberaufsicht, die höchste vollziehende Gewalt und die Gesetzgebung.[54] Diesen allgemeinen Hoheitsrechten wurden besondere Hoheitsrechte zugeordnet; Privilegiengewalt und Dispensationsrecht gehörten zur Gesetzgebungshoheit bzw. waren ein Ausfluß der gesetzgebenden Gewalt.[55] Aus dem Recht des Gesetzgebers, Regeln zu setzen, folgte auch das Recht, Ausnahmen zu gestatten, nämlich im Einzelfall von der gesetzlichen Vorschrift zu dispensieren oder Privilegien zu erteilen.[56] Damit gestanden die Staatsrechtslehrer des 19. Jahrhunderts der Erteilung von Privilegien weiterhin eine wichtige Rolle zu.

---

[51] Zur Diskussion um die Privilegien zu Beginn des 19. Jahrhunderts vgl. dazu oben Kap. 1 V.

[52] Diethelm Klippel, Das Privileg im deutschen Naturrecht des 18. und 19. Jahrhunderts, in: Das Privileg im europäischen Vergleich 1, hrsg. v. Barbara Dölemeyer u. Heinz Mohnhaupt, Frankfurt a. M. 1997, S. 329-345.

[53] Vgl. dazu auch Klippel, Privileg in der Staatsrechtslehre (Anm. 3), S. 300 ff.

[54] Johann Ludwig Klüber, Staatsrecht des Rheinbundes, Tübingen 1808, S. 88; ders., Oeffentliches Recht des teutschen Bundes und der Bundesstaaten, Frankfurt a. M. 1817, S. 165, 167, 650; bei Wilhelm Joseph Behr, Systematische Darstellung des Rheinischen Bundes aus dem Standpunkte des öffentlichen Rechts, Frankfurt a. M. 1808, S. 228 galt die Gesetzgebung als „der erste und oberste Aktus der Souveränität".

[55] Romeo Maurenbrecher, Grundsätze des heutigen deutschen Staatsrechts, Systematisch entwikkelt, Frankfurt a. M. 1837, S. 51; ebenso J. Grünler, Beiträge zum Staatsrecht des Königreichs Sachsen, (Auswärtiges Staatsrecht), Dresden u. Leipzig 1838, S. 58; Friedrich Milhauser, Das Staatsrecht des Königreichs Sachsen, Erster Band, Leipzig 1839, S. 26; Klüber, Staatsrecht (Anm. 30), S. 90 f.; Klüber, 4. Aufl., S. 709 f.; ders., 2. Aufl. S. 766-771.

[56] Behr, Systematische Darstellung (Anm. 54), S. 330; später auch Alexander Mirus, Uebersichtliche Darstellung des Preußischen Staats-Rechts nebst einer kurzen Entwicklungs-Geschichte der Preußischen Monarchie, Berlin 1833, S. 208; August Brunnquell, Staatsrecht des teutschen Bundes und der Bundesstaaten, Politisch und rechtlich erörtert, Erfurt 1824, S. 147; Heinrich Albert Zachariä, Deut-

Die weiterbestehende Akzeptanz des Privilegs als politische und rechtliche Kategorie ging so weit, dass die Autoren der Staatsrechtslehre die gleichen Unterscheidungen wie in der überkommenen Privilegienlehre trafen. Es wurde differenziert zwischen Ausnahmen für einzelne Personen oder Sachen und solchen für gewisse Klassen von Untertanen: So z.B. heißt es bei Klüber: „In dem letzten Falle, heißen sie besondere Rechte (jura singularia), uneigentliche Privilegien. In dem ersten Fall heißen sie Privilegien in dem eigentlichen Sinn, wenn sie für alle oder mehrere gleichartige Fälle, hingegen Dispensationen oder Freisprechungen von einzelnen Gesetzen, wenn sie für einen einzelnen Fall ertheilt werden“.[57] Daneben unterschied man weiterhin zwischen dinglichen und persönliche Privilegien, affirmativen und negativen, sowie zwischen ausschließlichen und kumulativen Privilegien.[58]

Kontinuität zeigte sich auch in den einzelnen Elementen der Privilegienlehre. Zu den Fragen der Erteilung, der Auslegung sowie des Erlöschens von Privilegien entwickelte die Staatsrechtslehre des 19. Jahrhunderts keine neuen Antworten. Unter Berufung auf die wichtigsten Autoren der gemeinrechtlichen Privilegienlehre wurde die Privilegienlehre fortgeschrieben.[59]

Privilegien mußten weiterhin positiv nachgewiesen werden. Eine Geltung qua Vermutung, welche die Gefahr einer unüberschaubaren Vielzahl an Privilegien und damit eine massive Rechtsunsicherheit in sich trug, wurde auch im 19. Jahrhundert abgelehnt. Dazu führte August Brunnquell aus: „Uebrigens werden Privilegien, als Ausnahmen von der Regel nicht vermuthet, sondern es muß deren Daseyn, von denen die sich auf selbige berufen, gehörig nachgewiesen werden“.[60]

Der Widerruf von Privilegien gehörte bereits im Ancien régime zu den umstrittensten Fragen der Privilegienlehre. Unter dem zunehmenden Legitimationsdruck des Privilegs als Rechtsbegriff verstärkte sich die Bedeutung dieser Frage noch. Legitimationsdruck bestand auf zwei Ebenen. Zum einen griff ein Teil des jüngeren Naturrechts bereits seit dem Ende des 18. Jahrhunderts die Privilegienordnung an; diese Entwicklung setzte sich im 19. Jahrhundert fort.[61] Zum anderen ging von der in

---

sches Staats- und Bundesrecht, 1. Abt., Göttingen 1841, S. 134 f.; Karl Eduard Weiß, System des deutschen Staatsrechts, Regensburg 1843, S. 658, 684; Ernst von Moy, Lehrbuch des bayerischen Staatsrechts, 2. Teil, 1. Abt., Regensburg 1843, S. 132.

[57] Klüber, Oeffentliches Recht des teutschen Bundes (Anm. 54), S. 650; ebenso ders., Oeffentliches Recht des teutschen Bundes und der Bundesstaaten, 2. Aufl., 1. Abt., Frankfurt a. M. 1822, S. 766; so auch noch ders., 4. Aufl., 1840, S. 709 f.; Heinrich Albert Zachariä, Deutsches Staats- und Bundesrecht (Anm. 56), S. 134 f.

[58] Klüber, Oeffentliches Recht des teutschen Bundes (Anm. 54), S. 650 f.

[59] Als Beleg sind mit Struve, Gebauer, Wasmuth etc. die wichtigsten Autoren der zu Ende gehenden Reichspublizistik heranzuziehen, vgl. Kap. 1 Fn. 3 u. Fn. 8.

[60] Brunnquell, Staatsrecht des teutschen Bundes (Anm. 56), S. 147-149; vgl. insbesondere zum Problem der sog. 'unvordenklichen Verjährung' Kap. 1 I. 4. b).

[61] Vgl. dazu oben Kap. 1 V und unten Kap. 3 III. 2.

vielen Verfassungen normierten Gleichheit vor dem Gesetz Druck aus.[62] In den dreißiger Jahren des 19. Jahrhunderts griffen auch die Schriften zum geltenden Recht den Gedanken der Gleichheit vor dem Gesetz zunehmend häufiger auf. Friedrich Bülau bezeichnete die Gleichheit vor dem Gesetz 1833 sogar als Modewort seiner Zeit.[63] In dieser Zeit begann auch die Auseinandersetzung der Staatsrechtslehre mit dem Verhältnis von Gleichheit vor dem Gesetz und Erteilung von Privilegien. Den Ausgangspunkt bildete dabei die jeweilige Verfassung, die oftmals die Gleichheit vor dem Gesetz postulierte.[64] Diese Gleichheit vor dem Gesetz wurde dabei aber immer als eine relative, also formale Gleichheit angesehen.[65]

Den Angriffen auf die Privilegienlehre suchten Teile der Rechtswissenschaft - sofern sie auf eine weitere Legitimierung der Privilegien abzielte - zu begegnen, indem sie die Privilegien bzw. die aus diesen entstehenden Rechtspositionen dem Schutz der Eigentumsordnung unterstellten. Daher wurden Privilegien als „wohlerworbene Rechte“ verstanden, so dass sie Legitimität beanspruchen konnten.[66] Die Privilegien erhielten damit als Bestandteil der Eigentumsordnung eine neue Legitimationsbasis in der entstehenden Eigentumsgesellschaft. Damit genossen sie auch Rechtsschutz.[67]

In der Auseinandersetzung um die Privilegien kristallisierten sich in der Literatur deutliche regionale Unterschiede heraus. Für Sachsen stellte Christian Ernst Weiße fest, dass die Erteilung von Privilegien gewöhnlich nur auf Widerruf erfolge.[68] Die Erteilung von Privilegien nur auf Widerruf schwächte die Rechtsposition der Privilegierten und vergrößerte die administrativen Handlungsspielräume, da der Widerruf eines unter dem entsprechenden Vorbehalt erteilten Privilegs keine Entschädigungspflicht nach sich zog. Freilich ist die Rechtslage in Sachsen als Ausnahme anzusehen. Zum bayerischen Staatsrecht betonte Conrad Cucumus die Entschädigungspflicht bei der Aufhebung von Privilegien: „Widerruf eines Privilegs durch einen Akt der gesetzgebenden Gewalt, weil es mit der veränderten Lage der Dinge nicht mehr vereinbar ist, ist nur unter dem Vorbehalte einer Entschädigung möglich, wenn es nicht ausdrücklich ad bene placitum ertheilt war“.[69]

---

[62] Vgl. dazu oben Kap. 3 I.

[63] Friedrich Bülau, Darstellung der Verfassung und Verwaltung des Königreichs Sachsen, Erster Theil, Leipzig 1833, S. 241; er sieht dies durch den Doppelsinn des englischen Wortes „law“, das in seinen Auffassung sowohl Recht oder Gericht, als auch Gesetz bedeuten kann.; vgl. Anm. 1 auf S. 246.

[64] Vgl. dazu oben Kap. 3 I.

[65] Bülau, Verfassung und Verwaltung des Königreichs Sachsen (Anm. 63), S. 241.

[66] Mohl, Das Staatsrecht des Königreichs Württemberg, Teil 1, Tübingen 1829, S. 328 f.

[67] Vgl. zum Streit: Mohl, Staatsrecht 1, Tübingen 1829, S. 328-335.

[68] Christian Ernst Weiße, Lehrbuch des Königlich Sächsischen Staatsrechts, Bd. 2, Leipzig 1824, S. 11 f.; dabei bezog er sich auf eine entsprechende Klausel für sächsische Privilegien: „... daß Uns solche Befreiung nach Gelegenheit der Zeiten und Läuste Unsres Gefallens zu ändern, zu mehren, zu mindern, zu verbessern, auch gänzlich aufzuheben, vorbehalten bleibe“.

[69] Conrad Cucumus, Lehrbuch des Staatsrechts der konstitutionellen Monarchie Baierns, Würzburg 1825, S. 373.

Immerhin gingen die Autoren nunmehr übereinstimmend davon aus, dass Privilegien unter bestimmten Umständen und gegen Entschädigung widerrufen werden konnten. Ein absoluter Schutz privilegierter Rechtspositionen war in der Literatur der ersten Hälfte des 19. Jahrhunderts nicht mehr vorgesehen. Solange die finanziellen Möglichkeiten der deutschen Staaten angespannt waren, blieb die flächendeckende Beseitigung von Privilegien angesichts der Entschädigungspflicht zunächst nur eine theoretische Möglichkeit.

Zu den Kontinuitäten in der Privilegienlehre gehörten des weiteren die Auslegungsregeln für Privilegien sowie der Katalog der Erlöschenstatbestände. Privilegien waren so auszulegen, dass sie am wenigsten zum Nachteil Dritter gereichten; im Falle einer vertraglichen Grundlage waren sie nach dem Inhalt derselben auszulegen.[70] Als Erlöschenstatbestände wurden unverändert Widerruf, Zeitablauf, Trennung von Person und Sache sowie Zweckverfehlung genannt. Wurden Privilegien aufgrund einer Kollision mit dem Staatswohl aufgehoben, stand dem Betroffenen eine Entschädigung zu.[71]

Dennoch ist eine Veränderung gegenüber dem ausgehenden 18. Jahrhundert festzustellen. Der Umfang der Darstellung der Privilegienlehre ist deutlich vermindert. Zudem erschienen in der ersten Hälfte des 19. Jahrhunderts keine Veröffentlichungen, die sich ausschließlich mit Fragen des Privilegienrechts beschäftigten. Johann Jakob Klüber faßte beispielsweise die wesentlichen Aspekte der Privilegienlehre in den folgenden wenigen Zeilen zusammen: „Privilegien im eigentlichen Sinn, auch Dispensationen, haben die Kraft eines Vertrags zwischen dem Ertheiler und dem Privilegirten; gleichviel ob sie auf Widerruf, oder für immer, unentgeltlich oder gegen Vergeltung ertheilt sind. Daher darf, in der Regel, Widerruf, Minderung, Veränderung, authentische Auslegung, einseitig nicht geschehen. In der Regel, sind sie einschränkend zu erklären, können nicht vermuthet, und nicht ad exemplum gezogen, auch kann, in der Regel, kein Privilegirter zu deren Ausübung genöthigt werden“.[72]

Fragt man nach den Gründen, aus denen der Umfang der wissenschaftlichen Bearbeitung des Privilegienrechts rückläufig war, so ist zu vermuten, dass es zu einem quantitativen Rückgang der Erteilung von Privilegien im Hinblick sowohl auf die Gesamtzahl als auch auf die betroffenen Rechtsgebiete kam. Zudem liegt die Vermutung nahe, dass in Rechtsgebieten, in denen Privilegien weiterhin erteilt wurden, eine Standardisierung der erteilten Privilegien erfolgte. Damit wäre die Notwendigkeit einer starken inhaltlichen Differenzierung verschwunden. Beides trifft jedoch nicht zu.

Das Spektrum an Privilegien, das die staatsrechtlichen Werke der ersten Hälfte des 19. Jahrhunderts behandelten, veränderte sich gegenüber der Zeit des Ancien régime nicht. Weiterhin erwähnt werden u.a. das Stadt-, Schloß- und Marktrecht, Handelspri-

---

[70] Alexander Mirus, Uebersichtliche Darstellung des Preußischen Staats-Rechts nebst einer kurzen Entwicklungs-Geschichte der Preußischen Monarchie, Berlin 1833, S. 208.

[71] Wilhelm Ostermann, Grundsätze des preußischen Staatsrechts, Dortmund 1841, S. 242 f.

[72] Klüber, Oeffentliches Recht des teutschen Bundes (Anm. 54), S. 653 f.

vilegien, Bücherprivilegien gegen den Nachdruck, Titel-, Adels- und Wappenerteilung, die Volljährigkeitserklärung, die Legitimation unehelicher Kinder, eine ganze Reihe von Bannrechten und Zwangsgerechtigkeiten sowie Monopole und so genannte 'Concessionen', d.h. Privilegien für Gesellschaften und zur Ausübung bestimmter Gewerbe, angefangen mit Lotterien und Bierbrauereien über die Ausübung des Schornsteinfegerberufes bis hin zu Apotheken. Dazu gehört ebenfalls die Verleihung von Regalien.[73] Damit tritt uns auf den ersten Blick weiterhin das gesamte Spektrum von Möglichkeiten entgegen, mit denen ein auf Standesungleichheit und Intervention in das Wirtschaftsleben aufgebauter Staat verwaltend und lenkend tätig war.[74]

Im Hinblick auf die zentrale Fragestellung dieser Arbeit ist ein Aspekt der Schriften von Klüber besonders zu untersuchen. Johann Ludwig Klüber ordnete auf den ersten Blick die Erteilung von Privilegien dem Verwaltungsrecht zu.[75] Er nahm damit die These, dass das Privileg am Ende des 19. Jahrhunderts ein Begriff des Verwaltungsrechts wurde, anscheinend bereits mehr als ein halbes Jahrhundert vorweg. Der Klübersche Begriff des Verwaltungsrechtes ist jedoch vom modernen Verständnis des Verwaltungsrechtes zu unterscheiden, das sich im letzten Drittel des 19. Jahrhunderts entwickelte.[76] In der Zeit Klübers gab es keine Teilung der staatlichen Gewalten im heutigen Sinn, so dass sich aus Gliederungsgesichtspunkten nicht auf die Kompetenzen einzelner Staatsorgane schließen läßt. So zum Beispiel ordnete Klüber auch die Gesetzgebung und damit die Erteilung von Privilegien dem Bereich der Staatsverwaltung zu.[77]

b) Trotz der genannten weit reichenden Kontinuitäten zur Privilegienlehre des Ancien régime wäre es unzutreffend, in der Staatsrechtslehre des 19. Jahrhunderts eine bloße Fortschreibung der überkommenen Grundsätze des Privilegienrechts zu sehen. Unter dem seit dem Ende des 18. Jahrhunderts bestehenden Legitimierungsdruck vollzogen sich Entwicklungen, die charakteristisch für Probleme speziell des 19. Jahrhunderts sind.

(1) An erster Stelle standen die Veränderungen durch die staatliche Neuordnung nach dem Ende des Deutschen Reiches, wodurch die Privilegienhoheit in die Hände der Landesherren überging. Zur Rechtsordnung der deutschen Staaten gehörte auch Art. 13 der Deutschen Bundesakte. Die Regelung sah vor, dass in allen Einzelstaaten

---

[73] Klüber, Oeffentliches Recht des teutschen Bundes (Anm. 54), S. 92 f.; 690 ff., 712.

[74] Klippel, Privileg in der Staatsrechtslehre (Anm. 3), S. 301.

[75] Klüber, Oeffentliches Recht des teutschen Bundes (Anm. 54), S. 8: „Das Staatsrecht im engern oder eigentlichen Sinn, beschäftigt sich theils mit der Grundverfassung des Staats, theils mit der Staatsverwaltung. Daher dessen Eintheilung, in Verfassungsrecht und Verwaltungsrecht."; diese Einteilung des Staatsrechtes wurde von anderen Autoren zum Vorbild genommen, so z. B. auch Robert von Mohl, Das Staatsrecht des Königreichs Württemberg, Zwei Theile, Tübingen 1829 u. 1831.

[76] Vgl. dazu insbesondere Stolleis, Geschichte des öffentlichen Rechts in Deutschland, Bd. 2, Staatsrechtslehre und Verwaltungswissenschaft 1800-1914, München 1992.

[77] Klüber, Oeffentliches Recht des teutschen Bundes (Anm. 54), S. 8.

eine landständische Verfassung einzurichten, d.h. ein Element der Repräsentativverfassung einzuführen war.[78] Die Verfassungsgebung erfolgte allerdings schleppend in mehreren Wellen; Preußen und Österreich blieben bis 1848/49 absolutistische Staatswesen.[79]

Die Einführung parlamentarischer Gremien warf die Frage nach den Auswirkungen auf das Privilegienrecht auf. Da, wie gezeigt, die Parlamente nur insoweit Rechte beanspruchen konnten, wie dies durch die jeweilige Verfassung ausdrücklich vorgesehen waren, formulierte Johann Ludwig Klüber daher konsequent für die Erteilung von Privilegien: „Landständische Concurrenz, kann bei Ertheilung solcher Privilegien nöthig seyn, welche in Hoheitsrechte einschlagen, bei deren Ausübung landständische Mitwirkung durch die Staatsverfassung begründet ist“.[80]

Die Ausführungen der Staatsrechtslehrer orientierten sich an den jeweiligen Landesverfassungen.[81] So verneinte Leonhard von Dresch die ständische Mitbestimmung bei der Erteilung von Privilegien für das bayerische Staatsrecht vor dem Hintergrund von § 2 Titel VII der bayerischen Verfassung von 1818. Danach durfte kein allgemeines Gesetz ohne die Zustimmung der Stände erlassen werden, welches die Freiheit der Personen oder Eigentumspositionen der Staatsangehörigen betraf. Unter allgemeinen Gesetzen verstand Dresch dabei Gesetze, deren Wirkung sich auf alle Staatsangehörigen erstreckte. Die Erteilung von Privilegien wurde von diesem Begriff nicht umfasst, wenngleich sie weiterhin als Bestandteil der gesetzgebenden Gewalt verstanden wurde. Die Privilegienhoheit verblieb beim Landesherrn: „Das Recht Privilegien zu ertheilen übt die Krone“.[82]

(2) In den vierziger Jahren des 19. Jahrhunderts wurde deutlich, dass der zunehmende Legitimierungsdruck auf das Privileg Wirkung zeigte. Die Modernisierung der Wirtschaftsordnung und mit ihr der quantitative Rückgang bei der Erteilung von Privilegien ließen das Privileg als Rechtsbegriff zunehmend als eine veraltete staatliche Maßnahme erscheinen. Heinrich Albert Zachariä brachte dies folgendermaßen zum Ausdruck: „Je unvollkommener früher die Organisation des Staats, je mangelhafter und unthätiger die allgemeine Gesetzgebung in Deutschland war, desto mehr mußte die Thätigkeit der Reichs-Staatsgewalt und Landeshoheit in der Form der leges speci-

---

[78] Kroeschell, Dt. Rechtsgeschichte 3 (Anm. 24), S. 248.

[79] Vgl. dazu Kroeschell, Dt. Rechtsgeschichte 3 (Anm. 24), S. 149 ff.; speziell zu Preußen und dem Verfassungsversprechen von Friedrich Wilhelm III. s. Heinrich Lutz, Zwischen Habsburg und Preußen (Anm. 47), S. 29 ff.

[80] Klüber, Oeffentliches Recht des teutschen Bundes (Anm. 54), S. 654.

[81] Maurenbrecher, Grundsätze des heutigen deutschen Staatsrechts (Anm. 55), S. 322 zu der Beteiligung der Landstände an der Erteilung von Handels- und Gewerbeprivilegien nach einigen Verfassungen.

[82] Leonhard von Dresch, Oeffentliches Recht des deutschen Bundes und der deutschen Bundestaaten, Erster Theil, Oeffentliches Recht des deutschen Bundes, Tübingen 1820, Erste Fortsetzung. Tübingen 1821, S. 56 f.

ales hervortreten, desto häufiger mußte die Ertheilung von Privilegien seyn, welche theils die natürliche Freyheit der übrigen Unterthanen beschränkten, theils bloß einen Schutz gewährten, welchen die ausgebildete Gesetzgebung zur allgemeinen Regel erhoben hat“.[83]

Die daraus entstehenden Folgen für das Privileg als Rechtsbegriff treten noch nicht eindeutig zutage. Veränderungen deuten sich jedoch an. Zwar ordnete die Staatsrechtslehre Privilegien übereinstimmend der gesetzgebenden Gewalt zu; die Differenzierung zwischen allgemeiner Gesetzgebung und Privilegien prägte sich aber stärker aus. Im Jahre 1841 sah sich Zachariä genötigt, die leges speciales, worunter die Privilegien u.a. begriffen sind, von einer bloßen Gesetzesanwendung abzugrenzen. „Von der bloßen Anwendung eines bestehenden Gesetzes auf einen darunter gehörigen Fall unterscheidet sich aber die lex specialis dadurch, dass hierbei die Staatsgewalt, eben so wie bei der Erlassung eines eigentlichen Gesetzes, als normgebend thätig wird“.[84] Damit wird die Privilegienhoheit nicht eigentlich beschränkt; nach Zachariä - und das ist in dieser Klarheit etwas Neues - kann sich der Inhalt von Privilegien aber nur in den Schranken der allgemeinen Gesetzgebung bewegen.[85]

(3) Für gewerbliche Privilegien und die Handelsprivilegien ergaben sich im Verlauf des 19. Jahrhunderts ebenfalls begriffliche Veränderungen. Dem Gewerbetreibenden wurde üblicherweise eine sog. ‘Concession’ erteilt,[86] und zwar in Gewerben, in denen die Erteilung von Privilegien zur Begründung der Gewerbeerlaubnis schon zuvor üblich war. Dazu gehörten die Gewerbeberechtigungen für die Betreibung von Apotheken, ärztlichen Praxen, Einrichtungen des Buchdrucks und des Buchhandels sowie für Gasthäuser.[87] Diese Konzessionen wurden rechtlich als Privilegien verstanden. Inwieweit solche Konzessionen allerdings erteilt werden sollten, wurde jedoch gesetzlich normiert. Parallelen zu den „gesetzlich zulässigen Privilegien“ nach § 10 der braunschweigischen Verfassung drängen sich auf. Die gewerblichen Privilegien gerieten zunehmend in den Bannkreis der allgemeinen Gesetzgebung und waren nicht mehr unabhängig von ihr.

(4) Eine weitere Veränderung liegt darin, dass der Beginn eines Differenzierungsprozesses zu beobachten ist. Die weiter bestehenden Privilegien wurden auf verschiedene Rechtsgebiete aufgeteilt. Damit konnte erreicht werden, dass ein Teil der Privilegien - die weniger verdächtigen sozusagen - aus der politischen Diskussion möglichst herausgehalten wurde, so dass der Kampf um politische Vorrechte politisch geführt werden konnte, ohne dass die übrigen Privilegien betroffen waren.[88] Wilhelm

[83] Zachariä, Staats- und Bundesrecht (Anm. 56), S. 137 f.
[84] Zachariä, Staats- und Bundesrecht (Anm. 56), S. 134 f.
[85] Zachariä, Staats- und Bundesrecht (Anm. 56), S. 135.
[86] Theodor Schmalz, Das teutsche Staats-Recht, Berlin 1825, S. 290.
[87] Schmalz, Das teutsche Staats-Recht (Anm865), S. 290.
[88] Klippel, Privileg in der Staatsrechtslehre (Anm. 3), S. 300 ff.

Traugott Krug unterschied 1834 zwischen erwerblichen Privilegien, die jedermann bei Erfüllung bestimmter Voraussetzungen erlangen könne und die, wie das Erfinderprivileg, daher statthaft seien, und nicht erwerblichen, von der bloßen Geburt abhängigen, die nach und nach wegfallen müßten.[89] Der Nachweis der Legitimität derartiger als Privilegien angesehener Privatrechte war um so wichtiger, als das Privileg im Privatrecht noch lange ein unentbehrlicher Rechtsbegriff war, da andere anerkannte Oberbegriffe für die damit gemeinten Rechte noch nicht zur Verfügung standen.

(5) Die Funktionalität der Privilegien blieb in der ersten Hälfte des 19. Jahrhunderts daher zunächst in reduziertem Umfang erhalten. Die privatrechtlichen Privilegien verschwanden in dem Maße, in dem eine den ursprünglichen Privilegien entsprechende Rechtsposition durch allgemeine Gesetze gewährt wurde. Insbesondere sind hier die Regelungen zur Rechtsposition der Erfinder und der Urheber zu erwähnen. Hier verlor das Privileg seine Bedeutung als Instrument der Rechtssicherheit. Die Rechtsordnung der deutschen Staaten wurde zunehmend durch Gesetze und nicht mehr durch Privilegien bestimmt. Es kam zur Rationalisierung und Modernisierung des Staates. Ein Ausdruck dieser Entwicklung besteht darin, dass das 19. Jahrhundert die Parallelität von Privileg und allgemeinem Gesetz zur Stärkung der Rechtssicherheit nicht mehr kannte.[90] Die Gesetze waren in dieser Hinsicht 'erwachsen' geworden.

Soweit Privilegien nur gegen Zahlung einer Taxe oder Gebühr erteilt wurden, wie zahlreiche Privilegien des öffentlichen Rechts, Konzessionen und die Dispensationen, blieben diese Privilegien eine wichtige Quelle des Staatseinkommenens,[91] die in Anbetracht der schwierigen finanziellen Lage der meisten deutschen Staaten nicht zu unterschätzen war.[92] Im übrigen erhielten sich Privilegien als Instrumente staatlichen Handelns zur konstitutiven Regelung einzelner rechtlicher Tatbestände dort, wo andere Instrumente zunächst noch nicht in den Blick gerieten.

c) Trotz der grundsätzlichen Legitimation der Privilegien in der Staatsrechtslehre standen die Autoren der Erteilung von Privilegien nicht vollkommen unkritisch gegenüber. Drei Aspekte der kritischen Auseinandersetzung sind dabei herauszuheben. Einmal gerieten die Privilegien, wie bereits angedeutet, unter den Druck der durch die Verfassungen vorgegebenen Gleichheit vor dem Gesetz (1). Weiterhin trat der Aspekt der Allgemeinheit von Gesetzen als neuer Aspekt zur Diskussion hinzu. (2). Daneben wurden insbesondere einzelne politische Vorrechte und damit insbesondere die Rechtspositionen der Standesherren angegriffen (3).

[89] Wilhelm Traugott Krug, Art. "Vorrechte", in: Allgemeines Handwörterbuch der philosophischen Wissenschaften, 2. Aufl., Bd. 4, Leipzig 1834, S. 436 ff.

[90] So aber teilweise noch zur Zeit des Ancien régime, vgl. dazu oben Kap. 1 II. a).

[91] Klüber, Oeffentliches Recht des teutschen Bundes (Anm. 37), S. 651; Schmalz, Das teutsche Staats-Recht (Anm. 86), S. 290.

[92] Möller, Fürstenstaat oder Bürgernation (Kap. 1 Anm. 9), S. 220 ff.

(1) Auf den grundsätzlichen Widerspruch zwischen der Erteilung von Privilegien und der Gewähr von Rechtsgleichheit hat insbesondere Wilhelm Joseph Behr hingewiesen: „Privilegien, als Ausnahmen von der gesetzlichen Regel, sind immerhin Brüche der formellen Gleichheit des Rechts, über welche letztere jeder Staat, als über das Hauptprinzip und Objekt seiner Handlungsweise, strenge halten muß, und welche ersteren man also, besonders da, wo man sie ohnehin schon mit großer Freygiebigkeit gespendet hat, ohne Not nicht noch mehr vervielfältigen sollte“.[93] Behr hob also das Kriterium der Notwendigkeit für die Neuerteilung von Privilegien hervor, das bereits am Ende des 18. Jahrhunderts von einer zunehmenden Anzahl von Autoren betont worden war.[94] Der Aspekt des Staatszwecks blieb damit ein Kriterium bei der Beurteilung von Privilegien.[95]

(2) Ein neuer Aspekt in der Auseinandersetzung mit dem Privileg war die Frage nach der Allgemeinheit von Gesetzen. Zwar wurden Gesetze bereits im 18. Jahrhundert meist als eine allgemeine Regel angesehen; die Erteilung von Ausnahmegesetzen, also Privilegien, war dadurch jedoch nicht ausgeschlossen.[96] Der allgemeingültige Charakter von Gesetzen wurde nun als Hindernis für die Erteilung von Privilegien angesehen. Bei Johann Ludwig Klüber geschah dies zunächst noch in Form einer Regel; Ausnahmen wurden noch als möglich angesehen: „Allgemeinheit der Gesetze, gleiche Berechtigung und gleiche Verpflichtung aller Unterthanen in gleicher Lage, ist Regel“.[97] Die uneingeschränkte Forderung nach Allgemeinheit der Gesetzgebung würde die Erteilung von Privilegien als Ausnahme zu einem allgemeinen Gesetz bereits ausschließen. Ausdrücklich machte Klüber zudem deutlich, dass eine Dispensationsbefugnis des Landesherrn nicht zu völliger Gesetzeslosigkeit führen kann.[98] Damit waren Argumente in die Diskussion eingebracht worden, die den Argumentationsdruck auf Privilegien weiter verstärkte.

(3) Umstritten unter den ständischen Vorrechten waren insbesondere Gerichtsstandsprivilegien. Bereits bei der Untersuchung der verfassungsrechtlichen Stellung der Privilegien hatte sich gezeigt, dass die Beseitigung dieser Privilegien eines der Ziele Frankfurter Reichsverfassung war.[99] Wilhelm Joseph Behr beispielsweise sah diese durch keinen ausreichenden Grund gerechtfertigt und darüber hinaus dem Zweck

[93] Behr, Systematische Darstellung des Rheinischen Bundes (Anm. 54), S. 394.
[94] Vgl. dazu oben Kap. 1, II. 2.
[95] Weiß, System (Anm. 49), S. 663; Behr, Systematische Darstellung (Anm. 54), S. 228 f.
[96] Vgl. dazu oben Kap. 1 I. 3.
[97] Klüber, Oeffentliches Recht des teutschen Bundes (Anm. 54), S. 452.
[98] Ebd.
[99] Vgl. dazu oben Kap. 3 III.

des Ganzen hinderlich.[100] In der Masse der Darstellung der ständischen Rechtspositionen blieb diese Kritik in der Staatsrechtslehre jedoch eine Randerscheinung.[101]

2. Das Privileg im deutschen Naturecht der ersten Hälfte des 19. Jahrhunderts

Diethelm Klippel hat nachgewiesen, dass das Privileg ein Thema des deutschen Naturrechts im 19. Jahrhundert war.[102] Die Behandlung der Privilegien in den naturrechtlich-rechtsphilosophischen Schriften unterschied sich dabei in Zielrichtung und politischem Hintergrund deutlich von den Darstellungen in den Werken der Staatsrechtslehre. Das Naturrecht hatte neben seiner rechtstheoretischen und rechtspolitischen Bedeutung eine eminent politische Funktion: Es war das Diskussionsforum für staatstheoretische und staatsrechtliche Auseinandersetzungen. Das 'Allgemeine Staatsrecht' war derjenige Teil des Naturrechts, in dem alle fundamentalen Fragen der Staatstheorie erörtert wurden. Dabei herrschte zumindest im Vormärz eine bestimmte politische Richtung vor: Das Naturrecht legte das theoretische Fundament des Liberalismus.[103]

Die eigentliche Privilegienlehre wurde aus diesen Gründen nur sehr knapp behandelt (a). Die Darstellungen dienten im wesentlichen dazu, die argumentative Basis für die weitere Auseinandersetzung mit dem Privileg zu schaffen und wich daher kaum von der Staatsrechtslehre ab. Den Schwerpunkt bildete die Frage nach der weiteren Rechtfertigung von Privilegien (b).

a) Die Naturrechtsautoren übernahmen das Verständnis von Privilegien als Ausnahmegesetze und ordneten die Privilegienhoheit der gesetzgebenden Gewalt zu.[104] Georg Sedlmayer meinte dazu, dass sich „Gesetz und Privileg verhalten, wie Regel zu der Ausnahme. Privilegien sind besondere Begünstigungen oder Befreyungen von Gesetzen, welche vom Regenten gewissen Staatsbürgern für umsonst, oder für Geld ertheilt wurden. Unter Privilegien sind Dispensationen, Adgratiationen und Abolitionen begriffen; wiewohl genau genommen unter diesen allen wieder einiger Unterschied eintritt. Eigentliche Privilegien sind nach dem Subjekte dingliche - oder

---

[100] Behr, Systematische Darstellung des Rheinischen Bundes (Anm. 54), S. 232 f.

[101] Dresch, Oeffentliches Recht des deutschen Bundes, Forts. (Anm. 82), S. 276 ff.; Ignaz von Rudhart, Das Recht des deutschen Bundes, Stuttgart u. Tübingen 1822, S. 212 ff.; später auch Gustav von Struve, Das öffentliche Recht des deutschen Bundes, 2. Teil, Mannheim 1846, S. 41 ff.; Julius Schmelzing, Staatsrecht des Königreichs Baiern, 1. Teil, Leipzig 1820, S. 227 ff.

[102] Klippel, Privileg im deutschen Naturrecht (Anm. 52), S. 329-345.

[103] Klippel, Privileg im deutschen Naturrecht (Anm. 52), S. 333 f.

[104] Karl Salomo Zachariä von Lingenthal, Vierzig Bücher vom Staate, Band 3, Regierungslehre, Erster Band, Heidelberg 1826, S. 16; Theodor von Schmalz, Die Wissenschaft des natürlichen Rechts, Leipzig 1831, S. 150; Gustav Gaertner, Ueber die wissenschaftliche Behandlung des deutschen Staatsrechtes, Bonn 1839, S. 17; Friedrich Schmitthenner, Grundlinien des allgemeinen oder idealen Statsrechts, Giessen 1845, S. 304, 487; Gros, Lehrbuch der philosophischen Rechtswissenschaft (Anm. 3), S. 239; Heinrich Zoepfl, Grundsaetze des allgemeinen und des constitutionell-monarchischen Staatsrechts, Dritte, vermehrte und verbesserte Ausgabe, Heidelberg 1846, S. 185.

persönliche. - Nach der Zeit temporäre, und nicht temporäre. - Nach dem Erwerbstitel onerose, oder lukrative“.[105]

Von den zentralen Aspekten der Privilegienlehre traten gerade bei den Naturrechtsautoren Fragen der Beendigung der Privilegien, also die Erlöschensgründe sowie die Möglichkeiten einer Aufhebung, in den Vordergrund. Inhaltliche Abweichungen gegenüber der Staatsrechtslehre lassen sich jedoch kaum feststellen. Die Aufhebung von Privilegien wurde grundsätzlich als möglich angesehen; jedoch ziehe dies im Falle des entgeltlichen Erwerbes von Privilegien eine Entschädigungspflicht nach sich.[106] Sedlmayer beispielsweise führte den klassischen Kanon der Aufhebungsgründe an: „Die Dauer der Privilegien ist nicht ewig. An und für sich erlöschen persönliche mit dem Tode der Person, dingliche mit dem Untergang der Sache - mit dem Verluste der Eigenschaft, wovon sie abhingen. In allen Fällen durch den Mißbrauch. Sie erlöschen durch den Widerruf, wenn ihr Titel nur präkar war. Durch den Ablauf der Zeit, wenn sie nur für einen bestimmten Zeitraum verliehen worden sind“.[107] Zur Entschädigungspflicht heißt es weiter: „In keinem Falle gilt ein Anspruch auf Ersatz, wenn man das Privileg für umsonst erhielt, - wohl aber für den, der die Befreyung durch onerosen Titel sich erwarb, aber auch nur für den Erwerbspreis des Privilegs, und nicht für den entgangenen Gewinn kann er sich des Ersatzes freuen“.[108]

Ein weiterer Aspekt war freilich neu bei Sedlmayer; allerdings vertrat er jedoch eine Einzelmeinung in der ersten Hälfte des 19. Jahrhundert: „Außerdem können Privilegien nicht mehr in den Schutz des Staates genommen werden, sobald der ganz veränderte Zeitgeist mit diesen! Privilegien durchaus nicht mehr vereinbar ist. ... Für eine Ewigkeit werden Privilegien nicht ertheilet, da es mit den Grundsätzen eines vernunftmäßigen Staates im Widerstreite steht“.[109] Die entscheidende Schlußfolgerung zeigte sich bei den Folgen einer Beseitigung der Privilegien: „In solchen Fällen kann der Privilegirte für den Verlust seines Privilegs keinen Ersatz vom Staate fordern“.[110] Die Durchsetzung dieser Auffassung hätte ein Einfallstor in die Privilegienordnung dargestellt und die finanziellen Probleme der umfassenden Beseitigung von Privilegien beseitigt. Zunächst blieb diese Auffassung aber ein Einzelfall.

b) Abgesehen von wenigen Ausnahmen verfolgte das naturrechtliche Schrifttum der ersten Hälfte des 19. Jahrhunderts eine privilegienfeindliche Tendenz. Dies bedeutet jedoch nicht gleichzeitig die Forderung nach einer generellen Beseitigung von Privilegien. Drei Argumentationslinien gegen Privilegien sind zu erkennen. Privilegien ver-

---

[105] Sedlmayer, Bemerkungen über den Staatsverein, Salzburg 1809, S. 133 f.

[106] Schmalz, Die Wissenschaft des natürlichen Rechts (Anm. 104), S. 150; Sedlmayer, Bemerkungen über den Staatsverein (Anm. 105), S. 137 ff.

[107] Sedlmayer, Bemerkungen über den Staatsverein (Anm. 105), S. 137.

[108] Sedlmayer, Bemerkungen über den Staatsverein (Anm. 105), S. 139 f.

[109] Sedlmayer, Bemerkungen über den Staatsverein (Anm. 105), S. 138 f.

[110] Sedlmayer, Bemerkungen über den Staatsverein (Anm. 105), S. 139 f.

stießen erstens gegen Grundrechte, namentlich gegen die Gleichheit vor dem Gesetz, sie wurden zweitens als Widerspruch zur Allgemeinheit der Gesetze angesehen, und drittens seien Privilegien schädlich für die Wirtschafts- und Sozialordnung (1). Allerdings wurden zahlreiche Privilegien aus unterschiedlichen Gründen auch für gerechtfertigt erachtet (2).

(1) Die Erteilung von Privilegien widerspreche dem Prinzip der rechtlichen Gleichheit: Auf diesen Nenner lassen sich zahlreiche Aussagen im naturrechtlichen Schrifttum bringen.[111] Besonders deutlich wird dies wiederum bei Georg Sedlmayer: „Diese Freyheiten, oder Begünstigungen scheinen sich zwar mit den reinen Begriffen des Staatsrechts nicht wohl zu vertragen, weil Niemand vom Gesetze ausgenommen werden soll, weil jede Ausnahme vom Gesetze eine Verletzung desselben ist, ... um so viel strenger soll die Rechtsgesetzgebung sich an das Gleichheits-Princip halten, weil die Ansprüche aller Einzelnen im Staate an die Korporation des Staates gleich sind".[112] Insbesondere Zunftrechte, Monopole, Geburtsrechte und Gerichtsstandsprivilegien wurden als Verstoß gegen die rechtliche Gleichheit angesehen.[113] Als gleichheitswidrig sah man aber lediglich Privilegien im engeren Sinne an. Die sog. 'iura singularia', also die besonderen Rechtspositionen ganzer Personengruppen, wurden aus dem Privilegienbegriff ausgegliedert. Daraus ergab sich nach Karl Heinrich Gros das Folgende: „Mit Privilegien sind nicht zu verwechseln die besondern Rechte (jura singularia) für eine ganze Gattung von Personen oder Fällen, obgleich jener Ausdruck in einem uneigentlichen Sinne auch hierauf angewendet zu werden pflegt. Solche besonderen Rechte machen einen Theil der allgemeinen Gesetzgebung selbst aus".[114] Aus der Diskussion um die Privilegien schieden diese Rechte, wie etwa diejenigen der Minderjährigen, damit aus; sie waren fortan keinem Rechtfertigungsdruck mehr unterworfen.

Die Erteilung von Privilegien stand außerdem im Widerspruch zum allgemeinen Charakter der Gesetze. Dieser Aspekt in der Auseinandersetzung mit den Privilegien

---

[111] Gros, Lehrbuch der philosophischen Rechtswissenschaft oder des Naturrechts, Tübingen 1802, S. 239 f.; Karl Heinrich Gros, Lehrbuch der philosophischen Rechtswissenschaft oder des Naturrechts, Vierte, verbesserte Auflage, Stuttgart u. Tübingen 1822, S. 223 f.; vgl. Zachariä, Regierungslehre (Anm. 104), S. 16: „Nur Privilegien in diesem Sinn sind mit dem Grundsatze der rechtlichen Gleichheit unvereinbar."; Jean Pierre Frédéric Ancillon, Ueber den Geist der Staatsverfassungen und dessen Einfluß auf die Gesetzgebung, Berlin 1825, S. 35; Karl David August Röder, Grundzüge des Naturrechts oder der Rechtsfilosofie, Heidelberg 1846, S. 143; Ignaz Paul Vital Troxler, Philosophische Rechtslehre der Natur und des Gesetzes mit Rücksicht auf die Irrlehren der Liberalität und Legitimität, Zürich 1820, S. 145; Ignaz Wildner von Maithstein, Gedanken über Liebe und Recht, Freiheit und Zwang, Unabhängigkeit und Abhängigkeit, Gleichheit und Ungleichheit der Rechte, Wien 1839, S. 33 f.; Daniel Georg von Ekendahl, Allgemeine Staatslehre, 2. Teil, Neustadt a. d. Orla 1834, S. 14.

[112] Sedlmayer, Bemerkungen über den Staatsverein (Anm. 105), S. 134 f.

[113] Röder, Grundzüge des Naturrechts, S. 143.

[114] Karl Heinrich Gros, Lehrbuch der philosophischen Rechtswissenschaft oder des Naturrechts, Vierte, verbesserte Auflage, Stuttgart u. Tübingen 1822, S. 223 f.; vgl. auch Zachariä, Regierungslehre (Anm. 104), S. 16: „Nur Privilegien in diesem Sinn sind mit dem Grundsatze der rechtlichen Gleichheit unvereinbar."

gewann im Laufe des 19. Jahrhunderts zunehmend an Attraktivität.[115] „Der Charakter des Gesetzes im eigentlichen Sinne ist Allgemeinheit“,[116] formulierte es Karl Ernst Schmid. Die Charakterisierung des Gesetzes als einer allgemeinen Regel läßt sich bereits bei Jean-Jacques Roesseau nachlesen,[117] taucht in Deutschland aber erst in der ersten Hälfte des 19. Jahrhunderts auf. Eine Gesetzgebung, die als allgemein verstanden wurde, schloß die Erteilung eines Privilegs als besondere Maßnahme begrifflich aus. Dies wurde in der Literatur auch so verstanden.[118] Deutlich heißt es bei Karl Salomo Zachariä von Lingenthal: „Gesetze sollen ... in dem Sinne allgemeine Vorschriften seyn, daß sie von der Regel die sie aufstellen, weder schlechthin, noch für gewisse Fälle oder auf eine gewisse Zeit eine Ausnahme machen oder zu machen verstatten, mit andern Worten, daß sie weder Sondergesetze, (Privilegien) noch Ausnahmegesetze (Dispensationen) zulassen“.[119]

Privilegien wurden zudem als schädlich für die gesamte Ordnung des Gemeinwesens angesehen, so z.B. von Carl Friedrich Wilhelm Gerstäcker: „Die Gesetze dürfen die Untergrabung der Souverainität, der Unterthanenrechte, des Nationalreichtums, so wie der Totalität menschlicher und geselliger Entwicklungen nicht nur nicht selbst herbeiführen und befördern, sondern müssen auch diese Untergrabung auf ewige Zeiten unmöglich zu machen streben. ... Er (der Gesetzgeber, eig. Anm.) muß alle Monopole, jede Erblichkeit der oeffentlichen Aemter oder unverdienter Ehre, jeden (unnöthigen) Gedankenmittheilungszwang auf ewige Zeiten aus dem Staat verbannen ...“.[120] Die Privilegien sollten daher abgeschafft werden. Die Unvereinbarkeit der Privilegienordnung mit der wirtschaftlichen Entwicklung des Staates ist ein durchschlagendes Argument in einer Zeit des wirtschaftlichen Aufbruchs.

Darüber hinaus müssen Privilegien durch den Staatszweck gerechtfertigt werden. Staatszweckerwägungen schlossen zwar nicht die Erteilung sämtlicher Privilegien aus, hatten aber eine Bindungswirkung. Entsprach das Privileg nicht mehr den Erfordernissen des Staatszwecks, so hat dies zwingende Folgen: „Wenn also die Privilegien nicht mehr durch den Staatszweck gerechtfertigt werden, so ist der Regent, solche zu wider-

---

[115] Zachariä von Lingenthal, Regierungslehre (Anm. 104), S. 13; „Gesetze sind allgemeine Vorschriften“; Karl Ernst Schmid, Lehrbuch des gemeinen deutschen Staatsrechts, Erste Abtheilung, Jena 1821.

[116] Karl Ernst Schmid, Lehrbuch des gemeinen deutschen Staatsrechts (Anm. 115), S. 100.

[117] „Gesetz ist eine Verfügung des allgemeinen Willens, der auch in Ansehung seines Gegenstandes allgemein ist“; Jean-Jaques Rousseau, Du contrat social L. II chap. VI.

[118] Vgl. noch einmal die in Fn. 114 angegebenen Autoren. Eine Ausnahme bildet dabei Schmid, Lehrbuch (Anm. 115), S. 103, der die Privilegien weiterhin der Gesetzgebung zuordnet.

[119] Zachariä von Lingenthal, Regierungslehre (Anm. 107), S. 13 f.

[120] Karl Friedrich Wilhelm Gerstäcker, Systematische Darstellung der Gesetzgebungskunst sowohl nach ihren allgemeinen Prinzipien, als nach den, jedem ihrer Hauptheile, der Civil-, Criminal-, Polizei-,Prozeß-, Finanz, Militär-, Kirchen- und Constitutions-Gesetzgebung eigenthümlichen Grundsätzen, 2. Teil, Frankfurt a. M. 1837, S. 145.

rufen, nicht nur berechtigt, sondern auch verpflichtet".[121] In Frage steht im Zusammenhang mit dem Staatszweck auch die Autorität des Gesetzgebers. Eine Gesetzgebung, die allzu häufig von Privilegien Gebrauch machte, beeinträchtigte nach Auffassung einzelner Autoren die Durchsetzungskraft der Gesetzgebung,[122] eine Auffassung, die ihre Wurzeln im 18. Jahrhundert hatte.[123]

Bei Anton Barth führte dies zu der Erkenntnis, dass der Landesherr zwar das Recht, Privilegien zu erteilen, besitzt, aber „nur in so ferne, als es zum Besten des Staats räthlich ist, oder wenigstens die Erreichung des Staatszweckes es gestattet".[124] Diese Haltung hatte weitere Konsequenzen. „Daher darf der Regent die verliehenen Privilegien widerrufen, sobald es der Staatszweck erfordert".[125] Das deutsche Naturrecht akzeptierte somit keine unbeschränkte Erteilung von Privilegien mehr.

(2) Anders als noch zu Beginn des Jahrhunderts kommt es im Schrifttum nicht mehr zu einer vollständigen Ablehnung von Privilegien aus Gründen des Gleichheitsrechts. Rechtliche Unterschiede wurden im deutschen Naturrecht akzeptiert, solange sie ein als unbedenklich angesehenes Maß nicht übertrafen: „Allein findet gleich eine solche Ungleichheit nicht Statt nach der wahren Analise dieses Wortes; so ist doch ein Unterschied nicht durchaus verwerflich, und sowohl Dispensationen, als auch Privilegien, mit Ziel und Maaß gegeben, können, ohne sich dabei eine Rechtsverletzung zu denken, mit vollem Recht verteidigt werden".[126]

Den scheinbaren Widerspruch zwischen der Erteilung von Privilegien und der Gewährung von Rechtsgleichheit lösten die Autoren dadurch, dass sie ebenso wie die deutschen Verfassungen von einem formellen Gleichheitsrecht ausgingen.[127] Am klarsten drückte dies Johann Paul Friedrich Ancillon aus: „Die Natur liebt die Ungleichheit; ... Diese Ungleichheit sind eben so unvermeindlich, als nützlich und zweckmäßig. Das Gesetz, von weisen politischen Formen ausgehend, und von solchen verbürgt, kann allein, zwar nicht die Ungleichheit heben, aber sie unschädlich, ja nützlich machen, indem es die gleiche Heiligkeit des Rechts, nicht die Gleichheit der Rechte, ausspricht".[128] Generell war im deutschen Naturrecht der Begriff der Gleich-

[121] Anton Bauer, Lehrbuch des Naturrechts, Marburg 1808, S. 261, Fn. f).

[122] Landmann, Kurzer Entwurf, Büdingen 1810, S. 89.

[123] Zum Kriterium des Staatszwecks in der gemeinrechtlichen Privilegienlehre vgl. oben Kap. 1 II. b).

[124] Anton Barth, Vorlesungen über sämmtliche Hauptfächer der Staats- und Rechtswissenschaft, 2. Band, Enthaltend den Beschluß des Naturrechts, dann von dem römischen Privatrechte den allgemeinen Theil und einen Theil des Sachenrechts, Augsburg 1835, S. 38.

[125] Barth, Vorlesungen (Anm. 124), a.a.O.

[126] Sedlmayer, Bemerkungen über den Staatsverein (Anm. 105), S. 135.

[127] Karl David August Röder, Grundzüge des Naturrechts oder der Rechtsfilosofie, Heidelberg 1846, S. 143; Jean Pierre Frédéric Ancillon, Ueber den Geist der Staatsverfassungen und dessen Einfluß auf die Gesetzgebung, Berlin 1825, S. 35; zum formellen Gleichheitsbegriff in den Verfassungen der deutschen Staaten oben I.

[128] Jean Pierre Frédéric Ancillon, Ueber den Geist der Staatsverfassungen und dessen Einfluß auf die Gesetzgebung (Anm. 127), S. 35.

heit vor dem Gesetz alleine kein Argument mehr gegen die Erteilung von Privilegien.[129] Polemisch überspitzt heißt es dazu bei Ignaz Wildner von Maithstein: „Die Gleichheit der Rechte ist, wenn man auf die einzelnen (individuellen) Rechte sieht, ein aufliegender Unsinn ... es dürfte ja sonst niemand atmen, ohne die Gleichheit des Rechts zu verletzen, weil er einen Luftheil einzieht, den der Andere nicht mehr einziehen kann, durch den er daher ein Vorrecht vor dem Andern hätte, d. h. die Rechtsgleichheit verletzen würde !“.[130]

Eine Reihe von naturrechtlichen Autoren erachtete darüber hinaus solche Privilegien trotz Verstoßes gegen die rechtliche Gleichheit als legitim, die sie aus politischen oder ökonomischen Aspekten für notwendig hielten.[131] Insbesondere Privilegien, die mit der Ausübung eines Amtes verbunden waren sowie Erfindungsprivilegien sollten auf diese Weise gerechtfertigt werden. Gottlob Wilhelm Gerlach brachte die Argumentation auf den Punkt: „Denn wenn auch die Begriffe des reinen Bürgerrechts weder auf dieses, noch auf jenes führen, da nach der Form des Rechtsgesetzes überall die Gleichheit zu erstreben ist; so kann doch beides [d.h. die Beschränkung der Rechte des Einzelnen (jus emines) und die Erteilung von Privilegien, eig. Anm.] in der empirischen Lage des Staats allerdings nothwendig, und dadurch vor jenen Begriffen gerechtfertigt werden, und hat dann, als ein Ausfluß der gesetzgebenden Auctorität, gleiche Giltigkeit mit den allgemeinen Gesetzen“.[132] Bei Reinhold Ernst heißt es 1837 ganz ähnlich: „Hinsichtlich der Bürgerrechte enthält jene Gleichheit die wesentlichen Bestimmungen in ihrem Begriffe: ... daß überhaupt keine anderen Vorrechte, als solche, die in der nothwendigen Verschiedenheit der Theile des Staatsorganismus ihren ... zureichenden Erklärungsgrund finden ...“[133] Obwohl der Aspekt der Notwendigkeit, wie gezeigt, von vielen Autoren betont wurde, kann dennoch nicht davon ausgegangen werden, dass damit eine grundsätzliche Akzeptanz von Privilegien einherging. Die Privilegien wurden als Notlösung angesehen, da man andere Lösungen nicht kannte: „Aber zu vertheidigen sind sie nur nach den Grundsätzen des Nothrechtes, nur als das kleinere Übel“.[134] Betroffen waren von dieser Art der Rechtfertigung insbesondere Rechtspositionen, die heute unter dem Begriff der sog. Immaterialgüterrechte zusammengefasst werden.

---

[129] Ignaz Paul Vital Troxler, Philosophische Rechtslehre der Natur und des Gesetzes mit Rücksicht auf die Irrlehren der Liberalität und Legitimität, Zürich 1820, S. 145; Ignaz Wildner von Maithstein, Gedanken über Liebe und Recht, Freiheit und Zwang, Unabhängigkeit und Abhängigkeit, Gleichheit und Ungleichheit der Rechte, Wien 1839, S. 33 f.

[130] Ignaz Wildner von Maithstein, Gedanken über Liebe und Recht, (Anm. 129), S. 33 f.

[131] Gros, Lehrbuch der philosophischen Rechtswissenschaft (Anm. 111), S. 239 f.

[132] Gottlob Wilhelm Gerlach, Grundriß der philosophischen Rechtslehre, Halle 1824, S. 272.

[133] Ernst Reinhold, Die Wissenschaften der praktischen Philosophie im Grundrisse, Erste Abtheilung: Philosophische Rechtslehre, Jena 1837, S. 128 f.

[134] Zachariä von Lingenthal, Regierungslehre (Anm. 104), S. 16.

Daneben erschienen Privilegien als rechtmäßig, wenn sie aufgrund eines Gesetzes ergingen.[135] Beispielsweise hieß es dazu bei Theodor von Schmalz: „Ob das Privilegium gerechter oder ungerechter Weise vom Souverain gegeben werde, entscheidet sich sicher dadurch, daß man in allen ähnlichen Fällen die Ausnahme vom Gesetze selbst als Regel rechtlich billigen kann".[136] Die auf diese Weise rechtsstaatlich gezähmten Privilegien erschienen auch vom naturrechtlich-rechtsphilosophischen Standpunkt aus als unbedenklich. Diese Auffassung bot den Ausweg aus einem Dilemma. Einerseits waren Privilegien vom liberalen naturrechtlichen Standpunkt aus als grundrechtswidrig ablehnen. Andererseits wurde jedoch versucht, einzelne Privilegien wie etwa Patente zu rechtfertigen, da man sie für notwendig hielt. Als einer der ersten formulierte Karl Heinrich Gros dies als politisches Programm: „Ausnahmen von allgemeinen Gesetzen für einzelne Personen (Privilegien) sind rechtmäßig, wenn in einem besonderen, vom Gesetzgeber nicht vorhergesehenen und daher auch im Gesetze nicht enthaltenen Falle der Zwek des Staats eine solche Ausnahme nothwendig erfordert, und diese alsdann für die Zukunft zur Regel gemacht, mithin in das Gesetz selbst, als künftig allgemein geltende nähere Bestimmung desselben, aufgenommen wird".[137] Diese Vorstellung von gesetzlich gebundenen Privilegien bedeutete allerdings einen Bruch mit der Privilegienlehre des 18. Jahrhunderts, die Privilegien und allgemeine Gesetze stets als gleichrangig angesehen hatte.

Carl von Rotteck kann als einer der Auslöser dieser Entwicklung angesehen werden. Rotteck formuliert wie folgt: „Wir verstehen unter Gesez in weitester Bedeutung jede von der Staatsgewalt ausgehende Bestimmung, welche in abstracto oder im allgemeinen, d. h. nach Begriffen gemacht ist. Ihm entgegengesetzt ist jede Verfügung für einen konkreten Fall, ob auch das allgemeine Interesse angehend, und für das gesammte Volk verbindlich. Wir nennen solche Verfügung einen Akt der Administration. Das Gesetz stellt also eine Regel auf, wonach in den darunter begriffenen Fällen gehandelt, daher auch von der Staatsgewalt gehandelt, nämlich entschieden, angeordnet in's Werk gerichtet werden muß. Akte der Administration sind also meistens, oder sollen so viel möglich nichts anderes seyn, als Anwendung oder Vollstreckung des Gesezes".[138] Sieht man von dem Sonderfall der Verordnung ab, den Rotteck ebenfalls kennt, so ergibt sich folgende Unterscheidung. „Gesez, im weitesten Sinn, ist jede nach Begriffen, d. h. in abstracto, geschehende Verfügung ... der Staatsgewalt. Administrationsakt ist jeder für einen konkreten Fall, also für bestimmte Personen, Sachen

[135] Sedlmayer, Bemerkungen über den Staatsverein (Anm. 105), S. 135; Schmalz, Wissenschaft des natürlichen Rechts (Anm. 104), S. 130.

[136] Schmalz, Die Wissenschaft des natürlichen Rechts (Anm. 104), S. 150.

[137] Gros, Lehrbuch der philosophischen Rechtswissenschaft (Anm. 111), S. 240.

[138] Carl von Rotteck, Lehrbuch des Vernunftrechts und der Staatswissenschaften, 2. Band, Lehrbuch der allgemeinen Staatslehre, Neudruck der 2.Auflage, Stuttgart 1840, Aalen 1964, S. 212.

oder Geschäfte, gefasste Beschluß.[139] Das Privileg ist demnach kein Akt der gesetzgebenden Gewalt mehr, sondern wird der Administrationsbefugnis zugeschlagen. Darin liegt ein einschneidender Wandel: Das Privileg befindet sich nicht mehr auf einer Ebene mit dem Erlaß eines Gesetzes. Somit kommt ihm auch nicht mehr die Wirkung eines Gesetzes zu; es steht im Gegenteil unterhalb der Gesetzgebung und kann daher von dieser beeinflußt und somit auch verändert werden. Die Trennung zwischen Gesetzgebung und Administration und damit zwischen allgemeiner und konkreter Maßnahme gerät in das Blickfeld. Rotteck bleibt aber zunächst eine einzelne Stimme.

Eine vollständige Umwälzung erfolgte innerhalb des deutschen Naturrechts nicht. Die Erteilung von Privilegien als besondere Rechte oblag grundsätzlich der gesetzgebenden Gewalt im Staate. Allerdings begann eine Differenzierung dieser Auffassung: „Auch die Ertheilung der Privilegien im engern Sinn gehört ihrer Natur nach zur Gesetzgebung, in so fern nicht das Regierungsrecht der Gnade als Quelle derselben betrachtet werden kann, und die Concessionen Anwendungen schon bestehender Gesetze sind“.[140] Die Konzession als die Anwendung eines Gesetzes wurde also als Privileg verstanden. Dies mag seltsam erscheinen, war jedoch lediglich die Fortsetzung der Auffassung des 18. Jahrhunderts, die ebenfalls den Begriff der Konzession für die Erteilung eines Privilegs verwendet hatte.[141]

Um die Allgemeinheit des Gesetzes und den Gesetzescharakter des Privilegs zu verbinden, bediente sich Karl Salomo Zachariä von Lingenthal einer Hilfskonstruktion: „Privilegien, ... sind nur in dem Sinne Gesetze, daß die Ausnahmen nur von dem Gesetzgeber oder von einer andern Staatsbehörde nur Kraft einer von dem Gesetz ertheilten besonderen Erlaubnis gemacht werden darf“.[142] Das Dilemma ist deutlich: Einerseits waren die Privilegien als Ausfluß der gesetzgebenden Gewalt mit dem neuen Gesetzesbegriff nicht zu vereinbaren. Andererseits sollte die Erteilung von Privilegien weiterhin anerkannt werden. Folglich mußte der Gesetzgeber zumindest die Grundlagen für die Privilegienerteilung selbst bestimmen.

Trotz der weit gehenden Rechtfertigung von Privilegien blieb die generelle Akzeptanz von Privilegien im deutschen Naturrecht des Vormärz die Ausnahme. So heißt es 1808 bei Johann Gebhard Ehrenfried Maaß: „Da der Regent die vorhandenen Gesetze überhaupt aufheben kann, so kann er sie auch in Ansehung einzelner Bürger aufheben. Folglich kann der Regent Dispensationen und Privilegien ertheilen. ... Hieraus folgt von selbst, daß der Regent sich selbst von (positiven) Gesetzen dispensiren kann. Er ist

---

[139] Rotteck, Lehrbuch des Vernunftrechts (Anm. 138), S. 327.

[140] Schmid, Lehrbuch des gemeinen deutschen Staatsrechts, Erste Abtheilung (Anm. 115), S. 103.

[141] Vgl. dazu oben Kap. 1 I. 4. b).

[142] Karl Salomo Zachariä von Lingenthal, Vierzig Bücher vom Staate, Umarbeitung des früher von demselben Verfasser unter demselben Titel herausgegebenen Werkes, Vierter Band, Heidelberg 1840, S. 12.

über die Gesetze".[143] Mit dieser Position steht Maaß jedoch weitgehend alleine in der naturrechtlichen Literatur der Zeit.

(3) Aus der Auseinandersetzung mit dem Privileg in den Schriften zum allgemeinen Staatsrecht ergeben sich Konsequenzen für die politisch brisante Frage der Widerrufbarkeit von einmal erteilten Privilegien sowie nach einem Anspruch auf Entschädigung für entzogenen Privilegien. „Da Privilegien ihrem Wesen nach widerrechtlich sind, da sie von der gesetzgebenden Gewalt ausgehen, einer Gewalt, welche, der Maßstab alles Rechts, nicht selbst rechtlich verpflichtet werden kann, so versteht es sich von selbst, daß sie dem Rechte nach schlechthin widerruflich sind".[144] Aus der Widerrufbarkeit zog Karl Salomo Zachariä von Lingenthal eine entscheidende Konsequenz: „Wenn ein jedes Privilegium seinem rechtlichen Wesen nach widerruflich ist, so kann der Staat, im Falle des Widerrufs, nicht zur Entschädigung des Bevorrechtigten verbunden seyn".[145] Zachariä selbst forderte jedoch keineswegs die sofortige praktische Umsetzung dieser Position, sondern gibt Folgendes zu bedenken: „So gewiß auch Privilegien ihrem Wesen nach widerrechtlich sind, so nachtheilig sie auch in einem gegebenen Falle seyn mögen, dennoch vergesse man nie, daß man, Privilegien antastend, leicht das Eigenthum des gemeinen Rechts unsicher machen kann. Das Eigenthum, insbesondere das dingliche ist eine gar zarte Pflanze".[146] Die Auseinandersetzung mit den Privilegien geriet damit unter den Druck der legitimierenden Wirkung eines Verständnisses des Privilegs als Eigentumsposition.

IV. Gesetzgebung und Privilegienpraxis in den deutschen Bundesstaaten bis 1849

Die beiden Bundesverträge von 1806 und 1815 setzten für alle deutschen Staaten die grundlegenden Bedingungen, auf deren Basis sich die Privilegienordnung im Laufe des 19. Jahrhunderts entwickelte. Den Ausgangspunkt bildete die überkommene Privilegienordnung des 18. Jahrhunderts. Als zusätzliches Element kamen die Vorrechte der mediatisierten Reichsgrafen und -fürsten hinzu. Es ist damit die Frage nach der Entwicklung der Gesetzgebung auf den Rechtsgebieten zu stellen, die von Privilegien geprägt wurden. Als Einflußfaktoren kamen der entstehende Konstitutionalismus, die ökonomischen Entwicklung und die theoretische Auseinandersetzung mit den Privilegien in Betracht. Angesichts des theoretischen Legitimationsdruckes und dem grundsätzlichen Widerspruch von Privilegien und Rechtsgleichheit ist zu vermuten, dass die

[143] Johann Gebhard Ehrenfried Maaß, Grundriß des Naturrechts, Leipzig 1808, S. 318 f.

[144] Zachariä von Lingenthal, Regierungslehre (Anm. 142), S. 17.

[145] Zachariä von Lingenthal, Regierungslehre (Anm. 142), S. 17 f.. Eine Ausnahme wird nur in einer eingeschränkten Zahl von Fällen gemacht: „In so fern jedoch das Privilegium für Geld oder als Lohn oder als Belohnung ertheilt worden ist, kann, wenn es widerrufen wird, in dem ersten Fall die geleistete Zahlung zurückgefordert, in den andern beyden Fällen der ursprüngliche Rechtsanspruch wiederum geltend gemacht werden."

[146] Zachariä von Lingenthal, Regierungslehre (Anm. 142), S. 18.

Erteilung von Privilegien in der Praxis rückläufig war, also die Privilegien rechtsstaatlich gezähmt, beseitigt oder durch andere rechtliche Instrumente ersetzt wurden. Abhängig von Rechtsgebiet, politischer und ökonomischer Bedeutung können alle drei Varianten in der Gesetzgebungsgeschichte der ersten Hälfte des 19. Jahrhunderts nachgewiesen werden. Dabei treten deutliche regionale Unterschiede zutage, vor allem im Vergleich zwischen Preußen als einem verfassungsrechtlich verspäteten Staat (1.), der in ökonomischer Hinsicht eine Vorreiterrolle innehatte, und Bayern als einem Vertreter des frühen süddeutschen Konstitutionalismus (2.). In einem kurzen Abschnitt wird noch das österreichische Privilegiengesetz gesondert auf seinen Regelungsgehalt untersucht, da es eine Ausnahmeerscheinung darstellt (3.).

1. Preußen zwischen Gewerbefreiheit und Eisenbahnbau

Im Rahmen der preußischen Reformgesetzgebung nach dem Zusammenbruch des preußischen Staates im Jahre 1806 wurden die ersten Schritte unternommen, die preußische Wirtschaftsordnung zu modernisieren. Diese war bis zu dieser Zeit noch wesentlich von den auf Privilegien beruhenden Vorrechten der Zünfte geprägt. Nahezu kein Gewerbe konnte frei ausgeübt werden. Es kann vermutet werden, dass diese Reformen, insbesondere die Einführung der Gewerbefreiheit, auch durch den Versuch motiviert wurden, die Privilegienordnung zu beseitigen bzw. einzuschränken.

a) Das „Edikt über die Einführung einer allgemeinen Gewerbe-Steuer“ vom 28. Oktober 1810,[147] das sog. November-Edikt, schaffte die meisten gewerblichen Beschränkungen in Preußen ab und gewährte Gewerbefreiheit. Die Einführung der Gewerbefreiheit fußte jedoch nicht in erster Linie auf dem Gedanken, eine freiheitliche Wirtschaftsordnung einzuführen. Vielmehr stellte die Einführung der Gewerbefreiheit das Lockmittel dar, um die eigentlichen Motive des Edikts schmackhaft zu machen. Die finanzielle Situation des Staates war nach dem faktischen Zusammenbruch des Staates desaströs.[148] Daher erschien die Einführung einer allgemeinen Gewerbesteuer, so auch der Titel des Edikts, als eines der Mittel zur Erhöhung der Staatseinnahmen. In der Begründung zum Erlaß des Ediktes heißt es: „Unter den Mitteln zu diesem Zweck hat Uns die Einführung einer allgemeinen Gewerbesteuer für Unsere getreuen Unterthanen weniger lästig geschienen, besonders da Wir damit die Befreiung der Gewerbe von ihren bedrückendsten Fesseln verbinden, Unseren Unterthanen die ihnen beim Umfange der Reorganisation des Staats zugesicherte vollkommene Gewerbe-Freiheit gewähren und das Gesammtwohl derselben auf eine wirksame Weise beför-

[147] PreußGS 1810, S. 79-87.

[148] Dies gilt in den ersten Jahrzehnten des 19. Jahrhunderts für alle deutschen Staaten. Die Koalitionskriege hatten zu einer bis dahin nicht gesehenen Staatsverschuldung geführt. Der Wille zur Konsolidierung der Finanzen war ein maßgebliches Motiv vieler Reformen in ganz Deutschland, vgl. Möller, Fürstenstaat oder Bürgernation (Kap. 1. Anm. 9), S. 609 ff., speziell für Preußen S. 614 ff.

dern könnten".[149] Aufgrund dieses Edikts hatten alle Gewerbetreibenden einen Gewerbeschein zu lösen und die jeweils dafür festgesetzte Steuer zu zahlen.

Bei der Einführung der Gewerbefreiheit spielten also Erwägungen, die Privilegienordnung innerhalb des staatlichen Gefüges einzugrenzen, keine Rolle. Es ging darum, das Gewerbe zu fördern und daraus folgend die gewerbliche Wirtschaft in steigendem Maße zur Finanzierung des Staatswesens heranzuziehen. Es widersprach damit gerade nicht dem Geist des Ediktes, dass die gewerblichen Beschränkungen nicht vollständig beseitigt wurden. Beispielsweise waren nach § 21 für eine Reihe von Gewerben, „bei deren ungeschicktem Betriebe gemeine Gefahr obwaltet, oder welche eine öffentliche Beglaubigung oder Unbescholtenheit erfordern", besondere Eigenschaften zur Erlangung eines Gewerbescheins erforderlich, die in entsprechenden Spezialvorschriften geregelt sind. Darunter fielen insgesamt 34 (!) Gewerbearten, darunter Zimmerleute, Ärzte, Gastwirte und Apotheker.[150] Für den Handel mit Salz, Spielkarten und die Abhaltung von privaten Lotterien u.ä. waren darüber hinaus nach § 20 besondere Genehmigungen erforderlich. Von einer uneingeschränkten Gewerbefreiheit kann in Preußen nach dem Novemberedikt keineswegs die Rede sein.

Obwohl nach dem Inkrafttreten des Edikts in Preußen keine unbeschränkte Gewerbefreiheit bestand, ging doch damit die Zeit der gewerblichen Privilegien zu Ende. Die Ausübung eines Gewerbes bedurfte in Preußen nach 1810 im Allgemeinen nur noch eines Gewerbescheins und teilweise des Nachweises besonderer Fähigkeiten. Die Kriterien, nach denen die Gewerbeerlaubnis zu erteilen war, wurden durch das Gesetz vorgegeben, und die Erteilung selbst erfolgte durch die Verwaltung und nicht mehr durch den Inhaber der Gesetzgebungshoheit (§§ 26, 27 des Ediktes).

Ergänzt wurde dieses durch das Gesetz über die polizeilichen Verhältnisse der Gewerbe vom 7. September 1811.[151] Das Gesetz behandelte die Zukunft des Zunftwesens. Unter Punkt 6 wurde bestimmt, dass alle Gewerbe betrieben werden können, ohne einer Zunft beizutreten; Punkt 14 ermöglicht denjenigen, die bis dahin einer Zunft angehörten, diese jederzeit zu verlassen.

Die bisher bestehenden ausschließlichen, vererblichen und veräußerlichen Gewerbsberechtigungen wurden durch diese gesetzlichen Maßnahmen allerdings nur teilweise aufgehoben. Bestehende Privilegien, insbesondere im Bereich der Apotheken, blieben bestehen, wenn sie als Real-Privilegien auf einem Grundstück lasteten.

---

[149] Edikt über die Einführung einer allgemeinen Gewerbe-Steuer (Anm. 147), PreußGS 1810 S. 79.

[150] Die Ausübung der Apotheker-Kunst erfordert in Preußen ein landesherrliches Privileg und zusätzlich ein Approbationspatent. Die Erteilung des Privilegs wird als Konzession bezeichnet, s. Rescript des Königl. Mininsteriums der Geistlichen-, Unterrichts- und Medizinal-Angelegenheiten, die Konzessionen zu Anlegung von Apotheken betreffend, Annalen der Preußischen inneren Staats-Verwaltung 7 (1823), S. 992-993; entspricht § 1 Titel I der Apotheker-Ordnung.

[151] Gesetz über die polizeilichen Verhältnisse der Gewerbe, in Bezug auf das Edikt vom 2ten November 1810, wegen Einführung einer allgemeinen Gewerbesteuer. Vom 7ten September 1811, PreußGS 1811 S. 263-280.

Jedoch durfte nach § 17 des Edikts vom November 1810 durch diese Privilegien die Gewerbefreiheit nicht mehr eingeschränkt werden; ihrer Exklusivität beraubt, war die vollständige Ablösung von ehemals ausschließlichen Gewerbeberechtigungen damit nur noch eine Frage der Zeit. Alle anderen Privilegien sollten nach dieser Vorschrift abgelöst werden. Den bisher Berechtigten war jedoch ‚eine billige Entschädigung' zu zahlen.

Die Preußische Gewerbegesetzgebung des frühen 19. Jahrhundert schaffte damit die Basis für die gewerbliche Entwicklung Preußens in den folgenden Jahrzehnten. Neue Privilegien konnten nicht mehr erteilt werden, und die bestehenden konnten zum größten Teil abgelöst werden. Die erhaltenen Privilegien wurden ihrer ausschließlichen Wirkung beraubt. Das Motiv dafür war jedoch, wie gesagt, die Verbesserung der finanziellen Verhältnisse des Staates und nicht die Beseitigung von Privilegien.

Auch nach der Einführung der allgemeinen Gewerbefreiheit durch das Edikt vom 2. November 1810 verblieben in Teilen Preußens ausschließliche Gewerbeberechtigungen, die auf Privilegien beruhten. Betroffen davon waren Gebiete, die erst nach 1810 zu Preußen kamen und in denen privilegierte Rechtspositionen erhalten geblieben waren. Dies ist namentlich in Städten der Provinz Posen der Fall. Erst durch § 1 des Gesetzes vom 13. Mai 1833 wurden diese Privilegien in vollem Umfang abgeschafft.[152] In der Vorschrift heißt es: „Alle ausschließliche Gewerbsberechtigungen der Zünfte und Korporationen oder einzelner Individuen in den Städten Unserer Provinz Posen sind, wo dergleichen noch bestehen, von dem Tage der Verkündigung dieses Gesetzes an, aufgehoben". Die Begründung für den Erlaß des Gesetzes findet sich in den einleitenden Worten: „Da in mehreren Städten Unserer Provinz Posen noch Zunftzwang und ähnliche Beschränkungen des Gewerbefleißes das zeitgemäße Fortschreiten desselben hemmen, so verordnen Wir hierdurch ... wie folgt:" Für die Aufhebung der gewerblichen Rechte spielten also ebenso wie in den Edikten von 1810/11 überwiegend Gründe der Gewerbeförderung zur Stärkung der finanziellen Mittel des Staates durch die allgemeine Gewerbesteuer eine Rolle. Erwägungen, die allgemeine Gewerbefreiheit im Zusammenhang mit der umfassenden Gewährung von Freiheitsrechten zu sehen, sind nicht zu erkennen.

Über die Aufhebung der Privilegien hinaus behandelte das Gesetz die Frage der Entschädigung der Rechtsinhaber. In Übereinstimmung mit den entsprechenden Vorschriften des Allgemeinen Landrechtes bestimmte § 3, dass die Inhaber von ausschließlichen, veräußerlichen und vererblichen Gewerbeberechtigungen einen Anspruch auf Entschädigung für den Verlust ihrer Rechte erhielten. Im nachfolgenden § 4 wurden die genauen Voraussetzungen einer Entschädigungszahlung formuliert. Der Anspruch hat drei Voraussetzungen, die kumulativ erfüllt sein müssen: Die Ge-

---

[152] Gesetz, wegen Aufhebung der ausschließlichen Gewerbeberechtigungen in den Städten der Provinz Posen. Vom 13ten Mai 1833. PreußGS 1833 S. 52-55.

werbeberechtigungen mußten ausschließlich, veräußerlich und vererblich sein und die Befugnis enthalten, andere Gewerbetreibende auszuschließen; waren sie aufgrund einer gutsherrlichen Konzession nach der Deklaration vom 10. August 1796 erteilt, hatten sie eine landesherrliche Bestätigung zu besitzen. Weiterhin bestand die Entschädigungspflicht nur dann, „wenn die produzirten Privilegien, Konzessionsurkunden, oder andere Besitzdokumente nicht die Kassationsklausel - den ausdrücklichen Vorbehalt der Mehrung, Minderung oder Aufhebung - enthalten“.[153]

Die ausschließlichen gewerblichen Privilegien wurden in der Folge gegen Entschädigung aufgehoben. Damit wurden die noch bestehenden Gewerbeberechtigungen als Eigentumsrechte und damit als rechtmäßig anerkannt. Dass es überhaupt zur finanziellen Ablösung der Privilegien kam, ist ein Indiz dafür, dass die Haushaltslage des preußischen Staates in den 1830er Jahren wieder in solidere Bahnen gelangt war.[154]

Der endgültige Abschied von den gewerblichen Privilegien erfolgt dann in Preußen durch die Gewerbeordnung von 1845,[155] die für das gesamte Gebiet der Monarchie erlassen wurde und damit in gewerblicher Hinsicht innerhalb Preußens Rechtseinheit herstellt. Der erste Titel des Gesetzes beschäftigte sich ausschließlich mit der Aufhebung noch bestehender Beschränkungen des Gewerbebetriebes. Abgeschafft wurden dadurch sämtliche noch bestehenden ausschließlichen Gewerbeberechtigungen, andere Berechtigungen als die staatliche, Konzessionen zu erteilen, sowie alle besonderen Rechte, Abgaben zu erheben. Beseitigt wurden auch existierende Zwangs- und Bannrechte, sofern nicht, wie im Bergwesen, besondere Rechte des Staates weiter bestanden. Unbeeinflusst blieben nach § 9 die besonderen Vorschriften über die Erfindungsgesetze; diese waren einer eigenen Regelung vorbehalten, die zunächst jedoch nicht erfolgte. Erfindungen wurden weiterhin durch Privilegien geschützt.

Die Struktur der gewerblichen Rechte wurde dadurch positiv beeinflußt, dass § 11 untersagte, aufgehobene Rechte durch die so genannte unvordenkliche Verjährung erneut zu erwerben. Der gewerbliche Bereich wurde mit diesem Gesetz vollständig von den überkommenen Privilegien befreit. Wie weit der Wille zu einem unbeschränkten gewerblichen Leben ging, zeigt sich besonders deutlich an der Schlussvorschrift: „Alle bisherigen allgemeinen und besonderen Bestimmungen über Gegenstände, worüber das gegenwärtige Gesetz verfügt, insbesondere auch diejenigen, durch welche in einzelnen Landestheilen die Juden in der Betreibung stehender Gewerbe seither beschränkt waren, werden hierdurch außer Kraft gesetzt, soweit auf bisherige Vorschriften nicht ausdrücklich hingewiesen wird“.[156]

---

[153] PreußGS 1833 S. 53.

[154] Möller, Fürstenstaat oder Bürgernation (Einl. Anm. 9), S. 220 ff.

[155] Allgemeine Gewerbeordnung. Vom 17. Januar 1845. PreußGS 1845 S. 41-78.

[156] Die besonderen Rechte der jüdischen Bevölkerung, die erst im Laufe des 19. Jahrhunderts nach und nach einer rechtlichen Gleichstellung weichen, sind im rechtlichen Sinne der Terminologie dieser Arbeit nichts anderes als eine Reihe von belastenden Privilegien. Damit wäre auch nachgewiesen,

Die Beseitigung der gewerblichen Privilegien bedeutete ungeachtet seiner Reichweite jedoch keinen absoluten Bruch mit der privilegienrechtlichen Vergangenheit. In zahlreichen Vorschriften der Gewerbeordnung zeigten sich die rechtlichen Wurzeln gewerblicher Konzessionen. Viele einzelne Elemente der Privilegienlehre wurden übernommen. So durfte auch nach der neuen Gewerbeordnung die Witwe das Gewerbe weiter betreiben; bei überwiegenden Nachteilen und Gefahren für das Gemeinwohl konnte die Benutzung der Konzession untersagt werden, und es war möglich, bei unrichtigen Angaben die Erlaubnis zurückzunehmen. Der Unterschied besteht darin, dass es sich nunmehr um eine gesetzliche Vorschrift handelte, nach denen Ansprüche entstanden, und nicht mehr um staatliche Einzelmaßnahmen.

b) Neben der Regelung der gewerblichen Privilegien nahm sich der preußische Staat auch der Privilegien gegen den Nachdruck an. Im Jahre 1826 wurden in Preußen eine Reihe inhaltlich gleichartiger Privilegien zum Schutz gegen Nachdruck für Werke erteilt, welche außerhalb Preußens erschienen waren. Hintergrund war die in der Deutschen Bundesakte für den Bereich des gesamten Bundes vorgesehene, aber zunächst nicht erfolgte Regelung zum Schutz gegen den Nachdruck. Der unmittelbare Anlass war das Goethesche Gesuch um ein Nachdruckprivileg des Deutschen Bundes.[157] Für Preußen bestand somit Handlungsbedarf;[158] es wurden daher Schritte zum Schutz gegen Nachdruck unternommen, solange eine bundeseinheitliche Regelung nicht erfolgt war.[159] Namentlich wurden in Preußen Privilegien zum Schutz des Nachdrucks der Werke von Goethe, Schiller, Jean Paul, Schlesinger[160] und Hummel erteilt.[161] Inhaltlich gleichartig verboten diese Privilegien den Nachdruck im Ganzen sowie von einzelnen Teilen und den Handel mit Nachdrucken unter Androhung von Entschädigungsforderungen und Strafen. Damit wurden die betroffenen Werke rechtlich mit inländischen, alos preußischen Verlagsartikeln gleichgesetzt. Der Schutz der Goetheschen Werke wurde mit „Anerkennung der ausgezeichneten Verdienste desselben um die deutsche Litteratur“ begründet. Bei den übrigen in diesem Zusammenhang erteilten Privilegien verzichtete man auf eine Begründung. Bereits in der Begründung für das Goethesche Privileg zeigte sich aber, dass es nicht prinzipiell um den Schutz

daß auch noch im 19. Jahrhundert durchaus noch das belastende Privileg in der Rechtesordnung vorkommt, wenngleich in der Theorie immer vom begünstigenden Privileg als dem Normalfall ausgegangen wird.

157 Vgl. dazu noch einmal Kap. 3 III.

158 Vgl. u.a. Elmar Wadle, Goethes Gesuch um ein Nachdruckprivileg des Deutschen Bundes und die preußische Politik, in: NJW 1999, S. 2545-2551, insb. 2549 ff.

159 S. o. 3. Daraus geht auch die Begründung für das preußische Eingreifen hervor. Wadle, Goethes Gesuch (Anm. 158), a.a.O. macht deutlich, daß dieses Verfahren auch ein Vehikel für die preußische Einflussnahme auf den Deutschen Bund war.

160 Für Carl Maria von Webers Oper 'Oberon'.

161 Vgl. PreußGS 1826, S. 24 (Goethe); PreußGS 1826, S. 42 (Schiller); PreußGS 1826, S. 42f (Jean Paul); PreußGS 1826, S. 76 (Schlesinger); PreußGS 1826, S. 77 (Hummel).

des Urhebers eines Werkes ging, sondern um eine außerordentliche Maßnahme nach staatlichem Ermessen ohne Rechtsanspruch.

Die durch diese Privilegien geschaffenen Rechtspositionen für einzelne Autoren und Werke auswärtiger Herkunft wurden bereits in den folgenden Jahren auf preußische Initiative verallgemeinert. Zwischen 1827 und 1829 schloß Preußen mit insgesamt 17 deutschen Staaten bilaterale Verträge ab, welche die gegenseitige Anerkennung des Schutzes gegen den Nachdruck enthielten. Diese Maßnahmen erfolgten, damit „der Unterschied zwischen Inländern und Ausländern in Beziehung auf die gegenseitigen Unterthanen aufgehoben und denselben ein gleicher Schutz wie den Inländern zu Theil werde“.[162] Zu den Staaten, die mit Preußen die inhaltlich gleichartigen Verträge abschlossen, gehören neben allen süddeutschen Ländern - einschließlich Bayern, aber unter Ausschluss von Österreich - die thüringischen und anhaltinischen Staaten. Sachsen, als wichtigster Verlagsstandort, sowie Hannover blieben unberücksichtigt, während die beiden Mecklenburg, Hessen-Kassel und die Elbfürstentümer ebenfalls Vertragspartner wurden. Durch diese Verträge wurde ein bedeutender Schritt zu einer einheitlichen Gestaltung des Nachdruckschutzes in Deutschland unternommen.[163] Auf Initiative Preußens erfolgte im Jahre 1833 die Ausdehnung dieser Grundsätze auf das gesamte Bundesgebiet.[164]

Obwohl diese Vereinfachung des Nachdruckschutzes eine große Erleichterung für die betroffenen Verleger und Autoren bedeutete, veränderte sich die rechtliche Qualität der betroffenen Rechtspositionen nicht. Nach wie vor erfolgte der Schutz gegen den Nachdruck durch die Erteilung von Privilegien. Eine Abschaffung der Privilegien in diesem Bereich geriet noch nicht in den Blick. Obwohl über weite Zeiträume in der ersten Hälfte des 19. Jahrhunderts hinweg der Schutz von Autoren und Verlegern gegen Nachdruck weiterhin durch Privilegien erfolgte, kann man doch in einem Punkt eine Veränderung feststellen: Bei der Erteilung der Privilegien gerieten zunehmend die Autoren der Werke in den Vordergrund. Der Verleger, welcher ursprünglich Adressat

---

[162] Vgl. u. a. PreußGS 1828, S. 2, 3, 21; PreußGS 1829, S. 9.

[163] Vgl. Ludwig Gieseke, Vom Privileg zum Urheberrecht, Die Entwicklung des Urheberrechts in Deutschland bis 1845, Göttingen 1995 und insb. die Arbeiten von Elmar Wadle: Der langsame Abschied vom Privileg, Das Beispiel des Urheberrechts, in: Das Privileg im europäischen Vergleich 1, hrsg. v. Barbara Dölemeyer u. Heinz Mohnhaupt, Frankfurt a. M. 1997, S. 377-399; ders., Vor- und Frühgeschichte des Urheberrechts? Zur Diskussion über die Privilegien gegen den Nachdruck, in: UFITA 106 (1987), S. 95-107, ders.: Goethes Gesuch um ein Nachdruckprivileg des Deutschen Bundes und die preußische Politik, in: NJW 35 (1999), S. 2545-2551.

[164] Zur Umsetzung in Preußen vgl.: Publikations-Patent für die, zum Deutschen Bunde gehörenden Provinzen der Monarchie über den, von der Deutschen Bundesversammlung unterm 6ten September 1832. gefassten Beschluß, die Sicherstellung der Rechte der Schriftsteller und Verleger gegen den Nachdruck betreffend. De dato Berlin, den 12ten Februar 1833, PreußGS 1833 S. 25-26, sowie Verordnung über die Anwendung des, von der Deutschen Bundesversammlung unterm 6ten September 1832. gefaßten Beschlusses, die Sicherstellung der Rechte der Schriftsteller und Verleger gegen den Nachdruck betreffend, auf die zum Deutschen Bundes nicht gehörigen Provinzen der Monarchie. De dato Berlin, den 12ten Februar 1833, PreußGS 1833 S. 26-27.

der meisten Nachdruckprivilegien gewesen war, trat in den Hintergrund. Damit wurden bis in die 30er Jahre des 19. Jahrhunderts die Grundlagen für ein modernes Urheberrecht gelegt.

Die Wende zum modernen Urheberrecht erfolgte in Preußen durch das Gesetz vom 11. Juni 1837.[165] Durch dieses Gesetz erhielten Autoren eine dem Eigentumsrecht ähnliche Rechtsposition. Privilegien wurden danach nicht mehr erteilt. Des Weiteren wurden die Verleger nun endgültig aus dem Nachdruckschutz herausgenommen.

An dieser Rechtslage änderte sich nichts, als Preußen aufgrund entsprechender Beschlüsse der Bundesversammlung auf dem Gebiet des Nachdruckschutzes im Jahre 1841 erneut tätig wurde.[166] Für das gesamte zum Gebiet des Deutschen Bundes gehörende preußische Hoheitsgebiet erhielten bestimmte Werke von Schiller, Goethe, Jean Paul und Wieland für einen Zeitraum von noch einmal 20 Jahren einen weiteren Nachdruckschutz. In ähnlicher Form erließ noch im gleichen Jahr der Deutsche Bund Bestimmungen zum Schutz der Verfasser von Werken der Musik und des Dramas, die von Preußen und den anderen Staaten entsprechend umgesetzt wurden.[167] Wesentlicher Inhalt war, dass eine Aufführung der Werke nur mit Genehmigung des Autors erfolgen durfte, wobei dies als ausschließliches Recht auf einen Zeitraum von 10 Jahren von der Erstaufführung an begrenzt blieb.

Die Zeit der Nachdruckprivilegien war endgültig vorüber. Die Privilegien waren überflüssig geworden, da mit dem Begriff des Urheberrechtes eine rechtliche Erfassung des Schutzes von Autoren zur Verfügung stand, die den praktischen Erfordernissen mindestens ebenso gut wie Privilegien entsprach und darüber hinaus nicht unter dem Legitimierungsdruck des Privilegs als Rechtsbegriff stand.

c) Daneben wurden die Ausübung des Jagdrechtes und die Erteilung bestimmter Dispensationen geregelt. Hier zeigt sich das Bemühen, Privilegien zu beschneiden bzw. deren Erteilung auf die Verwaltungsbehörden zu verlagern.

Die vielfach durch Privilegien erteilten Berechtigungen zur Ausübung des Jagdrechtes in bestimmten Gebieten wurden in den preußisch gewordenen linksrheinischen Gebieten bereits in der Zeit der Zugehörigkeit zu Frankreich abgeschafft. Die Verordnung vom 17. April 1830[168] gestand die Ausübung des Jagdrechtes im Geltungsbereich der Verordnung einheitlich ausschließlich dem Grundeigentümer auf dem

---

[165] Gesetz zum Schutz des Eigenthums an Werken der Wissenschaft und Kunst gegen Nachdruck und Nachbildung. Vom 11. Juni 1837. PreußGS 1837, S. 165-171.

[166] Allerhöchstvollzogenes Publikations-Patent vom 1. Juni 1841. wegen der von der Deutschen-Bundes-Versammlung gefassten Beschlüsse zum Schutze der Werke von Schiller u.s.w. gegen Nachdruck. PreußGS 1841, S. 125-126.

[167] Patent über die Publikation des Bundestags-Beschlusses vom 22. April 1841. wegen des den Verfassern musikalischer Kompositionen und dramatischer Werke zu gewährenden Schutzes. D. d. den 6. November 1841. PreußGS 1841, S. 385-386.

[168] Verordnung, die Ausübung der Jagd in den am linken Rheinufer belegenen Landestheilen betreffend. Vom 17ten April 1830. PreußGS 1830 S. 65-70.

eigenen Grund und Boden zu. Die Ausübung eines Jagdrechtes beruhte somit nach Maßgabe dieser allgemeinen Verordnung einzig auf dem Eigentum über Grund und Boden und nicht auf einer Einzelfallentscheidung mittels eines Privilegs. Für das Jagdrecht war damit in den linksrheinischen Gebieten die Privilegienordnung abgeschafft worden.

Mit der Verdrängung der Erteilung von Privilegien aus einigen Rechtsgebieten ging auch eine teilweise Verlagerung der Zuständigkeiten in diesem Bereich einher. Privilegienhoheit und Dispensationsgewalt oblagen dem König. § 586 II 18 des Allgemeinen Landrechts und die Allerhöchste Kabinettesorder vom 23. September 1812 übertrugen die „Befugnis zur Dispensation von der Nothwendigkeit der Subhaftation bei Veräußerung unbeweglicher Güter der Pflegebefohlenen" zunächst auf den Justizminister. Durch die Allerhöchste Kabinettsorder vom 10. November 1830[169] übertrug man diese Dispensationsbefugnis auf die Oberlandesgerichte und machte diese sie zu einem administrativen Akt der Justiz. Die eigentliche Kompetenz besaß damit zwar immer noch der König, sie wurde aber faktisch von ihm nicht mehr ausgeübt.

d) Die Umgestaltung des Gewerberechts und der Übergang zum modernen Urheberrecht deuten auf eine privilegienfeindliche Tendenz der preußischen Gesetzgebung hin. Dies trifft jedoch nicht für alle Rechtsgebiete zu; teilweise wurden sogar neue Arten von Privilegien geschaffen.

Ein Bereich, der zunächst von Privilegien geprägt blieb, war die Ausgabe von Inhaberpapieren zur Finanzierung von Defiziten kommunaler Haushalte.[170] Die Erteilung von Privilegien zur Ausgabe von Inhaberpapieren wich in einem zentralen Punkt von der überkommenen Privilegienlehre des Ancien régime ab. Die Regelung erfolgte durch Gesetz vom 17. Juni 1833. Dort hieß es: „§ 1. Papiere, wodurch die Zahlung einer bestimmten Geldsumme an jeden Inhaber versprochen wird, dürfen von Niemand ausgestellt und in Umlauf gesetzt werden, der dazu nicht Unsere Genehmigung erhalten hat. ... § 2. Die Genehmigung zur Ausstellung solcher Papiere soll hinführo nur auf den Antrag der Minister für den Handel und für die Finanzen durch ein landesherrliches Privilegium ertheilt werden, welches die rechtlichen Wirkungen desselben bestimmen, und seinem ganzen Inhalte nach durch die Gesetz-Sammlung bekannt gemacht werden muß."

Diese Privilegien wiesen einige interessante Einzelheiten auf. Sie wurden zwar aufgrund eines Gesetzes erteilt, galten aber dennoch selbst als Gesetze, da sie in der Gesetzessammlung veröffentlicht wurden. Die Kompetenz für die Erteilung dieser Privilegien lag weiterhin beim König, wurde jedoch vom zuständigen Minister ausge-

---

[169] Allerhöchste Kabinetsorder vom 10ten November 1830, die Ertheilung der Dispensationen von der Nothwendigkeit der Subhaftation unbeweglicher Güter der Pflegebefohlenen betreffend. PreußGS 1830 S. 144.

[170] Gesetz, wegen Ausstellung von Papieren, welche eine Zahlungsverpflichtung an jeden Inhaber enthalten. Vom 17ten Juni 1833. PreußGS 1833 S. 75-76.

übt. Mit diesem Gesetz wurde das Privileg begrifflich und als Instrument auch für eine größere Anzahl von gleichartigen Entscheidungen für Einzelfälle nutzbar gemacht. Diese Art von Privilegien hatte also eine Art Zwitterstellung: Die Erteilung von Privilegien blieb an die Gesetzgebungskompetenz gebunden; die eigentliche Erteilung war jedoch ein administrativer Akt, mit bestimmten gesetzlichen Voraussetzungen.

Das Motiv für diese Regelung ist unklar. Am ehesten ist darin der Versuch zu sehen, die Ausgabe von Inhaberpapieren unter Kontrolle zu bekommen und durch die Privilegierung auch ein gewisses Vertrauen in den Emittenten zu beweisen. In den folgenden Jahren wurden diese Privilegien in großen Mengen erteilt und allesamt mit ähnlichem Wortlaut in der Gesetzessammlung veröffentlicht.[171]

Die Regelung der Ausgabe von Inhaberpapieren hatte Vorbildfunktion. Der Bau von Eisenbahnen war eine neue Entwicklung des 19. Jahrhunderts, die rechtlich erfaßt werden mußte. Der Bau einer Eisenbahn stand aufgrund öffentlichen, insbesondere militärischen Interesses nicht frei. In Preußen wurde daher ein Eisenbahngesetz erlassen, welches die gleiche Struktur aufwies, wie das Gesetz zur Ausgabe von Inhaberpapieren.[172] Darin heißt es in § 5: „Die Anlage von Zweigbahnen kann ebenso wie die von neuen Eisenbahnen nur mit Unserer landesherrlichen Genehmigung stattfinden".

Die Erteilung der Berechtigung zum Bau einer Eisenbahn wurde vom Gesetz als Konzession bezeichnet; dies war jedoch in dieser Zeit nichts anderes als die Bezeichnung eines gewerblichen Privilegs und wurde von den Zeitgenossen auch in diesem Sinn verstanden. Die Erteilung einer solchen Konzession war an eine Reihe von Voraussetzungen gebunden, insbesondere mußte ein gewisser Kapitalanteil zur Verfügung gestellt werden. Mit der Eisenbahnkonzession waren aber außer dem Bau der Bahn eine ganze Reihe weiterer Rechte verbunden. So übernahm der Betreiber der Bahn für das Gebiet, in welchem das Streckennetz errichtet wurde, das Postregal, und er hatte das Recht, Grundstücke für den Bedarf der Bahn zu enteignen. Bestandteil jeglicher preußischer Bahnkonzession war auch eine Ankaufsregel, wonach der Staat frühestens nach Ablauf von 30 Jahren die gesamte Bahn erwerben konnte. Der Ankauf der Bahn erstreckte sich dabei auf sämtliches Inventar der Bahn. Für den Ankauf der Bahn wurde eine Entschädigung bezahlt, die sich an der Dividendenzahlung über einen bestimmten Zeitraum hinweg zu orientieren hatte. Anhand dieser Ankaufsregel läßt sich erkennen, dass das Eisenbahngesetz im staatlichen Interesse erlassen wurde. Eigentlich wurde der Eisenbahnbau als eine staatliche Aufgabe angesehen, die aber mangels finanzieller Potenz des Staates zunächst durch private Geldgeber erfolgte. Sobald dem Staat die erforderlichen Finanzmittel zur Verfügung standen, sollten die Eisenbahnen in staatliches Eigentum überführt werden.

---

[171] Vgl. u. a. PreußGS 1836 S. 197.

[172] Gesetz über die Eisenbahnunternehmungen vom 3. November 1838. PreußGS 1838 S. 505 ff.

Die Privilegien zur Ausgabe von Inhaberpapieren und zum Eisenbahnbau zeigen noch einmal, welche enorme Funktionalität und Flexibilität die Erteilung von Privilegien besaß. Immer dann, wenn die allgemeine Gesetzgebung rechtliche Probleme nicht zu erfassen vermochte und andere rechtliche Kategorien nicht zur Verfügung standen, erwies sich das Privileg ungeachtet aller politischen Probleme, die mit seiner Erteilung verbunden waren, als ein staatliches Handlungsinstrument zur Regelung komplizierter rechtlicher Fragen.

2. Die verspätete Gewerbereform in Bayern

In Anbetracht der Tatsache, dass sich die süddeutschen Staaten, darunter auch Bayern, im Gegensatz zu Preußen frühzeitig zu einer konstitutionellen Staatsform entwickelten, lag die Vermutung nahe, dass sich Bayern auch in anderer Hinsicht als der modernere Staat gegenüber Preußen erwies. Diese Vermutung ließ sich indes nicht bestätigen. Auf allen Rechtsgebieten, die soeben in der preußischen Gesetzgebung untersucht wurden, blieb Bayern hinter der preußischen Entwicklung zum Teil mehrere Jahrzehnte zurück. Dennoch zeigen sich auch in Bayern Veränderungen, die zu einer verminderten Bedeutung der Privilegien in der Rechtsordnung führten.

a) Die ersten Auswirkungen auf bestehende Privilegien ergaben sich durch die Reform der Finanzverfassung des Königreiches Bayern. Durch königliche Verordnung vom 13. Juni 1807 wurden bis dahin bestehende Befreiungen von staatlichen Auflagen, u.a. von der Grundvermögenssteuer, vollständig aufgehoben.[173] Der Grund dafür ergibt sich aus dem Text der Verordnung: Darin heißt es, die fiskalische Situation sei „unter dem Drange der Zeitumstände“ außerordentlich schwierig. Daher seien dieser „besondere, diesen ausserordentlichen Verhältnissen angemessene Hülfsmittel entgegenzusetzen“.[174] Ähnlich wie in Preußen war also auch die Finanzkraft des bayerischen Staates äußerst angespannt und bildete den Anlass für die Beseitigung steuerlicher Privilegien. Daneben galten diese Privilegien jedoch als ungerecht und dem Staatszweck hinderlich, denn die Neuregelung sollte „den Privatwohlstand zugleich mit dem öffentlichen befördern“[175] und „in der Gerechtigkeit gegründet“[176] sein. Dies ist einer der ersten Nachweise in der deutschen Gesetzgebung, dass neben Gemeinwohlerwägungen und fiskalischen Gründen auch das Motiv, Gerechtigkeit zu schaffen, ein Kriterium der Gesetzgebung wurde. Der Schritt, alle vorhandenen Befreiungen von den Staatsauflagen zu beseitigen, erschien daher folgerichtig. Die Sicherung der Staatsfinanzen und das Kriterium des Staatswohls standen dabei in der

[173] Kgl.-Baier. Reg.Bl. v. 13.6.1807 Sp. 969-982.
[174] VO 13.6.1807, 969.
[175] VO 13.6.1807, 971.
[176] Ebd.

Begründung an erster Stelle; der Gerechtigkeitsgedanke spielte jedoch ebenfalls eine Rolle.

Die bayerische Verordnung wurde zum Vorbild für andere Staaten. In der Bundesakte des Deutschen Bundes wurde sie in Art. 14 zur Übernahme für alle Mitgliedstaaten empfohlen. Der Vorbildcharakter resultierte jedoch nicht daraus, dass sie Gerechtigkeitskriterien für die Erhebung von Steuern postulierte, sondern dass sie einen Weg eröffnete, die in allen deutschen Teilstaaten nach den Befreiungskriegen zerütteten Finanzen wieder zu sanieren.[177] Dies hatte sich auch an der Gewährung der Gewerbefreiheit in Preußen gezeigt.

b) Zahlreiche Regelungen über einzelne Privilegien traf der bayerische Gesetzgeber im Zusammenhang mit der Verfassungsgebung von 1818. Der privilegienfeindliche Charakter der Steuergesetzgebung fand dabei keine Nachahmung. Das Verfassungsrecht war durch eine Reihe von Privilegien geprägt.

Die Verfassung selbst regelte die einzelnen Vorrechte bestimmter Beamter, der ehemaligen Reichsunmittelbaren sowie des eingesessenen Adels und Klerus. Ausführliche Bestimmungen darüber befanden sich in den zahlreichen Beilagen zur Verfassungsurkunde. Dabei handelte es sich um die Edikte über die staatsrechtlichen Verhältnisse der ehemaligen Reichsstände,[178] das Edikt über den Adel[179] und das Edikt über die gutsherrlichen Rechte und die gutsherrliche Gerichtsbarkeit.[180] Die Bestimmungen über die Vorrechte der ehemaligen Reichsunmittelbaren folgten dabei den Vorgaben von Art. 14 der Akte des Deutschen Bundes.[181] Die Betroffenen gehörten nach § 1 des Edikts über die staatsrechtlichen Verhältnisse der ehemals Reichsunmittelbaren zum hohen Adel, behielten nach § 2 ihre bisherigen Titel und hatten nach § 3 Anspruch auf ein angemessenes Zeremoniell. Weitere Bestimmungen beschäftigten sich mit der Aufenthaltsfreiheit, dem Kirchengebet für die Betroffenen und den privilegierten Gerichtsständen. Die ständisch geprägte Staatsordnung wurde mit diesen Vorschriften noch einmal bekräftigt. Dies widersprach nicht der im Vorwort der Verfassung von 1808 zum Programm erhobenen Gleichheit vor dem Gesetz, da damit ein formeller Gleichheitsbegriff manifestiert wurde.

Die Vorrechte einzelner Bevölkerungsgruppen waren keine bayerische Besonderheit. Im Jahre 1808 erschien in der Zeitschrift ‚Der Rheinische Bund' eine Übersicht über die Rechtsverhältnisse des ehemaligen Reichsadels in den Rheinbundstaaten. Auf über 50 Seiten wurden die besonderen Rechte der Betroffenen in den Rheinbundstaa-

---

177 Möller, Fürstenstaat oder Bürgernation (Einl. Anm. 9), S. 220 ff.

178 GBl. Baiern 1.7.1818 Sp. 189-212.

179 GBl. Baiern 4.7.1818 Sp. 213-220.

180 GBl. Baiern 8.7.1818 Sp. 221-276.

181 Vgl. dazu noch einmal Kap. 3 II.

ten aufgeführt.[182] Dabei zeigten sich wenige Unterschiede in den Rechtsverhältnissen der einzelnen Staaten. Ein privilegierter Gerichtsstand wurde ebenso in allen Staaten gewährleistet wie die Errichtung von Familienfideikommissen zur Sicherung der Eigentumspositionen. Die Befreiung von jeglichen militärischen Dienstpflichten und zahlreiche Steuerbefreiungen gehörten ebenfalls zu den Rechten der 'privilegiertesten Klasse'. Darüber hinaus hatte sie in allen Staaten teil an der Ausübung staatlicher Gewalt, indem sie die niedrige Gerichts- und Polizeigewalt in den von ihnen zuvor beherrschten Landesteilen beibehielt. Insgesamt ergab sich daraus eine herausragende Stellung in der Gesellschaftsordnung der betroffenen Staaten. Nach der Gründung des Deutschen Bundes blieben diese Regelungen Bestandteil der Staatsordnung und damit Hindernisse auf dem Weg zu einer Modernisierung und Zentralisierung der Staatsverwaltung.

c) Im Gegensatz zu Preußen führte das Königreich Bayern in der ersten Hälfte des 19. Jahrhunderts nicht die allgemeine Gewerbefreiheit ein. Zwar wurde auch in Bayern das gewerbliche Leben durch das Gesetz über die Grund-Bestimmungen für das Gewerbswesen vom 26. September 1825 auf eine gesetzliche Basis gestellt. Der Gesetzgeber hatte aber ausdrücklich Bedenken, die unbeschränkte Gewerbefreiheit zu diesem Zeitpunkt zu gewährleisten.[183] Trotz dieser Bedenken wurden viele Beschränkungen der Gewerbe aufgehoben.

Zur Ausübung eines Gewerbes war nach Art. 1, 3 des Gesetzes eine persönliche und unveräußerliche Konzession erforderlich, die an die persönliche Fähigkeit des Bewerbers geknüpft war. Die Möglichkeit des Erwerbs von Gewerbeberechtigungen durch unvordenkliche Verjährung wurde ausgeschlossen. Diese Bestimmung zeigt deutlich, dass die Gewerbekonzession in der Tradition der Gewerbeprivilegien standen und an deren Stelle treten sollten. Die Verbindung zu den überkommenen Privilegien zeigt sich insbesondere anhand der Erlöschensgründe für die Gewerbekonzession in Art. 6:

„Die Gewerbs-Concession erlischt: 1) durch den physischen oder bürgerlichen Tod des Erwerbers mit dem in Artikel 3. zu Gunsten der Witwen ausgedrückten Vorbehalte; 2) durch einen bei der zuständigen Obrigkeit erklärten Verzicht; 3) durch fünfjährige freiwillige Unterlassung des Betriebes. Endlich kann die Ausübung der Gewerbs-Befugniß 4) wegen Mißbrauchs, beharrlichen Ungehorsams oder Widersetzlichkeit gegen obrigkeitliche Anordnungen in Gewerbssachen von der zuständigen Behörde zur Strafe auf bestimmte Zeit eingestellt, oder nach Umständen die Concession gänzlich eingezogen werden."

Die für die Gewerbekonzession geregelten Erlöschensgründe entsprechen somit denjenigen, welche die Privilegienlehre des 18. Jahrhunderts für das Erlöschen der

[182] Neff: Uebersicht der neueren Verhältnisse des ehemaligen Reichsadels in den Staaten des rheinischen Bundes, so wie sie bisher gesetzlich bestimmt und bekannt gemacht worden sind, in: Der Rheinische Bund 7 (1808) 19.-21. Heft, S. 199-242.S. 199-243.

[183] GBl. Baiern XIV. Stück 26.9.1825 Sp. 127-142.

Privilegien entwickelt hatte.[184] Elemente der Privilegienlehre wurden damit Teil der gesetzlichen Regelung der Konzession.

Neben den Gewerbekonzessionen verwendete das bayerische Gewerbegesetz zusätzlich den Begriff der Gewerbs-Privilegien. Diese Gewerbs-Privilegien dienten dem Schutz von neuen Erfindungen und entsprachen damit in der Funktion den modernen Patenten. Über die Behandlung dieser Patentprivilegien enthielt das Gesetz lediglich rudimentäre Bestimmungen. Patentprivilegien wurden nach Art. 9 mit ausschließender Wirkung für einen bestimmten Zeitraum von maximal 15 Jahren erteilt. Mit Ablauf der Zeit erklärte man die Erfindungen zum Allgemeingut. Für die Erteilung der Privilegien setzte Art. 11 eine Gebühr fest, die sog. Taxe. Diese war auf einen Maximalbetrag begrenzt und sollte zweckgebunden zur Unterstützung der Gewerbeordnung verwendet werden;[185] fiskalische Erwägungen spielten also auch hier eine Rolle.

In einem wesentlichen Punkt bedeutete die Ausgestaltung der Gewerbe-Privilegien den Bruch mit zentralen Aspekten der herkömmlichen Privilegienlehre. Nach dem klassischen Verständnis der Rechtswissenschaft lag die Erteilung der Privilegien in der Kompetenz desjenigen, der die Privilegiengewalt innehatte. Es war eine Ermessensentscheidung, ob überhaupt eine Privileg erteilt werden sollte. Keinesfalls gewährte die Theorie einen Anspruch auf die Erteilung eines Privilegs aus einem bestimmten Grund. Im Gegensatz dazu formulierte § 48 des Gesetzes unter bestimmten Voraussetzungen einen Anspruch auf Erteilung des Privilegs: „Jeder, welcher eine neue Entdeckung oder Verbesserung im Gebiete der Gewerbe selbst gemacht hat, und Jeder, welcher einen im Auslande bekannten, aber im Königreiche noch nicht in Ausübung gebrachten Fabrikationszweig oder ein verbessertes industrielles Verfahren zuerst einführt, erhält, wenn er den nachgesetzten Erfordernissen Genüge leistet, ein Gewerbs-Privilegium.[186]

Die Differenzierung zwischen Gewerbe-Konzessionen und Gewerbe-Privilegien erfolgte nicht nur, weil damit unterschiedliche rechtliche Materien betroffen waren, wie vielleicht zu vermuten wäre. Unterschiede lassen sich insbesondere anhand der Vorschriften über die Zuständigkeit bei der Erteilung von Gewerbe-Konzessionen und Gewerbe-Privilegien erkennen: Für die Erteilung der Gewerbe-Privilegien war nach Art. 10 das Staatsministerium für das Innere zuständig.[187] Die Zuständigkeit für die Erteilung der Gewerbe-Konzessionen oblag unter dem Vorbehalt einiger standes- und grundherrlicher Befugnisse den allgemeinen Verwaltungsbehörden.[188]

---

[184] Vgl. oben Kap. 1 I 6.

[185] In einer Höhe von 275 fl.

[186] BayRegBl. VO v. 18.1.1826 Sp. 140

[187] § 49 - BayRegBl. VO v. 18.öl.1826 Sp. 142

[188] Verordnung zum Vollzug der gesetzlichen Grundbestimmungen für das Gewerbswesen in den sieben ältern Kreisen des Königreichs. RBl. für das Königreich Bayern. Nro. 4. München, Mittwochs den 18. Jänner 1826. Sp. 81-168.

In der rechtlichen Ausgestaltung wies die Erteilung einer Gewerbe-Konzession eine Reihe von Übereinstimmungen mit der Erteilung von Gewerbeprivilegien zur Zeit des Ancien régime auf. Wesentliche Teile der Privilegienlehre wurden unverändert integraler Bestandteil der Erteilung der Konzessionen. Dazu gehörten die Regeln, unter welchen Umständen eine Konzession ihre Wirkung verliert, die Bestimmung (§ 11), dass die Gewerbekonzession in der Regel persönlich und unveräußerlich ist, und das Bestehen sog. radicirter Gewerbe (§ 12), welche den Charakter des 'privilegium reale' für die gewerblichen Berechtigungen nutzbar machte. Dennoch sind die Gewerbe-Konzessionen keine bloße Weiterführung der bisherigen Gewerbeprivilegien unter einem neuen Namen. So waren die Konzessionen keine ausschließlichen Gewerbeberechtigungen, was bereits aufgrund der weitgehend bestehenden Gewerbefreiheit kaum denkbar erschien. Außerdem bestand nach den gesetzlichen Vorschriften bei der Erfüllung der entsprechenden Voraussetzungen ein Anspruch auf die Erteilung der Konzession. Dadurch ergab sich ein Gewinn an Rechtssicherheit.

Auch die Gewerbe-Privilegien zur Verleihung eines Patentrechtes waren von einem Privileg im ursprünglichen Sinn zum Teil verschieden. Besonders deutlich werden die Veränderungen bei der Untersuchung der Frage, wer Konzessionen und Privilegien erteilte. Nach der klassischen Privilegienlehre oblag die Erteilung der Privilegien dem Landesherrn als dem Inhaber der Privilegiengewalt und innerhalb der Gesetzgebungshoheit. Im Vormärz hätte demnach die Erteilung von Gewerbeprivilegien nach der bayerischen Verfassung vom König gemeinschaftlich mit den ständischen Kammern ausgeübt werden müssen. Dies war jedoch nicht der Fall. Die Erteilung der Gewerbeprivilegien oblag dem Staatsministerium des Inneren und war damit den gesetzgebenden Körperschaften entzogen. Privilegien wurden im Bereich der gewerblichen Berechtigungen nicht mehr als Gesetz erteilt, sondern aufgrund des hier behandelten bayerischen Gewerbegesetzes. Genauso verhielt es sich mit den gewerblichen Konzessionen mit ihrer den Privilegien vergleichbaren Struktur. Sie wurden von den Magistraten bzw. standes- oder gutsherrlichen Polizeibehörden erteilt.[189] Die Erteilung gewerblicher Berechtigungen war damit eine administrative Tätigkeit, die nicht unmittelbar der gesetzgebenden Körperschaft zustand.

d) Drei Jahre später als in Preußen erfolgte in Bayern der Übergang zu einem neuen Urheberrecht. Am 27. April 1840 erging das Gesetz zum Schutz des Eigentums an Druck- und Kunsterzeugnissen.[190] Bis dahin war der Nachdruckschutz in Bayern eine Domäne des Privilegienrechts, wobei sich unter dem Einfluß der Rechtsordnung des

[189] § 64 BayRegBl. S. 158 VO 18.1.1826.

[190] Gesetz, den Schutz des Eigenthums an Erzeugnissen der Literatur und Kunst gegen Veröffentlichung, Nachbildung und Nachdruck betreffend. (III. Beilage zum Abschiede für die Stände-Versammlung.) GBl. f. d. Kgr. Bayern 1840. No. 4. München, den 27. April 1840.

Deutschen Bundes, wie gezeigt, eine Tendenz zur Vereinheitlichung des Nachdruckschutzes in Deutschland abzeichnete.[191]

Durch das Gesetz wurde den Urhebern von Drucken und Kunsterzeugnissen eine ausschließliche Rechtsposition im Hinblick auf Verbreitung und Vervielfältigung zugestanden; die Rechte gingen auf die Erben über. Somit wandelte sich auch in Bayern der Nachdruckschutz von einem Recht der Verleger hin zu einem echten Urheberrecht. Die Dauer des Schutzrechtes wurde einheitlich auf 30 Jahre festgesetzt; der Beginn der Frist hing von der Art der Veröffentlichung ab.

Die Besonderheit des bayerischen Gesetzes bestand darin, dass der Übergang zu einem modernen Urheberrecht nicht vollständig war. Die Erteilung von Privilegien durch den Regenten blieb weiterhin möglich. Dazu heißt es in Art. 4: „Dem König bleibt vorbehalten, für einzelne Werke Privilegien zu ertheilen, und hierin den Zeitraum, während dessen der gesetzliche Schutz gegen Beeinträchtigung durch mechanische Vervielfältigung gewährt werden soll, besonders festzusetzen, ohne an eine Zeitlänge gebunden zu seyn“. Die Vorschrift erscheint wie ein Relikt der überkommen Privilegienordnung des Ancien régime. Neben Art. 13 des Gesetzes, der die bestehenden Nachdruckprivilegien anerkannte, zeigt die Vorschrift, dass der Übergang zu einem modernen Urheberrecht noch nicht vollendet war. Reste der Privilegienordnung hatten sich erhalten.

3. Das Privilegiengesetz in Österreich[192]

Am 31. März 1832 erging in Österreich ein sog. Privilegiengesetz, was freilich keine umfassende Regelung des Privilegienrechts enthält, sondern sich als gesetzliche Regelung zur Erfassung von Patentprivilegien erweist. Im Vergleich zu Preußen und Bayern war die österreichische Gesetzgebung im Hinblick auf die Erteilung von Patenten rückständig. Während Preußen eine intensive Gewerbeförderung betrieb, um an fortschrittliche Techniken zu gelangen,[193] und Bayern das Patentrecht immerhin so gestaltete, dass der Antragsteller bei Erfüllung der Voraussetzungen einen Anspruch auf Erteilung des Patentes hatte, blieb die österreichische Gesetzgebung einem klassischen Privilegienverständnis verhaftet.

Die Erteilung eines Patentes erfolgte in Österreich ausschließlich durch Privilegien.[194] Diese wurden immer exklusiv und für einen bestimmten Zeitraum von maximal 15 Jahren erteilt. Diese Grundsätze gehörten auch zum Regelungsgehalt der bayerischen Vorschriften. Allerdings war dem Landesherrn in Österreich auch eine

[191] Vgl. dazu oben Kap. 3 I.

[192] Vgl. dazu im einzelnen Barbara Dölemeyer, Vom Privileg zum Gesetz, Am Beispiel österreichischer Erfindungsprivilegien, in: Ius Commune XV (1988), S. 57-71.

[193] Erker, Dampflok, S. 53 ff.

[194] Patent vom 31. März 1832.

Verlängerung des Patentes möglich. Mit der Erteilung eines solchen Privilegs war die Zahlung einer Taxe verbunden. Der entscheidende Unterschied zu anderen Staaten bestand jedoch darin, dass in Österreich nach dem Privilegiengesetz kein Anspruch auf die Erteilung eines Patents bestand, wie deutlich aus § 1 hervorgeht: „Zur Erlangung eines ausschließlichen Privilegiums in Unsern Staaten, für welche dieses Gesetz gegeben ist, sind alle neuen Entdeckungen, Erfindungen und Verbesserungen im gesammten Gebiete der Industrie geeignet, es möge das Privilegium von einem In- oder Ausländer gesuchet werden." Damit stand das Gesetz weitgehend in der Tradition des 18. Jahrhunderts. Die Erteilung von Privilegien lag in der alleinigen Entscheidungsmacht des Regenten. Dies ist auch an den Erlöschensgründen abzulesen. Die Privilegien erloschen, wenn sie innerhalb eines Jahres nicht genutzt wurden. Das öffentliche Interesse an der Privilegienerteilung hatte Vorrang vor der Rechtsposition des Privilegierten.

4. Zusammenfassung

Die Betrachtung der Gesetzgebung der wichtigsten deutschen Staate zeigt, dass die erste Hälfte des 19. Jahrhunderts eine Übergangszeit in der Geschichte des Privilegs darstellte. In einigen Rechtsgebieten erfolgte die Ablösung der Privilegien durch gesetzliche Regelungen mehr oder weniger vollständig. Zu nennen sind insbesondere das Gewerbe- und Urheberrecht. Das Königreich Preußen spielte dabei eine Vorreiterrolle. Der Schutz von Erfindungen zeigt besonders deutlich, dass sich ein Umbruch andeutete. Einerseits wurde der Erfindungsschutz weiterhin durch die Erteilung von Privilegien gewährt. Andererseits erfolgte die Erteilung dieser Privilegien aber auf gesetzlicher Grundlage. Das Privileg geriet in Abhängigkeit von der allgemeinen Gesetzgebung.

Neben der rückläufigen Bedeutung der Privilegien in zahlreichen Rechtsgebieten zeigt sich aber auch, dass noch in der ersten Hälfte des 19. Jahrhunderts Privilegien weiterhin unentbehrlich waren. Neue Entwicklungen, wie die Ausgabe von Inhaberpapieren oder der Bau von Eisenbahnen, wurden durch Privilegien rechtlich erfaßt. Diese erschienen immer noch als geeignete staatliche Maßnahmen in solchen Fällen.

In organisatorischer Hinsicht läßt sich feststellen, dass die Erteilung von Privilegien im Allgemeinen durch Verwaltungsbehörden erfolgte. Damit zeichnet sich eine Abweichung von der gemeinrechtlichen Privilegienlehre ab. Trotz fortschreitender Berücksichtigung des Grundsatzes der Gewaltenteilung[195] wurde die Privilegienhoheit damit nicht, wie es zu erwarten gewesen wäre, zur Domäne der gesetzgebenden Organe.

---

[195] Vgl. dazu Louis Pahlow, Justiz und Verwaltung, Zur Theorie der Gewaltenteilung im 18. und 19. Jahrhundert, Goldbach 2000., S. 297 ff.

4. KAPITEL: Privileg und Gesetzgebung zwischen 1848 und 1870

Nachdem die revolutionären Bewegungen der Jahre 1848 und 1849 am Wiedererstarken der alten Machtstrukturen gescheitert waren, setzte in fast allen deutschen Einzelstaaten, vor allem unter dem Einfluß der dominierenden Mächte des Deutschen Bundes, Preußen und Österreich, eine antirevolutionäre Entwicklung ein, welche das politische System der Restaurationszeit wiederherstellen wollte.

Die Bemühungen um eine Restauration der politischen Verhältnisse der Jahre vor 1848 kollidierte dabei zum einen mit den zahlreichen Veränderungen in der Rechtsordnung einzelner Staaten, die unmittelbar auf die Revolution zurückzuführen waren. Zu nennen sind insbesondere die Beseitigung der Gerichtsstandsprivilegien und die Aufhebung der Polizeigewalt der Standesherren.[1] Zum anderen blieben die revolutionären Erfahrungen im öffentlichen Bewußtsein und konnten nicht vollständig ignoriert werden.[2]

Zu den wichtigsten Entwicklungen nach der Revolution gehörte die im Wesentlichen auf dem Eisenbahnbau beruhende erste moderne Industriekonjunktur Deutschlands. In diese Zeit fällt der sog. 'take off' der deutschen Wirtschaft.[3] Damit waren enorme wirtschaftliche und gesellschaftliche Veränderungen verbunden. Mitteleuropa erfuhr in ökonomischer Hinsicht einen umfassenden Modernisierungsschub.

Fragt man nach der Entwicklung des Privilegienrechts unter den skizzierten Bedingungen bis zur Gründung des zweiten Kaiserreiches, so gerät zunächst die dritte Verfassungsgebungswelle in Deutschland ins Blickfeld, die nun auch Preußen erfasste und mit der sich der Konstitutionalismus durchsetzte (I.) Zum zweiten war zu untersuchen, inwieweit sich die Veränderungen, die sich in der ersten Hälfte des 19. Jahrhunderts andeutet, in der theoretischen Auseinandersetzung mit dem Privileg fortsetzten (II.). In einem dritten Schritt sind die Entwicklungstendenzen in der Gesetzgebung der deutschen Staaten zu untersuchen (III.).

I. Die preußische Verfassungsgebung der Jahre von 1848/50 und die dritte Verfassungsgebungswelle in Deutschland

Am 5. Dezember 1848 befahl König Friedrich Wilhelm IV. die Verkündigung einer Verfassung für den preußischen Staat;[4] am gleichen Tag wurde die preußische Nationalversammlung aufgelöst. Diese Verfassung ging als die sog. „oktroyierte Verfas-

[1] Vgl. dazu oben Kap. 3 I.

[2] Heinrich Lutz, Zwischen Habsburg und Preußen (Einl. Anm. 9), S. 327 ff.

[3] Zum Begriff des 'take off' und der wirtschaftlichen Entwicklung in Deutschland ab 1850 vgl. Paul Erker, Deutsche Wirtschaftsgeschichte im 19. und 20. Jahrhundert, S. 53 ff.

[4] Verfassungsurkunde für den preußischen Staat v. 5. Dez. 1848, PreußGS 1848, S. 375 ff.

sung" in die Geschichte ein. Damit wurde erst in der Folge der Revolution von 1848/49 das Versprechen des preußischen Königtums, eine landständische Verfassung einzuführen, eingelöst.[5] Mit der bis dahin nicht erfolgten Verfassungsgebung hatte sich der preußische Staat zwar in Widerspruch zu Art. 13 der Deutschen Bundesakte von 1815[6] gesetzt, der eine landständische Verfassung als Grundlage eines jeden deutschen Staates vorgesehen hatte; eine Durchsetzung dieser Verpflichtung erfolgte jedoch nicht.

Nach dem Scheitern der Revolution wurde in Preußen am 31. Januar 1850 die revidierte Verfassung erlassen.[7] Damit und mit der Verfassungsgebung im Kurfürstentum Hessen,[8] im Herzogtum Coburg und Gotha,[9] im Großherzogtum Oldenburg,[10] in den Hansestädte und in einigen kleineren Territorien zu Beginn der 1850er Jahre entwickelte sich damit eine dritte Verfassungsgebungswelle in Deutschland.[11]

Die Frage nach der historischen Einordnung dieser dritten Welle im Hinblick auf die Geschichte des Privilegs und im Vergleich zu den vorher vorhandenen Verfassungen ist anhand von zwei Aspekten zu beantworten. Erstens ist die Stellung der jeweiligen Verfassungen zur Gleichheit vor dem Gesetz und damit auch zu den ständischen Vorrechten zu untersuchen (1.). Zweitens geht es um die Frage nach der Regelung der Privilegienhoheit bzw. einzelner Privilegien schließt sich an (2.).

1. Die Gleichheit vor dem Gesetz in der Verfassungsgebung zwischen 1849 und 1870

Eine der Folgen der Revolution war die Beseitigung der ständischen Vorrechte in den deutschen Staaten. Betroffen davon waren die Grundherrschaft und die privilegierten Gerichtsstände. Die Aufhebung erfolgte in den neuen Verfassungsstaaten im Verfassungstext selbst. Damit einher ging die Gewährleistung von Gleichheit vor dem Gesetz.[12] Repräsentativ für die Verfassungsgebung der Zeit ist Art. 4 der Preußischen

---

[5] Das Versprechen, eine landständische Verfassung für den preußischen Staat zu errichten, gab Friedrich Wilhelm III. am 17. März 1813 zu Breslau in dem Aufruf „An mein Volk" ab; u.a. abgedruckt in: Schlesische privilegirte Zeitung, No. 34, Sonnabend den 20. März 1813, S. 1 f.

[6] Die Vorschriften der Deutschen Bundesakte sind im folgenden zitiert nach E.R. Huber, Dokumente zur Deutschen Verfassungsgeschichte I, S. 28 ff.

[7] Verfassungsurkunde für den Preußischen Staat v. 31. Jan. 1850, PreußGS 1850, S. 17 ff.

[8] Verfassungs-Urkunde f. d. Kfsm. Hessen v. 13. April 1852.

[9] Staatsgrundgesetz f. d. Hzm. Coburg u. Gotha v. 3. Mai 1852.

[10] Revidirtes Staatsgrundgesetz f. d. GHzm. Oldenburg v. 22. Nov. 1852.

[11] Landesverfassungsgesetz f. d. Hzm. Anhalt-Bernburg v. 28. Geb. 1850; Verfassungsgesetz f. d. Fsm. Schwarzburg-Sondershausen v. 12. Dez. 1849; Revidirtes Staatsgrundgesetz f. d. Fsm. Reuß j.L. v. 14. April 1852; Verfassungs-Urkunde f. d. freie und Hansestadt Lübeck v. 29. Dez. 1851; Verfassung d. freien Hansestadt Bremen v. 21. Feb. 1854; Verfassung d. freien und Hansestadt Hamburg v. 28. Sept. 1860.

[12] Art. 4 S. 2 Preußische Verfassung; Art. 12 Luxemburgische Verfassung; § 30 Staatsgrundgesetz f. Coburg u. Gotha; Art. 31 § 1 Staatsgrundgesetz f. Oldenburg; § 4 Verfassung f. Anhalt-Bernburg; § 10 Verfassung f. Schwarzburg-Sondershausen; § 8 Staatsgrundgesetz f. Reuß j.L.; Kaiserliches Patent v. 31. Dez. 1851 f. Österreich.

Verfassung: „Alle Preußen sind vor dem Gesetz gleich. Standesvorrechte finden nicht statt. Die öffentlichen Ämter sind für alle dazu Befähigten gleich zugänglich.“ Die preußische Verfassung bestimmte außerdem in Art. 40 explizit, dass die grundherrlichen Rechte entschädigungslos aufgehoben werden sollten. Als Kompensation blieb den Betroffenen lediglich ein Mandat in der neugeschaffenen ersten Parlamentskammer.[13]

Auch in den bereits konstitutionellen Staaten des Deutschen Bundes kam es zur Aufhebung der ständischen Vorrechte durch entsprechende Verfassungsänderungen.[14] Die Wirkung der Revolution bestand also darin, dass die privilegierten ständischen Rechtspositionen in ganz Deutschland vollständig beseitigt wurden.

Einige der Veränderungen der standesherrlichen Rechtspositionen fielen den Restaurationsbemühungen der 1850er Jahre zum Opfer. Bereits das Gesetz vom 10. Juni 1854 stellte für Preußen fest, dass die Verfassung der Wiederherstellung der Vorrechte der Standesherren nicht entgegenstehe.[15] Begründet wurde die Wiedereinführung dieser Rechtspositionen mit bundesrechtlichen Vorgaben, obgleich sie die Souveränität des preußischen Staates nicht beschränkte. Die Wiedereinsetzung der Betroffenen in ihre Rechtspositionen geschah durch Verordnung.[16]

In Preußen erfolgte ein erneuter Umschwung erst nach der Gründung des Norddeutschen Bundes. Die zunächst weiter bestehenden Rechte der Standesherren im Hinblick auf die niedere Polizeigewalt wurden durch Gesetz vom 15. März 1869 beseitigt.[17] Zeitlich erst nach der Gründung des Norddeutschen Bundes wurden in einzelnen Teilen Preußens die letzten lehnsrechtlichen Positionen gegen eine geringe Entschädigung aufgehoben.[18] Ungeachtet dessen enthielt die preußische Staatsordnung am Vorabend

---

[13] Art. 65 der Preußischen Verfassung.

[14] § 7 Gesetz über Verfassungsänderungen v. 5. Sept. 1848 (Kgr. Hannover); Art. 1 Gesetz, die Aufhebung der befreiten Gerichtsstände betreffend v. 15. Feb. 1851 (GHzm. Baden); § 2 Gesetz v. 4. Juli 1851 (Hzm. Braunschweig); Gesetz über die Aufhebung der standes- und gutsherrlichen Gerichtsbarkeit, dann die Aufhebung, Fixierung und Ablösung von Grundlasten. (VI. Beilage zum Abschied für die Stände-Versammlung.), GBl. f. d. Kgr. Bayern, Nr. 13. München, den 13. Juni 1848. Sp. 97-118; Gesetz, die Aufhebung des Jagdrechtes auf fremdem Grund und Boden in den Regierungsbezirken diesseites des Rheins betreffend. (VIII. Beilage zum Abschiede für die Stände-Versammlung.) GBl. f. d. Kgr. Bayern. Nro. 15. München, den 15. Juni 1848, Sp. 129-134. (Kgr. Bayern).

[15] Gesetz, betreffend die Deklaration der Verfassungs-Urkunde v. 31. Jan. 1850, in Bezug auf die Rechte der mittelbar gewordenen Deutschen Reichsfürsten und Grafen. Vom 10. Juni 1854. Die gleiche Entwicklung zeigt sich im Fsm. Reuß j.L. Dort wurde die Abschaffung der Standesvorrechte durch Gesetz, die Änderung einiger Theile des unter dem 14. April 1852 erlassenen Verfassungsgesetzes betreffend vom 10. Juni 1856 rückgängig gemacht.

[16] Verordnung, die Wiederherstellung des privilegirten Gerichtsstandes für die mittelbar gewordenen Deutschen Reichsfürsten und Grafen betreffend, vom 12. November 1855.

[17] Gesetz, betreffend die Ordnung der Rechtsverhältnisse der mittelbar gewordenen Deutschen Reichsfürsten und Grafen. Vom 15. März 1869. PreußGS 1869 S. 490.

[18] Gesetz, betreffend die Auflösung des Lehnsverbandes in Alt-, Vor- und Hinterpommern und die Abänderung der Lehnstaxe. Vom 4. März 1867. PreußGS 1867 S. 362-367.

des zweiten Kaiserreiches noch eine Reihe von ständischen Vorrechten, insbesondere Gerichtsstandsprivilegien.

2. Privilegienhoheit und einzelne Privilegien in den Verfassungen zwischen 1849 und 1870

Regelungen der Privilegienhoheit bzw. Bestimmungen über einzelne Privilegien orientierten sich in der dritten Verfassungsgebungswelle zunächst an älteren Vorbildern. Die Verfassungen des Kurfürstentums Hessen und des Fürstentums Reuß j.L. übernahmen die Württembergische Regelung im Hinblick auf die Erteilung von Handels- und Gewerbeprivilegien sowie von Patenten.[19] Übereinstimmend hieß es in diesen Verfassungen: „Ausschließliche Handels- und Gewerbeprivilegien sollen ohne Zustimmung der Landstände nicht mehr ertheilt werden. Patente für Erfindungen können von der Regierung auf bestimmte Zeit, jedoch nicht länger als auf zehn Jahre, ertheilt werden.“

Demgegenüber räumten die Verfassungen der Stadtstaaten der jeweiligen Bürgerschaft bei der Erteilung von Privilegien eine größere Rolle ein. Immer wenn Privilegien ausschließliche Wirkung haben sollten, war die ‚Mitgenehmigung‘ der Bürgerschaft erforderlich.[20] Dispensationen durfte der jeweilige Senat nur erteilen, sofern dies gesetzlich erlaubt war.[21]

Eine Besonderheit enthielt auf den ersten Blick die preußische Verfassung. In Art. 62 der Verfassung hieß es zur Kompetenzverteilung beim Erlaß von Gesetzen: „Die gesetzgebende Gewalt wird gemeinschaftlich durch den König und durch zwei Kammern ausgeübt. Die Übereinstimmung des Königs und beider Kammern ist zu jedem Gesetz erforderlich“.[22] Nach der überkommenen Auffassung, wonach die Privilegien ein Ausfluß der gesetzgebenden Gewalt und damit selbst in rechtlicher Hinsicht Gesetze waren, erschien es in Anbetracht dieser Regelung klar, dass in Zukunft zu jeder Privilegienerteilung in Preußen die Zustimmung beider Parlamentskammern erforderlich war. Gegenüber der Kompetenzordnung in den anderen deutschen Staaten bedeutete dies theoretisch den stärksten Einschnitt in die Privilegienhoheit des Regenten. Trotz des eindeutigen Wortlauts und der Tatsache, dass auch nach 1850 das Privileg in der Staatsrechtslehre als Ausfluß der gesetzgebenden Gewalt angesehen wurde, setzte sich in Preußen eine einschränkende Position im Hinblick auf die Erteilung von Privilegien durch. Nur bei denjenigen Privilegien wurde ein Mitbestimmungsrecht der beiden Parlamentskammern anerkannt, bei denen die Freiheit des Einzelnen einge-

---

19 § 25 der Verfassungs-Urkunde f. d. Kfsm. Hessen v. 13. April 1852; § 25 Revidirtes Staatsgrundgesetz f. d. Fsm. Reuß j.L. v. 14. April 1852; Vorbild ist § 21 der Verfassungsurkunde v. 25. Sept. 1819 f. d. Kgr. Württemberg.

20 § 53 der Verfassungs-Urkunde f. Lübeck; Art. 62 der Verfassung für Hamburg.

21 § 57 der Verfassung für Bremen.

22 Art. 62 der Preußischen Verfassung; unverändert gegenüber Art. 60 der Verfassung von 1848.

schränkt oder in Eigentumspositionen eingegriffen wurde.[23] Durch diese Interpretation näherte sich die preußische Verfassung dem Inhalt der anderen deutschen Verfassungen an.

Die Privilegienvorschriften des Allgemeinen Landrechts blieben von der Verfassung unberührt. Im Hinblick auf Auslegung, Erlöschen und Widerruf von Privilegien setzte sich damit die vorhandene Privilegienordnung fort.[24]

3. Zusammenfassung

Im Hinblick auf die Privilegien zeigt die Entwicklung des Verfassungsrechts in den deutschen Staaten ein ambivalentes Bild. Zwar wurde in allen Territorien nach 1848/49 Gleichheit vor dem Gesetz gewährt. Der zugrunde liegende formelle Gleichheitsbegriff schloss die Gewährung von Vorrechten durch Gesetz und damit die Erteilung von Privilegien jedoch nicht zwingend aus.[25] Die Beseitigung der standesherrlichen Rechte, die ein Erfolg der Revolution und mit Ausnahme Preußens und weniger kleinerer Territorien von dauerhafter Wirkung war, bedeutete dagegen einen einschneidenden Schritt auf dem Weg zu einer rechtlich egalitären Gesellschaft.

Die Kompetenz zur Erteilung von Privilegien verblieb in den deutschen Territorien in der Mehrzahl der Fälle bei der Regierung. Die ständische Mitbestimmung an der Gesetzgebung führte lediglich in den Fällen monopolartiger Privilegien zu einer Beteiligung an der Erteilung von Privilegien. Auf den damit verbundenen Bruch mit der überkommenen Privilegienlehre wurde bereits hingewiesen. Dessen ungeachtet zeigte sich in einigen Staaten, u.a. Braunschweig, die Tendenz zu einer rechtsstaatlichen Zähmung der verbliebenen Privilegien. Diese sollten nur noch aufgrund einer gesetzlichen Regelung ergehen. Diese Tendenz zeichnete sich bereits in der Gesetzgebung einiger anderer Staaten ab.[26]

II. Die Privilegienlehre zwischen 1848/49 und 1870

Die Veränderungen in der verfassungsrechtlichen Position einzelner Privilegien und die allgemeine Anerkennung der Gleichheit vor dem Gesetz führten zu einem Wandel in der theoretischen Auseinandersetzung mit diesem Rechtsinstitut. Zum einen ist eine Verschiebung des Gewichts der beteiligten Literaturgattungen zu beobachten. Die

---

[23] Ludwig von Rönne, Das Staats-Recht der Preußischen Monarchie. Zwei Bände. Leipzig 1856-1863, Bd. 1, S. 168.

[24] Vgl. dazu oben Kap. 2 II.

[25] Vgl. dazu und zum Unterschied zum Prinzip inhaltlicher Rechtsgleichheit u.a. Konrad Hesse, Grundzüge des Verfassungsrechts der Bundesrepublik Deutschland, 19. Aufl., Heidelberg 1993, S. 176 f.

[26] U. a. in den preußischen Gesetzen über den Eisenbahnbau und über die Erlaubnis zur Ausgabe von Inhaberpapieren, vgl. dazu im einzelnen Kap. 2 IV. 1.

Diskussion im naturrechtlich-rechtsphilosophischen Schrifttum ließ an Umfang nach, da mit der weitgehenden Abschaffung der ständischen Privilegien die politisch am meisten umstrittenen Vorrechte abgeschafft worden waren.[27] Auch die Behandlung des Privilegs in der Staatsrechtslehre war gegenüber der ersten Hälfte des 19. Jahrhunderts weiter rückläufig. An dessen Stelle trat zunehmend die Auseinandersetzung mit dem Privileg in den Schriften der entstehenden Verwaltungsrechtslehre.[28] Dabei überwogen im gesamten Zeitraum die kritischen Stimmen zum Privileg als Rechtsbegriff. Am eindrücklichsten formulierte es Joseph Pözl 1864 im Deutschen Staats-Wörterbuch von Bluntschli und Brater: „Das Wort 'Privilegium' gehört zu denjenigen, welche man in unseren Tagen fast unbedingt perhorrescirt, weil man die Sache, welche man damit bezeichnet, nicht mehr für zeitgemäß hält. Das Privilegium steht, so sagt man, im Widerspruche mit dem Grundsatze der Gleichheit und da dieser Grundsatz als wahr und richtig nicht blos in der Theorie, sondern auch in unseren positiven Verfassungen anerkannt ist, so reiht man daran die Forderung, daß die Privilegien aufgehoben worden".[29]

Innerhalb der Auseinandersetzung mit den Privilegien ergaben sich zum anderen Veränderungen in den spezifischen Themen. Der Aspekt der Gleichheit spielte allerdings weiterhin eine Rolle (1.). Dieser Gesichtspunkt behielt in einem nach „Gleichheit strebenden Zeitalter",[30] wie Johann Caspar Bluntschli es ausdrückte, seine Bedeutung. Außerdem wurden einige Elemente der Privilegienlehre, insbesondere Regeln zu Widerruf und Entschädigung, weiter diskutiert (2.). Stärker in das Blickfeld der Literatur gerieten rechtsstaatliche Aspekte, insbesondere die Frage der Aufteilung der Gewalten und ihre Auswirkung auf die Privilegienhoheit. Damit bahnte sich ein Wandel in der Behandlung des Privilegs an, der vor allem von Autoren verwaltungsrechtlicher Schriften ausging (3.).

[27] Dazu kam ein Wandel im Anspruch der naturrechtlichen Autoren weg von der überpositiven Geltung und stärker hin zu philosophischen Gesichtspunkten, vgl. dazu v. a. die Arbeit von Diethelm Klippel, Naturrecht als politische Theorie, in: Aufklärung als Politisierung - Politisierung der Aufklärung, Hamburg 1987, S. 267-293.

[28] Zur Entstehung des modernen Verwaltungsrechts und seiner Rechtsinstitute vgl. u.a. Michael Stolleis, Geschichte des öffentlichen Rechts in Deutschland, 3 Bde., München 1988-1999; ders., Verwaltungsgeschichte und Verwaltungslehre 1866-1914, in: Deutsche Verwaltungsgeschichte, Band 3, Das Deutsche Reich bis zum Ende der Monarchie, hrsg. v. Kurt G.A. Jeserich u.a., Stuttgart 1984, S. 85-108; Toshiyuki Ishikawa, Friedrich Franz von Mayer, Begründer der „juristischen Methode" in deutschen Verwaltungsrecht, Berlin 1992; zuletzt Engert, Die historische Entwicklung des Rechtsinstituts Verwaltungsakt (Einl. Anm. 59).

[29] Johann Pözl, Art. Privilegium, in: Deutsches Staats-Wörterbuch, Bd. 8, S. 372.

[30] Johann Caspar Bluntschli, Allgemeines Staatsrecht, München 1852, S. 318.

1. Der Begriff der Gleichheit in der Auseinandersetzung mit dem Privileg

Der grundsätzliche Grundsatz zwischen Privilegien und Gleichheit wurde in der Theorie nach 1848/49 weiterhin diskutiert.[31] An Stelle eines schon in der ersten Hälfte des Jahrhunderts nachlassenden Generalangriffs auf das Privileg im jüngeren Naturrecht trat jedoch unter dem Eindruck der verschwindenden politischen Privilegien eine differenzierende Auffassung. Der Begriff des Privilegis verengte sich. Besonders deutlich wird dies bei Johann Caspar Bluntschli: „Eine besondere Berücksichtigung erfordern noch diejenigen Ausnahmsgesetze, welche wir Privilegien zu nennen pflegen. Man hat diesem Ausdrucke zuweilen eine ganz ungebührliche Ausdehnung gegeben, und dadurch die Abneigung, welches unser nach Gleichheit des Rechte strebendes Zeitalter gegen die Privilegien nährt, auch auf Institutionen hingelenkt, welche durchaus nicht den Charakter von Privilegien an sich tragen".[32] Die eigentlichen Privilegien waren davon jedoch nicht betroffen. Sie wurden allgemein als Widerspruch zum Prinzip der Gleichheit vor dem Gesetz angesehen.

Daneben sind Bemühungen, einzelne Privilegien zu erhalten, nur noch bei einzelnen Autoren zu erkennen. Unter dem Aspekt der Gerechtigkeit konnten Privilegien gerechtfertigt werden, wenn sich die Notwendigkeit dazu ergab. Heinrich Zöpfl meinte dazu: „Die Erteilung von Privilegien ist in einem wohlgeordneten Staate insoferne gerechtfertigt, ja unentbehrlich, als sie selbst als ein Akt der Gerechtigkeit, nämlich als ein Akt der Ausgleichung der Billigkeit (jus aequum) mit dem strengen Rechte erscheint (jus strictum)".[33] Heinrich Escher wies auf praktische Schwierigkeiten bei der Umsetzung der Beseitigung von Privilegien hin.[34]

Soweit wie u.a. in Preußen noch bzw. wieder ständische Vorrechte bestanden, wurden diese weiterhin heftig kritisiert.[35] Deren Inhabern wurde übertriebener Eigennutz bei der Ausübung ihrer Rechte vorgeworfen. Besonders betroffen von der Kritik waren die Rechtspositionen des ehemaligen Reichsadels: „Der deutschen Nation vollends sind die ehemaligen Reichsunmittelbaren vollständig, und meistens sogar bis auf den Namen fremd geworden ..."[36] Der deutsche Adel erscheint damit in negativem Licht - eine Wahrnehmung, die nach Auffassung der Literatur auf eigenem Verschulden des

---

31 Bluntschli, Allgemeines Staatsrecht (Anm. 30), a.a.O.; August Ludwig von Rochau, Grundsätze der Realpolitik, angewendet auf die Staatlichen Zustände Deutschlands, Stuttgart 1853; S. 47; Heinrich von Treitschke, Die Gesellschaftswissenschaft, Leipzig 1859, S. 21 ff.; Pözl, Art. Privilegium (Anm. 29), S. 372; Heinrich Escher, Handbuch der praktischen Politik, Bd. 2, Leipzig 1864; S. 70.

32 Bluntschli, Allgemeines Staatsrecht (Anm. 30), S. 318.

33 Heinrich Zoepfl, Grundsätze des gemeinen deutschen Staatsrechts, 5. Aufl., 2. Teil, Leipzig u. Heidelberg 1863, S. 671; Schlayer, Darstellung der Lehre von den Privilegien nach den Quellen des gemeinen Rechts, in: Zeitschrift für Civilrecht und Prozeß 12 (1855), S.60.

34 Escher, Handbuch der praktischen Politik (Anm. 31), S. 70.

35 Treitschke, Die Gesellschaftswissenschaft (Anm. 31), S. 21ff.

36 Rochau, Grundsätze der Realpolitik (Anm. 31), S. 47.

Adels beruhte, denn „die deutsche Aristokratie hat sich selbst hingerichtet; sie ist untergegangen an der Unfähigkeit ihre Rolle den wechselnden Forderungen der Geschichte anzupassen“.[37]

2. Die Diskussion um einzelne Elemente der Privilegienlehre

Die Privilegien wurden weiterhin als Bestandteil bzw. Ausfluß der gesetzgebenden Gewalt angesehen.[38] Zum Begriff des Privilegs gehörten weiterhin die Dispensation und vor allem die Konzessionen, denen nach Schlayer eine besondere Funktion zukam: „Eine besondere Art der affirmativen Privilegien sind die bereits erwähnten Concessionen. Mit diesem Wort könnte man alle Privilegien bezeichnen; allein der neuere Sprachgebrauch hat sich dahin entschieden, darunter solche Privilegien zu verstehen, welche sich auf den fortdauernden Betrieb eines Erwerbsgeschäfts beziehen (So Gewerbe-, Fabrikconcessionen)“.[39] Damit zeigt sich, dass auch zu Beginn der zweiten Hälfte des 19. Jahrhunderts unter dem Begriff der Konzession ein Privileg verstanden wurde, und zwar eines mit einem spezifisch gewerblichen Bezug. Eisenbahnkonzessionen gehörten ebenfalls in diese Kategorie.

Neben der Privilegienhoheit und dem Begriff des Privilegs galten auch für die Auslegung der Privilegien weiterhin einige Regeln, die bereits in der ersten Hälfte des Jahrhunderts existierten: „Ein Privilegium soll so erklärt werden, dass die darin enthaltene Rechtswohlthat nicht unnöthig eingeschränkt wird: es soll im vollsten Wortsinn genommen werden, so daß kein Fall, der noch unter die Worte desselben fällt, davon ausgenommen werden darf. Aber auch nicht weiter soll ein Privilegium ausgedehnt werden, als der vollste Wortsinn geht“.[40] Dies galt ebenso für die Auslegung der Privilegien im Hinblick auf die Rechte Dritter: „Wie im Zweifel anzunehmen ist, dass Rechte Dritter durch ein Privilegium nicht sollen gekränkt werden, so ist auch ein Privilegium im Allgemeinen auf eine Art auszulegen, daß das öffentliche Interesse nicht darunter leidet“.[41] Es zeigt sich dabei, dass die Erteilung von Privilegien, noch nach der Revolution von 1848, auch im öffentlichen Interesse erfolgte. Niemals waren Privilegien, jedenfalls in der Theorie, ausschließlich durch private Interessen motiviert.

[37] Rochau, Grundsätze der Realpolitik (Anm. 31), a.a.O.

[38] So z.B. Friedrich Karl von Savigny, System des heutigen römischen Rechts, Bd. 1, Berlin 1840, S. 65; Leopold August Warnkönig, Juristische Encyclopädie oder organische Darstellung der Rechtswissenschaft mit vorherrschender Rücksicht auf Deutschland, Erlangen 1853, S. 56; Rönne, Staats-Recht (Anm. 23), S. 168; Hermann von Busche (Hrsg.), Staatslexicon in einem Band, Stuttgart 1852, S. 2164; Zoepfl, Grundsätze (Anm. 33), S. 671; Heimbach, Art. Privilegium, in: Rechtslexikon für Juristen aller teutschen Staaten, Bd. 8, Leipzig 1854, S. 493; Heinrich Albert Zachariä, Deutsches Staats- und Bundesrecht, 3. Aufl., Bd. 2, Göttingen 1867, S. 187 ff.

[39] Schlayer, Darstellung der Lehre von den Privilegien (Anm. 31), S. 60; vgl. auch Heimbach, Art. Privilegium (Anm. 38), S. 494f.; George Friedrich Puchta, Vorlesungen über das heutige römische Recht, Bd. 1, Leipzig 1854, S. 72.

[40] Schlayer, Darstellung der Lehre von den Privilegien (Anm. 33), S. 78.

[41] Schlayer, Darstellung der Lehre von den Privilegien (Anm. 33), S. 80 f.

Der Katalog einzelner Privilegien nach 1848/49 in der Literatur enthielt das Begnadigungsrecht, das Recht, Belohnungen und Auszeichnungen zu erteilen, das Dispensationsrecht, den Steuernachlass und das Korporationsrecht.[42] Außerdem gehörte das Recht dazu, im gewerblichen Bereich einen über die allgemeinen Gesetze hinausreichenden Schutz zu gewähren. Vergleicht man diesen Katalog mit den Privilegien, die noch Johann Ludwig Klüber am Anfang des Jahrhunderts aufzählte,[43] springt der geringere Umfang ins Auge. Die Erteilung von Privilegien hatte an Bedeutung verloren.

Sofern in den fünfziger und sechziger Jahren darüber hinaus überhaupt eine Auseinandersetzung mit den Inhalten der Privilegienlehre stattfand, erfolgte diese in deutlich reduzierter Form und war im wesentlichen auf die Nennung der Erlöschensgründe reduziert.[44] Die Gründe waren diejenigen, die auch die Privilegienlehre des Ancien régime bereits kannte.[45] Dazu gehörten Tod des Privilegierten, Ablauf der Zeit, Wegfall des Zwecks oder Eintritt der Bedingung, Rückgabe des Privilegs usw. Nicht genannt wurde für Preußen der Wegfall des Privilegs durch Nichtgebrauch, da das Allgemeine Landrecht diesen Fall nicht vorsah. Die Beschränkung der Darstellung des Privilegienrechts auf die Aufhebung der Privilegien und ihre Folgen ist ein deutliches Indiz für einen Rückzug des Privilegs aus der staatlichen Praxis.

Zunehmend umstritten war die Frage nach Entschädigung von Privilegien im Falle der Aufhebung. Einerseits sprachen sich einige Autoren vor dem Hintergrund von § 70 der Einleitung zum Allgemeinen Landrechts für Preußen für eine allgemeine Entschädigungspflicht aus. Das Privileg galt dabei als ein wohlerworbenes Recht sowohl gegenüber dem Staat als auch gegenüber den übrigen Staatsgenossen.[46] Die Privilegien hatten damit eine eigentumsähnliche Rechtsposition, die nur unter sehr eingeschränkten Voraussetzungen und mit hohem Begründungsaufwand wieder beseitigt werden konnten. Andererseits galt das Privileg als bloße 'Rechtswohlthat'.[47] Dies mußte Konsequenzen für die Möglichkeit der Aufhebung von Privilegien haben. Schlayer kam zu folgendem Ergebnis: „Sonstige Aufhebungsgründe sind: Ein Act des Gesetzgebers oder der im einzelnen Fall zuständigen Staatsverwaltung. Durch ein eigentliches Gesetz kann natürlich jedes Privilegium aufgehoben werden, auch ohne Entschädigung, wiewohl die Gerechtigkeit solche verlangt, wo das Privilegium nicht überhaupt bloß

[42] Zoepfl, Grundsätze (Anm. 33), S. 673 f.; vgl. dazu auch Schlayer, Darstellung der Lehre von den Privilegien (Anm. 33), S. 61 f.; Beseler, System des gemeinen deutschen Privatrechts, 2. Aufl., Berlin 1866, S. 163.

[43] Johann Ludwig Klüber, Staatsrecht des Rheinbundes, Tübingen 1808, S. 92 f.; 690 ff., 712.

[44] Rönne, Staats-Recht (Anm. 23), S. 169f.; Schlayer, Darstellung der Lehre von den Privilegien (Anm. 33), S. 58-95.

[45] Vgl. dazu oben Kap. 1 I. 6.

[46] Rönne, Staats-Recht (Anm. 23), S. 169.

[47] Puchta, Vorlesungen über das heutige römische Recht (Anm. 37), S. 72; Georg Beseler, System des gemeinen deutschen Privatrechts (Anm. 42), S. 161; Schlayer, Darstellung der Lehre von den Privilegien (Anm. 39), S. 78.

widerruflich ertheilt oder die Entziehung desselben, als Strafe des Mißbrauchs zum voraus angedroht war. In diesen Ausnahmsfällen kann auch die Verwaltung das Privilegium jederzeit widerrufen ..."[48] Die Entschädigung erschien danach nicht als rechtliche Verpflichtung des Staates, sondern als ein Gebot der Gerechtigkeit zur Wahrung des Rechtsfriedens. Diese Auffassung war in zweierlei Hinsicht neu. Zum einen wurde postuliert, dass der Staat die Privilegien im Prinzip jederzeit und ohne Entschädigung beseitigen könne; dies widersprach der Regelung im Allgemeinen Landrecht. Dieser Gedanke eröffnete dem Staat Handlungsfreiheit bei seinen Modernisierungsbemühungen. Zum anderen hatte nicht mehr notwendigerweise der Inhaber der Gesetzgebungshoheit auch die Privilegienhoheit inne. Nun war die Staatsverwaltung in der Lage, die Privilegien unter bestimmten Voraussetzungen abzuschaffen. Mit der Staatsverwaltung trat ein neuer Akteur in die Privilegienlehre ein, der in der klassischen Privilegienlehre nicht auftauchte. Dies war durch eine veränderte staatliche Struktur bedingt. Das Entstehen einer modernen Verwaltung in der zweiten Hälfte des 19. Jahrhunderts ermöglichte es, eine Neuorganisation von staatlichen Kompetenzen vorzunehmen. Die sich daraus ergebenden Konsequenzen für die Einordnung der Privilegien in die staatliche Struktur der Zeit werden in den nächsten Abschnitten untersucht.

3. Die Forderung nach Rechtsstaatlichkeit und das Privileg

Auch unter rechtsstaatlichen Gesichtspunkten deutete sich eine entscheidende Veränderung an: Hatten schon im Vormärz einige Autoren das Privilegs in die Nähe der administrativen Tätigkeit gerückt und die Allgemeinheit immer häufiger als Kriterium eines Gesetzes angesehen,[49] so gerieten jetzt die Konsequenzen für die Erteilung eines Privilegs deutlicher in den Blick.

Allgemein ging die Literatur von einem Vorrang des Gesetzes gegenüber der Erteilung von Privilegien aus.[50] Bernhard Windscheid formulierte dies folgendermaßen: „Die Entstehung des Privilegiums setzt einen Rechtssatz voraus. Die regelmäßige Quelle desselben ist Gesetz".[51] Die Erteilung von Privilegien selbst stand im Widerspruch zum allgemeinen Charakter der Gesetze;[52] sie war „geradezu ein Bruch der Constitution".[53] Ludwig von Rönne schloß daraus 1856 im ersten Band des Staats-

[48] Schlayer, Darstellung der Lehre von den Privilegien (Anm. 39), S. 91.

[49] Vgl. dazu oben Kap. 3 I 1 c) (2).

[50] Joseph Pözl, Lehrbuch des Bayerischen Verfassungsrechts, 4. Aufl., München 1870, S. 414; Otto Bähr, Der Rechtsstaat, Kassel 1864, S. 12; Bernhard Windscheid, Lehrbuch des Pandektenrechts, Bd. 1, Düsseldorf 1862, S. 341.

[51] Windscheid, Pandektenrecht (Anm. 50), S. 341.

[52] Robert von Mohl, Encyklopädie der Staatswissenschaften, Tübingen 1859, S. 139; ders., Staatsrecht, Völkerrecht und Politik, Bd. 2, Tübingen 1862, S. 428; Warnkönig, Juristische Encyclopädie (Anm. 38), S. 28; Carl Friedrich von Gerber, Grundzüge eines Systems des Deutschen Staatsrechts, Leipzig 1865, S. 137; Rönne, Staats-Recht (Anm. 21), S. 141; Pözl, Lehrbuch (Anm. 48), S. 409.

[53] Mohl, Staatrecht (Anm. 52), S. 428.

rechtes für die preußische Monarchie das Folgende: „Die gesetzgebende Gewalt (...) ist die rechtliche Befugnis der Staatsgewalt, die Verhältnisse des Staates, sowie der Staatsbürger innerhalb der Grenzen des Staatszweckes, theils durch allgemeine, theils erforderlichen Falles durch spezielle Vorschriften zu normiren. Allgemeine Normen heißen Gesetze im allgemeinen Sinne, dagegen sind spezielle Bestimmungen über konkrete Verhältnisse, über eine einzelne Person und ihre besondere Rechtssphäre, auch wenn sie von dem Könige unmittelbar erfolgen (sog. leges speciales, constitutiones personales, z.B. Privilegien, Dispensationen) keine Gesetze im eigentlichen Sinne. Nur die Lex generalis stellt Rechtssätze auf und nur ihr gebührt der Charakter der Allgemeinheit".[54] Ähnlich formulierte es 1852 auch Leopold August Warnkönig: „Die von der souveränen Gewalt ausgehende Verfügung muss aber eine allgemeine sein, also den Charakter einer Rechtsregel haben. Specialverfügungen des Souverains ... sind keine Gesetze, weil sie nicht in allen dem von ihnen regulierten Fall gleichkommenden oder zur gleichen Katregorie gehörenden Fällen Anwendung finden. Allerdings werden durch solche Verfügungen auch wohl Rechte, Privilegien, wie Patente, Monopolien u. dergleichen vertheilt, allein der Erwerbstitel eines solchen Rechts beruht nicht auf einer Rechtsnorm".[55] Wenn Privilegien aber nicht mehr als Gesetze angesehen wurden, stellte sich die Frage nach deren Einordnung. In den 50er und 60er Jahren des 19. Jahrhunderts wurden mehrere Möglichkeiten diskutiert, wie mit Privilegien in rechtlicher Hinsicht weiter zu verfahren sei. Die Privilegienhoheit bewegte sich im Spannungsfeld zwischen gesetzgebender Gewalt und Verwaltungstätigkeit. Nicht immer wurden dabei Privilegien, Dispensationen und Konzessionen in gleicher Weise beurteilt.

a) Bernhard Windscheid sah das Privileg zwar noch als Bestandteil der gesetzgebenden Gewalt, hielt es aber für möglich, die Erteilung von Privilegien an ein anderes Organ, also an eine Verwaltungsbehörde zu übertragen: „Das Gesetz, wodurch ein Privilegium begründet werden soll, bedarf derselben Erfordernisse, wie jedes andere Gesetz; es kommt jedoch häufig vor, daß das bestehende Recht selbst einem an und für sich zur Gesetzgebung nicht befugten Organ die Befugniß zur Verleihung von Privilegien ertheilt".[56] Die ursprünglich als Hoheitsrecht des Souverains konzipierte Privilegienhoheit erfuhr durch die Übertragbarkeit auf ein untergeordnetes staatliches Organ eine Akzentverschiebung. Die eigentliche Privilegienhoheit wurde nach Windscheid dadurch nicht verlagert, da die Verleihung einen Gesetzgebungsakt voraussetzte; lediglich die Ausübung des Hoheitsrechtes wurde übertragen.

---

[54] Rönne, Staats-Recht (Anm. 23), S. 141; vgl. dazu auch Robert von Mohl, Encyklopädie der Staatswissenschaften, Tübingen 1859, S. 139.

[55] Warnkönig, Juristische Encyclopädie (Anm. 38), S. 28.

[56] Windscheid, Pandektenrecht (Anm. 50), S. 341; vgl. dazu auch Schlayer, Darstellung der Lehre von den Privilegien (Anm. 39), S. 61 f.

Joseph Pözl ordnete das Recht, Privilegien und Dispensationen zu erteilen, der Kompetenz zu, Verordnungen zu erlassen. Die Erteilung eines Privilegs oder eines Dispensation sollte in der Form eines königlichen Dekretes erfolgen und war dabei sowohl an die Grenzen der Verfassung und an die Vorgaben der allgemeinen Gesetze gebunden.[57] Die Privilegienhoheit wurde zum Gebiet derjenigen Kompetenzen des Königs gerechnet, welche unabhängig von einer Mitbestimmung der Stände-Versammlung waren; die Erteilung von Privilegien sollte somit durch die oberste Staatsgewalt erfolgen.[58] Bei Joseph Pözl erschien die Privilegienhoheit damit als ein Teil der ausführenden Gewalt innerhalb der Gesamtheit der staatlichen Gewalt. Auch hier zeigt sich der Bruch mit der überkommenen Privilegienlehre, die das Privileg stets der gesetzgebenden Gewalt zugeordnet hatte.

Heinrich Zoepfl meinte 1863 in seinen „Grundsätzen des gemeinen deutschen Staatsrechtes": „Die Privilegienhoheit wird entweder in der Form der eigentlichen Gesetzgebung oder der Verordnung (durch Reskripte) ausgeübt".[59] Damit bewegte sich die Erteilung von Privilegien in einem Spannungsfeld zwischen gesetzgebender und ausführender Gewalt. Der entscheidende Unterschied bestand darin, dass im Falle der Privilegienerteilung durch eine Verordnung keine Mitwirkung der Stände stattfand. In diesem Fall sollte der Souverän aber nach Zoepfl von seiner Privilegienhoheit nur insoweit Gebrauch machen dürfen, als er ausschließlich günstige Privilegien geben konnte, die keine wohlerworbenen Rechte Dritter verletzten.[60] Er unterstellte damit die Beschränkung von Eigentumspositionen einem Akt der Gesetzgebung.

Der Grund für die zunehmende Unsicherheit in der Einordnung der Erteilung von Privilegien und Dispensationen lag in der Ausdifferenzierung der Gewaltenteilung in der Staatsordnung der deutschen Staaten.[61] Solange alle Hoheitsrechte in der Hand des Regenten waren, blieb die Zuordnung der Privilegienhoheit zur gesetzgebenden Gewalt eine eher theoretische Fragestellung. Mit der Konstitutionalisierung der meisten Staaten im 19. Jahrhundert wurde die Aufteilung der staatlichen Kompetenzen zwischen dem Regenten und den landständischen Kammern in der Praxis zu einer wichtigen machtpolitischen Frage. War die Privilegienhoheit Teil der gesetzgebenden Gewalt, so hatte dies nunmehr zur Folge, dass die Ständevertretungen bei der Privilegienerteilung verfassungsrechtlich verankerte Mitwirkungsrechte besaßen. Die Zuordnung der Privilegienhoheit zur ausübenden Gewalt dagegen schloss eine derartige Mitwir-

[57] Pözl, Lehrbuch (Anm. 50), S. 414.

[58] Die Mitbestimmung der Ständeversammlungen war in Bayern beim Erlaß von allgemeinen Gesetzen, welche die Freiheit der Person und das Eigentum betreffen, sowie bei der Steuererhebung erforderlich, vgl. §§ 2, 3 Titel VIII der Verfassungsurkunde f. d. Kgr. Bayern vom 6. Juni 1818.

[59] Zoepfl, Grundsätze (Anm. 33), S. 671.

[60] Zoepfl, Grundsätze (Anm. 33), S. 672.

[61] Louis Pahlow, Justiz und Verwaltung, Zur Theorie der Gewaltenteilung im 18. und 19. Jahrhundert, Goldbach 2000, S. 297 ff.

kung aus. Gerade für konservative Autoren bildete die Verlagerung der Privilegienhoheit zur ausführenden Gewalt eine Möglichkeit, die weiterhin für bedeutsam gehaltene Kompetenz zur Erteilung von Privilegien[62] ungeschmälert den Regenten zuordnen zu können.

b) Neben dem Problem der Einordnung der Privilegienhoheit stellte sich die Frage nach der Zukunft von Dispensationen und Konzessionen. Die Privilegienlehre des Ancien régime und der ersten Hälfte des 19. Jahrhunderts hatte diese Rechtsbegriffe dem Privileg zugeordnet.[63] Nunmehr begann bei zahlreichen Autoren eine Absonderung dieser Rechtsbegriffe vom Privileg.[64] Diese Entwicklung war auch in einigen Verfassungen nach 1848/49 zu beobachten.[65]

Ludwig von Rönne sah die Dispensationsgewalt anders als die Privilegienhoheit nicht mehr als Ausfluß der gesetzgebenden Gewalt.[66] Im Abschnitt seines preußischen Staatsrechtes über die ausführende Gewalt hieß es zur Erteilung von Dispensationen: „In dem hier erörterten weiteren Sinne umfaßt also die vollziehende oder ausführende Gewalt keineswegs bloß die mechanische Funktion der Vollziehung oder Vollstreckung, sondern es sind in ihr begriffen, ... die Befugniß, in gewissen Fällen die Anwendung der Vorschriften der Gesetze und die Beobachtung der Regierungs-Anordnungen zu erlassen (Dispensations-Recht)“.[67] Die Trennung zwischen Privileg und Dispensation vollzog auch Joseph Pözl, der darüber hinaus auch die Konzession nicht mehr zu den Privilegien rechnen wollte: „Die ... Dispensationen werden unseres Erachtens ebenfalls mit Unrecht zu den Privilegien gerechnet. ... Endlich ist es eine Verkennung des Wesens des Privilegiums, wenn man auch die staatlichen Koncessionen ... als Privilegien qualificirt hat. Denn wenn sie auch nur einer bestimmten Person ertheilt werden, so handelt es sich doch bei ihnen nicht um die Statuirung einer Ausnahme, sondern um die Anwendung des gemeingiltigen Rechtes auf die einzelnen Fälle des Lebens“.[68]

Damit bahnte sich ein anderes Privilegienverständnis den Weg. Dispensationen und Konzessionen, die ursprünglich ein eindeutiger Bestandteil des Privilegienbegriffes waren, wurden aus diesem herausgenommen und der administrativen Gewalt zur Aus-

---

[62] Vgl. Heinrich Zoepfl, Grundsätze des gemeinen deutschen Staatsrechts, 5. Aufl., Teil II, Leipzig u. Heidelberg 1863, S. 765 ff. Dieser zählt die Privilegienhoheit zu den wesentlichen Hoheitsrechten des Staates.

[63] Vgl. dazu oben Kap. 1 I. 1. u. Kap. 3 III. 1.

[64] Friedrich Franz von Mayer, Grundsätze des Verwaltungs-Rechts mit besonderer Rücksicht auf gemeinsames deutsches Recht, Tübingen 1862, S. 130; Pözl, Art. Privilegium (Anm. 27), S. 373; Rönne, Staats-Recht (Anm. 23), S. 170.

[65] § 76 der Verfassungs-Urkunde f. d. Kfsm. Hessen v. 13. Apr. 1852; § 128 Staatsgrundgesetz f. d. Hzm. Coburg u. Gotha v. 3. Mai 1852; vgl. i. ü. dazu Kap. 4 I.

[66] Zur Einordnung der Erteilung von Privilegien vgl. Rönne, Staats-Recht (Anm. 23), S. 168.

[67] Rönne, Staats-Recht (Anm. 23), S. 170.

[68] Pözl, Art. Privilegium (Anm. 29), S. 373.

übung zugeordnet. Damit einher ging eine rechtsstaatliche Bindung der jeweiligen Maßnahmen an ein zugrundeliegendes Gesetz. Die Ausübung der Rechte verblieb in diesem Fall bei dem Regenten: „Während der König, als Inhaber der gesammten, in der Monarchie ihrer Natur nach unteilbaren Staatsgewalt, bei Ausübung der gesetzgebenden Gewalt durch das Theilnahmerecht der beiden Kammern eingeschränkt ist, findet eine solche Beschränkung in Hinsicht der Ausübung dervollziehenden Gewalt nicht statt, sondern es ist ein Fundamental-Grundsatz des Staats-Rechtes der konstitutionellen Monarchie, daß die Ausübung der vollziehenden Gewalt ganz allein und ausschließlich der Krone gebührt“.[69] Der Bereich des Dispensationsrechtes wurde damit aus der Mitbestimmung der Kammern herausgenommen. Formal wurde der Unterschied darin gesehen, dass durch Privilegien eine neue Rechtsposition geschaffen werde, während die Dispensation lediglich eine bestehende modifiziere. Dies steht jedoch im Widerspruch zur Definition von Privileg und Dispensation, die sich nur in ihrer Dauer unterscheiden. Jedenfalls war damit die Frage aufgeworfen, ob das Privileg im engeren Sinne auch diesen Weg gehen konnte.

c) Friedrich Franz von Mayer und Carl Friedrich von Gerber zogen entscheidende Konsequenzen aus dieser Diskussion. Die beiden Autoren verfolgten dabei unterschiedliche Ansätze.

Friedrich Franz von Mayer war einer der ersten Vertreter der entstehenden Verwaltungsrechtswissenschaft.[70] Im Jahre 1862 begann er, Grundsätze und Inhalt des Verwaltungsrechtes zu ordnen.[71] Bereits das Programm, das Mayer für die Verwaltung entwarf, zeigt, dass die Erteilung der Privilegien davon berührt wurde: „Das Amt der Verwaltung, die Natur ihrer Thätigkeit in dem, was in dieses rechtliche Gebiet fällt und einer speziellen Regelung bedarf, ist dies, mit rechtlicher Wirkung für die Einzelnen und Körperschaften, wie für den Staat sich zu bestimmen, Recht zu sprechen“.[72] In den einzelnen Teilen des Verwaltungsrechts, so wie Mayer es entwickelte, lassen sich deutlich Spuren der Privilegienlehre erkennen. Besonders in der Funktionalität des Verwaltungsrechts zeigen sich Parallelen zu den Privilegien.

Bei Mayer spielte die gesetzgebende Gewalt in der Lehre der staatlichen Einzelfallmaßnahme keine Rolle mehr; die Rede ist lediglich von einer Staats-Verwaltungsbehörde.[73] Dass dies eine andere Behörde ist als der Gesetzgeber, und ein anderes Verwaltungsrecht als noch bei Klüber und Mohl gemeint ist, die beide unter

---

[69] Rönne, Staats-Recht (Anm. 23), S. 170 f.; vgl auch Art. Verfassungs-Urkunde f. d. Kgr. Preußen; noch deutlicher zeigt sich in der folgenden Auflage, Ludwig von Rönne, Das Staats-Recht der Preußischen Monarchie, 2. Aufl., Bd. 1, Leipzig 1864, S. 191 Fn. 3: „Darin liegt der Unterschied des Privilegs von der Dispensation und Begnadigung, sowie von einer Konzession, welche kein eigenes Recht begründet, sondern lediglich ein Akt des Oberaufsichts-Rechts ist.“

[70] Zur Entstehung des modernen Verwaltungsrecht vgl. Anm. 28.

[71] Mayer, Grundsätze des Verwaltungs-Rechte (Anm. 64).

[72] Mayer, Grundsätze des Verwaltungs-Rechte (Anm. 64), S. 39.

[73] Mayer, Grundsätze des Verwaltungs-Rechte (Anm. 64), S. 130.

'Verwaltungsrecht' eben auch die Gesetzgebung verstanden,[74] zeigt sich bei der Auseinandersetzung mit den Arten des Handelns der Staatsverwaltungsbehörde: „Die Bethätigung des Einzelnen in bestimmten Richtungen ist endlich überhaupt nicht mehr aus dem individuellen Rechte, sondern nur aus der Uebertragung durch die Staatsverwaltungs-Behörde, vermöge der gesetzlichen Ermächtigung, besondre Rechte zu ertheilen oder von gesetzlichen Vorschriften ausnahmsweise frei zu machen, auf welche aber keinerlei Anspruch eingeräumt ist, abzuleiten“.[75]

Die Erteilung der genannten Rechtspositionen erfolgte durch die Verwaltung immer nur aufgrund einer gesetzlichen Ermächtigung. Dies unterschied dieses Handeln von der Erteilung eines Privilegs im klassischen Sinn, dies als Akt der Gesetzgebung erfolgt war. Eine deutliche Parallelität zur Privilegienlehre zeigt sich darin, dass auf das staatliche Handeln kein Anspruch bestand. Die Verwaltung war nicht zu einer Tätigkeit verpflichtet, die heute das Wesen eines gebunden Verwaltungsaktes ausmachen würde. Deutlich wird aber auch, dass die Verwaltung sowohl für die Erteilung besonderer Rechte als auch für die Befreiung von gesetzlichen Vorschriften zuständig sein sollte. Folglich zählte Mayer auch konsequent die Dispensation[76] und die Erteilung eines Privilegs[77] zur Tätigkeit der Staatsverwaltungsbehörde.

Die weiteren Ausführungen von Mayer lassen Grundzüge staatlicher Handlungsformen erkennen, die den Begriff des Privilegs überflüssig machen konnten. Die Verwendung der Begriffe „Privileg“ und „Dispensation“ stellte ohnehin einen deutlichen Bruch mit ihrem Ursprung dar, so dass es nahe läge, für die neue Art des staatlichen rechtlichen Handelns auch eine neue Art der Bezeichnung einzuführen. Mayer verwandte im Zusammenhang mit der Entwicklung von Grundzügen einer Verwaltungsrechtswissenschaft bereits den Begriff eines 'Verwaltungsactes'. Er bestimmte die Rechtsnatur dieses Verwaltungsactes wie folgt: „Die rechtliche Natur des hiebei eintretenden Verwaltungsactes ist übrigens ... förmliche, nothwendig vorausgehende Zulässigkeitserklärung ... förmliche Verleihung, Conzession, soweit ein allgemeiner Rechtsanspruch nicht zugestanden, sondern die Einräumung besonderer Genußrechte gewisser Art nur ausnahmsweise oder nach reinem Gutfinden der Verwaltung stattfin-

---

74 Johann Ludwig Klüber, Oeffentliches Recht des teutschen Bundes und der Bundesstaaten, Frankfurt a. M. 1817, S. 8: „Das Staatsrecht im engern oder eigentlichen Sinn, beschäftigt sich theils mit der Grundverfassung des Staats, theils mit der Staatsverwaltung. Daher dessen Eintheilung, in Verfassungsrecht und Verwaltungsrecht“; diese Einteilung des Staatsrechtes wurde von anderen Autoren zum Vorbild genommen, so z. B. Robert von Mohl, Das Staatsrecht des Königreichs Württemberg, Zwei Theile, Tübingen 1829 u. 1831.

75 Mayer, Grundsätze des Verwaltungs-Rechte (Anm. 64), S. 130.

76 Z. B. als förmlich Erlaubnis zum Bauens und als Konzession für die Ausübung gerwerblicher Tätigkeit, vgl. Mayer, Grundsätze des Verwaltungs-Rechte (Anm. 64), S. 130 f.

77 Dazu gehören u.a. die Erteilung von Gewerberechten an Gesellschaften und die Erteilung von Erfindungspatenten, vgl. Mayer, Grundsätze des Verwaltungs-Rechte (Anm. 64), S. 132 ff.

den soll".[78] Hervorzuheben ist das Fehlen eines Anspruches auf staatliches Handeln. Die Einräumung eines besonderen Rechtes durch einen sog. 'Verwaltungsact' weist aber darauf hin, dass sich auch hier ein Umbruch andeutete. Die Einräumung eines besonderen Rechtes erfolgte bis dahin in den Kategorien des Privilegs. Durch die Einführung dieses 'Verwaltungsactes' als Begriff und auch als mögliche Rechtsform geriet damit eine vollständige Beseitigung des Privilegs als Rechtsinstitut in den Blick, die auch für als notwendig erachtete staatliche Maßnahmen - z.B. eben die Baudispensation - eine Beseitigung des Privilegs ermöglicht, ohne dass die Handlungsmöglichkeiten des Staates eingeschränkt werden. Die Entwicklung stand aber hier erst am Anfang.

Dagegen gehörte Carl-Friedrich von Gerber zu einer Generation von Wissenschaftlern, die zunächst auf dem Gebiet des Privatrechts tätig waren, bevor sie sich dem Staatsrecht zuwendeten.[79] Die brachten neue Vorstellungen und Methoden in die Staatsrechtswissenschaft ein, die sich auch auf die Privilegienlehre auswirkten. Die Schlussfolgerungen von Gerber waren denen von Mayer ähnlich, wie sich in Gerbers staatsrechtlichen Erstlingswerk, den 'Grundzügen eines Systems des deutschen Staatsrechtes' von 1865 zeigt. Privilegien wurden zwar als Bestandteil der Staatsordnung und Instrument staatlichen Handelns anerkannt,[80] erhielten aber eine veränderte Rolle. Die durch die Erteilung eines Privilegs eingeräumte Rechtsposition wurde in die Kategorie eines subjektiven öffentlichen Rechtes aufgenommen.[81] Die Rechtspositionen, die durch Privilegien erteilt wurden, wurden damit einer eigenen rechtswissenschaftlichen Kategorie unabhängig vom privatrechtlichen Eigentum erfaßt. Damit änderte sich auch die Zuordnung der Erteilung von Privilegien: Der Begriff der Gesetzgebung, den Gerber von anderen Autoren übernahm,[82] schloß nunmehr die Erteilung von Privilegien aus: „Der Gesetzgeber offenbart seinen Willen in der Form abstrakter Normen".[83]

Anders als die Autoren vor ihm zog Gerber aus diesen Überlegungen einschneidende Konsequenzen. Lapidar hieß es: „Auch die Ertheilung von Privilegien gehört zu den Verwaltungshandlungen".[84] Deutlicher wurden die Ausführungen in der dazu gehörenden Fußnote: „Privilegien in dem Sinne der unmittelbaren Begründung subjektiver Rechte für individuelle Personen durch Specialverfügung der Staatsgewalt sind nicht Gesetze, d. h. staatlich aufgestellte Rechtsnormen".[85] Diese Auffassung bedeutete den vollständigen Bruch mit der überkommenen Privilegienlehre, in der allgemei-

---

[78] Mayer, Grundsätze des Verwaltungs-Rechte (Anm. 64), 232 f.

[79] Dazu gehören später auch Paul Laband und Julius Hatschek.

[80] Gerber, Grundzüge (Anm. 52), S. 67: „Der Staat verleiht Privilegien, selbstverständlich insoweit die Verfassung diess zulässt und Rechte Dritter nicht verletzt werden. Dahin gehört auch die Verleihung von Ehren und Standesauszeichnungen."

[81] Gerber, Grundzüge (Anm. 52), S. 16.

[82] Vgl. dazu Kap. 3 III. 2. u. Kap. 4 II. 3.

[83] Gerber, Grundzüge (Anm. 52), S. 137.

[84] Gerber, Grundzüge (Anm. 52), S. 164.

[85] Gerber, Grundzüge (Anm. 52), S. 164 Fn. 5.

ne Gesetzgebung und Erteilung von Privilegien im Prinzip gleichwertig waren. Der Grund dafür liegt in der Konstitutionalisierung der Staaten und die Entwicklung einer Gewaltenteilung.[86] Die klassische Privilegienlehre fand in dieser Staatsordnung keinen Platz mehr. Der Staat benötigte das Privileg in seiner klassischen Form nicht mehr. Als entscheidend erwies sich dabei die Differenzierung des öffentlichen Rechts: Mit dem Ziel, die dogmatischen Grundbegriffe zu präzisieren,[87] kam es bei Gerber zu einer Aufteilung des öffentlichen Rechts in Staats- und Verwaltungsrecht. Während die Gesetzgebung dem Staatsrecht zugeordnet wurde, wandelte sich die Privilegienlehre nach und nach zu einem Bestandteil des Verwaltungsrechtes. Zudem zeigt sich ein veränderter Privilegienbegriff, unabhängig davon, ob das Privileg nun eine Ausnahme oder einen Gegensatz zur allgemeinen Gesetzgebung bildete. Es ging um die Erteilung von Rechtspositionen außerhalb der gesetzgebenden Körperschaften. Von einer Durchsetzung dieser Position konnte allerdings zunächst noch keine Rede sein. Noch am Vorabend der Gründung des zweiten Kaiserreiches blieb die Privilegienerteilung durch Gesetz weiterhin denkbar, soweit sie als Ausnahme vom Gesetz verstanden wurde.[88]

4. Zusammenfassung

Damit zeigt sich, dass das Privileg in seiner aus dem Ancien régime stammenden Struktur von der staatsrechtlichen Literatur nach 1848/49 überwiegend abgelehnt wurde. Es widersprach dem grundsätzlich allgemeinen Charakter der Gesetzgebung und war in einer nach Gleichheit strebenden Zeit aufgrund der verfassungsrechtlichen Vorgaben nicht mehr zu rechtfertigen. Dies bedeutete jedoch nicht das vollständige Verschwinden des Privilegs als Rechtsbegriff. Nunmehr rechtsstaatlich gezähmt unter der Herrschaft des Gesetzes wurde das Privileg von zahlreichen Autoren als Rechtsbegriff des entstehenden Verwaltungsrechtes weitergeführt. Damit einher ging ein Wandel in der Bezeichnung einer hoheitlichen Einzelfallentscheidung. Der Begriff des Privilegs trat zunehmend zurück. An dessen Stelle traten zunächst die Dispensation und vor allem die Konzession; beide Begriffe waren ursprünglich Bestandteil des Privilegienbegriffes und wurden nunmehr verselbständigt. Im Jahre 1862 trat eine neue Bezeichnung in Erscheinung. Friedrich Franz von Mayer gebrauchte den Begriff 'Verwaltungsact' zur Bezeichnung einer hoheitlichen Einzelfallentscheidung.

---

[86] Pahlow, Justiz und Verwaltung (Anm. 61), S. 297 ff.

[87] So Carl Friedrich von Gerber, Grundzüge eines Systems des deutschen Staatsrechts, 2. Aufl., Leipzig 1869, Vorwort.

[88] Friedrich Thudichum, Verfassungsrecht des Norddeutschen Bundes und des Deutschen Zollvereins, Tübingen 1870, S. 100: „Jede Einschränkung der Wirksamkeit des Gesetzes, auch wenn sie nur für einzelne Fälle eintreten soll, enthält eine Abänderung des Gesetzes für diese einzelnen Fälle. Sie kann daher entweder nur auf demselben Wege erfolgen, auf dem das Gesetz selbst zustande kam, oder auf einem anderen durch Gesetz vorgezeichneten Wege.“

IV. Gesetzgebung und Privilegienpraxis zwischen 1850 und 1870

Trotz der zahlreichen staatsrechtlichen Veränderungen infolge der Revolution von 1848 erfolgten noch danach gesetzgeberische Maßnahmen, welche Privilegien betrafen. Betroffen waren im wesentlichen die gleichen Rechtsgebiete wie vorher, nämlich gewerbliche Privilegien und Privilegien zum Schutz von Erfindungen (1.). In dieser Zeit häuften sich auch die Gerichtsentscheidungen zu Fragen des Privilegienrechts (2.). Die Rechtsprechung beschäftigte sich im Wesentlichen mit der Auslegung von Privilegien, wobei aber auch eine Positionsbestimmung der Jurisdiktion erkennbar ist. Vereinzelt machte die Kommentarliteratur zum Allgemeinen Landrecht Ausführungen zu Privilegien (3.).

1. Gewerbliche Privilegien und Erfindungsschutz

In der Zeit nach 1848 sind zunächst weitere Maßnahmen des Deutschen Bundes zur Vereinheitlichung gewerblicher Schutzrechte zu beobachten. Durch Beschluß vom 6. November 1856 wurden gleichförmige Grundsätze zum Schutz des schriftstellerischen und künstlerischen Eigentums gegen Nachahmung aufgestellt, die dann in Landesrecht umzusetzen waren.[89] Diese Maßnahme betraf allerdings lediglich eine Erweiterung bzw. Verlängerung des bisher bestehenden Rechtsschutzes zugunsten einzelner Autoren.

Erst nach der Gründung des Norddeutschen Bundes erfolgte auf dessen Territorium eine Vereinheitlichung der Urheberrechte. Durch Gesetz vom 11. Juni 1870 wurden sämtliche Privilegien auf diesem Gebiet beseitigt.[90] Damit wurde die Privilegienordnung endgültig abgeschafft.

Noch bestehende gewerbliche Berechtigungen, die ihrem Charakter nach Privilegien waren, wurden infolge der territorialen Veränderungen nach dem Jahr 1866 im wesentlichen abgelöst. So beseitigte Preußen in den neu hinzugekommen Landesteilen alle noch bestehenden ausschließlichen Gewerbeberechtigungen gegen Entschädigung, sofern die Rechte für immer oder auf Zeit unwiderruflich bestanden.[91] Bayern führte

---

[89] Die Umsetzung in Preußen erfolgte durch Publikationspatent über den Beschluß der Deutschen Bundesversammlung vom 6. November 1856. zur Erweiterung der Bestimmungen der Bundes-Beschlüsse vom 9. November 1837. und 19. Juni 1845. wegen gleichförmiger Grundsätze zum Schutze des schriftstellerischen und künstlerischen Eigenthums gegen Nachdruck und unbefugte Nachbildung. Vom 26. Januar 1857. PreußGS 1857, S. 93.

[90] Gesetz, betreffend das Urheberrecht an Schriftwerken, Abbildungen, musikalischen Kompositionen und dramatischen Werken. Vom 11. Juni 1870. BGBl. d. Norddt. Bdes. 1870. S. 339-353.

[91] Gesetz, betreffend die Aufhebung und Ablösung gewerblicher Berechtigungen in den durch die Gesetze vom 20. September und 24, September 1866 mit der preußischen Monarchie vereinigten Landestheilen, mit Ausnahme der vormals königlich bayerischen Enklave Kaulsdorf und des vormals hessen-homburgischen Oberamtes Meisenheim, vom 17. März 1868. PreußGS 1868 S. 249-267.

durch Gesetz vom 6. Februar 1868 endgültig die allgemeine Gewerbefreiheit ein.[92] Im gesamten Gebiet des Norddeutschen Bundes wurde das Gewerberecht durch die Gewerbeordnung von 1869 vereinheitlicht.[93] Die neuere Gewerbegesetzgebung ging übereinstimmend von der Gewerbefreiheit aus und knüpfte in bestimmten Gewerben an die Erteilung von Konzessionen an, die in der Theorie nunmehr nicht mehr als Privilegien angesehen wurden.[94]

Die überkommenen Gewerberechtigungen blieben im Gebiet des Norddeutschen Bundes, soweit es um die Berechtigung zur Ausübung eines Gewerbes ging, aus Vertrauensschutzaspekten erhalten und wurden nicht von der neuen Gesetzgebung erfaßt. Die ausschließlichen Gewerberechtigungen und die damit verknüpften Rechtspositionen wurden allerdings vollständig beseitigt und konnten auch nicht mehr neu erteilt werden.[95]

Betrachtet man die Bestimmungen über Konzessionen, zeigen sich gerade in der bayerischen Gesetzgebung deutliche Spuren der überkommenen Privilegienlehre. Die Erlöschensgründe der Konzession entsprachen denjenigen für Privilegien; insbesondere der Verlust der Rechtsposition wegen Nichtgebrauchs war bereits ein typisches Element der Privilegienlehre.[96] Für die Gewerbegesetzgebung zwischen 1850 und 1870 zeigt sich, dass die Entwicklung zu einer modernen gewerblichen Ordnung verstärkt fortgesetzt wurde. Das Konzessionsrecht bediente sich allerdings weiterhin den Elementen der Privilegienlehre und macht sie für das Gewerberecht nutzbar.

2. Die Rechtsprechung zu Privilegien

Die Rechtsprechung zu Fragen des Privilegienrechts läßt eine Tendenz zur stärkeren Sicherung der erworbenen Rechtspostionen erkennen, soweit diese gesetzlich begründet waren, und zu einem geringeren Schutzumfang in den übrigen Fällen.

Beispielsweise wurde in Preußen die sog. Muthung, d.h. die Erteilung einer Konzession auf Ausübung des Bergbaurechtes, als Privileg verstanden.[97] Diese stellte dar.

---

[92] Gesetz, das Gewerbswesen betr. GBl. f. d. Kgr. Bayern. No. 21. München, den 6. Februar 1868. Sp. 309-328.

[93] Gewerbeordnung für den Norddeutschen Bund. Vom 21. Juni 1869. BGBl. d. Norddt. Bdes. 1869. S. 245-282.

[94] Vgl. dazu oben Kap. 4 II 2./3.

[95] Nach § 7 der Gewerbeordnung für den Norddeutschen Bund gilt dies spätestens vom 1. Januar 1873 an. Durch § 10 wird die Neuerteilung von auschließlichen Gewerbeberechtigungen ausgeschlossen.

[96] Art. 12. „Die Concession erlischt: 1) wenn innerhalb eines Jahres nach der Ertheilung oder nach dem in der Concessionsurkunde für die Ausführung etwa bestimmten späteren Zeitpunkte die Ausübung nicht begonnen oder eine Fristverlängerung nicht ausgewirkt worden ist, oder wenn der Betrieb länger als zwei Jahre eingestellt wird; 2) durch Ablauf der Zeit, für welche sie ertheilt worden ist; (Art. 11 Abs. 2) 3) durch Verzicht; 4) durch Auflösung der Gesellschaft; 5) durch den Verlust des realen oder radicirten Rechts; endlich 5) durch den Tod des Berechtigten.“

[97] PreußOT 7, 326-335, 332.

Auf die Erteilung einer solchen Konzession bestand zunächst kein Anspruch. Im Zuge der preußischen Bergrechtsgesetzgebung war die Erteilung der Konzession an bestimmte Bedingungen geknüpft worden. Die Rechtsprechung des preußischen Obertribunals baute die Rechte des Konzessionsnehmers bis hin zu einem gebundenen Anspruch aus: „Die Konzession oder Verleihung, ihrem Wesen nach ein Privilegium, ist bedingt durch bestimmte Vorbereitungen und Voraussetzungen; muß aber, wenn diese vorhanden sind, eben wegen der allgemeinen Freierklärung des Bergbaues, unter diesen Bedingungen ertheilt, und kann nicht verweigert werden“.[98] Dadurch wurde die Rechtsposition der Betroffenen deutlich verstärkt. Hier wurde ein Anspruch auf Erteilung eines Privilegs postuliert, sofern die entsprechenden Voraussetzungen vorlagen, der aber in der gesetzlichen Grundlage nicht vorgesehen war.

Das preußische Obertribunal schränkte aber auch die Anwendung überkommener Rechtspositionen, die auf Privilegien beruhten, in einzelnen Fällen ein. In einem der entschiedenen Fälle ging es um die Einziehung einer Einnahme (die sog. Bierziese) durch eine Stadt. Da die neue Gesetzgebung sie aufgehoben hatte und die Einnahmen daher verloren gingen, verlangte die Stadt Entschädigung wegen des Verlustes eines Privilegiums. Zweifelte das Gericht schon an einer generellen Entschädigungspflicht für entzogene Privilegien, so wurde jedenfalls hier kein Privileg anerkannt: „... und außerdem paßt der Begriff eines Privilegii auf das ganze Rechtsverhältnis gerade dann nicht, wenn es, wie die Stadt will, als die Uebertragung einer zum Staats-Einkommen gehörigen Einnahme auf die Stadt angesehen wird“.[99] Das Obertribunal ging dabei von einem moderneren Staatsverständnis aus, wonach aus der Verteilung der staatlichen Einnahmen auf die verschiedenen Ebenen keine Privilegien entstehen konnten, sondern als ein veränderbarer Bestandteil der staatlichen Finanzhoheit angesehen wurde, die selbst nicht verliehen wurde, sondern Bestandteil der höchsten Staatsgewalt blieb.

Zur Frage der Auslegung von Privilegien wurde die Gerichtsbarkeit ebenfalls angerufen. In einem Fall ging es um die Trennlinie zwischen dinglichen und persönlichen Privilegien. Dabei entwickelte das preußische Obertribunal folgenden Leitsatz: „Die in einem Privilegium enthaltene erbliche Verleihung deutet zwar auf ein persönliches Privilegium hin; soll aber nach dem ferneren Inhalt des Privilegiums dasselbe zugleich mit dem Besitz eines anzulegenden Werkes verbunden sein, so wird das verliehene Recht allen Erben und Rechtsnachfolgern der ursprünglich beliehenen Person zu Theil“.[100] Dem Privileg kam damit auch in diesem Bereich keine besondere Rechtsqualität mehr zu; die Vererbung wurde nach den allgemeinen Prinzipien behandelt.

Die Gerichte blieben von dem Prozeß der Veränderung des Privilegienverständnisses selbstverständlich nicht unberührt. Im Rahmen eines Kompetenzkonfliktes hatte

[98] PreußOT 7, 326-335, 332.
[99] PreußOT 29, 317-336, 334.
[100] ArchfRF 1857, S. 86-94, 86f.

der preußische königliche Gerichtshof zu entscheiden, wer für die Entscheidung in einem Streit um die Existenz eines Privilegs zuständig war. Der Gerichtshof gelangte zu folgender Erkenntnis: „Streitigkeiten darüber, ob ein behauptetes Privilegium wirklich bestehe, oder nicht, und welche Folgen event. daraus herzuleiten seien, müssen im Rechtswege entschieden werden“.[101] Die Privilegien und ihre Wirksamkeit unterlagen damit der gerichtlichen Kontrolle, die weitgehend unabhängig von der Staatsgewalt war. Damit wurde Rechtssicherheit für die bestehenden Rechtspositionen durch Privilegien gewonnen. Andererseits galten dann die allgemeinen Beweisgrundsätze, so dass die Begründung einer privilegierten Rechtsposition durch unvordenkliche Verjährung ausgeschlossen war.

Eine entscheidende Veränderung in Stellung und Beständigkeit der Privilegien erfolgte durch eine Entscheidung des königlichen Obertribunals für Preußen im Jahre 1865.[102] In dem entschiedenen Fall ging es um die Entschädigung für ein aufgehobenes Privileg. Nach den §§ 70 u. 75 der Einleitung des Allgemeinen Landrechts bestand die Pflicht zu entschädigen bei allen aufgehobenen Privilegien. Dies galt nach dem Wortlaut des Allgemeinen Landrecht in allen Fällen und ohne Einschränkung. Davon wich das oberste preußische Gericht nunmehr ab: „Die §§ 70, 75. der Einleitung zum Allgem. Landrecht, betreffend die Entschädigungspflicht des Staates, sind dann nicht anwendbar, wenn die Aufhebung der Privilegien, auch solcher, die durch einen lästigen Vertrag erworben werden, und der einzelnen Rechte und Vortheile der Mitglieder des Staates durch ein allgemeines Gesetz erfolgt, und in demselben ein Vorbehalt wegen der Entschädigungspflicht nicht gemacht ist ... Die §§ 70, 75. der Einleitung zum Allgem. Landrecht finden nur auf den Fall Anwendung, wenn das Privat-Eigenthum Einzelner durch eine Verwaltungsmaaßregel beeinträchtigt wird oder verloren geht“.[103] Durch diese Entscheidung ergab sich eine deutliche Schwächung der Rechtspositionen aller Privilegierter und damit eine weit reichende staatliche Regelungskompetenz. Durch allgemeine Gesetzgebung war es nunmehr möglich, Privilegien zu beseitigen, ohne dass der Staat Entschädigung zu leisten hatte. Dies eröffnete dem Staat neue Handlungsspielräume.

Die Veränderungen in der Behandlung des Privilegs in der Literatur spiegelten sich also in der gerichtlichen Praxis wieder. Zahlreiche Entscheidungen des preußischen Obertribunals führten zu einer Beschränkung der Rechtspositionen aus Privilegien. Die theoretische Forderung nach einer Beendigung, zumindest aber Reduzierung der Privilegienpraxis begann sich in der Praxis durchzusetzen.

---

[101] JMBl. 1864 380-384, 380.

[102] I. Senat. Sitzung v. 14. Juli 1865, in: Archiv für Rechtsfälle, die zur Entscheidung des Königlichen Ober-Tribunals gelangt sind 60 (1866), S. 111-122.

[103] I. Senat. Sitzung v. 14. Juli 1865 (Anm. 102), S. 111 f.

3. Die Auseinandersetzung mit den Privilegienbestimmungen des ALR

Eine Auseinandersetzung mit den Privilegienbestimmungen des ALR in der Kommentarliteratur der zweiten Hälfte des 19. Jahrhunderts erfolgte auch in umfangreichen Kommentaren lediglich in geringem Umfang. Eher am Rande behandelte Carl Christian Eduard Hiersemenzel die Privilegien des Allgemeinen Landrechts, wobei der Schwerpunkt auf den verschiedenen Privilegienbegriffen lag.[104] Weiterhin wurde auf die gemeinrechtliche Privilegienlehre des 18. Jahrhunderts zurückgegriffen; daneben wurden zunehmend auch Gerichtsentscheidungen berücksichtigt.[105] Die Frage nach der Entschädigung von aufgehobenen Privilegien rückte ebenso wie in den staatsrechtlichen Monographien in den Mittelpunkt der Kommentierungen, was als ein deutliches Indiz für den Rückgang der Bedeutung von Privilegien anzusehen ist.[106]

Verweise auf bestimmte Gerichtsentscheidungen bestätigen diesen Eindruck; das Privileg erschien nicht mehr als zeitgemäß. Um noch einmal die Entscheidung des Preußischen Obertribunals aus dem Jahr 1855 zu zitieren: „Der Begriff eines Privilegii paßt nicht auf die Uebertragung einer zum Staatseinkommen gehörigen Einnahme auf eine Stadtgemeinde“.[107]

Diese Entwicklung setzte sich in den Kommentaren weiter fort. Die Kommentierungen verloren weiter an Umfang, und die Rechtsprechung wurde zur Hauptquelle der Anmerkungen.[108] Am Ende des 19. Jahrhunderts fanden sich verstärkt Bemerkungen, wonach einige Gebiete, die bis dato von Privilegien erfaßt worden waren, durch andere Mittel reguliert werden können.[109] Das Privilegienrecht des Allgemeinen Landrechts verlor damit im Verlauf des 19. Jahrhunderts zunehmend an Bedeutung.

4. Zusammenfassung

Der Blick in Gesetzgebung und Rechtsprechung der zweiten Hälfte des 19. Jahrhunderts zeigt ebenso wie die Auseinandersetzung mit dem Privileg in Staatsrechtslehre und Verwaltungsrechtswissenschaft eine rückläufige Bedeutung des Privilegs. Das Privileg verschwand aus

---

[104] Carl Christian Eduard Hiersemenzel, Vergleichende Übersicht des heutigen Römischen und Preußischen gemeinen Privatrechts, 1. Teil, Berlin 1852, S. 63 ff.

[105] So z.B. Allgemeines Landrecht für die Preussischen Staaten, Kommentar in Anmerkungen von Christian Friedrich Koch, 1. Teil, Bd. 1, Berlin 1852, S. 59 ff.

[106] Allgemeines Landrecht für die Preussischen Staaten, hrsg. mit Kommentar in Anmerkungen von Christian Friedrich Koch, Nach des Verfassers Tode bearbeitet von Franz Förster u.a., Bd. 1, 6. Ausgabe, Berlin 1874, S. 57 f.

[107] Entscheidungen des Preußischen Obertribunals 29 (1855), S. 317-336, 334 = ArchfRF 15, 320-328.

[108] Rehbein/Reinke, Allgemeines Landrecht für die Preussischen Staaten nebst den ergänzenden und abändernden Bestimmungen der Reichs- und Landesgesetzgebung, Bd. 1 (Theil I, Titel 1-11.), 2. Aufl., Berlin 1882; Paul Landé, Das Allgemeine Landrecht für die preußischen Staaten in seiner jetzigen Gestalt, Ausgabe mit Anmerkungen, 2. Aufl., Berlin 1888.

[109] Franz Förster u. Max Ernst Eccius, Preußisches Privatrecht, Bd. 1, 6. Aufl., Berlin 1892, S. 74.

dem Gewerberecht praktisch aller deutscher Staaten. Die noch verbleibenden Privilegien waren an ein Gesetz gebunden und damit rechtsstaatlich gezähmt.

5. K A P I T E L : Privileg und Verwaltungstätigkeit im zweiten Kaiserreich

Am 16. April 1871 trat die Verfassung des Deutschen Reiches in Kraft.[1] Nach der wirtschaftlichen Vereinigung im Deutschen Zollverein erfolgte damit auch die staatsrechtliche Vereinigung des gesamten Deutschlands. Die Verfassungsurkunde für das Deutsche Reich, welche die rechtliche Grundlage des neuen Bundesstaates bildete, enthielt weder Bestimmungen über Privilegien noch über die Ausübung der Privilegienhoheit. Dementsprechend erteilte das Kaiserreich selbst während der gesamten Zeit seines Bestehens keine Privilegien.

Die Erteilung von Privilegien durch die Bundesstaaten blieb auf den Rechtsgebieten möglich, auf denen die Verfassung keine Kompetenz des Reiches begründete. Dies war nach der bundesstaatlichen Ordnung der Verfassung möglich. Die Gesetzgebung im Reich oblag Bundesrat und Reichstag zusammen, wobei die Reichsverfassung die Rechtsgebiete abschließend regelte, in denen das Reich die Gesetzgebungskompetenz besaß. Den Gesetzesbegriff definierte die Reichsverfassung selbst nicht. Auch die Kommentare und Lehrbücher zur neuen Reichsverfassung thematisierten den Gesetzesbegriff nicht.[2] Regelungen über die Verwaltung und ihre Kompetenzen enthielt die Reichsverfassung ebenfalls nicht, da die innere Verwaltung Sache der Bundesstaaten blieb.

Von der Möglichkeit, Privilegien zu erteilen, machten die Bundesstaaten auf den Rechtsgebieten, welche zu ihren Kompetenzen gehörten, auch Gebrauch. Preußen erließ zum Beispiel Privilegien zur Ausgabe von Inhaberpapieren, Enteignungsprivilegien und Privilegien zur Ausgabe von Banknoten. Die rechtlichen Grundlagen ergaben sich aus den jeweiligen Landesverfassungen sowie in Preußen zusätzlich aus den Vorschriften des Allgemeinen Landrechts.[3]

Der Dualismus von Reichs- und Landesrecht und der Verzicht auf die reichsrechtliche Erfassung von Privilegien werfen die Frage nach der weiteren Entwicklung des Privilegienrechts in den einzelnen Bundesstaaten auf. Insbesondere ist zu fragen, ob und inwiefern sich die Entwicklung des Privilegs zu einem Rechtsbegriff des Verwaltungsrechtes fortsetzte.

---

[1] Gesetz, betreffend die Verfassung des Deutschen Reiches, v. 16. April 1871, RGBl. 1871, S. 63 ff.

[2] Vgl. z.B. Julius Bender, Die Grundzüge des Verfassungs-Rechts des Deutschen Reiches, Kassel u. Göttingen 1873; Lorenz Hauser, Die Verfassung des Deutschen Reiches in den Grundzügen und Verhältnissen zu den Einzelstaaten, insbesondere zu Bayern, Nördlingen 1871; Joseph von Held, Die Verfassung des Deutschen Reiches vom staatsrechtlichen Standpunkt aus betrachtet, Leipzig 1872; Ludwig von Rönne, Das Verfassungsrecht des Deutschen Reiches, in: Hirth´s Annalen (1871), Sp. 1-312; dies galt ebenso für die Verfassung des Norddeutschen Bundes, die zum Vorbild der Reichsverfassung wurde, vgl. Carl Christian Eduard Hiersemenzel, Die Verfassung des Norddeutschen Bundes, 3 Bde., Berlin 1868-1870.

[3] Zu der Rolle der Privilegien in den Verfassungen vgl. oben Kap. 3 I u. Kap. 4 I; zum Allgemeinen Landrecht für die Preußischen Staaten s. insbesondere oben Kap. 2.

Die Untersuchung des Privilegienrechts zur Zeit des zweiten deutschen Kaiserreiches erfolgt in drei Schritten. Zunächst ist anhand der staats- und verwaltungsrechtlichen Literatur zu ermitteln, inwieweit das Privileg lediglich als Begriff zur Bezeichnung einer Verwaltungsmaßnahme verstanden wurde (I.). Dabei ist auch darauf, welche Privilegien nach 1870/71 überhaupt noch erteilt wurden. In einem weiteren Schritt werden die Rechtsbegriffe des entstehenden Verwaltungsrechts, insbesondere der Begriff des 'Verwaltungsaktes', dahingehend untersucht, inwieweit die verwaltungsrechtliche Lehre Elemente und Funktionen des Privilegs für die Lehre vom Verwaltungsakt übernahm (II.). Anschließend ist die Frage zu stellen, welche Rolle das Privileg bei der Kodifizierung des Privatrechtes durch das BGB spielte (III.).

I. Das Privileg als Verwaltungsmaßnahme

Obwohl das Reich keine Privilegien erteilte, erfolgte die Auseinandersetzung mit Privilegien sowohl in allgemeinen staats- und verwaltungsrechtlichen Monographien als auch in Darstellungen des jeweiligen Landesrechtes. Die staats- und verwaltungsrechtliche Literatur war daher umfassend im Hinblick auf das Privileg auszuwerten. In den Arbeiten zur Zeit des Kaiserreiches lassen sich drei Phasen der Diskussion um das Privileg unterscheiden. Am Anfang stand eine grundlegende Schrift von Carl Friedrich von Gerber,[4] der ein Programm entwarf, das mit dem klassischen Bild des Privilegs vollständig brach (1.). Über diese Monographie entwickelte sich eine heftige Diskussion, die insbesondere von Paul Laband, Georg Meyer und Hermann Schulze getragen wurde.[5] Am Ende hatten sich Gerbers Anschauungen weitgehend durchgesetzt (2.). Bis zum Ende des 19. Jahrhunderts ergab sich ein endgültiger Wandel im Verständnis des Privilegs, das nunmehr kein Begriff des Staatsrechtes mehr war. Das läßt sich nun auch in der Gesetzgebung feststellen (3.).

1. Die Programmschrift von Carl Friedrich von Gerber

„Durch das Privilegium wird von der Staatsgewalt für ein individuell bestimmtes Subjekt eine Befugniss unmittelbar begründet“,[6] schrieb Carl Friedrich von Gerber und schloß sich damit im Grundsatz dem überkommenen Begriff des Privilegs an. Dennoch kam es zu einem Bruch mit dem klassischen Begriff. Die Charakterisierung des Privilegs als Ausnahme- oder Sonderrecht erschien Gerber wenig einleuchtend, da

[4] Carl Friedrich von Gerber, Ueber Privilegienhoheit und Dispensationsgewalt im modernen Staate, in: ders.: Gesammelte juristische Abhandlungen, Jena 1872, S. 470-490.

[5] Hermann von Schulze-Gaevernitz, Das preussische Staatsrecht auf Grundlage des deutschen Staatsrechts dargestellt, 1. Bd., Leipzig 1872, S. 206; Paul Laband, Das Staatsrecht des Deutschen Reiches, Bd. 2, Tübingen 1878; Georg Meyer, Staatswissenschaftliche Literatur, Laband, Paul: Das Staatsrecht des Deutschen Reiches, Zweiter Band, in: Annalen des Deutschen Reichs für Gesetzgebung, Verwaltung und Statistik 1878, S. 369-384.

[6] Gerber, Ueber Privilegienhoheit (Anm. 4), S. 470.

sich „dadurch nichts gewinnen ließe“.[7] Im Unterschied zur klassischen Privilegienlehre und wesentlich schärfer als seine Zeitgenossen differenzierte Gerber zwischen dem Privileg im eigentlichen Sinn und der Dispensation. Als charakteristisch für das eigentliche Privileg gegenüber der Dispensation erschien die unmittelbare Konstituierung einer Rechtsposition, während die Dispensation bloß eine Art der Vollziehung eines Rechtssatzes darstellte.[8] Dementsprechend knapp waren die Ausführungen Gerbers zur Dispensation. Die Entwicklung der Dispensation hin zu einem Institut des Vollzuges staatlicher Gewalt setzte bereits vor dem Wandel im Verständnis des eigentlichen Privilegs ein.[9] Dies ist im Zusammenhang mit der konstitutionellen Verfassungsordnung in den meisten Teilen Deutschlands zu sehen, welche die Dispensation teilweise behandelten und diese als Vollziehungsakt ansahen. Gerber schloss sich dem an: „Der staatsrechtlichen Natur des Gesetzes im modernen Verfassungsstaate entspricht allein der Satz, dass nur noch in denjenigen Fällen dispensiert werden könne, wo das Gesetz, oder überhaupt das geltende Recht dies ausdrücklich zulässt“.[10]

Die ursprüngliche Bedeutung des Privilegs ergab sich nach Gerber aus der Funktion des Privilegs im Ancien régime. Dies ging aus seiner Charakterisierung der staatlichen Organisation des Alten Reiches hervor: „Das deutsche Reich war wie das deutsche Fürstenthum zum geringsten Theile auf planmässigen Grundlagen aufgebaut worden. Ohne überlegte Organisation war es aus einer Summe von Individualrechten erwachsen, welche nur allmählich eine gewisse Verbindung zum Ganzen fanden und bis zur Gründung des modernen Staats den Gegensatz feudaler Sonderrechte zur allgemeinen Ordnung behaupteten. Ein solcher Rechtszustand war die natürliche Heimath des Privilegiums“.[11] Das Privileg sah Gerber somit als ein Rechtsinstitut, das aus einer spezifischen historischen Situation der Staatswerdung hervorgegangen war. Die Entstehungsbedingungen hielt er für überholt und stieß damit die Diskussion an: „Eine Reihe von Rechtsgebieten, welche jetzt durch Verfassungstexte, Gewerbe- und andere Ordnungen gedeckt werden, waren damals gesetzleere Räume, und das Privilegium erschien darin als die unbestrittene Autoritätsform zur Begründung und Befestigung der Rechte“.[12] Das zentrale Problem gegen Ende des 19. Jahrhunderts bestand nach Gerber in der Einordnung des Privilegs in die konstitutionelle Staatsordnung. Die Auffassung

---

[7] Gerber, Ueber Privilegienhoheit (Anm. 4), a.a.O.

[8] Gerber, Ueber Privilegienhoheit (Anm. 4), S. 471; der Gedanke, die Dispensation als einen bloßen Vollzug des Gesetzes darzustellen, ist zu diesem Zeitpunkt nicht mehr neu. Bereits die Behandlung der Dispensation in einigen deutschen Verfassungen (vgl. Kap. 3 I. bzw. Kap. 4 I.) weist diesen Weg.

[9] Vgl. dazu die Ausführungen in Kap. 4 II.

[10] Gerber, Ueber Privilegienhoheit (Anm. 4), S. 489.

[11] Gerber, Ueber Privilegienhoheit (Anm. 4), S. 471.

[12] Gerber, Ueber Privilegienhoheit (Anm. 4), a.a.O.; u.a. diese Bemerkung ist eine der Quellen für die moderne Auffassung, die Privilegien seien ursprünglich ein Ersatz für noch nicht vorhandene Gesetzgebung gewesen.

des Privilegs als Teil der gesetzgebenden Gewalt erschien den Umständen nicht mehr angemessen. Als entscheidend sah Carl Friedrich von Gerber den materiellen Charakter von Privilegien an, den er im folgenden charakterisierte.[13]

Das moderne Privilegienrecht hatte sich daher an den Veränderungen der Zeit zu orientieren. Gerber nannte zunächst einen Katalog von Privilegien, die zu seiner Zeit noch erteilt wurden. Zu diesen Privilegien zählte er die Verleihung von Orden und Titeln, die Legitimation von Unehelichen und die Verleihung der juristischen Persönlichkeit z.B. an eine Aktiengesellschaft, ebenso die Privilegien zur Ausgabe von Banknoten. Nicht mehr als Privilegien erschienen Gerber die nach der Gewerbeordnung erforderlichen Gewerbekonzessionen: „Selbst die noch ausnahmsweise etwa erforderlichen obrigkeitlichen Genehmigungen oder Concessionen sind nicht Privilegien, sondern nur Akte der Ausübung eines gesetzlich angeordneten Prüfungsrechts".[14] Dies stellte einen Bruch mit der älteren Literaturmeinung dar, war doch die Konzession ursprünglich nur der spezifische Begriff für ein gewerbliches Privileg.[15] Damit manifestierte sich in der Wissenschaft der Wandel, der durch die Gewerbegesetzgebung ausgelöst wurde. Mit dieser Auffassung stand Gerber zunächst noch im Gegensatz zur der überwiegenden Meinung, die insbesondere die Eisenbahnkonzessionen immer noch als Privilegien verstand.[16]

Diese Ausführungen zeigen, dass Carl Friedrich von Gerber von einem Rückgang der Bedeutung der Privilegienerteilungen ausging. Das deckt sich mit den bisherigen Erkenntnissen zu Gesetzgebung und Rechtspraxis.[17] Gerber zog aus dieser Entwicklung folgendem Schluß: „Je mehr sich der Staat zum wirklichen Rechtsstaate ausbildet, um so mehr werden an die Stelle uncontrolirter Privilegienwillkür gesetzliche Ordnungen der Erwerbsverhältnisse treten. Das Privilegium wird sonach allmählich auf einen immer kleineren Raum zurückgedrängt werden und schliesslich nur noch da seinen Stelle behaupten, wo es das allgemeine Gesetz selbst als Hülfsinstitut begehrt, ... Auf diesem Standpunkt erscheint dann die Privilegienhoheit nicht mehr als *ausserhalb* des Gesetzes, sondern als *unter* demselben stehend, und bildet nur ein bisweilen

13 Gerber, Ueber Privilegienhoheit (Anm. 4), S. 475 ff.

14 Gerber, Ueber Privilegienhoheit (Anm. 4), S. 479.

15 Vgl. dazu oben Kap. 1 I. 1., 3 III. 1. u. 4 II.

16 Drei Rechtsgutachten betreffend die rechtliche Natur der Eisenbahnconcession im Allgemeinen und den Process der Westschweizerischen Bahngegen die Schweizer Eidgenossenschaft über die Ausführung eines vierten Zuges auf der Broyethalbahn im Besondern erstattet auf Veranlassung der Conferenz schweizerischer Bahnverwaltungen, Basel u. Genf 1877. In allen Gutachten wurden die Konzession als Privileg charakterisiert. Das Festhalten am Privilegienbegriff, gerade für die Eisenbahnkonzessionen, erscheint in Anbetracht der damit verbundenen Rechtspositionen, welche die Eisenbahngesellschaften geradezu als einen Arm des finanziell überfoderten Staates erscheinen lassen, verständlich. Das Privileg war damit der Ausdruck der höchsten staatlichen Autorität, sofern eine Regelung nicht direkt durch ein Gesetz erfolgt.

17 Vgl. dazu oben Kap. 3 IV. u. Kap. 4 III.

sogar selbst wieder gesetzlich geregeltes *Mittel seines Vollzugs*".[18] Somit erfaßte Gerber die Veränderungen im Verständnis des Privilegs in erster Linie als eine Folge der Veränderung des politischen Systems.

Soweit aber überhaupt noch Privilegien erteilt werden sollten, stellte sich die Frage, in welchem hoheitlichen Kontext die Erteilung zu erfolgen hatte. Gerber beschritt dabei einen neuen Weg: „Bei der Ertheilung neuer Gesetze wird man von diesem Gesichtspunkte aus die staatliche Privilegiengewalt fort und fort ins Auge fassen, und die Frage beantworten müssen, in wie weit die Regierung mit besonderen derartigen Ermächtigungen gesetzlich ausgestattet werden soll, und es wird sich, nicht bezweifeln lassen, dass Privilegienverleihungen der allgemeinen Classe der *Verwaltungshandlungen* angehören".[19] Radikaler könnte der Bruch mit der überkommenen Lehre kaum sein. Die betroffenen staatlichen Willensakte erschienen nicht mehr selbst als Gesetze, sondern wurden diesem untergeordnet. Diese qualitative Änderung stand mit quantitativen Gesichtspunkten im Zusammenhang. Für ein standardisiertes Massenverfahren war das Privileg als Ausfluß der gesetzgebenden Gewalt im modernen Staat letztlich ungeeignet, da die Erteilung unter mangelnder Flexibilität litt. Schon deshalb war die Übertragung der Privilegienerteilung von der gesetzgebenden Gewalt auf die ausübende Gewalt und damit auf die Verwaltung konsequent.

2. Die Diskussion um die Einordnung der Privilegienhoheit

Die Abhandlung von Gerber wurde in den Jahren nach 1870 zum Ausgangspunkt für die weitere Auseinandersetzung mit dem Rechtsbegriff des Privilegs. Zu den Protagonisten der Diskussion um das Privileg nach 1870 avancierten neben Gerber Staatsrechtler wie Paul Laband, Georg Meyer und Hermann Schulze. Wie Gerber, gehörte auch Laband zu einer neuen Generation von Staatsrechtlern, die sich zunächst auf dem Gebiet des Zivilrechtes profiliert hatten, bevor sie sich staatsrechtlichen Fragestellungen zuwandten.[20]

Die Diskussion um das Privileg läßt sich in dieser Phase auf einen zentralen Aspekt zurückführen. Zu beantworten war die Frage, ob und inwiefern der Gesetzgeber im Rahmen seiner Gesetzgebungsgewalt Vorschriften für den Einzelfall erlassen konnte oder diese als Verwaltungsmaßnahme den Verwaltungsbehörden überlassen mußte. Die damit im Zusammenhang stehende Diskussion um den Gesetzesbegriff als solchen mündete in die Differenzierung zwischen einem formellem und einem materiellem Gesetzesbegriff. In den ersten Jahren nach der Gründung des zweiten Kaiserreiches herrschte die Auffassung vor, dass mit dem Gesetz begrifflich eine allgemeine Rege-

[18] Gerber, Ueber Privilegienhoheit (Anm. 4), S. 483. Die Hervorhebungen sind aus dem Originaltext übernommen. Hervorhebungen aus dem Originaltext.

[19] Gerber, Ueber Privilegienhoheit (Anm. 4), S. 484. Hervorhebungen aus dem Originaltext.

[20] Vgl. dazu oben Kap. 4 II.

lung verbunden war.[21] Dies hatte die Konsequenz, dass eine Regelung für den einzelnen Fall in der Form des Privilegs vom Begriff des Gesetzes gerade nicht erfaßt wurde.

Bei Hermann Schulze heißt es 1872 zum Begriff des Gesetzes: „Ein Befehl, eine thatsächliche Handlungsweise, eine Anordnung der Regierung für den einzelnen Fall ist niemals ein Gesetz, weil sie ihre Kraft mit dem einzelnen Fall erschöpft, weil sie nicht auf andere, wenn auch noch so gleichartige Vorkommnisse erstreckt werden kann. Zum Begriffe des Gesetzes gehört die Allgemeinheit der Regel, welche in allen logisch darunter fallenden Fällen befolgt werden soll".[22] Daraus folgerte er, unter Bezugnahme auf Carl Friedrich von Gerber, dass die Erteilung von Privilegien eine Verwaltungshandlung sei. Aus dem programmatischen Anspruch der Gerberschen Schrift wurde damit eine eindeutige Forderung.[23] Dennoch akzeptierte Schulze zunächst trotz der beschriebenen begrifflichen Konsequenz aus dem Gesetzesbegriff, dass der Gesetzgeber selbst Verwaltungshandlungen und damit Einzelfallentscheidungen vornehmen konnte.[24]

Wohl auch als Reaktion auf die Ausführungen von Gerber und Schulze griff mit Paul Laband auch einer der profiliertesten Staatsrechtler des zweiten Kaiserreiches in die Diskussion ein.[25] Er wandte sich dagegen, das Wort Privileg mit einer ‚lex specialis' gleichzusetzen und die Privilegienhoheit als einen Bestandteil der gesetzgebenden Gewalt zu behandeln, „vielmehr ist die Ertheilung eines sogenannten Privilegiums in der Mehrzahl der Fälle ein Akt der Staatsverwaltung innerhalb des durch die Gesetze abgegränzten Gebietes, auf welchem die Handlungsfreiheit der Regierung ihren Spielraum hat".[26] Dabei bezog sich Laband direkt auf die Abhandlung von Gerber. Er lehnte es jedoch mit Bezug auf Hermann Schulze ab, das Privileg in jedem Fall als Verwaltungshandlung anzusehen, denn „... es ist andererseits ebenso unrichtig, das Privileg als begrifflichen Gegensatz des Gesetzes hinzustellen und zu behaupten, die Ertheilung eines Privilegiums sei immer eine Verwaltungshandlung. Beides ist vielmehr möglich; ein Privilegium kann bald durch Rechtsgeschäft (Verwaltungsact), bald durch Gesetzgebungsact (lex specialis) begründet sein".[27] Eines Gesetzgebungsaktes

---

[21] Carl Friedrich von Gerber, Grundzüge eines Systems des Deutschen Staatsrechts, Leipzig 1865, S. 137; Schulze-Gaevernitz, Das preussische Staatsrecht (Anm. 5), S. 206; Meyer, Staatswissenschaftliche Literatur (Anm. 5), S. 370.

[22] Schulze-Gaevernitz, Das preussische Staatsrecht (Anm. 5), S. 206.

[23] Vgl. Schulze-Gaevernitz, Das preussische Staatsrecht (Anm. 5), S. 207. Wie gezeigt stellte Gerber nicht auf den gegenwärtigen Zustand ab, sondern beschrieb einen anzustrebenden Endpunkt für die von ihm aufgezeigte Entwicklung in der Privilegienlehre.

[24] Schulze-Gaevernitz, Das preussische Staatsrecht (Anm. 5), S. 207 Fn . 1.

[25] Art. Paul Laband, in: Gerd Kleinheyer/Jan Schröder, Deutsche Juristen aus fünf Jahrhunderten, 3. Aufl. 1989, S. 158 ff.; Art. Paul Laband, in: Juristen: ein biographisches Lexikon, hrsg. v. Michael Stolleis, München 1995.

[26] Laband, Staatsrecht des Deutschen Reiches (Anm. 5), S. 3.

[27] Laband, Staatsrecht des Deutschen Reiches (Anm. 5), a.a.O.

bedurfte es nach Paul Laband immer dann, wenn es sich um 'bestehende Rechtsgrundsätze' handelte und der Regierung keine allgemeine Ermächtigung zur Erteilung von Privilegien erteilt worden war; also wenn durch Privilegien Ausnahmen geschaffen werden sollten. Das Gesetz galt somit als Anknüpfungspunkt für die Erteilung von Privilegien. Damit stellte Laband sich in die Reihe der Autoren, die von einer rechtsstaatlichen Bindung der Privilegien ausgingen. Diese Regeln hielt er auch für die Gesetzgebung des Reiches für anwendbar, schloß also eine Erteilung von Privilegien durch das Reich nicht aus;[28] in der Praxis ist dies jedoch nicht erfolgt. Abweichend von Schulze definierte Laband einen Gesetzesbegriff, nach dem ein Gesetz zwar immer einen Rechtssatz, nicht aber notwendig eine allgemeine Regel enthält.[29] Begrifflich war es daher nicht zwingend, die Privilegien der Verwaltung zuzuordnen. Auf die Bedeutung dieser Auffassung für die Entwicklung des Privilegs wird am Ende dieses Abschnittes noch einzugehen sein.

Die weiteren Ausführungen von Laband zeigen, von welchem Privilegienbegriff dieser ausging. Er nannte einen Katalog von Privilegien, welcher u.a. die Privilegien von Minderjährigen, Kirchen, Frauen, Soldaten und Gläubiger sowie Zoll- und Schifffahrtsprivilegien umfaßte, sowie als eine Art Generalklausel Befreiungen von rechtlichen Verpflichtungen durch die Staatsgewalt im allgemeinen.[30] Betrachtet man dies im Vergleich zum klassischen Privilegienbegriff des Ancien régime und der Staatsrechtslehre des 19. Jahrhunderts,[31] so fällt auf, dass dieser Privilegienbegriff eigentlich nur sog. 'iura singularia' und das Dispensationsrecht umfaßte. Die konstitutive Schaffung einer Rechtsposition für eine einzelne Person oder Sache ist in diesem Katalog nicht enthalten. Dies ist wichtig für die weitere Diskussion, da dort die Begriffe bisweilen vermischt wurden. Eine Unterscheidung zwischen Privilegien im engeren und im weiteren Sinn nahm Laband nicht vor.

Laband stand mit seiner Auffassung eines einheitlichen Privilegienbegriffes und einer damit einhergehenden situationsabhängigen Zuordnung des Privilegs zu Gesetzgebung oder Verwaltungstätigkeit zunächst alleine. Georg Meyer lehnte in seiner Rezension des Labandschen Werkes die fehlende Fokussierung des Privilegienbegriffes generell ab; im Gegensatz zu Laband wurde bei ihm eine Differenzierung des Privilegienbegriffes deutlich: „Die Grenze zwischen Gesetz und Verfügung verwischt sich

[28] Laband, Staatsrecht des Deutschen Reiches (Anm. 5), a.a.O.

[29] Laband, Staatsrecht des Deutschen Reiches (Anm. 5), S. 1.; so auch Albert Hänel, Studien zum Deutschen Staatsrechts, Bd. 2, Heft 1, Leipzig 1880, S. 135 im Hinblick auf Georg Meyer: „Mit diesen seinen Definitionen schneidet G. Meyer mitten hindurch durch den fundamentalsten Unterschied nämlich zwischen objektivem und subjektivem Rechte!" Die Auseinandersetzung mit dem Privileg wurde damit auch ein Bestandteil der Diskussion um den Gesetzgebungsbegriff; diese mündet letztlich in die heute noch gültige Unterscheidung zwischen einem Gesetz im formellen und im materiellen Sinn.

[30] Laband, Staatsrecht des Deutschen Reiches (Anm. 5), S. 2 f.

[31] Vgl. dazu noch einmal Kap. 1 I. 1. u. Kap. 3 III.

vollständig, wenn wir nicht als Charakteristikum des ersteren die allgemeine Norm, als das der letzteren die Regelung konkreter Tatbestände ansehen. Deshalb sind auch, wie ich glaube, neuere staatsrechtliche Arbeiten vollkommen im Recht, wenn sie die Ertheilung von Privilegien als eine Verwaltungshandlung bezeichnen. Ich brauche das Wort Privileg allerdings im engeren Sinne, d.h. ich verstehe darunter nur solche Akte, durch welche Berechtigungen individuell bestimmter Personen begründet werden. Dass das Wort Privileg auch noch in einer anderen Bedeutung, zur Bezeichnung von Vorrechten ganzer Klassen und Stände vorkommt, hebt der Verfasser mit Recht hervor. Privilegien dieser Art können selbstverständlich nur durch Gesetze, nicht durch Verwaltungsakte begründet werden".[32] Trotz der Kritik an Laband lag nur scheinbar ein Widerspruch zwischen den Autoren vor. Die Erteilung einer individuellen Sonderberechtigung nannte Laband überhaupt nicht in seinem Privilegienkatalog, folglich ist davon auszugehen, dass Laband und Meyer in gleicher Weise die Erteilung dieser Rechtspositionen der Verwaltung überließen. Die sog. 'iura singularia' ordnen die Autoren übereinstimmend der Gesetzgebung zu.

Die Frage nach dem allgemeinen Charakter der jeweiligen staatlichen Maßnahme wurde bei allen Autoren zum entscheidenden Differenzierungsmerkmal zwischen einer gesetzgeberischen und einer Verwaltungstätigkeit. So bezeichnete Joseph Pözl 1877 in seinem Lehrbuch des bayerischen Verfassungsrechts die gesetzgebende Gewalt als die Macht, bleibende allgemein verbindliche Normen festzusetzen, während die Regierungsgewalt das „Nöthige und Zweckmäßige im Einzelnen anzuordnen und auszuführen" hatte.[33] Sehr viel umfangreicher als in seiner Rezension zum Lehrbuch von Laband behandelte Georg Meyer ein Jahr später in seinem Lehrbuch des Deutschen Staatsrechtes die Rechtsnatur des Privilegs. Dabei unterschied er zwischen zwei zentralen Formen der Ausübung staatlicher Tätigkeit: „Die Thätigkeit des Staats äussert sich theils in der Anordnung von allgemeinen Normen (Rechtssätzen) theils in der Regelung concreter Angelegenheiten. Die erstere Tätigkeit heißt Gesetzgebung, die letztere Verwaltung im weiteren Sinne".[34] Anschließend wandte sich Meyer dem Verhältnis der Verwaltung zur Gesetzgebung zu. Dabei wird schnell deutlich, dass Georg Meyer die Erteilung von Privilegien zu den Aufgaben der Verwaltung zählte. Für die Erteilung von Privilegien hielt Meyer eine rechtsstaatliche Bindung, also eine gesetzlich Grundlage, für zwingend notwendig. Im Anschluß an Carl Friedrich von Gerber forderte er dann: „Der Grundsatz, dass die Verwaltungshandlungen sich innerhalb der gesetzlichen Schranken bewegen müssen, findet auch auf die Ertheilung der Privilegien Anwendung ... Die Privilegien waren zur Zeit des alten deutschen Reiches eine wichtige Art der Rechtsbegründung ... Im modernen Verfassungsstaate ist an die Stelle

[32] Meyer, Staatswissenschaftliche Literatur (Anm. 5), S. 370.

[33] Joseph Pözl, Lehrbuch des Bayerischen Verfassungsrechts, 5. Aufl., auf Grundlage des Reichsrechts bearbeitet, München 1877, S. 403, 412.

[34] Georg Meyer, Lehrbuch des Deutschen Staatsrechtes, Leipzig 1878, S. 12.

der Privilegien die Herrschaft des Gesetzes getreten".[35] Meyer hielt die Erteilung eines Privilegs nur dann für zulässig, wenn entweder eine gesetzliche Ermächtigung ausgesprochen, oder aber der Verwaltung durch Gesetz ein freies Ermessen eingeräumt worden war.[36]

Ludwig von Rönne behandelte 1881 das Privileg im eigentlichen Sinn unter dem Begriff einer 'lex specialis'. Das Privileg im eigentlichen Sinn war bei ihm „die von der Staatsgewalt ausgehende Begründung oder Anerkennung eines besonderen von der allgemeinen Rechtsregel abweichenden Rechtszustandes eines bestimmten Individuums in gewissen Verhältnissen und Beziehungen zum Staate und zu den übrigen Staatsgenossen".[37] Inhaltlich stand diese Definition trotz der etwas abweichenden Terminologie im Einklang mit den moderneren Auffassungen von Gerber und Meyer. Auch Ludwig von Rönne ging davon aus, dass die Staatsgewalt ihren Willen „theils in der Form allgemeiner (abstrakter) Regeln, theils in der Form von auf den einzelnen Fall gerichteten (konkreten) Befehlen kund" geben konnte.[38]

Die Diskussion um die Anbindung des Privilegs an die staatliche Rechtssetzungsbefugnis war damit im Sinne Gerbers und Meyers entschieden. In den achtziger Jahren des 19. Jahrhunderts gab es nur noch vereinzelte Stimmen in der staatsrechtlichen Literatur zu dieser Frage. In seinem ‚Lehrbuch des Deutschen Staatsrechtes' aus den Jahren 1881 und 1886 betonte Hermann Schulze noch einmal die Allgemeinheit der Regel als Wesensmerkmal des Gesetzesbegriffes, mit entsprechenden Konsequenzen für das Privileg. Damit stand er in einer Reihe mit Georg Meyer, Gerber u.a., aber konträr zu der Auffassung Labands.[39] Für das Privileg brachte das Ergebnis dieser Diskussion eine entscheidende Veränderung. Die maßgeblichen Vertreter der Staatsrechtslehre des zweiten Deutschen Kaiserreiches ordneten das Privileg - jedenfalls im weitaus größten Teil seines Anwendungsbereiches und mit einer entsprechenden Tendenz für die wenigen noch relevanten Privilegien der Gesetzgebung - als Einzelfallmaßnahme der Verwaltung ein. Die Privilegien waren damit endgültig an das Gesetz gebunden und diesem untergeordnet.

Noch deutlicher zeichnet sich diese Entwicklung auch innerhalb des Dispensationsrechtes ab, wobei es bei der Abgrenzung zum Privileg im eigentlichen Sinn verbleibt.[40] Die inhaltliche Verwandtschaft blieb erhalten, wenngleich ein gemeinsamer Oberbegriff kaum noch verwendet wurde. Im Gegensatz zum konstitutiven Charakter

---

[35] Meyer, Lehrbuch des Deutschen Staatsrechtes (Anm. 34), S. 453.

[36] Meyer, Lehrbuch des Deutschen Staatsrechtes (Anm. 34), a.a.O.

[37] Ludwig von Rönne, Das Staats-Recht der Preußischen Monarchie, Vierte vermehrte und verbesserte Auflage, Bd. 1, Leipzig 1881, S. 351.

[38] Rönne, Das Staats-Recht der Preußischen Monarchie, 4. Aufl. (Anm. 37), S. 347.

[39] Hermann von Schulze-Gaevernitz, Lehrbuch des Deutschen Staatsrechtes, 1. Buch, Leipzig 1881, S. 517.

[40] Zur Erinnerung vgl. Kap. 1 I. 1 u. Kap. 3 III.

der Privilegienerteilung bewirkte die Dispensation „die Nichtanwendung eines objektiven Rechtssatzes für einen einzelnen Fall“.[41] Die Behandlung der Dispensation fand aber noch seltener Raum in der wissenschaftlichen Erörterung als das Privileg. Die Dispensation tauchte nur noch sporadisch als Rechtsbegriff des Verwaltungsrechtes in der Literatur auf.

Behandelte man die Erteilung von Privilegien somit im wesentlichen als eine Maßnahme der Verwaltung, so stellte sich die Frage, ob und wie das Staatsoberhaupt als Leiter der Exekutive und ursprünglich alleiniger Inhaber der Privilegienhoheit auf die Verwaltung bei der Erteilung der Privilegien noch einwirken konnte. Die Verfassungen der deutschen Einzelstaaten gingen mehrheitlich weiterhin von einer Erteilungskompetenz des Monarchen aus.[42] Otto von Sarwey entwickelte 1883 in seinem Staatsrecht des Königreichs Württemberg eine Reihe von Grundsätzen für die Erteilung staatlicher Maßnahmen. Neben dem allgemeinen Grundsatz, dass alle Maßnahmen der ministerialen Gegenzeichnung bedurften, erfuhr das Staatsoberhaupt eine deutliche Beschränkung seiner Befugnisse: „Die Einwirkung des Staatsoberhaupts auf die Staatsverwaltung ... ist einerseits durch die Unabhängigkeit der Gerichte, einschließlich Verwaltungsgerichte, andererseits durch den Grundsatz allgemein beschränkt, daß die Verwaltung an die Geseze und die verfassungsmäßig erlassenen Verordnungen gebunden ist“.[43] Daraus ergaben sich Schlussfolgerungen für Privilegien und Dispensationen: „Unvereinbar mit der Stellung des Staatsoberhaupts in dem Verfassungsstaat ist die Ansicht, daß dem Staatsoberhaupt als ein besonderes in der Souveränität enthaltenes Vorrecht die Befugnis unbedingt zustehe, von der Anwendung der Geseze zu dispensieren und Rechte, welche nicht in dem Geseze begründet sind (Privilegien), zu verleihen“.[44] Für ebenso unrichtig aber hielt es Otto von Sarwey, wenn man dieses Vorrecht allgemein verneinte. Vielmehr war auf die Gesetzeslage zu achten. Daraus ergab sich dann das Entscheidende, „daß die Dispensation und die Ertheilung eines Privilegiums in allen Fällen zulässig ist, in welchen das Gesetz selbst solche Abweichungen von seinen Vorschriften zugelassen und dem Staatsoberhaupt oder der Staatsregierung ... die Vollmacht hiezu ausdrücklich ertheilt hat ... Ohne eine spezielle Ermächtigung des Gesezes ist für das Dispensationsrecht und die Ertheilung von Privilegien Raum, insoweit das Gesetz seine Ausführung dem Ermessen der vollziehenden Organe des Staats ... vorbehalten hat“.[45] Die gesetzmäßige Bindung von Privilegien und Dispensationen hatte sich damit in der Staatsrechtslehre durchgesetzt.

---

[41] Vgl. Hermann von Schulze-Gaevernitz, Lehrbuch des Deutschen Staatsrechtes, 2. Buch, Leipzig 1886, S. 535 f.

[42] Vgl. dazu die Ausführungen in Kap. 3 II. u. Kap. 4 I.

[43] Otto von Sarwey, Das Staatsrecht des Königreichs Württemberg, Bd. 1, Tübingen 1883, S. 67 f.

[44] Sarwey, Staatsrecht des Königreichs Württemberg (Anm. 43), S. 68 f.

[45] Sarwey, Staatsrecht des Königreichs Württemberg (Anm. 43), S. 69 ff

Insgesamt ergibt sich damit aus den Quellen der siebziger Jahre und des Beginns der achtziger Jahre des 19. Jahrhunderts ein deutlich verändertes Bild von Privileg und Dispensation. Dabei wurden Entwicklungen aus der Zeit nach der Revolution von 1848 aufgegriffen. Die Privilegienhoheit wurde nicht mehr als Ausfluß der gesetzgebenden Gewalt angesehen. Der Gesetzgeber war zwar grundsätzlich befugt, in Gesetzesform einzelne Verfügungen zu erlassen; diese waren nach dem Verständnis der Zeit jedoch ein Sonderfall und die auf diese Art erteilten Privilegien standen in keinem Fall auf einer Stufe mit der Gesetzgebung. Für den Erlaß von Privilegien ebenso wie für die Erteilung einer Dispensation galt, dass beide Rechte, sofern sie bei der exekutiven Gewalt verblieben, von einer gesetzlichen Grundlage abhängig waren. Wo ein Gesetz die Erteilung eines Privilegs oder einer Dispensation vorsah, war diese an die Voraussetzungen des Gesetzes gebunden, und nur da, wo keine gesetzliche Regelung existierte, stand die Erteilung eines Privilegs im Ermessen der staatlichen Verwaltung. Im Unterschied zum ursprünglichen Charakter des Privilegs war auch in dem Fall, in welchem eine Ermessensentscheidung der Verwaltung vorgesehen war, dieses Ermessen gerichtlich überprüfbar. Die Erteilung von Privilegien konnte damit nicht mehr auf einem obrigkeitlichen „Willkürakt" beruhen.[46]

3. Privileg und Dispensation als Begriff des Verwaltungsrechtes

Etwa ab den achtziger Jahren des 19. Jahrhunderts hatte sich die Auffassung endgültig durchgesetzt, wonach die Erteilung von Privilegien und Dispensationen an die gesetzlichen Vorgaben gebunden und grundsätzlich nicht mehr der gesetzgebenden Gewalt zuzuordnen war. Die Erteilung von Privilegien und Dispensationen genügte damit rechtsstaatlichen Prinzipien. So hieß es bei Ludwig Gaupp 1884: „Denn im Verfassungsstaate ist die Staatsgewalt selbst an die Verfassung und an die Gesetze gebunden"; er fuhr fort: „Ausnahmen von den Gesetzen im einzelnen Fall kann nur die Gesetzgebung machen. Dem König steht hiernach ein Recht, Privilegien und Dispensationen zu ertheilen nur zu a) in denjenigen Fällen, in welchen das Gesetz selbst Abweichung von seinen Vorschriften zuläßt und das Staatsoberhaupt oder die Organe der Verwaltung zur Ertheilung von Dispensationen ermächtigt".[47] In gleicher Weise formulierte Hugo Gottfried Opitz im Anschluß an die Forderung, die Ausübung der königlichen Gewalt an rechtsstaatliche Prinzipien zu binden: „Ferner aber folgt aus diesem Grundsatze, daß selbst diejenige Gewalt des Königs, nach der es ihm freisteht, in einzelnen Zweigen der Staatsverwaltung von der gesetzlichen Ordnung abzuweichen,

[46] Sarwey, Staatsrecht des Königreichs Württemberg (Anm. 43), S. 70 ff.

[47] Ludwig Gaupp, Das Staatsrecht des Königreichs Württemberg, Freiburg i. Br. u. Tübingen 1884, S. 167.

die so genannte Privilegiengewalt, selbst wieder in Gesetz und Recht begründet sein muß und nur, insoweit dies der Fall, zulässig ist".[48]

Im Zusammenhang mit der Diskussion um den materiellen Gesetzesbegriff plädierte Ernst Seligmann 1886, vor allem vor dem Hintergrund der Unterscheidung zwischen Gesetzgebung und Verwaltung im materiellen Sinn, dafür, dass man „die Behandlung eines Einzelfalls aus der ersteren [der Gesetzgebung] eliminirt und in der letzteren [der Verwaltung] unterbringt. Alsdann ist die materielle Verwaltung zu beschreiben: als die Regelung individueller und concreter Thatbestände, sowie die hierarchische Leitung dieser Thätigkeit ..."[49] Damit wäre die Erteilung von Privilegien und Dispensationen in jedem Fall als eine Verwaltungshandlung anzusehen.[50]

Es war kein Widerspruch zu der Behauptung, dass Privileg und Dispensation einheitlich der Verwaltungstätigkeit zuzuordnen seien, wenn Randa den Privilegien einen „gesetzartigen Charakter" zuwies[51] und Georg Jellinek eine wirksame Dispensationserteilung auch durch einen Gesetzgebungsakt für möglich hielt.[52] Die Schrift von Randa behandelte nämlich spezifische Probleme des österreichischen Rechtes, das sich von der deutschen Rechtsentwicklung abgekoppelt hatte. Jellinek sah die Erteilung von Dispensationen alternativ aufgrund eines Gesetzes oder durch einen Gesetzgebungsakt vor.[53]

Die Veränderungen des Privilegienrechts zeigen sich besonders deutlich anhand der Erteilung von Eisenbahnkonzessionen. Der Begriff der Eisenbahnkonzession als Bezeichnung der umfangreichen Rechtspositionen, die mit der Erlaubnis eine Eisenbahnlinie zu betreiben verbunden waren, blieb erhalten; die Bewilligung der Konzessionen veränderte sich aber in ihrer rechtlichen Einordnung. Ursprünglich erschien die Eisenbahnkonzession als „wirkliches Privileg", das auf einer gesetzgeberischen Maßnahme beruhte und alle relevanten Rechtsverhältnisse für den Bau und Betrieb der Eisenbah-

---

[48] Hugo Gottfried Opitz, Das Staatsrecht des Königreichs Sachsen, Bd. 1, Leipzig 1884, S. 170 f.

[49] Ernst Seligmann, Der Begriff des Gesetzes im materiellen und formellen Sinne, Berlin u. Leipzig 1886, S. 68.

[50] So auch Georg Prazak, Beiträge zum Budgetrecht und zur Lehre von den formellen Gesetzen, in: Archiv für öffentliches Recht, 2. Band, Freiburg im Breisgau 1887, S.441-492, 454; Hermann von Schulze-Gaevernitz, Das preussische Staatsrecht auf Grundlage des deutschen Staatsrechts dargestellt, 2. Aufl., Bd. 2, Leipzig 1888, S. 133.

[51] Randa, Bemerkungen zur Nordbahnfrage (Zur Lehre vom Privileg, staatsrechtlichen Vertrag und von der Enteignung.), In: Zeitschrift für das Privat- und Öffentliche Recht der Gegenwart 12 (1885), S. 695-711, 699.

[52] Georg Jellinek, Gesetz und Verordnung, Staatsrechtliche Untersuchungen auf rechtsgeschichtlicher und rechtvergleichender Grundlage, Freiburg i. Br. 1887, Neudruck Aalen 1964, S. 338 f.: „Die Dispensation, welche zu Gunsten Einzelner Gesetze ausser Kraft setzt, nichtige Handlungen zu rechtsbeständigen, unerlaubte zu erlaubten macht ... kann nur erfolgen durch ein Gesetz oder Kraft eines Gesetzes".

[53] Jellinek, Gesetz und Verordnung (Anm. 52), a.a.O.

nen regelte.[54] Nachdem die ersten Eisenbahngesetze erlassen worden und die Konzessionierung der Eisenbahnbetriebe zu einer routinemäßigen Aufgabe geworden war, wandelte sich auch das Verständnis der Konzession. Die Eisenbahnkonzession erschien in der Literatur nur noch als „bloßer Verwaltungsakt“.[55] Erneut zeigt sich die Bedeutung des Privilegs als flexibles staatliches Handlungsinstrument, das mit der Vereinheitlichung der betreffenden staatlichen Maßnahmen an Bedeutung verlor.

Deutet sich hier bereits an, dass die Frage nach dem Charakter der Erteilung von Privilegien als Gesetzgebungsakt oder Verwaltungsmaßnahme auch in Anbetracht des Umfangs der staatlichen Privilegientätigkeit, nicht in den Bereich bloßer akademischer Diskussion verwiesen werden kann, so zeigt sich dies noch mehr anhand der Frage nach einer Bindung von Privilegien und Dispensationen an eine gesetzgeberische Vorgabe.

Anhand von Steuerbefreiungen durch Dispensationen ist die Frage der Gesetzesbindung von Privilegien in den gesetzlichen Beratungen im preußischen Abgeordnetenhaus thematisiert worden. Der Abgeordnete Richter stellte am 21. Januar 1891 dazu folgenden Antrag: „Ich leugne, dass es ein Recht der Regierung gibt, von einer allgemein verbindlichen, im Gesetze ausdrücklich ausgesprochenen Steuerpflicht Einzelne zu dispensieren, es sei denn, dass in den betreffenden Gesetzen selbst der Regierung eine solche Vollmacht erteilt ist“.[56] Über diese Frage entwickelte sich eine Diskussion in der Staatsrechtslehre, welche die Ergebnisse der Auseinandersetzung mit dem Privileg aufgriff. Die letztlich entscheidende Frage war, ob mit der Konstitutionalisierung der Staatsordnung und der daraus folgenden landständischen Mitwirkung beim Erlaß von Gesetzen auch die Erteilung von Privilegien und Dispensationen zusammen mit den Ständen stattfinden sollte. Die überwiegende Auffassung in der Privilegienlehre unterstützte dabei die Auffassung des Abgeordneten.[57] Die gegenteilige Auffassung wurde im Schrifttum nur vereinzelt vertreten.[58] Einen ungewöhnlichen Weg beschritt Paul Laband. Er unterstellte den Erlaß von Steuern einem Gnadenakt: „Der Gnadenerlass ist ein Regierungsakt, der durch die Regeln über die Gesetzgebung nicht betroffen wird ...“ und noch deutlicher „Die Gnade ist gesetzesfreies Gebiet“.[59] Dieser Gnadenakt erscheint bei genauer Betrachtung als eine bloße Fortsetzung der Privilegien-

[54] Prazak, Beiträge zum Budgetrecht (Anm. 50), S. 485. Zu den umfangreichen Rechten, die mit der Erteilung der Eisenbahnkonzession verbunden waren, vgl. Kap. 3 V.; berühmt geworden ist der Bau der österreichischen Nordbahn, vgl. Randa, Nordbahnfrage (Anm. 51).

[55] Prazak, Beiträge zum Budgetrecht (Anm. 50), S. 485.

[56] Stenographische Berichte des Preußischen Abgeordnetenhauses, Berlin 1891, S. 413.

[57] So Georg Meyer, Die Verhandlungen des preussischen Abgeordnetenhauses über den Erlass von Stempelsteuern für Fideikommisse, in: Neue Heidelberger Jahrbücher 1 (1891), S. 336-348, 345; Schulz-Gaevernitz, Das preussische Staatsrecht (Anm. 50), S. 61.

[58] M. Joel, Der gnadenweise Erlass von Steuern und Stempeln, in: Hirths Annalen 1891, S. 417 ff.

[59] Paul Laband, Das Gnadenrecht in Finanzsachen nach preussischem Recht, in: Archiv für öffentliches Recht 7 (1892), 168-211, 194 f.

lehre des Ancien régime unter einem anderen Etikett. Durchzusetzen vermochte sich diese Auffassung jedoch nicht. Nur das Recht der Begnadigung verblieb als eigene Kategorie in der alleinigen Kompetenz des Landesherrn. Im übrigen setzt sich in der Staatsrechtslehre die Auffassung durch, dass die Erteilung von Privilegien an die gesetzgeberische Tätigkeit gebunden war.

Die Analyse der Staatsrechtslehre des zweiten deutschen Kaiserreiches zeigt also, dass die Erteilung von Privilegien und Dispensationen bis zum Ende des 19. Jahrhunderts nahezu vollständig aus Begriff und Umfang der Gesetzgebung verschwand. Das läßt vermuten, dass beide Rechtsinstitute Bestandteil des Verwaltungsrechts wurden. Privileg und Dispensation sind daher nunmehr als verwaltungsrechtliche Begriffe im Kontext der Verwaltungsrechtswissenschaft zu untersuchen. Tatsächlich zeigt ein erster Blick, dass die Verwaltungsrechtslehre Privileg und Dispensation behandelte. Die Bezeichnung des Privilegs als 'Verwaltungsact' oder 'Verwaltungsakt' entsprach dabei nicht dem modernen Verwaltungsakt als Rechtsbegriff. 'Verwaltungsakt' meinte zunächst nur die Verwaltung als Urheberin der Maßnahme.

Insofern stellte sich die Frage, inwiefern Privileg und Dispensation als Rechtsbegriffe noch eine eigenständige Bedeutung hatten. Das Problem erfaßte Conrad Bornhak in seinem preußischen Staatsrecht von 1888 in Bezug auf die Dispensation. Er verwendete den Begriff der Dispensation im Sinne eines Anwendungsausschlusses im Einzelfall. Dabei hielt Bornhak zwei Situationen für denkbar: „Entweder das Gesetz läßt selbst Ausnahmen zu, oder es thut dies nicht".[60] Wenn nun das Gesetz selbst die Ausnahme zuließ, war es nach Bornhak nicht der die Dispensation Erteilende, der die Ausnahme machte, sondern das Gesetz selbst, so dass die Dispensation nur scheinbar zur Anwendung kommt. Ließ andererseits das Gesetz keine Ausnahmen zu, so entspreche es geradezu dem Willen des Gesetzgebers, dass der Tatbestand des Gesetzes in allen Fällen zur Anwendung kommt. „Demnach kann auch die Dispensation von einem Gesetze, welches selbst keine Ausnahmen zuläßt, nur erfolgen durch Gesetz".[61] Daraus ergaben sich für das Verständnis der Dispensation im staatsrechtlichen Zusammenhang weit reichende Konsequenzen: „Die Dispensation ist somit überhaupt kein staatsrechtlicher Begriff. Entweder läßt das Gesetz Ausnahmen von seiner Rechtsregel zu, ohne sie im einzelnen zu bestimmen, dann ist die Dispensation einfach eine Ausführungsverordnung, also ein Regierungs-, bzw. Verwaltungsakt, oder das Gesetz gestattet keine Ausnahmen, dann ist die Statuierung der Ausnahme teilweise Aufhebung des Gesetzes, also ihrerseits wieder ein eine Rechtsnorm enthaltendes Gesetz".[62] Die Dispensation hatte danach als Rechtsbegriff keinen eigenständigen Wert

[60] Conrad Bornhak, Preußisches Staatsrecht, Bd. 1, Freiburg i. Br. 1888, S. 530.

[61] Bornhak, Preußisches Staatsrecht 1 (Anm. 60), S. 531; vgl. auch Max Seydel, Bayerisches Staatsrecht, Bd. 3, München 1887, S. 558: „Zweifellos ist, daß, wer zum Erlasse einer Gesetzesnorm befugt ist, im Gesetze selbst die Möglichkeit solcher Befreiungen vorsehen kann."

[62] Bornhak, Preußisches Staatsrecht 1 (Anm. 60), S. 531.

mehr. Der Begriff erschien nicht mehr notwendig. Jenseits der Gesetzgebungslehre tauchte aber der Begriff des Verwaltungsaktes - wiederum in einer unspezifischen Form - zur Charakterisierung der Dispensation auf. Privileg und Dispensation wurden am Ende des 19. Jahrhunderts somit nicht mehr als staatsrechtliche Kategorien aufgefasst. Sie hatten aber noch Bedeutung als Begriffe des Verwaltungsrechts.

Die gleiche Entwicklung läßt sich anhand der Gesetzgebung feststellen. Den wichtigsten Einfluß auf die Privilegienpraxis hatte die Reichsgesetzgebung, die immer weitere Kompetenzbereiche an sich zog und die Regelungsbereiche der Bundesstaaten für die Erteilung von Privilegien immer weiter einschränkte. Die Erteilung von Privilegien erfolgte gegen Ende des 19. Jahrhunderts immer seltener.

Zu den wichtigsten Gesetzen gehört dabei die Gewerbeordnung für den Norddeutschen Bund, welche die gewerblichen Privilegien in ganz Norddeutschland endgültig beseitigte.[63] Unter dem Begriff des Privilegs wurde bis zum Ende des 19. Jahrhunderts in Preußen noch die Erteilung des Rechtes zur Ausgabe von Inhaberpapieren gefasst.[64] Die Ausgabe von Inhaberpapieren wurde jedoch durch das am 1. Januar 1900 in Kraft tretende Bürgerliche Gesetzbuch in den §§ 795 BGB neu geregelt. Die Vorschrift war gegenüber dem preußischen Gesetz abschließend und machte dessen Regelungsgehalt obsolet. Die Erteilung von Privilegien war auf diesem Gebiet danach nicht mehr möglich.

Ein einziger wichtiger Bereich des Wirtschaftslebens wurde auch noch nach 1900 im Deutschen Kaiserreich durch Privilegien erfaßt: Das Recht, Banknoten als Zahlungsmittel zu emittieren[65] sowie weitere spezifische Vorrechte der Reichsbank[66] wurden als Privilegien verstanden. Eine ausführliche Darstellung des Emissionsrechtes der Notenbanken findet sich u.a. im zweiten Band des Staatsrechtes des Deutschen Reiches von Philipp Zorn.[67] Diese ursprünglichen Notenprivilegien der Staatsbanken von einzelnen Gliedstaaten des Deutschen Reiches wurden im Laufe der Zeit beseitigt, bis schließlich der Reichsbank als einziger Emissionsbank das Recht, Banknoten auszugeben, verblieb.

[63] Gewerbeordnung für den Norddeutschen Bund v. 21. Juni 1869, BGBl. 1869, S. 245 ff.; die Gewerbeordnung für das Deutsche Reich vom 1. Juli 1883, RGBl. 1883, S. 77 ff. übernahm den Regelungsgehalt unverändert für das gesamte Reich.

[64] Geregelt durch Gesetz, wegen Ausstellung von Papieren, welche eine Zahlungsverpflichtung an jeden Inhaber enthalten. Vom 17ten Juni 1833. PreußGS 1833 S. 75-76. Dieses Gesetz hatte enorme praktische Bedeutung. Beispielsweise ergeben sich im Zeitraum zwischen der Reichsgründung und 1900 im Schnitt etwa 20 erteilte Privilegien pro Jahr. Diese werden zum allergrößten Teil von den preußischen Kommunen und nur in untergeordnetem Maße von privaten Schuldnern in Anspruch genommen.

[65] Das Gesetz ist inhaltlich mit dem Gesetz über die Ausgabe von Banknoten vom 27. März 1870, BGBl. 1870, S. 51 ff. identisch.

[66] Paul Laband, Das Staatsrecht des Deutschen Reiches, 4. Aufl., Bd. 2, Tübingen u. Leipzig 1901, S. 145 ff.

[67] Philipp Zorn, Das Staatsrecht des deutschen Reiches, 2. Aufl., Bd. 2, Berlin 1897.

Damit ergibt sich zunächst, dass das Privileg als Rechtsbegriff des Staatsrechtes am Ende des 19. Jahrhunderts aus der Literatur weitgehend verschwunden war und auch die Rechtspraxis sich nur noch in wenigen Fällen auf einmal erteilte Privilegien stützte. Eine Neuerteilung von staatsrechtlichen Privilegien fand nicht mehr statt.

4. Das Verschwinden der Privilegien aus der staatsrechtlichen Literatur

Der Begriff des Privilegs fand nach der Wende zum 20. Jahrhundert nur noch in einzelnen Fällen Niederschlag in der staatsrechtlichen Literatur. Gerhard Anschütz schlug die Privilegien 1905 ausschließlich dem Verwaltungsrecht zu.[68] Otto Mayer setzte sich 1909 in seinem Staatsrecht des Königreichs Sachsen mit dem Begriff des Privilegs nicht mehr auseinander; es wurde lediglich noch das Verfahren der Erteilung behandelt. Die Erteilung von Privilegien wurde aber an die Gesetze gebunden und war damit kein staatsrechtlicher Begriff mehr.[69] Conrad Bornhak behielt 1910 in seinem Grundriß des Deutschen Staatsrechts die Unterscheidung von zwei Fällen bei der Erteilung von Privilegien und Dispensationen bei. Die Erteilung konnte entweder als Vollzugakt der Regierung oder durch ein formelles Gesetz erfolgen.[70]

Angesichts dieser Entwicklung erscheint die Publikation von zwei größeren staatsrechtlichen Abhandlungen zu Privilegien und Dispensationen kurz nach der Wende zum 20. Jahrhundert zunächst als ungewöhnlich. Diese Arbeiten fassten jedoch im Wesentlichen nur die bisherige Entwicklung zusammen, bildeten damit eine Art Schlusspunkt zu der Privilegienlehre des Staatsrechts und haben damit zum Zeitpunkt der Veröffentlichung den Charakter von bereits rechtshistorischen Arbeiten. Neue Entwicklungen stießen sie nicht an. So beschäftigte sich Julius Steinitz im Jahre 1901 mit Dispensationsbegriff und Dispensationsgewalt auf dem Gebiete des deutschen Staatsrechts;[71] Rudolf Stammler behandelte Privilegien und Vorrechte 1903 in seiner Antrittsrede zum Rektorat der Universität Halle-Wittenberg.[72]

Die Arbeit von Julius Steinitz war mehr dogmatischer Natur. So schrieb er selbst über seine Monographie: „Sie soll in der Hauptsache, wenn ich so sagen darf, ein Beitrag zur Theorie der staatsrechtlichen Grundbegriffe, insbesondere des Gesetzesbeg-

---

[68] Georg Meyer, Lehrbuch des Deutschen Staatsrechtes, 6. Aufl. v. Gerhard Anschütz, Leipzig 1905, S. 651.

[69] Otto Mayer, Das Staatsrecht des Königreichs Sachsen, Tübingen 1909, S. 159.

[70] Bornhak, Grundriß des Deutschen Staatsrecht, 2. Aufl., Tübingen 1909, S. 108 ff.; vgl. dazu auch Alfred König, Das Dispensationsrecht des Herzogs in den Herzogtümern Sachsen-Coburg und Gotha, Gotha 1911.

[71] Julius Steinitz, Dispensationsbegriff und Dispensationsgewalt auf dem Gebiete des deutschen Staatsrechts, Breslau 1901.

[72] Rudolf Stammler, Privilegien und Vorrechte, Rede zum Antritte des Rektorates der vereinigten Friedrichs-Universität Halle-Wittenberg, Gehalten am 12. Juli 1903. Halle 1903.

riffs und der Grenzen von Gesetzgebung und Verwaltung, sein".[73] Wiederum war damit das Verhältnis von Privileg und Dispensation zu Gesetzgebung und Verwaltung angesprochen. Der Schwerpunkt der Arbeit lag auf der Darstellung der Dispensation, die als „Akt der Staatsgewalt, durch welchen die Anwendung eines Rechtssatzes auf einen konkreten sive individuell bestimmten Thatbestand, auf welchen dieser Rechtssatz ohne das Dazwischentreten der Dispensation angewendet werden müsste, ausgeschlossen wird", definiert wurde. Steinitz erkannte insbesondere die politische Problematik eines solchen Rechtsinstitutes, denn „das moderne Rechtsbewusstsein sieht im Allgemeinen Ausnahmen von Rechtsnormen für individuelle Fälle, wenn nicht direkt als unzulässig, so doch als ungerecht und politsch höchst bedenklich an".[74] Der Unterschied des Privilegs zur Dispensation, so wie Steinitz die Begriffe verstand, bestand im Wesentlichen darin, dass das Privileg dauernd von der Anwendung des Rechtssatzes ausschloss.[75] Dies war schon die maßgebliche Auffassung in der Privilegienlehre des Ancien régime und rechtfertigte auch bei Steinitz eine Übertragung der wesentlichen Erkenntnisse auf das eigentliche Privileg. Die Frage der Dispensationsgewalt fand bei Steinitz eine klare, aber die entscheidende Frage umgehende Antwort: „Die Dispensationsgewalt ist selbstverständlich ein Bestandteil der Staatsgewalt".[76] Ob die Dispensation letztlich ein Ausfluß der gesetzgebenden Gewalt ist oder ob die Dispensation ein der Verwaltung zugehöriges Rechtsinstitut ist, ließ Steinitz offen; er verwies lediglich auf die Diskussion in der Staatsrechtslehre.[77] Letztlich unentschieden behandelte Steinitz die Dispensation materiell als einen Akt der Gesetzgebung, hielt dessen Ausübung aber für übertragbar.[78] Die Arbeit wies damit zurück auf eine Übergangsphase, die in der staatsrechtlichen Natur eigentlich überwunden war.

Einen anderen Charakter hatte die Rede von Rudolf Stammler. Er behandelte die Rechtsnatur des eigentlichen Privilegs, wobei er unter Privileg eine besondere Anordnung verstand, wodurch ein Vorrecht im einzelnen Fall verliehen werde. Das Privileg wurde jedoch nicht als ein Akt der Gesetzgebung angesehen, sondern als Ausführung eines gestattenden Rechtssatzes: „Und es ist hiernach das Privilegium: eine rechtliche Willenserklärung, die nach einem dazu ermächtigenden Gesetze auf Begründung eines Vorrechtes gerichtet ist".[79] Die Gesetzesbindung begründete Rudolf Stammler übereinstimmend mit den Begründern der Rechtsstaatslehre damit, dass ansonsten die Gesetzgebung vollkommen beliebig von Rechtsnormen befreien würde und somit die Ge-

[73] Steinitz, Dispensationsbegriff (Anm. 71), S. 2.
[74] Steinitz, Dispensationsbegriff (Anm. 71), S. 8 f.
[75] Steinitz, Dispensationsbegriff (Anm. 71), S. 15.
[76] Steinitz, Dispensationsbegriff (Anm. 71), S. 45.
[77] Steinitz, Dispensationsbegriff (Anm. 71), S. 61 ff. mit Verweisen auf Friedberg, Georg Meyer, Conrad Bornhak u.a.
[78] Steinitz, Dispensationsbegriff (Anm. 71), S. 72 ff.
[79] Stammler, Privilegien (Anm. 72), S. 19.

fahr des Rechtsbruches bestehe. Aus dieser Einteilung ergaben sich für die Privilegienlehre Folgen. Insbesondere galt dann für die Zulässigkeit von Privilegien Folgendes: „Da nämlich Begriff und Einrichtung der Privilegien nur Sinn haben, wenn sie als Ausführung eines ermächtigenden Gesetzes genommen werden, eine solche gestattende Rechtsnorm als durchgreifende Regel bei uns aber nicht besteht, so ist die Frage nach Zulässigkeit von Privilegien im heutigen Rechte nur mit einer Reihe einzelner und vereinzelter Rechtssätze zu beantworten".[80] Das Privileg bedurfte auch als Begriff des Verwaltungsrechtes einer Einzelermächtigung und war kein ungebundenes Handlungsinstrument der Verwaltung.

5. Zusammenfassung

Am Ende des zweiten Deutschen Kaiserreiches bot sich ein deutlich gewandeltes Bild des Privilegs und der Privilegienlehre. Die Erteilung von Privilegien und Dispensationen hatte die staatsrechtliche Ebene verlassen und wurde - wenngleich immer noch als ein Rechtsbegriff - in den Kategorien des Verwaltungsrechtes behandelt (dazu mehr im nächsten Abschnitt). Mehrere Faktoren waren dabei ausschlaggebend. Das zweite deutsche Kaiserreich blieb in seiner ganzen Zeit ein Rechtsstaat.[81] Für Privilegien und Dispensation ergab sich die Notwendigkeit einer rechtsstaatlichen, d.h. gesetzlichen Begründung. Reichs- und Landesgewalt hatten die Befugnis verloren, das Privileg als universelles Rechtsinstrument zu verwenden. Die Erteilung von Privilegien, Dispensationen und anderen Vorrechten direkt durch Gesetz blieb zwar juristisch möglich, fand aber keine Anwendung mehr. Maßnahmen staatlichen Handelns in einem einzelnen Fall waren nunmehr Gegenstand der Verwaltungstätigkeit. Damit waren sie nach den Kategorien des Verwaltungsrechtes zu beurteilen.

Der im wesentlichen in den Schriften des allgemeinen Staatsrechtes propagierte Gedanke des Widerspruchs zur Idee der Gleichheit vor dem Gesetz war nach der Reichsgründung wegen der Durchsetzung der rechtsstaatlichen Bindung kein Thema mehr in der Auseinandersetzung mit dem Privileg. Mit der Durchsetzung des Rechtsstaatsprinzips in der staatlichen Praxis bestand die Gefahr staatlicher Willkür in diesem Bereich nicht mehr. Das Verschwinden des Privilegs aus der staatsrechtlichen Praxis kann also als ein Ergebnis der Durchsetzung von rechtsstaatlichen Prinzipien angesehen werden. Grund- bzw. menschenrechtliche Erwägungen spielten in der entscheidenden Phase keine Rolle. Auf der theoretischen Ebene sind es vor allem ehemalige Zivilrechtler wie Gerber und Laband, die diese Entwicklung mit beeinflussten. Auch bei ihnen spielte der rechtsstaatliche Gedanke die entscheidende Rolle.

[80] Stammler, Privilegien (Anm. 72), S. 23 f.

[81] Michael Stolleis, Geschichte des öffentlichen Rechts in Deutschland, Bd. 3, S. 42 ff.

II. Die Entstehung der Lehre vom Verwaltungsakt und das Privileg

In die zweite Hälfte des 19. Jahrhunderts - dies gilt vor allem für die Zeit nach der Gründung des zweiten deutschen Kaiserreiches - fällt die Entstehung des modernen Verwaltungsrechtes als einer eigenständigen Wissenschaftsdisziplin.[82] Seit 1844 existierte in Tübingen der erste Lehrstuhl für Verwaltungsrecht.[83] Während in der ersten Hälfte des Jahrhunderts das Verwaltungsrecht noch als Bestandteil der Staatsrechtslehre behandelt wurde - der Begriff hatte zunächst eine andere Bedeutung und umfaßte beispielsweise die Gesetzgebung[84] -, entwickelte sich das Verwaltungsrecht nun zu einer eigenen Wissenschaftsdisziplin.

Mit dem Entstehen der neuen Wissenschaftsdisziplin forderten deren Vertreter die Entwicklung eigenständiger Rechtsinstitute für das Verwaltungsrecht, um dieses von der Staatsrechtslehre zu emanzipieren und um gegenüber dem Privatrecht die Eigenständigkeit zu betonen. Auf den Punkt brachte dies Otto Mayer im Jahre 1888: „Soll die Verwaltungsrechtswissenschaft als gleichberechtigte juristische Disziplin neben die älteren Schwestern treten, so muß sie ein System von eigen-thümlichen Rechtsinstituten der staatlichen Verwaltung sein".[85]

Damit ist die Frage aufgeworfen, inwiefern der Rechtsbegriff des Privilegs, welcher, wie gezeigt, bereits zu einem Begriff des Verwaltungsrechtes geworden war, die Funktion eines „eigenthümlichen Rechtsinstitutes" übernehmen konnte oder zumindest als Vorbild eine Rolle bei der Entwicklung spezifischer Rechtsinstitute des Verwaltungsrechtes spielte. Als typisches Intrument hoheitlichen Handelns im Einzelfall schien das Privileg jedenfalls auf den ersten Blick dafür geeignet. Dass eine solche Entwicklung jedenfalls denkbar war, läßt sich bei Otto Mayer erkennen, hinter dessen Begriff des ‚Befehls' aufgrund der Anknüpfung an den Begriff des Untertanen das Privileg als Vorbild erkennbar ist. Er formulierte: „In dem Verhältnisse der Verwaltung zu den Unterthanen gibt es nur eine einzige eigenthümliche öffentlichrechtliche Form staatlicher Einwirkung; das ist der Befehl; also kann es sich nur darum Handeln ‚Conglomerate' zu machen aus den Begriffen, Formen und Rechtsinstituten, welche

[82] Zur Entstehung des modernen Verwaltungsrechtes vgl. insbesondere Michael Stolleis, Geschichte des öffentlichen Rechts in Deutschland, Bd. 2, Staatsrechtslehre und Verwaltungswissenschaft 1800-1914, München 1992, sowie Bd. 3, Staats- und Verwaltungswissenschaft in Republik und Diktatur 1914-1945, München 1999; zuletzt auch Engert, Die historische Entwicklung des Rechtsinstituts Verwaltungsakt (Einl. Anm. 59).

[83] Heinz Mohnhaupt, Vom Privileg zum Verwaltungsakt, Beobachtungen zur dogmengeschichtlichen Entwicklung in Deutschland seit der Mitte des 18. Jahrhunderts, in: Wissenschaft und Recht der Verwaltung seit dem Ancien Régime, S. 41 ff.

[84] Vgl. dazu Kap. 3 III. 1. u. insbesondere Johann Ludwig Klüber, Staatsrecht des Rheinbundes, Tübingen 1808, S. 8; sowie Robert von Mohl, Das Staatsrecht des Königreichs Württemberg, 2. Aufl., Zwei Bände, Tübingen 1840.

[85] Otto Mayer, Zur Lehre vom öffentlichrechtlichen Vertrage, in: Archiv für öffentliches Recht 3 (1888), S. 3.

die anderen wahren rechtswissenschaftlichen Disciplinen fertig liefern, Conglomerate aus Civilrecht, etwas Strafrecht und Process, und dazwischen das staatsrechtliche Rechtsinstitut des Befehls".[86]

Zu fragen ist also, welchen Einfluß der Rechtsbegriff des Privilegs auf die Entwicklung der modernen Verwaltungsrechtsinstitute hatte. Eine Zäsur in der Entwicklung des Verwaltungsrechtes stellte das Deutsche Verwaltungsrecht von Otto Mayer dar.[87] Daher sind zunächst die verwaltungsrechtlichen Schriften vor den systematisierenden Arbeiten von Otto Mayer zu behandeln (1.). Anschließend erfolgt wegen ihrer besonderen Bedeutung die Analyse des Mayerschen Werkes (2.). Die Konsolidierung der Lehre vom Verwaltungsakt bildet den Gegenstand eines dritten Abschnittes (3.).

1. Die Verwaltungsrechtslehre vor Otto Mayer

Die Entwicklung eines selbständigen Verwaltungsrechtes zur rechtlichen Erfassung der Verwaltung und ihrer Tätigkeit beruhte auf der Durchsetzung rechtsstaatlicher Prinzipien in der konstitutionellen Staatsordnung. Die rechtsstaatliche Bindung des Verwaltungshandelns entwickelte sich zum zentralen Grundsatz des modernen Verwaltungsrechtes.[88] In den frühen Schriften des Verwaltungsrechts wurde dieser Aspekt besonders betont. Karl Theodor von Inama-Sternegg schrieb 1870 dazu: „Die Summe von Verwaltungsthätigkeiten, welche innerhalb des Rechtsprinzips zulässig sind, muss aber auch wieder rechtlich begründet und geordnet sein (Idee des Rechtsstaats.)".[89] Joseph Pözl propagierte 1871 in seinem Lehrbuch des Bayerischen Verwaltungsrechts die Bindung der polizeilichen Tätigkeit als einem Teil der Verwaltungstätigkeit an das Gesetz: „Auch die Polizei ist wie die Justiz an die für ihre Ausübung in verfassungsmäßig giltiger Form erlassenen Gesetze und Verordnungen gebunden".[90] Neben die ausführende Tätigkeit aufgrund bestehender rechtlicher Grundlagen trat die freie Verwaltungstätigkeit, deren Bindung an die gesetzlichen Schranken als besonders problematisch erschien.[91] Das moderne Verwaltungsrecht mußte Rechtsinstitute für das Verwaltungsrecht entwickeln, die diesen Erfordernissen genügten.

[86] Mayer, Lehre vom öffentlichrechtlichen Vertrage (Anm. 85), S. 4.

[87] Otto Mayer, Deutsches Verwaltungsrecht, Zwei Bände, Leipzig 1895 u. 1896.

[88] Stolleis, Geschichte Bd. 3 (Anm. 82), S. 42 ff.

[89] Karl Theodor von Inama-Sternegg, Verwaltungslehre in Umrissen zunächst für den academischen Gebrauch bestimmt, Innsbruck 1870, S. 12.

[90] Joseph Pözl, Lehrbuch des Bayerischen Verwaltungsrechts, 3. Aufl., München 1871, S. 206.

[91] Josef Ulbrich, Der Rechtsbegriff der Verwaltung, in: Zeitschrift für das öffentliche und Privatrecht der Gegenwart IX (1882), S. 1-36, 1; vgl. auch übereinstimmend Paul Laband, Das Staatsrecht des Deutschen Reiches, Bd. 2, Tübingen 1878, S. 200, Hermann Schulze, Das preussische Staatsrecht auf Grundlage des deutschen Staatsrechts dargestellt, Bd. 2, Leipzig 1877, S. 266; Georg Meyer, Lehrbuch des Deutschen Verwaltungsrechtes, 3. Aufl., bearb. v. Franz Dochow, Leipzig 1910, S. 13; Joseph Pözl, in: Krit. Vierteljahresschrift V, S. 263.

Untersucht man die frühen verwaltungsrechtlichen Schriften, lassen sich als Bezeichnung für eine Verwaltungstätigkeit im Einzelfall, den obrigkeitlichen Befehl, wie Otto Mayer es formulierte, eine Reihe von Begriffen unterscheiden. Den unterschiedlichen Begriffen lag dabei keine einheitliche Rechtsnatur zugrunde. Einerseits erfuhr die Konzession weiterhin eine ausführliche Darstellung (a). Dazu kam der Begriff eines 'Verwaltungsactes', der bei vielen Autoren die Funktion eines Oberbegriffes hatte (b). Daneben wurde am häufigsten der Begriff einer 'Verfügung' verwendet, der als der zentrale Rechtsbegriff der frühen verwaltungsrechtlichen Literatur erscheint (c).[92] Weiterhin verwandte die Literatur Begriffe wie 'Entscheidung', 'Dienstbefehl' oder 'Vollzugshandlung', die meist Bestandteile der bereits genannten Begriffe waren (d).[93] Sofern das Privileg als Rechtsbegriff überhaupt noch in der verwaltungsrechtlichen Literatur auftauchte, wurde auch dieses anderen Begriffen untergeordnet (e). Aufgrund der „kaum übersehbaren Mannigfaltigkeit der Verwaltungsgeschäfte“,[94] wie Joseph Ulbrich schrieb, erschien es nicht ungewöhnlich, dass außer dem älteren Begriff der ‚Konzession‘ zunächst keiner dieser Begriff eine inhaltliche Präzisierung erfuhr, vielmehr unterschiedlich interpretiert wurde.

a) Die Verwaltungsmaßnahme zur Verleihung des Rechts, ein genehmigungspflichtiges Gewerbe auszuüben, wurde weiterhin als Konzession bezeichnet und betraf daher lediglich einen spezifischen Teil der Verwaltungstätigkeit.[95] Die Konzession ist insofern herauszuheben, als zum einen mit dem Begriff der Konzession eine Reihe von rechtlichen Grundsätzen verbunden wurde, die stark an die Privilegienlehre erinnerten, und zum anderen einige Autoren bestimmte Konzessionen noch als Privilegien verstanden.[96] Dies war jedoch eine nur selten vertretene Auffassung, da - wie gesehen - in der Staatsrechtslehre die Konzession nicht mehr dem Privileg zugeordnet wurde.[97]

Die Nähe der Konzession zur Privilegienlehre wird besonders deutlich anhand der Regeln, nach denen eine Konzession unterging bzw. diese aufgehoben werden konnte. Bei Joseph Pözl heißt es dazu: „Die Concession erlischt a) durch Nichtausübung, wenn die Ausübung nicht spätestens innerhalb Jahresfrist begonnen oder mehr als zwei Jahre eingestellt wird; b) bei juristischen Personen und Erwerbsgesellschaften durch Ablauf der Zeit oder Erlöschen der Gesellschaft; c) durch Verzicht, der der Natur der Sache nach nur ein unbedingter sein kann; d) durch den Tod des Berechtigten ... Zeitliche Einstellung oder gänzliche Einziehung der Concession kann erfolgen: a) wenn die An-

---

[92] Pözl, Verwaltungsrecht (Anm. 90), S. 210; Inama-Sternegg, Verwaltungslehre (Anm. 89), S. 15.

[93] Ulbrich, Verwaltung (Anm. 91), S.23.

[94] Ulbrich, Verwaltung (Anm. 91), S. 2.

[95] Pözl, Verwaltungsrecht (Anm. 90), S. 412 f.; vgl. zur rechtlichen Einordnung der Konzession außerdem Kap. 4 II. 2.

[96] Dies galt zum Beispiel für die Konzessionen zum Betrieb einer Eisenbahnunternehmung aufgrund der zahlreichen damit verbundenen Berechtigungen, vgl. Drei Rechtsgutachten (Anm. 16).

[97] Vgl. dazu oben Kap. 5 I. 3.

gaben, auf welche hin die Concession verliehen wurde, als unrichtig sich erweisen; b) ... wenn der Concessionirte den Concessionsbedingungen in ihrem vollen Umfange nicht nachgekommen ist und deshalb wiederholt amtlich verwarnt worden ist; c) wird ein concessionirtes Gewerbe zu einer Handlung mißbraucht, welche als Verbrechen oder Vergehen strafbar ist, so sind die Strafgerichte befugt, ... auszusprechen, daß dem Verurtheilten die Berechtigung zum selbständigen Betriebe des betreffenden Gewerbes entzogen werden kann".[98]

Die fünf von Pözl genannten Kriterien stimmten bis ins Detail mit den entsprechenden Regeln der Privilegienlehre überein.[99] Besonders herauszustellen ist die Möglichkeit, eine Konzession aufzuheben, wenn sie nicht ausgeübt wurde. Dies zeigt ein eigenes Interesse des Konzessionsgebers an der Ausübung der Konzession. Das staatliche Interesse an der Ausübung der verliehenen Rechtspositionen war bereits zur Zeit des Ancien régime ein wesentlicher Grund für staatliches Handeln. Weiterhin ging es um Fälle des Mißbrauchs von Konzessionen, die zu einer Entziehung der Konzession führten. Auch die Regelung der Übertragbarkeit einer Konzession, sei es durch Erbfall oder durch Rechtsgeschäft, weist Verbindungen zur Privilegienlehre auf. Diskutiert wurde weiterhin die Frage der Vererblichkeit ebenso wie die Bindung der Rechtspositionen an eine bestimmte Person.[100]

Der Rechtsbegriff der Konzession wies also am Ende des 19. Jahrhunderts noch eine deutliche Verwandtschaft mit dem Privileg auf. Inhaltlich läßt sich eine weit gehende Übereinstimmung der Behandlung der Konzession mit der des Privilegs feststellen. Die Konzession nahm damit die Erbmasse der Privilegienlehre auf.

b) In der verwaltungsrechtlichen Literatur tauchte am Ende des 19. Jahrhunderts immer häufiger der Begriff 'Verwaltungsact' auf.[101] Zu dieser Zeit handelte es sich zwar nicht mehr um einen neuen Begriff.[102] Erst gegen Ende des 19. Jahrhunderts wurde der 'Verwaltungsact' jedoch zu einem spezifisch verwaltungsrechtlichen Begriff.

Der Begriff bezeichnete zunächst nur die Tätigkeit der Verwaltung als solche im Gegensatz zum 'Gesetzgebungsact' als einer Maßnahme der gesetzgebenden Organe.[103] Bestimmte Inhalte waren damit nicht verbunden. Nach Edgar Löning gehören zu den Verwaltungsakten diejenigen Willenserklärungen des Staates, die keine Rechts-

[98] Pözl, Verwaltungsrecht (Anm. 90), S. 415.

[99] Vgl. dazu oben Kap. 1 I. 6.

[100] Herrmann Rehm, Die rechtliche Natur der Gewerbs-Konzession, München 1889, S. 46 ff.

[101] Georg Meyer, Lehrbuch des deutschen Verwaltungsrechts, 1. Teil, Leipzig 1883, S. 1; ders., Lehrbuch des Deutschen Staatsrechtes (Anm. 34), S. 452; Edgar Loening, Lehrbuch des Deutschen Verwaltungsrechtes, Leipzig 1884, S. 226

[102] Vgl. dazu die Übersicht bei Albrecht Rittmann, Der Begriff des Verwaltungsakts, in: BWVPr 1979, S. 266-267.

[103] Meyer, Verwaltungsrecht (Anm. 101), S. 4. Dies geschieht im Gegensatz zum 'Justizact', womit jeglicher Akt der Gerichte bezeichnet wird.

normen enthalten, sondern konkrete Verhältnisse nach Maßgabe bestehender Rechtsnormen ordnen.[104] Der Begriff 'Verwaltungsact' stellte somit einen Sammelbegriff dar, der u.a. auch Privatrechtsverhältnisse begründen konnte.[105] Der Rechtsnatur nach konnte der Begriff 'Verwaltungsact' eine ganze Reihe von Inhalten annehmen. „Die Verwaltungsacte sind theils solche Handlungen der Verwaltungsorgane, welche sich innerhalb des Organismus der Verwaltung bewegen, theils solche, durch welche die Verwaltung zu anderen Rechtssubjecten in Beziehung tritt".[106]

c) Der Begriff der Verfügung fand sehr häufig Verwendung zur Bezeichnung von Maßnahmen der Verwaltung. Teilweise diente er als Oberbegriff für verschiedene Verwaltungsmaßnahmen.[107] Der Begriff der Verfügung war dabei eindeutig ein Rechtsbegriff. Während der Begriff des Verwaltungsaktes zunächst nur ausdrückte, dass die Verwaltung in Abgrenzung zu den übrigen Staatsgewalten handelt, war der Begriff der Verfügung sehr viel konkreter. So heißt es 1882 bei Heinrich Rosin: „Verfügung ist hiernach derjenige Willensact der Verwaltung, durch welchen ein concreter, im Gesetz abstract vorgesehener Fall, in der vom Gesetz abstract vorgesehenen Weise rechtlich geordnet wird".[108] Ein Wesensmerkmal bestand also darin, dass es um den Vollzug von gesetzlichen Bestimmungen ging. Typisch für den Begriff der Verfügung war, dass es sich um eine Maßnahme handelte, die sich - nach der Art eines Individualgesetzes - in einem einzelnen Fall erschöpft.[109] Keine Einmütigkeit bestand jedoch in der Literatur darüber, ob die Verfügung immer an eine einzelne Person gerichtet sein mußte[110] oder im Sinne einer Allgemeinverfügung auch mehrere Personen betreffen konnte.[111]

Georg Meyer verstand unter einer Verfügung „Anordnungen für concrete Angelegenheiten",[112] worunter er neben Befehlen und Erlaubniserteilungen auch Beurkundungen, rechtsbegründende Akte und richterliche Verwaltungsverfügungen faßte. Eine

---

[104] Edgar Loening, Lehrbuch des Deutschen Verwaltungsrechts, Leipzig 1884, S. 226.

[105] Meyer, Verwaltungsrecht (Anm. 101), S. 6. Darunter fallen Patenterteilungen, Grossjährigkeitserklärung, das Bergwerkseigentum u.a.

[106] Meyer, Verwaltungsrecht (Anm. 101), S. 23.

[107] Meyer, Lehrbuch des Deutschen Staatsrechtes (Anm. 34), S. 452.

[108] Heinrich Rosin, Das Polizeiverordnungsrecht in Preußen, Verwaltungsrechtlich entwickelt und dargestellt, Breslau 1882, S. 8; ebenso Loening, Verwaltungsrecht (Anm. 104), S. 240: „Mit dem Ausdruck 'Verfügung' werden alle diejenigen Willenserklärungen des Staats zusammengefaßt, welche nach Maßgabe eines Rechtssatzes einzelne konkrete Rechtsverhältnisse zu ordnen bestimmt sind. Die Verfügungen im engeren Sinne sind einseitige staatliche Willenserklärungen, durch welche der Staat nach Maßgabe der von ihm anerkannten Rechtskraft seiner Herrschaftsgewalt bestimmte Rechtswirkungen hervorruft."

[109] Rosin, Polizeiverordnungsrecht (Anm. 108), a.a.O.; Schulze, Staatsrecht (Anm. 91), S. 206.

[110] So Theodor Förstemann, Principien des preußischen Polizeirechts, Berlin 1869, S. 206; Max v. Brauchitsch, Die neuen preußischen Verwaltungsgesetze, Bd. 1, Berlin 1881, S. 53, Fn. 77.

[111] So Rosin, Polizeiverordnungsrecht (Anm. 108), S. 8 ff. mit Beispielen aus der Veraltungspraxis.

[112] Meyer, Verwaltungsrecht (Anm. 101), S. 27.

eigene Lehre von der Verfügung bzw. vom Verwaltungsakt entwickelte Meyer nicht. Erstaunlich ist aber, dass Rechtsverhältnisse, deren Regelung ursprünglich durch Privilegien erfolgte - dazu gehören Patenterteilungen, Expropriationsrechte usw. -, in dem Kontext der Verwaltungstätigkeit mitbehandelt werden.

In der Literatur taucht der Begriff der Verfügung auch als „einseitige - möglicherweise jedoch nur unter Uebereinstimmung der Beteiligten erfolgende - staatliche Willenserklärung, durch welche Hoheitsrechte ausgeübt oder bestimmte Rechtswirkungen hervorgebracht werden" auf,[113] als „beabsichtigte Hervorbringung äusserer Wirkungen, um einen von der Rechtsordnung in abstracto vorgezeichneten Erfolgt zu erzielen"[114] oder auch als „einseitige Rechtsakte der Verwaltungsbehörden, Willenserklärungen, durch welche einzelne konkrete Verhältnisse geregelt und je nachdem subjektive Rechte und Pflichten (Rechtsverhältnisse) geschaffen werden, während Gesetz und Verordnung objektives Recht schaffen".[115] Allgemeiner verstand Georg August Grotefend die Verfügung als Sammelbegriff für Erlasse, Bescheide, Befehle, Erlaubniserteilungen und Feststellungen von Tatsachen, ohne den Begriff weiter zu präzisieren.[116] Erstaunlich war die Formulierung von Arthur von Kirchenheim, der die Möglichkeit andeutet, dass es zur Wirksamkeit einer Verfügung unter Umständen auf die Zustimmung der Beteiligten ankommen kann. Dies deutet auf eine Gleichrangigkeit zwischen dem Erteiler und dem Empfänger der Entscheidung hin, die sonst nur der Erteilung von Privilegien auf Grund eines vorherigen Vertrages eigen war.

Als maßgeblicher Unterschied zu einem Individualgesetz und damit eben auch zum Privileg galt, dass ein Individualgesetz die individuelle Regelung eines individuellen Falles war, während die Verfügung die konkrete Regelung einer im Gesetz abstrakt vorgesehenen Situation aussprach.[117] Genau genommen macht dies nur deutlich, dass das Individualgesetz eben ein Gesetz war und keine Verwaltungsmaßnahme. Damit war aber auch der entscheidende strukturelle Unterschied benannt.

d) Daneben werden weitere Begriffe zur Bezeichnung von Verwaltungsmaßnahmen verwendet, die vor allem dem Begriff der 'Verfügung' untergeordnet werden. Eine einheitliche Linie ist kaum erkennbar.

So heißt es beispielsweise bei Heinrich Rosin: „Die Willensaction der Verwaltung ... ist als Bethätigung der Staatsgewalt gegenüber dem Unterthan ein ‚Befehl', der den Inhalt der obrigkeitlichen Willenserklärung, der 'Verfügung' bildet".[118] Unter einem Befehl wurde das Gebot oder Verbot einzelner konkreter Handlungen verstanden, wel-

[113] Arthur von Kirchenheim, Einführung in das Verwaltungsrecht, Stuttgart 1885, S. 75.
[114] Edmund Bernatzik, Rechtsprechung und materielle Rechtskraft, Wien 1886, S. 9.
[115] Karl von Stengel, Lehrbuch des Deutschen Verwaltungsrechts, Stuttgart 1886, S. 182.
[116] Georg August Grotefend, Lehrbuch des Preußischen Verwaltungsrechts, 1. Teil, Berlin 1890, S. 30.
[117] Rosin, Polizeiverordnungsrecht (Anm. 108), S. 11 ff.
[118] Rosin, Polizeiverordnungsrecht (Anm. 108), S. 8.

ches in einem Rechtssatz begründet sein muß.[119] Als Ermächtigungen oder Gestattungen werden Verfügungen angesehen, durch die man „einer bestimmten Person die Vornahme gewisser Handlungen erlaubt, rücksichtlich welcher eine generelle gesetzliche Beschränkung der Handlungsfreiheit stattfindet".[120] Ebenfalls als Bestandteil des Verfügungsbegriffes wurden Beurkundungen, Verfügungen, die eine Rechtspersönlichkeit schaffen, und Verfügungen, welche die Begründung und Aufhebung von Privatrechten enthalten, angesehen.[121] Unter den letztgenannten wurden mit der Patenterteilung und der Verleihung des Bergwerkseigentums Rechtspositionen erfaßt, deren Regelung ursprünglich durch Privileg erfolgte, jetzt aber als Bestandteil des Verwaltungshandelns angesehen wurden. Die Erteilung einer Konzession wurde als Verwaltungsakt, nämlich als ein rechtsbegründender Verwaltungsakt angesehen, wurde aber ebenfalls innerhalb des Verfügungsbegriffes behandelt.[122]

Daneben ist noch der Begriff der Entscheidung zu sehen, der in der Literatur eine genauere Behandlung erfuhr. Bei Edmund Bernatzik war Entscheidung der technische Ausdruck für Schlüsse der Verwaltung, „mit welchen ausgesprochen wird, dass ein conkreter Tatbestand den Anwendungsfall einer abstrakten Rechtsnorm bildet".[123] Dabei stand also eine Feststellung im Vordergrund.

e) In der verwaltungsrechtlichen Literatur war es die Ausnahme, wenn das Privileg als Rechtsbegriff neben den genannten zahlreichen Begriffen noch erwähnt wurde. Ebenso wie bereits in seinen staatsrechtlichen Abhandlungen bezeichnete Georg Meyer das Privileg als einen Begriff des Verwaltungsrechtes: „Als Privileg bezeichnet man den ein concretes Rechtsverhältnis begründenden Verwaltungsact, wenn durch denselben einem einzelnen Rechtssubjekt eine bevorrechtigte Stellung gewährt wird".[124] Es ist auffällig, das Georg Meyer nicht mehr das Privileg als Oberbegriff verwendete, sondern dem Begriff des 'Verwaltungsactes' unterordnete. Unumstritten erscheint daher, dass das Privileg ein Begriff des Verwaltungsrechtes war.

f) Im Ergebnis war die Erteilung einer Verfügung Ausdruck der Routinetätigkeit der Verwaltung aufgrund gesetzlicher Vorgaben. Demgegenüber war das Privileg eine staatliche Maßnahme, die als Einzelfallmaßnahme von der obersten Staatsgewalt erlassen wurde. Ziel und Funktion der staatlichen Maßnahme stimmten jedoch überein: Eine Einzelfallentscheidung sollte in rechtlichen Kategorien erfaßt werden. Die Ver-

---

[119] Loening, Verwaltungsrecht (Anm. 104), S. 241. Als Beispiele sind angeführt, der Befehl an eine versammelte Menge auseinanderzugehen oder die Erteilung einer Baugenehmigung gegen die ‚Einsprache' der Nachbarn.

[120] Ulbrich, Verwaltung (Anm. 91), S. 57; vgl. auch Loening, Verwaltungsrecht (Anm. 104), S. 242; Stengel, Verwaltungsrecht (Anm. 115), S.183.

[121] Kirchenheim, Verwaltungsrecht (Anm. 113), S. 76 f.; Loening, Verwaltungsrecht (Anm. 104), S. 240; Stengel, Verwaltungsrecht (Anm. 115), S. 184.

[122] Rehm, Gewerbs-Konzession (Anm. 100), S. 73 ff.

[123] Bernatzik, Rechtsprechung (Anm. 114), S. 8.

[124] Meyer, Lehrbuch des Deutschen Staatsrechtes (Anm. 34), S. 452.

fügung löste damit die Erteilung von Privilegien in dem verwaltungsrechtlichen Bereich ab, in dem es letztlich um eine große Zahl von Entscheidungen ging. Dazu gehörte vor allem die Erteilung von Gewerbekonzessionen. Das Privileg tauchte in diesem Zusammenhang lediglich noch als eine besondere Art der Verfügung auf: „Specialverfügungen, welche einer bestimmten Person unter Einräumung einer bevorrechteten Ausnahmestellung subjektive Rechts gewähren, sind Privilegien“.[125] Das Privileg erschien damit als Rechtsbegriff des Verwaltungsrechtes und übte damit seine Funktion als Sonder- oder Ausnahmerecht auch im Verwaltungsrecht zunächst weiter aus. Nicht jedoch wurde es im Verwaltungsrecht zu einer grundlegenden Kategorie.

Die Begriffe der Handlungsformen der Verwaltung blieben damit zunächst unklar. Begriffe wie Verwaltungsakt, Verfügung, Befehl oder Entscheidung wurden dabei manchmal synonym verwendet, manchmal auch voneinander abgegrenzt. Eine einheitliche Begriffsbestimmung läßt sich nicht feststellen. Dem entsprach auch, dass kein einheitlicher Begriff der Verwaltungstätigkeit bestand: „Sonach ergibt sich, daß die staatliche Verwaltungsthätigkeit einen einheitlichen rechtlichen Charakter gar nicht hat, daß vielmehr die einzelnen Thätigkeiten ins Auge gefaßt werden müssen“.[126] Allerdings versuchte die Rechtswissenschaft, die Tätigkeit der Verwaltung zu erfassen und zu systematisieren. Zunächst stand dabei der Begriff der Verfügung im Mittelpunkt. Dieser entwickelte sich zu einer Bezeichnung für eine konkrete staatliche Maßnahme der Verwaltung, die im Einzelfall Rechtswirkungen hervorrief. Die Verfügung diente aber im Wesentlichen nur als Oberbegriff für verschiedene Handlungsarten der Verwaltung. Somit wurde der Begriff der Verfügung nicht zum allgemeinen Begriff für rechtliches Verwaltungshandeln im Einzelfall. Auch innerhalb der Lehre der Erlaubniserteilung fanden sich die Begriffe der Konzession und der Dispensation als Teil des Verwaltungshandelns wieder.[127] Das Privileg, sofern es in diesem Kontext überhaupt erfaßt wurde,[128] wurde in diese Kategorien nicht eingeordnet. Es war nicht Bestandteil des Verfügungsbegriffes. Behandelt wurde aber weiter die Frage, unter welchen Voraussetzungen die Verwaltung befugt war, Privilegien zu erteilen.

g) Festzuhalten bleibt daher, dass es bis zum Jahre 1895 weder zu einer einheitlichen Terminologie bei der Bezeichnung von Verwaltungsmaßnahmen im Einzelfall und erst recht nicht zu einer einheitlichen Ausgestaltung der dafür verwandten unterschiedlichen Rechtsbegriffe kam.

---

[125] Ulbrich, Verwaltung (Anm. 91), S. 29.

[126] Stengel, Verwaltungsrecht (Anm. 115), S. 16 f.

[127] Ulbrich, Verwaltung (Anm. 91), S. 57.

[128] Loening, Verwaltungsrecht (Anm. 104), S. 227.

2. Das Verwaltungsrecht Otto Mayers

Mit dem Deutschen Verwaltungsrecht des Leipziger Professors Otto Mayer erschien in den Jahren 1895 und 1896 in zwei Teilbänden das erste wirklich systematisierende Werk des modernen Verwaltungsrechtes.[129] Der zentrale Begriff seiner Darstellung des Verwaltungsrechtes war der Begriff des Verwaltungsaktes, während der bis zu diesem Zeitpunkt in der Literatur dominierende Begriff der Verfügung bei Otto Mayer keine Erwähnung mehr fand. Den Verwaltungsakt definierte er folgendermaßen: „Der Verwaltungsakt ist ein der Verwaltung zugehöriger obrigkeitlicher Ausspruch, der dem Unterthanen gegenüber im Einzelfall bestimmt, was für ihn Rechtens sein soll“.[130] Dieser Begriff des Verwaltungsaktes wurde zum Ausdruck des rechtsstaatlich gebundenen Verwaltungshandelns: „Der Rechtsstaat wird dadurch vollendet, daß auch der Verwaltungsakt mit seiner bindenden Kraft hineingestellt wird in die zu ordnenden Verhältnisse zwischen Staat und Unterthan“.[131]

Betrachtet man lediglich die von Otto Mayer eingeführte Definition, so lassen sich keine Unterschiede zum Begriff der Verfügung feststellen.[132] Beide Begriffe erfaßten die konkrete Verwaltungstätigkeit im Einzelfall aufgrund der gesetzlichen Vorgaben.[133] Der Unterschied lag darin, dass Otto Mayer zum Verwaltungsakt eine umfassende Lehre entwickelte, die Erteilung, Auslegung und Widerruf von Verwaltungsakten enthielt; eine vergleichbare rechtswissenschaftliche Lehre der ‘Verfügung’ gab es nicht.

Den Terminus ‘Verwaltungsakt’ formulierte Otto Mayer entsprechend der Bezeichnung ‘acte administratif’ im französischen Sprachgebrauch. Diesen Begriff hielt Mayer für hinreichend konkret gefasst, um daraus Schlussfolgerungen ziehen zu können.[134] Obwohl der Begriff des Verwaltungsaktes in der Literatur schon deutlich vor den Werken Otto Mayers verwendet wurde,[135] verzichtete dieser darauf, an ältere deutsche Vorbilder anzuknüpfen. Der entscheidende Unterschied zwischen dem Werk von Otto Mayer und den Autoren vor ihm bestand, wie gesagt, dass er eine umfassende Lehre

---

[129] Stolleis, Geschichte, Bd. 3 (Anm. 82), S. 51; Engert, Die historische Entwicklung des Rechtsinstituts Verwaltungsakt (Anm. 52).

[130] Otto Mayer, Deutsches Verwaltungsrecht, Bd. 1, Leipzig 1895, S. 95.

[131] Mayer, Verwaltungsrecht (Anm. 130), S. 94.

[132] Siehe dazu noch einmal Kap. 5 II. 1.

[133] Zur Verfügung vgl. Kap. 5 II. 1.

[134] Otto Mayer, Theorie des Französischen Verwaltungsrechts, Strassburg 1886, S. 91, 140. Deutlich anders war noch die Wertung dieses Verwaltungsaktsbegriffes bei Otto Kuhn, Die Trennung der Justiz und Administration, Leipzig 1840, S. 5, 46, der in einer umfassenden Anwendung des Begriffes ‘Verwaltungsakt’ die Gefahr eines ‘administrativen Despotismus’ heraufbeschworen sah.

[135] Neben den bisher schon genannten Autoren und Otto Kuhn, Trennung (Anm. 134), taucht der Begriff insbesondere in der ersten Hälfte des 19. Jahrhunderts auf. Vgl. Rittmann, Der Begriff des Verwaltungsakts (Anm. 102), S. 266 f.

des Verwaltungsaktes entwickelte, die eine außerordentliche Wirkung auf die nachfolgenden Generationen von Verwaltungsrechtswissenschaftlern entfaltete.

Das Privileg kam als Begriff in der Darstellung des Verwaltungsrechtes von Otto Mayer allerdings nicht vor. Zu vermuten wäre der Privilegienbegriff am wahrscheinlichsten noch bei der Behandlung der begünstigend wirkenden Polizeierlaubnis, der bei Mayer den folgenden Inhalt hat: „Gesetz und Verordnung können aber, indem sie ihre Polizeibefehlsregel aufstellen, der Polizeiverfügung Ermächtigung erteilen, für den Einzelfall eine Ausnahme davon zu bewilligen. So entsteht das Polizeiverbot mit Erlaubnisvorbehalt“.[136] Als Synonyme zur Polizeierlaubnis nannte Mayer Genehmigung, Gestattung, Zustimmung und Konsens. Nicht unter den Begriff einer Polizeierlaubnis faßte Otto Mayer den Begriff der Konzession: „Die Konzession oder Verleihung ist aber ein ganz bestimmtes, wohl abgegrenztes Rechtsinstitut von ganz anderer Art als die Polizeierlaubnis“.[137] Eine nähere Begründung erfolgte nicht. Dennoch wies er darauf hin, dass auch der Begriff der Konzession synonym mit den Begriffen Genehmigung, Erlaubnis und anderen verwendet wurde.[138]

Die zentrale Bedeutung des Werkes von Otto Mayer und seine Wirkung auf die Rechtswissenschaft seiner Zeit zeigt sich insbesondere in dem Widerhall, den das Werk in der Literatur erfuhr. Nahezu ein Dutzend, darunter einige recht umfangreiche, Rezensionen erschienen in den nächsten Jahren allein zur ersten Auflage. Während es sich dabei teilweise nur um umfangreiche Inhaltsangaben handelte,[139] fand auch eine intensive Auseinandersetzung mit seinem Begriff des Verwaltungsaktes und seiner Systematisierung des Verwaltungsrechtes statt. Besonders positiv fielen die Rezensionen im Hinblick auf die systematisch Arbeit Mayers aus: „Juristen finden stets ihre besondere Freude am ‘Systematisieren’ und ‘Konstruieren’ - für das letztere hat offenbar der Verfasser eine besondere Begabung. ... Überall ist scharfe Begriffsformulierung, folgerichtige Entwickelung. Gedankenreichtum“.[140] „Aus den Konglomeraten von Rechtssätzen ist der verwaltungsrechtliche Inhalt herausgeschält und auf die reinen Rechtsinstitute des Verwaltungsrechts zurückgeführt. ...gerade in dem gegenwärtigen Zeitpunkt war die Zusammenfassung der Resultate, welche wissenschaftliche Einzelforschungen, und die in alle Winkel unserer Disziplin hineinleuchtende, glänzende Judikatur des Oberverwaltungsgerichts gewonnen und aufgeschichtet haben, zu einem wohlgefügten System, das einerseits als feste Grundlage für die Prüfung und Entschei-

---

[136] Mayer, Verwaltungsrecht (Anm. 130), S. 287.

[137] Mayer, Verwaltungsrecht (Anm. 130), S. 288.

[138] Siehe dazu auch Rehm, Gewerbs-Konzession (Anm. 100), S. 80.

[139] So Max Ernst Eccius, in: Beiträge zur Erläuterung des Deutschen Rechts, 5. Folge, 5. Jg., Berlin 1896, S. 434; Hermann Rehm, in: Archiv für öffentliches Recht 12 (1897), S. 590-595; Max von Seydel, in: Kritische Vierteljahresschrift für Gesetzgebung und Rechtswissenschaft III 2 (1896), S. 242-252; von Kamptz, in: Das Recht I (1897), S. 125-126.

[140] Arthur von Kirchenheim, in: Centralblatt für Rechtswissenschaft 16 (1897), S. 110-113.

dung von Einzelfragen dienen und andererseits den Ausgangspunkt für die weitere wissenschaftliche Forschung bilden kann, ein wahrhaftes Bedürfniss“.[141] Für die Zeitgenossen bestand die eigentliche wissenschaftliche Leistung von Otto Mayer in der Zusammenfassung und Systematisierung der bisherigen Erkenntnisse auf dem Gebiete des Verwaltungsrechts. Die Entwicklung neuer Gedanken wurde Otto Mayer von den Zeitgenossen gerade nicht zugeschrieben. Sein umfassender Begriff des Verwaltungsaktes stieß anfangs sogar auf wenig Resonanz: „So z.B. wenn er als Verwaltungsakt nur den rein obrigkeitlichen Akt gelten lassen will und gegen andere Definitionen mit dem Argument kämpft, daß unter Verwaltungsakt nichts anderes als die Uebertragung des französischen *acte administratif* [Hervorhebung im Original] ins Deutsche sei. Ich leugne ganz entschieden, daß ich und andere diesen Terminus dem französischen Recht entlehnt haben; er hat sich vielmehr selbständig auf deutschem Boden entwickelt und entsprang dem Bedürfnis, für alle staatlichen Thätigkeiten, die nicht Gesetzgebung und Rechtssprechung sind, eine gemeinsame Bezeichnung zu finden. Innerhalb dieses für die deutsche Wissenschaft nicht zu umgehenden Begriffes können ja obrigkeitliche und nicht obrigkeitliche Verwaltungsakte geschieden werden“.[142] Trotzdem erkannte Georg Jellinek an, dass Otto Mayers Werk, „eine ganz hervorragende wissenschaftliche Leistung bildet, welche die Lösung der allgemeinen Probleme des Verwaltungsrechts in hohem Grade zu fördern bestimmt ist“,[143] wobei seiner Meinung nach die beiden Bände „in ihrem Aufbau und ihren Zielen von allen früheren systematischen Arbeiten“ abweichen.[144]

Die Lehre vom Verwaltungsakt, so wie Otto Mayer sie insbesondere anhand der Polizeierlaubnis entwickelte, wies, obwohl der Begriff des Privilegs überhaupt nicht verwendet wurde und die Konzession gerade nicht Bestandteil des Verwaltungsaktes sein sollte, beträchtliche Übereinstimmungen mit der Lehre der Konzession und damit auch der Privilegienlehre auf. Darin bestand der entscheidende Unterschied zu den älteren Schriften des Verwaltungsrechtes. Obwohl der Begriff ‘Privileg’, ebenso wie der Begriff ‘Konzession’ an keiner Stelle des Werkes im Zusammenhang mit einem Verwaltungsrechtsinstitut erwähnt wurde, so wurden doch die Aspekte der Privilegienlehre übernommen.

Bei den möglichen Nebenbestimmungen zu einem Verwaltungsakt wurden Fragen behandelt, die bereits Bestandteil der Privilegienlehre waren. Dazu gehören u.a. die Befristung, der Widerrufsvorbehalt und die Bedingung sowie die Auflage.[145] Noch augenfälliger sind die Übereinstimmungen mit der Privilegienlehre im Bereich der Erlöschenstatbestände für die Polizeierlaubnis. So formulierte Otto Mayer: „Die Erlaubnis

[141] Alfred von Keil, in: Juristisches Literaturblatt VII (1895), S. 46-47.
[142] Georg Jellinek, in: Verwaltungsarchiv 5 (1897), S. 304-314, 306.
[143] Jellinek, Verwaltungsarchiv (Anm. 142), a.a.O.
[144] Jellinek, Verwaltungsarchiv (Anm. 142), S. 304.
[145] Mayer, Verwaltungsrecht (Anm. 148), S. 296 ff.

kann erlöschen infolge einer beigefügten besonderen Bedingung oder Befristung. Sie erlischt durch das Wegfallen der Voraussetzungen, an welche sie geknüpft ist: Die persönliche Erlaubnis mit dem Tode des Empfängers, die gemischte mit dem Tode des Empfängers oder dem Verlust der genehmigten Mittel, die sachliche mit der Auflösung des Unternehmens. ... Dann kann die Erlaubnis erlöschen durch Nichtgebrauch. Von selbst versteht sich dieser Endigungsgrund nicht. Kein Erlöschungsgrund der Polizeierlaubnis ist der Verzicht".[146] Diese Aspekte wurden im Wesentlichen unverändert aus der Privilegienlehre des Ancien régime[147] und den Vorschriften des Allgemeinen Landrechtes entnommen.[148]

Darüber hinaus konnte nach Otto Mayer die Verwaltung selbst tätig werden, um die Beendigung einer Polizeierlaubnis zu erreichen. „Der wichtigste Erlöschungsgrund der Erlaubnis ist die Zurücknahme. Jeder Verwaltungsakt kann von der Behörde, die ihn erließ, zurückgenommen werden oder, was gleichsteht, von ihren Vorgesetzten aufgehoben werden".[149] Daran anschließend entwickelte Mayer Kriterien, wann und unter welchen Umständen die Rücknahme des Verwaltungsaktes möglich war. Dazu gehörte u.a. die Aufhebung des Verwaltungsaktes infolge des Nichtgebrauchs durch den Empfänger. Gerade dieser Tatbestand, der das öffentliche Interesse an der Erteilung der Erlaubnis deutlich macht, war sonst nur Bestandteil der Privilegienlehre und Kennzeichen ihrer Doppelnatur.[150]

Schon aufgrund dieser Ähnlichkeit in der Ausgestaltung wäre es abwegig anzunehmen, dass Otto Mayer mit der Privilegienlehre nicht vertraut war. Dennoch erschien der Begriff des Privilegs lediglich ein einziges Mal in den Werken von Otto Mayer.[151] Im Zusammenhang mit der Rechtsstellung von Beamten lehnte er den Begriff zur Bezeichnung der besonderen Rechte der Beamtenschaft jedoch ab. Dennoch übernahm er für seine Verwaltungsaktslehre, wie gesehen, die zentralen Inhalte der Privilegienlehre; diese bildeten den wesentlichen Teil der Verwaltungsaktslehre. Es ist somit davon auszugehen, dass Otto Mayer mit den wesentlichen Inhalten der Privilegienlehre bzw. der Konzession vertraut war und somit bewusst auf einige Inhalte für seine Verwaltungsaktslehre zurückgriff, obwohl dies aus seinen Ausführungen zunächst nicht ersichtlich wird.

Zu den inhaltlichen Übereinstimmungen zwischen der Privilegienlehre und der Lehre vom Verwaltungsakt gesellten sich die funktionalen Ähnlichkeiten. Ebenso wie das Privileg war der Verwaltungsakt nach der Lehre Otto Mayers in seiner begünstigenden Form eine Einzelfallmaßnahme, die einen konkreten Einzelfall rechtlich regelt. Der

146 Mayer, Verwaltungsrecht (Anm. 148), S. 301.

147 Vgl. dazu oben Kap. 1 I. 6.

148 Vgl. dazu oben Kap. 2 II.

149 Mayer, Verwaltungsrecht (Anm. 148), S. 302.

150 Vgl. dazu oben Kap. 1 I. 6.

151 Otto Mayer, Zur Lehre vom öffentlichrechtlichen Vertrage, in: AöR 1888, S. 10, 20, 43.

Unterschied lag darin, dass das Privileg als Akt der Gesetzgebung angesehen wurde, während der Verwaltungsakt eine Handlungsform der staatlichen Verwaltung war. Die Tätigkeit des Staates im Einzelfall war damit grundsätzlich zur originären Aufgabe der Verwaltung geworden.

3. Die Verwaltungsrechtslehre nach 1895/96

Die Konsolidierung der verwaltungsrechtlichen Rechtsbegriffe setzte erst in den achtziger Jahren des 19. Jahrhunderts ungefähr zeitgleich mit der Verabschiedung der ersten Verwaltungsgesetze in Deutschland ein,[152] welche die Notwendigkeit einer genauen Erfassung der Verwaltungstätigkeit besonders zutage treten ließen. Bis zu diesem Zeitpunkt blieb es bei der Vielfalt der Begriffe. Conrad Bornhak erwähnte den Begriff 'Verwaltungsakt' in seiner Abhandlung über das Polizeiverfügungsrecht von 1897 überhaupt nicht; er verwendete den Begriff der 'Verfügung'. Auch bei ihm war der Begriff der Verfügung jedoch wenig spezifisch: „Es giebt keinen allgemein anerkannten Rechtsbegriff der Verfügung. Allerdings verbindet sich mit dem Worte regelmäßig der Gedanke, daß es sich um eine lediglich für den einzelnen Fall berechnete obrigkeitliche Anordnung handelt".[153] Dies gilt jedoch nicht einheitlich: „In der That kommen in der Verwaltungspraxis auch allgemeine Verfügungen vor, so namentlich solche der Centralbehörden zur Regelung des inneren Geschäftsbetriebes der ihnen unterstellten Organe".[154]

Die verwirrende Terminologie der verwaltungsrechtlichen Rechtsbegriffe blieb zunächst bestehen. Das Werk von Otto Mayer wurde zwar rezipiert; es galt aber nur als eines unter vielen, die sich mit den Handlungsformen der Verwaltung auseinandersetzten, und auch sein Lösungsansatz wurde als einer unter mehreren verstanden: „Andrerseits ist es eine bekannte Tatsache, daß die Äußerungen der Staatsgewalt von den Gelehrten des öffentlichen Rechts an mehreren Orten nach ihrem Wesen geprüft, gruppiert und gesondert worden sind, daß aber alle diese Systeme sowohl in den Grundlagen, als auch in den Einzelheiten erheblich von einander abweichen".[155] In diesem Zusammenhang nannte Walter Jellinek neben Otto Mayer auch Paul Laband, Eduard Bernatzik, Georg Meyer, Albert Haenel und Georg Jellinek. Für völlig unzureichend hielt Walter Jellinek den Begriff des Verwaltungsaktes. Er selbst entwickelte ein Handlungssystem des Staates, das sich an den menschlichen Handlungsformen orientierte.[156] Bei Conrad Bornhak war noch 1909 die 'Verfügung' die Bezeichnung für

[152] Vgl. Stolleis, Geschichte, Bd. 3 (Anm. 82), S. 48 ff.; Engert, Die historische Entwicklung des Rechtsinstituts Verwaltungsakt (Einl. Anm. 52).

[153] Conrad Bornhak, Das Polizeiverfügungsrecht in Preußen, in: Verwaltungsarchiv 5 (1897), S.137-181, 142.

[154] Bornhak, Polizeiverfügungsrecht (Anm. 153), S. 142.

[155] Walter Jellinek, Der fehlerhafte Staatsakt und seine Wirkungen, Tübingen 1908, S. 5.

[156] Jellinek, Staatsakt (Anm. 155), S. 1 ff.

den Erlaß einer tatsächlichen Anordnung der Verwaltung.[157] Karl Kormann entwickelte 1910 einen vierschichtigen Begriff des Verwaltungsaktes. Für ihn stellten die Ausführungen von Otto Mayer jedoch eine extreme Position dar, der er sich nicht anschloss.[158] Franz Dochow, der das Lehrbuch von Georg Meyer fortführte, gelangte erst gar nicht zu einem Begriff für die Einzelfallentscheidung der Verwaltung. Auch für den zentralen Bereich der Ausübung obrigkeitlicher Befugnisse entwickelte er keinen einheitlichen Begriff.[159]

Die Verwaltungsrechtswissenschaft vermochte es in Deutschland bis zum Anfang des 20. Jahrhunderts damit nicht, ein zentrales Rechtsinstitut für die typischen Handlungsformen der staatlichen Verwaltung zu entwickeln. Der Grundstein war zwar durch die Arbeiten von Otto Mayer gelegt, eine Durchsetzung seiner Positionen war zunächst aber nicht zu beobachten.

Der Begriff des Privilegs spielte in der weiteren Diskussion um die Rechtsbegriffe des Verwaltungsrechtes keine Rolle mehr, obwohl der Begriff des Privilegs von großen Teilen der Staatsrechtswissenschaft als ein Begriff des Verwaltungsrechtes angesehen wurde. Dies verwundert nicht, stand doch der Begriff im Gegensatz zu den rechtsstaatlichen Grundsätzen des Verwaltungsrechtes. Lediglich da, wo in einigen Teilen des Verwaltungsrechts eine begriffliche Kategorisierung erfolgte - dies galt beispielsweise für die Erteilung von Konzession im Gewerberecht -, lassen sich auch die Wurzeln der Rechtsbegriffe ermitteln und damit ein Zusammenhang zur Privilegienlehre untersuchen. Die Bezeichnung selbst war dabei nicht von entscheidender Bedeutung. Insbesondere für die Ausgestaltung der gewerblichen Konzession lassen sich, wie bereits gezeigt, deutliche Parallelen zum älteren Rechtsinstitut des Privilegs erkennen. Dies gilt nicht nur für die Beendigungsgründe, wo man mit einiger Berechtigung argumentieren könnte, dass es schwer fällt, sich andere Kategorien vorzustellen, sondern auch für die Wirkung und Auslegung der geschaffenen Rechtspositionen sowie für die Frage der Aufhebung infolge von 'Nichtgebrauch'. Es kommt hinzu, dass der Begriff der Konzessionierung selbst der Privilegienlehre des 18. Jahrhunderts entsprungen war. Gerade für den Begriff der Konzession selbst läßt sich feststellen, dass dieser teilweise als Synonym für den Begriff Privileg verwendet wurde und dass es letztlich keine inhaltliche Bedeutung hatte, ob etwas als Privileg oder als Konzession bezeichnet wurde.[160]

Die entstehenden Rechtsbegriffe des Verwaltungsrechtes übernahmen also, sofern ihre Ausgestaltung im Einzelnen erfolgte und erkennbar war, zahlreiche Aspekte der

[157] Conrad Bornhak, Grundriß des Verwaltungsrecht in Preußen und dem Deutschen Reiche, 2. Aufl., Leipzig 909, S. 33 f.

[158] Karl Kormann, System der rechtsgeschäftlichen Staatsakte, Berlin 1910, S. 12 ff.

[159] Georg Meyer, Lehrbuch des Deutschen Verwaltungsrechtes, 3. Aufl., bearb. v. Franz Dochow, Leipzig 1910, S. 31 ff.

[160] Hermann Lewinsky, Die Apothekenbetriebsrechte in Preußen, 2. Aufl., Berlin 1917, S. 73.

Privilegienlehre. Der Begriff des Privilegs selbst, sofern er im Verwaltungsrecht überhaupt noch thematisiert wurde, spielte keine zentrale Rolle mehr im modernen Verwaltungsrecht. Die Handlungsformen der rechtsstaatlichen Verwaltung waren, auch wenn sie die Funktionen des Privilegs übernahmen, in ihrer Verankerung im Kontext staatlichen Handelns etwas anderes als die Privilegien. Das Privileg war Ausdruck einer staatlichen Struktur, deren Kern persönliche Rechtsbeziehungen zwischen Herrscher und Untertan waren. Den Anforderungen eines modernen Industriestaates, der für seine Stabilität auf Rechtsfrieden und Rechtssicherheit angewiesen ist, genügte das Privileg nicht mehr. Der Verwaltungsstaat benötigte ein Instrument, welches den Erfordernissen einer rechtsstaatlich gebundenen und gleichzeitig massenhaft tätigen Verwaltung gewachsen war. Der von Otto Mayer entwickelte Verwaltungsakt zielte auf die Erfüllung dieser Erfordernisse. Das Privileg als Ausdruck der hoheitlichen Tätigkeit im Einzelfall erwies sich dagegen als überholt.

III. Das Privileg und die Entstehung des BGB

Das Bürgerliche Gesetzbuch, das am 1. Januar 1900 in Kraft trat, enthielt keine Bestimmungen über Privilegien. Darin unterscheidet es sich vom Allgemeinen Bürgerlichen Gesetzbuch für Österreich, das die Rechtspositionen aus Privilegien ausdrücklich gleich den übrigen Rechten behandelte.[161] Einige noch bestehende privilegierte Rechtspositionen wurden allerdings von der Kodifikation des Bürgerlichen Rechts unmittelbar erfaßt. So wurde in Preußen die Befugnis zur Ausgabe von Inhaberpapieren aufgrund eines Gesetzes von 1833 durch ein Privileg erteilt.[162] Da das Bürgerliche Gesetzbuch die Ausgabe von Inhaberpapieren in eigenen Vorschriften regelte, wurde die preußische Vorschrift obsolet.

In der Diskussion um die Entstehung des Bürgerlichen Gesetzbuches spielten die Privilegien keine entscheidende Rolle. Enthielt der Entwurf eines Bürgerlichen Gesetzbuches für Preußen noch eine eigenständige Regelung des Privilegienrechtes, so sah das Bürgerliche Gesetzbuch für das Deutsche Reiche bereits in seinen Vorentwürfen keine einzige Bestimmung zum Privilegienrecht mehr vor. Die Frage nach einer Regelung des Privilegs wurde im Laufe des Kodifikationsprozesses aber zum Gegenstand der Diskussion. Der geringe Umfang der Auseinandersetzung zeigt jedoch die geringe Bedeutung, die dem Privileg noch beigemessen wurde. Den Verfassern des ersten Entwurfes zum BGB ist das Privileg im Band 1 der Motive, der den Allgemeinen Teil des Entwurfes behandelt, lediglich noch eine einzige Seite wert. Eine eigen-

[161] Art. 13 ABGB lautet: „Die einzelnen Personen oder auch ganzen Körpern verliehenen Privilegien und Befreiungen sind, insofern hierüber die politischen Verordnungen keine besonderen Bestimmungen enthalten, gleich den übrigen Rechten zu beurteilen".

[162] Gesetz, wegen Ausstellung von Papieren, welche eine Zahlungsverpflichtung an jeden Inhaber enthalten, Vom 17ten Juni 1833, PreußGS 1833 S. 75-76.

ständige Regelung des Privilegienrechts wurde als überflüssig angesehen: „In dem Begriffe von Recht und Gesetz liegt kein Moment, welches dazu nöthigte, die privilegirenden Rechtssätze aus der Klasse der Rechtsnormen auszuscheiden und besonderen Grundsätzen zu unterstellen“.[163] Aber selbst eine dann nahe liegende Regelung nach dem Beispiels von § 13 ABGB wurde nicht getroffen. Den Verfassern der Motive erschienen „Herrschaft der Rechtsregel und Gleichheit des Rechts“ als „Grundprinzip der modernen Rechtsordnung“.[164] Diese beiden Grundsätze schlossen aber die Erteilung von Privilegien und Dispensationen im klassischen Sinn aus. Die gleichen Grundsätze, also die Anwendung der Vorschriften, die für alle anderen Rechtspositionen ebenfalls anwendbar sind, ergaben sich auch für die Privilegien im subjektiven Sinn: „Damit ist die Rechtswahrheit ausgesprochen, daß jedes durch ein Privilegium ertheilte Recht im Allgemeinen so zu behandeln ist, wie es zu behandeln wäre, wenn es nicht einem Privilegium seine Entstehung zu verdanken hätte. Diese Wahrheit enthebt im Allgemeinen der Nothwendigkeit, bezüglich der im Gesetzbuche vorkommenden oder anderweit reichsgesetzlich begründeten oder künftig entstehenden Privilegienrechte Vorschriften zu geben“.[165] Das BGB verzichtete daher auf eine als selbstverständlich erscheinende Regel, die Privilegien den allgemeinen Rechtsgrundsätzen zu unterstellen. Damit waren freilich zwei Dinge ausgesagt. Erstens bestanden am 1. Januar 1900 in der Rechtsordnung des Reiches noch Privilegien. Zweitens wurden diese Privilegien nicht mehr als besondere Rechtspositionen verstanden. Das BGB ging somit davon aus, dass die Erteilung von Privilegien überholt war und bestehende Privilegien nur noch ein Relikt vergangener Tage waren.

Das Inkrafttreten des Bürgerlichen Gesetzbuchs am 1. Januar 1900 hatte weit reichende Konsequenzen für die Privilegienvorschriften des Allgemeinen Landrechts. Die gesetzlichen Folgen ergaben sich aus dem preußischen Ausführungsgesetz zum Bürgerlichen Gesetzbuch vom 20. September 1899.[166] Dort hieß es in Art. 89: „Die nachstehenden Vorschriften, soweit sie nicht schon in Folge Reichsgesetzes außer Kraft treten, unbeschadet der Uebergangsvorschriften, aufgehoben: 1. folgende Vorschriften des Allgemeinen Landrechts, soweit sie sich nicht auf öffentliches Recht beziehen: a) die Einleitung mit Ausnahme der §§ 74, 75 ...“.

Darin liegt die vollständige Beseitigung der Privilegienvorschriften im Regelungsbereich des Bürgerlichen Gesetzbuchs. Denn die Vorschriften des ALR über die Privilegien waren in den §§ 52 ff., 62 ff. enthalten. Das Bürgerliche Gesetzbuch sah keine Möglichkeit mehr vor, privatrechtliche Privilegien zu erteilen. Bestehende Privilegien blieben, sofern sie nicht ohnehin schon obsolet geworden waren, davon unberührt.

---

[163] Motive zum Bürgerlichen Gesetzbuch, Bd. 1, Berlin 1896, S. 18.

[164] Motive, Bd. 1 (Anm. 164), S. 19.

[165] Motive, Bd. 1 (Anm. 164), a.a.O.

[166] Ausführungsgesetz zum Bürgerlichen Gesetzbuch für das Deutsche Reich, Vom 20. Sept. 1899, PreußGS 1899, 177-249.

6. K A P I T E L : Ausblick - Das Privileg im 20. Jahrhundert

Das Privileg entwickelte sich am Ende des 19. Jahrhunderts zu einem Begriff, welcher eine Verwaltungsmaßnahme bezeichnete.[1] Im entstehenden Verwaltungsrecht nahm das Privileg jedoch keinen zentralen Platz ein. Sowohl Funktion der Privilegien als auch die einzelnen Aspekte der Privilegienlehre wurden in die Lehre vom Verwaltungsakt übernommen, wie sie von Otto Mayer entwickelt worden war. Das Privileg blieb zunächst ein Rechtsbegriff, enthielt die Rechtsordnung doch noch eine Reihe von Privilegien, auch wenn keine neuen Privilegien mehr erteilt wurden. Zu den bestehenden Privilegien gehörten die Vorrechte der Apotheker, der Schornsteinfeger und der Abdecker ebenso wie das Recht, Banknoten zu drucken. Daher verwundert es nicht, dass in der ersten Hälfte des 20. Jahrhunderts noch Arbeiten veröffentlicht wurden, die das Privileg als Rechtsbegriff des geltenden Rechts behandelten.[2]

Es stellt sich somit die Frage, welche Bedeutung den Privilegien in der ersten Hälfte des 20. Jahrhunderts in der Rechtsordnung erhalten blieb. Des näheren geht es um die Entwicklung noch bestehender Privilegien und um die Rolle des Privilegienbegriffs, nachdem die letzten rechtlichen Privilegien abgeschafft wurden. Die Untersuchung des Privilegienrechts im 20. Jahrhundert erfordert zunächst eine Auseinandersetzung mit den letzten umfangreicheren Monographien, die das Privileg als einen Rechtsbegriff des geltenden Rechts verstanden (I.). Die Arbeiten zeigen aber, dass neue Privilegien nicht mehr erteilt wurden. In einem zweiten Schritt ist zu untersuchen, wann die letzten rechtlichen Privilegien abgeschafft wurden. Die deutsche Rechtsordnung wurde grundsätzlich 'privilegienfeindlich' (II.). Ein letzter Abschnitt erläutert, warum der Begriff eines Privilegs immer noch verwendet wird und welche Funktion dieser Privilegienbegriff hat, der freilich kein Rechtsbegriff mehr ist (III.).

I. Das Privileg als Rechtsbegriff im 20. Jahrhunderts

„Seit der Mitte des vorigen Jahrhunderts ist der Begriff des Privilegiums in der Wissenschaft lebhaft umstritten. Ursprung des Streites ist die Schwierigkeit der Abgrenzung zwischen den Begriffen des Rechtssatzes und der Verfügung".[3] Götz von Brünneck begann 1933 mit diesen Worten eine umfangreiche Abhandlung über das Privileg als Rechtsbegriff des geltenden Rechts seiner Zeit. In einer Zeit, in der Zeitgenossen das Privileg als überwundenen und damit rechthistorischen Begriff

---

[1] Vgl. dazu oben Kap. 5 I., II.; ebenso auch Engert, Die historische Entwicklung des Rechtsinstituts Verwaltungsakt (Einl. Anm. 52).

[2] Rudolf Arend, Monopole und Privilegien im heutigen Verwaltungsrecht, Dorsten 1931; Götz von Brünneck, Privilegium, Individualrechtssatz und Verfügung (mit einem Anhang über § 795 BGB.), Heidelberg 1933.

[3] Brünneck, Privilegium (Anm. 2), S. 13.

bezeichneten, erschien dieses Vorhaben gewagt.[4] Neben Götz von Brünneck behandelten dementsprechend nur wenige Autoren das Privileg als Begriff des geltenden Rechtes.[5] Die Aufgabe seines eigenen Beitrages sah von Brünneck denn auch folgerichtig in der Begriffbestimmung und Einordnung des Privilegs: „Aufgabe dieser Arbeit wird sein, eine Abgrenzung zwischen Rechtssatz und Verwaltungsverfügung und im Anschluß hieran eine Begriffsbestimmung des Privilegiums zu versuchen".[6] Die weitere Beschreibung des Vorhabens macht deutlich, dass von Brünneck darüber hinaus mit dem Widerruf und der Entziehung von Privilegien zentrale Gesichtspunkte der Privilegienlehre behandelte, welche die Verwaltungsrechtswissenschaft bereits in den Begriff des Verwaltungsaktes aufgenommen hatte.[7] Die Darstellung des Privilegienrechts erfolgte am Beispiel der Ausgabe von Inhaberpapieren. Diese konnten vor dem Inkrafttreten des Bürgerlichen Gesetzbuches in Preußen nur aufgrund der Erteilung eines Privilegs ausgegeben werden[8] und fielen nun unter den Regelungsgehalt von § 795 BGB.

Götz von Brünneck unterschied zwischen einem Privileg im subjektiven und einem Privileg im objektiven Sinn. Unter Ausschluss von Dispensation und 'iura singularia' verstand Götz von Brünneck unter einem Privileg im subjektiven Sinn ein „einer einzelnen Person verliehenes besonderes subjektives Recht".[9] Die Betonung lag dabei auf dem Begriff 'besonderes Recht', da es um einen Rechtszustand ging, der von der allgemeinen Rechtsordnung abwich. Für die Bestimmung des Privilegs im objektiven Sinn, also die Frage ob Privilegien als Verwaltungsakte - sog. Verfügungen - oder als Akte der Gesetzgebung - sog. Individualrechtssatz - anzusehen waren, verwies von Brünneck zunächst auf die Diskussion um die Rechtsnatur der Privilegien im letzten Drittel des 19. Jahrhunderts.[10]

Ausgehend von dieser Diskussion grenzte von Brünneck zwischen Verfügung und Individualrechtssatz nach rechtsstaatlichen Gesichtspunkten ab. Danach war die Verfügung „die Regelung eines einzelnen Tatbestandes im Rahmen oder in Vollziehung eines Gesetzes derart, dass von diesem bereits vorgesehene Rechte und Pflichten be-

---

[4] Karl Kormann, Rez. zu Lewinsky, H., Die verkäufliche Apothekenkonzession.- Die Apothekenbetriebsrechte in Preußen, Berlin, 1911 u. 1912, in: Kritische Vierteljahresschrift für Gesetzgebung und Rechtswissenschaft 51, S. 602-616, 602 ff.; ders., System der rechtsgeschäftlichen Staatsakte, Berlin 1910, S. 120; Ottmar Bühler, Die subjektiven öffentlichen Rechte und ihr Schutz in der deutschen Verwaltungsrechtsprechung, Berlin, Stuttgart u. Leipzig 1914, S. 233.

[5] Arend, Monopel und Privilegien (Anm. 2); Enneccerus-Nipperdey, Allg. T. § 43; Triepel-v. d. Trenck, Rechtsgutachten.

[6] Brünneck, Privilegium (Anm. 2), S. 13.

[7] Brünneck, Privilegium (Anm. 2), S. 16 ff.; zur Diskussion vgl. Kap. 5 I., II.

[8] Gesetz, wegen Ausstellung von Papieren, welche eine Zahlungsverpflichtung auf jeden Inhaber enthalten. Vom 17ten Juni 1833, in: PreußGS 1833, S. 75-76.

[9] Brünneck, Privilegium (Anm. 2), S. 15.

[10] Vgl. dazu oben Kap. 5.

gründet werden".[11] Demgegenüber war der Individualrechtssatz die „Regelung eines einzelnen verwirklichten oder als verwirklicht angesehenen Tatbestandes, die entweder in keinem Rechtssatz vorgesehen ist, oder einen Rechtssatz in irgendeiner Weise durchbricht, derart, daß neue Rechte und Pflichten geschaffen werden".[12] Die Definition des Individualrechtssatzes entsprach dabei der klassischen Definition des Privilegs als Ausnahmerecht.[13] Im Gegensatz zu den meisten Autoren am Ende des 19. Jahrhunderts hielt von Brünneck auf dieser Basis die Erteilung von Privilegien auch durch einen Individualrechtssatz für möglich. Er schrieb dazu: „Privilegium im objektiven Sinne ist also der ein von der allgemeinen Rechtsordnung abweichendes subjektives (öffentliches oder privates) Recht begründende Akt der Staatsgewalt, der sich seinem Inhalt nach sowohl als Individualrechtssatz wie als rechtsbegründende Individualverfügung darstellen kann, letzteres jedenfalls dann, wenn das Privilegium durch eine Verwaltungsbehörde erteilt wird".[14]

Diese Auffassung stand im Einklang mit der überwiegenden Interpretation von Art. 109 der Weimarer Reichsverfassung (WRV),[15] der eine Regelung zur Gleichheit vor dem Gesetz enthielt. Carl Schmitt hielt es auf dieser verfassungsrechtlichen Basis für ausgeschlossen, Individualrechtssätze zu erlassen.[16] Götz von Brünneck erachtete dies im Einklang mit vielen zeitgenössischen Autoren jedoch zumindest grundsätzlich als möglich, ohne den Gleichheitsgrundsatz zu verletzen.[17] Erscheint somit die Erteilung einer Verfügung durch die Verwaltung im rechtsstaatlichen Kontext rechtlich ohne weiteres zulässig, wurde der Erlaß eines Individualrechtssatzes begründungsbedürftig. Aufgrund des formalen Gleichheitsbegriffes der deutschen Verfassungen des 19. Jahrhunderts stellte sich die Problematik in dieser Zeit jedoch noch nicht. Im 20. Jahrhundert dagegen war das Privileg bereits aus verfassungsrechtlichen Gründen kaum noch zu rechtfertigen.

Das Werk Götz von Brünnecks war die letzte größere Abhandlung der deutschen Rechtswissenschaft, die sich mit dem Privileg als Rechtsbegriff auseinandersetzte.

---

[11] Brünneck, Privilegium (Anm. 2), S. 33.

[12] Brünneck, Privilegium (Anm. 2), a.a.O.

[13] Vgl. dazu oben Kap. 1 I. 1.

[14] Brünneck, Privilegium (Anm. 2), S. 45.

[15] Artikel 109 WRV: „Alle Deutschen sind vor dem Gesetze gleich. Männer und Frauen haben grundsätzlich dieselben staatsbürgerlichen Rechte und Pflichten. Öffentlich-rechtliche Vorrechte oder Nachteile der Geburt oder des Standes sind aufzuheben. Adelsbezeichnungen gelten nur als Teil des Namens und dürfen nicht mehr verliehen werden. Titel dürfen nur verliehen werden, wenn sie ein Amt oder einen Beruf bezeichnen; akademische Grade sind hierdurch nicht betroffen. Orden und Ehrenzeichen dürfen vom Staat nicht verliehen werden. Kein Deutscher darf von einer ausländischen Regierung Titel oder Orden annehmen."; Art. 109 WRV u.a. abgedruckt in: RGBl. 1919, S. 1383.

[16] Carl Schmitt, DJZ 1933, S. 455 ff.

[17] Gerhard Anschütz, Die Verfassung des Deutschen Reichs vom 11. August 1919, 11. Aufl., Berlin 1929, S. 463; Brünneck, Privilegium (Anm. 2), S. 40, 43.

Diese Arbeit bildete aber schon zu ihrer Zeit eine Ausnahmeerscheinung. Eine Darstellung der Privilegienlehre erfolgte nach der Gründung der Weimarer Republik überhaupt nicht mehr. Kein staatsrechtliches Lehrbuch enthielt noch ein eigenes Kapitel über Privilegien. Dies gilt ebenso für verwaltungsrechtliche Werke. Die Notwendigkeit einer zusammenhängenden Darstellung bestand nicht mehr, da neue Privilegien nicht mehr erteilt wurden und die bestehenden Privilegien in der Rechtspraxis kaum noch eine Rolle spielten.

Die wenigen zu Beginn des 20. Jahrhunderts noch bestehenden Privilegien beruhten also nicht mehr auf einer Neuerteilung, wenngleich die völlige Ablehnung einer entsprechenden staatlichen Kompetenz nur in Ausnahmefällen gefordert wurde. Sie sind ausnahmslos Überbleibsel der Rechtsordnung des zweiten Kaiserreiches oder noch früheren Ursprungs. So beruht beispielsweise das Recht der ausschließlichen Banknotenausgabe durch die Deutsche Reichsbank auf einem Privileg.[18] Das Notenprivileg erschien deshalb rechtlich unumstritten als ein Privileg, weil die Notenbank des Reiches eigentlich ein privates Geldinstitut war. Daneben beruhen noch unzählige Apothekenbefugnisse auf Privilegien.[19] Gleiches gilt für die Rechtspositionen der Schornsteinfeger.[20] Darüber hinaus gab es keine rechtlichen Privilegien mehr.

In den großen Lehr- und Handbüchern des Staatsrechtes fand eine Auseinandersetzung mit dem Privileg nicht mehr statt. Das im Jahre 1919 noch einmal von Otto Mayer bearbeitete 'Deutsche Reichsstaatsrecht' Paul Labands erwähnte den Begriff des Privilegs nicht mehr.[21] Dagegen war der Verwaltungsakt Gegenstand der Auseinandersetzung.[22] Otto Meißners Werk über 'Das neue Staatsrecht des Reichs und seiner Länder', das kurz nacheinander 1921 und 1923 zwei Auflagen erlebte,[23] behandelte die Privilegienlehre nicht mehr, besprach aber die bereits genannten noch bestehenden Privilegien. Als Bestandteil der Verwaltungsaktstheorie erschien das Privileg bei Julius Hatschek. Begann die juristisch fassbare Verwaltungstätigkeit nach seiner Auffassung erst mit dem Verwaltungsakt, so gehörte dazu auch die Gruppe der konstitutiven Verfügungen.[24] Diese konstitutiven Verfügungen erschienen besonders weit reichend in ihrer Bedeutung. „Sie vermehren entweder die Welt der Rechte und Privilegien und heißen dann Verleihungen (z.B. die Verleihung von Titeln, Orden, die

---

[18] Gesetz über die Ausgabe von Banknoten vom 27. März 1870, BGBl. 1870, S. 51 ff.

[19] Werner Klie, Die Ablösung der Apothekenbesitzrechte und ihre Rechtsfolgen, Hamburg 1931, S. 12 ff.

[20] Vgl. § 39 d. GewO f. d. Deutsche Reich v. 1. April 1883 und schon § 56 der Allg. Gew. f. Preußen v. 17. Jan. 1845.

[21] Paul Laband, Deutsches Reichsstaatsrecht, 7. Aufl., bearb. v. Otto Mayer, Tübingen 1919.

[22] Paul Laband, Deutsches Reichsstaatsrecht (Anm. 21), S. 154 ff.

[23] Otto Meißner, Das neue Staatsrecht des Reichs und seiner Länder, Berlin 1921; 2. Aufl., Berlin 1923.

[24] Julius Hatschek, Institutionen des deutschen und preußischen Verwaltungsrechts, Leipzig u. Erlangen 1919, S. 10.

Verleihung der Fähigkeit zum Richteramt, die Übertragung von Hoheitsrechten an Privatkorporationen, die Erteilung der Rechte einer juristischen Person u.a.m.) oder sie erweitern bloß das Gebiet der natürlichen Freiheit der einzelnen, indem sie ein Hindernis derselben, z.B. ein polizeiliches Verbot aus dem Wege räumen".[25]

Daneben behandelte die Literatur noch weitere Aspekte der Privilegienlehre. Bei Julius Hatschek heißt es: „Dahin gehören die sogenannten Polizeierlaubnisse, insbesondere z.B. auch die gewöhnliche Gewerbekonzession".[26] Im Zusammenhang mit der Konzession griff Hatschek auf die Privilegienvorschriften des Allgemeinen Landrechtes zurück, deren Grundsätze unverändert anwendbar seien.[27] Auch Otto Mayer kam nicht am Rechtsbegriff des Privilegs vorbei. Noch in der dritten Auflage seines Deutschen Verwaltungsrechtes aus dem Jahre 1924 wird deutlich, dass das Privileg, obwohl von Mayer entschieden abgelehnt, weiterhin einen Platz in der Verwaltungspraxis besaß: „Wo die der Justiz entlehnten Ausdrücke nicht recht stimmen wollen, greift man daneben auch zu den schon im Polizeistaat gern mißbrauchten Bezeichnungen 'lex specialis' und 'privilegium'. Die amtlichen Urkunden reden noch in vielerlei Zungen".[28] Trotz der Arbeiten Otto Mayers und anderer war wohl in der Praxis des Verwaltungshandelns der Verwaltungsakt, obwohl sich dieser in der Literatur weitgehend durchgesetzt hatte,[29] offensichtlich zunächst nicht als durchgehend benutzte Bezeichnung anerkannt.

Neben den bereits genannten Arbeiten ist die im Jahre 1931 in Köln erschienene Dissertation des Trierer Gerichtsreferendars Rudolf Arend zu nennen. Sie trägt den Titel „Monopole und Privilegien im heutigen Verwaltungsrecht". Der Reihenfolge im Titel entsprechend stand der Begriff des Monopols im Mittelpunkt der Untersuchung. Die für die Zeitgenossen anscheinend nicht selbstverständliche Verbindung zwischen dem Privileg als Rechtsbegriff und dem Monopol wurde in der Einleitung erläutert: „Nicht unbeabsichtigt sind diese beiden Begriffe zusammengestellt, die rein äußerlich so wenig Gemeinsames ausweisen. Aber dennoch fehlt nicht ein innerer Zusammenhang, der dadurch gekennzeichnet ist, daß das Monopol oft eine Folge der Privilegienerteilung ist, m.a.W. die Privilegierung ist oft kausal für eine Monopolstellung".[30] Damit knüpfte er an die überkommene Privilegienlehre an. In der gemeinrechtlichen Privilegienlehre bis zum 19. Jahrhundert war das Monopol nichts anderes als ein Ausdruck für ein „privilegium exclusivum".[31] Ein solches Privileg hatte ausschließenden Charakter, durfte also in dieser Form nicht noch einmal erteilt

[25] Hatschek, Institutionen (Anm. 24), S. 10.
[26] Hatschek, Institutionen (Anm. 24), a.a.O.
[27] Hatscheck, Institutionen (Anm. 24), S. 166 ff.
[28] Otto Mayer, Deutsches Verwaltungsrecht, 3. Aufl., Bd. 1, Berlin 1924, S. 61.
[29] Z. B. Adolf Merkel, Allgemeines Verwaltungsrecht, Wien u. Berlin 1927, S. 177.
[30] Rudolf Arend, Monopole und Privilegien im heutigen Verwaltungsrecht, Dorsten 1931, S. 1.
[31] Vgl. dazu oben Kap. 1 I. 4.

werden. Gerade das Monopol wurde seit dem Ende des 18. Jahrhunderts in der wissenschaftlichen Literatur kontrovers diskutiert, stellten doch Monopole einen massiven Eingriff in die Freiheit des gewerblichen Lebens dar und standen damit im Gegensatz zu der sich seit Beginn des 19. Jahrhunderts in Deutschland durchsetzenden Gewerbefreiheit.

Die Erteilung staatlich geschaffener Monopole erfolgte auf unterschiedliche Weise. Aber gerade dabei wird der Privilegiencharakter der Monopole deutlich und läßt Rückschlüsse auch auf die Entwicklung des Privilegs zu. So heißt es: „Die staatlich geschaffenen Monopole verdanken im Gegensatz zu den staatlich geregelten Monopolen ihr Entstehen dem Gesetz oder einem Verwaltungsakt“.[32] Ein Privileg als Ursprung eines Monopols kam damit nicht mehr in Betracht: Entweder beruhte das Monopol auf einem gesetzgeberischen Akt, der aber im Verständnis der Zeit gerade kein Privileg mehr war oder vielmehr keines mehr sein sollte, sondern nunmehr die Bezeichnung ‘Individualrechtssatz’ trug, oder die Erteilung des Monopols war eine Verwaltungshandlung und damit ein Verwaltungsakt.

Das Ergebnis der Arbeit von Rudolf Arend bestand in der Feststellung, dass Privilegien nicht mehr erteilt werden können: „Das geltende Verwaltungsrecht kennt keine Privilegienverleihung mehr; die noch in der Gewerbeordnung aufrecht erhaltenen Privilegien dürfen nicht mehr verliehen werden“.[33]

Das juristische Interesse an den gewerblichen Privilegien verlagerte sich. Neue Privilegien durften nicht mehr erteilt werden, und die noch bestehenden standen weiterhin unter Rechtsfertigungsdruck. Die nahe liegende Frage der Aufhebung dieser Privilegien und die unmittelbar daran anknüpfende - schon bei der Abfassung des Allgemeinen Landrechts strittigen - Frage der Entschädigungspflicht war Gegenstand der Dissertation von Reinhard Hörstel,[34] die bezeichnenderweise bei Walter Jellinek entstanden war. Aufbau und Gegenstand der Arbeit zeigen, dass es nur noch um die Abwicklung der Privilegien ging. Die Privilegien des gewerblichen Lebens verschwanden vollständig aus der Rechtspraxis.

Die wissenschaftliche Auseinandersetzung mit dem Privileg als Rechtsbegriff des geltenden Rechtes endete damit in der ersten Hälfte des 20. Jahrhunderts. Der Grund lag zum einen darin, dass neue Privilegien nicht mehr erteilt werden konnten und die wenigen noch bestehenden Privilegien in der Rechtsordnung kaum noch Bedeutung hatten. Wie im nächsten Abschnitt darzustellen ist, verschwanden am Ende der 1930er Jahre die rechtlichen Privilegien vollständig und endgültig aus der Rechtsordnung. Die Rechtsordnung der Bundesrepublik Deutschland ist aufgrund des Gleichheitsgebotes

---

[32] Arend, Monopole und Privilegien (Anm. 30), S. 5.

[33] Arend, Monopole und Privilegien (Anm. 30), S. 40.

[34] Reinhard Hörstel, Die Entschädigungspflicht des Staates bei Aufhebung gewerblicher Privilegien, Heidelberg 1950.

(Art. 3 GG) und des Verbotes der Einzelfallgesetzgebung (Art. 19 Abs. 1 GG) privilegienfeindlich.[35]

II. Das Ende der Privilegienpraxis

Bis in die dreißiger Jahre des 20. Jahrhunderts wurden die letzten bis zu diesem Zeitpunkt noch bestehenden rechtlichen Privilegien abgeschafft. Dazu gehörten die besonderen Vorrechte der Familienfideikommisse, die Privilegien zur Ausgabe von Banknoten sowie die Privilegien der Schornsteinfeger und Abdecker. Lediglich die Apothekenprivilegien wurden nicht förmlich aufgehoben (1.). Scheinbar im Gegensatz zu dieser Entwicklung erschienen in den Jahren 1933 und 1935 zwei Steuerprivilegien im Reichsgesetzblatt. Diese waren jedoch nicht kennzeichnend für die hier dargestellte Entwicklung der Privilegien, sondern sind im Besonderen zeitlichen Kontext der nationalsozialistischen Herrschaft zu sehen (2.).

1. Die Abschaffung der letzten rechtlichen Privilegien

Die letzten noch bestehenden rechtlichen Privilegien wurden zwischen 1919 und 1939 förmlich aufgehoben. Dass die Apothekenprivilegien von der insbesondere in den 30er Jahren zu beobachtenden Aufhebungswelle nicht betroffen wurden, war kein Kennzeichen für eine besondere Rolle der Apothekenprivilegien.[36] Es bestand vielmehr keine Notwendigkeit mehr zu einer förmlichen Aufhebung, da keine Apothekenprivilegien mehr bestanden und neue nicht mehr erteilt werden durften.[37]

Die letzten ständischen Privilegien, die insbesondere mit steuer- und erbrechtlichen Vorteilen verknüpften Familienfideikommisse, wurden im Rahmen der staatlichen Neuordnung nach dem Zusammenbruch von 1918 vollständig und ohne Entschädigung aufgehoben. Art. 155 Abs. 2 der Weimarer Reichsverfassung vom 11. August 1919 bestimmte unmißverständlichwerden: „Die Fideikomisse sind aufzulösen."

Die eigentliche Welle zur Abschaffung der noch bestehenden Privilegien begann im Jahre 1933. Am 18. Dezember 1933 erging ein Gesetz zur Änderung des Privatnotenbankengesetzes.[38] In § 1 heißt es: „Die Befugnis zur Notenausgabe erlischt mit dem

[35] Bundesverfassungsgericht, Urteil v. 5. Nov. 1975, in: BVerfGE 40 (1976), S. 317.

[36] Das Recht der Errichtung und Verlegung von Apotheken blieb noch nach der Gewerbeordnung für das Deutsche Reich vom 1. Jul. 1883 aus deren Regelungsgehalt ausgespart; vgl. Georg August Grotefend [Hrsg.], Preußisch-Deutsche Gesetz-Sammlung 1806-1899, Neue Ausgabe, Dritter Band 1875-1885, Düsseldorf 1900, S. 640; danach bedürfen Apotheker außer der Approbation eine Konzession des Oberpräsidenten, wenn sie sich nicht im Besitze eines Realprivilegiums befinden.

[37] Klie, Ablösung der Apothekenbesitzrechte (Anm. 18), S. 12 ff.

[38] Gesetz zur Änderung des Privatnotenbankengesetzes, Vom 18. Dezember 1933, RGBl. I 1933, S. 1034.

31. Dezember 1935, ohne daß daraus ein Anspruch auf Entschädigung entsteht".[39] Diese Regelung betraf nur die ehemaligen Privatnotenbanken der deutschen Bundesstaaten. Die aus dem Reichsbankgesetz folgende Befugnis der Reichsbank, Banknoten herauszugeben, wurde von der Neuregelung nicht betroffen. Die Reichsbank hatte nunmehr als staatseigene Bank das Monopol zur Geldschöpfung. Die ehemals privatrechtliche Basis für die Ausgabe von Banknoten war damit endgültig zu einer öffentlich-rechtlichen Materie geworden.

Im Jahre 1935 wurden schließlich die Schornsteinfeger-Realrechte[40] und im 1939 die Abdeckereiprivilegien[41] aufgehoben. Damit kam das Verschwinden der rechtlichen Privilegien aus der Rechtsordnung Deutschlands zum Abschluss. Das Privileg als Rechtsbegriff war kein Begriff des geltenden Rechts mehr, sondern gehörte der Rechtsgeschichte an.

2. Privilegien während der nationalsozialistischen Herrschaft

In den Jahren 1933 und 1935 wurden im Reichsgesetzblatt zwei neue Privilegien verkündet. Die Privilegien betrafen jeweils die Steuerbefreiung sog. „Rittergüter".[42] Im einzelnen handelte es sich dabei um das Rittergut Neudeck des Staatspräsidenten Paul von Hindenburg und eine besondere Zuwendung an Generalfeldmarschall August von Mackensen. Diese Privilegien dürften im Hinblick auf die betroffenen Personen ausschließlich im besonderen zeitlichen Kontext der nationalsozialistischen Herrschaft zu sehen sein.

3. Zusammenfassung

Festzuhalten bleibt, dass die Privilegien bereits vor dem 2. Weltkrieg aus der Rechtsordnung Deutschlands vollständig verschwunden waren. In rechtlicher Hinsicht war Deutschland damit privilegienfrei. Eine Erteilung von Privilegien im Rechtssinn er-

---

[39] Die Bemerkung, dass die Aufhebung entschädigungslos erfolgt hatte nur deklaratorischen Charakter, da die entschädigungslose Aufhebung bereits durch das Privatnotenbankgesetz vom 30. August 1924 vorgesehen war; RGBl. II S. 246.

[40] Gesetz zur Änderung der Gewerbeordnung für das Deutsche Reich, Vom 13. Apr. 1935, RGBl. I 1935, S. 508; auch hier besteht kein Anspruch auf Entschädigung, vgl. § 39 d. GewO f. d. Deutsche Reich v. 1. April 1883 und schon § 56 der Allg. Gew. f. Preußen v. 17. Jan. 1845.

[41] Tierkörperbeseitigungsgesetz, v. 1. Feb. 1939, RGBl. I S. 187-189; § 12 (Aufhebung der Abdeckereirechte; Entschädigung): „(1) Die noch bestehenden Abdeckereirechte werden aufgehoben. Die Abdeckereiberechtigten sind für die Aufhebung der Rechte angemessen zu entschädigen ... Für Rechte, die seit dem 1. Jan. 1934 nicht mehr ausgeübt wurden, wird keine Entschädigung gewährt."

[42] Gesetz über die Befreiung des Reichspräsidenten von Hindenburg von Reichs- und Landessteuern für das Rittergut Neudeck, Vom 27. August 1933, RGBl. I 1933, S. 595 [hierbei handelt es sich um den Fall eines gemischten Privilegs, der eine Befreiung zwar für die Sache vorsieht, aber nur solange sie sich im Eigentum der benannten Person befindet]; Gesetz über die Abgabenbefreiung einer Dotation an den Generalfeldmarschall August von Mackensen, Vom 22. Oktober 1935, RGBl. I 1935, S. 1249.

scheint heute als nicht mehr denkbar. Privilegien sind mit den Vorschriften des Grundgesetzes nicht zu vereinbaren. Dagegen spricht zum einen das Gleichheitsgebot des Art. 3 GG und zum anderen das Verbot der Einzelfallgesetzgebung im Hinblick auf die Einschränkung von Grundrechten gemäß Art. 19 Abs. 1 S. 1 GG. In einer Entscheidung aus dem Jahre 1975 führte das Bundesverfassungsgericht zu Privilegien aus: „Die Demokratie des Grundgesetzes ist eine grundsätzlich privilegienfeindliche Demokratie“.[43] Damit endete die Geschichte des Privilegs als Rechtsbegriff.

III. Das Privileg als „politischer Kampfbegriff“

Obwohl das Privileg als Rechtsbegriff seit mehr als einem halben Jahrhundert nicht mehr existiert, findet der Begriff „Privileg“ weiterhin Erwähnung sowohl in der Literatur als auch in der politischen Auseinandersetzung. Es handelt sich aber nicht um einen Rechtsbegriff. Vielmehr ist der Begriff zu einem Mittel der politischen Auseinandersetzung geworden.

Zwar trug die Diskussion über das Privileg auch in der Vergangenheit politische Züge. Dies zeigen insbesondere die Schriften von Emanuel Sieyès, Georg Wedekind und anderen. Neu ist jedoch, dass es das Privileg im Rechtssinne nicht mehr gibt und bereits die Verwendung des Begriffes ‘Privileg’ eine politische Funktion hat. Das Privileg als politischer Begriff dient auch in der Gegenwart in der politischen Auseinandersetzung dazu, vermeintliche oder tatsächliche bevorrechtigte politische, gesellschaftliche und natürlich auch rechtliche Positionen zu bekämpfen. Zu den beliebtesten Gegenständen, die mit der Titulierung als Privilegien von vorneherein unter einen Rechtsfertigungszwang gesetzt werden sollen, gehören die Stellung der Parlamentsabgeordneten,[44] die Rolle der Parteien[45] im modernen Staat und die gesellschaftlichen und rechtlichen Verhältnisse der Landwirte.[46] Ein unerschöpfliches Thema ist bekanntermaßen auch die Auseinandersetzung mit der Rechtsstellung der Beamten. Darüber hinaus stehen ‘Diplomatenprivilegien’,[47] das ‘richterliche Haftungsprivileg’[48] und das ‘Geistlichenprivileg’ im Wehrrecht[49] in der Diskussion.

---

[43] Bundesverfassungsgericht, Urteil v. 5. Nov. 1975, in: BVerfGE 40 (1976), S. 317.

[44] Vgl. Wilhelm R. Beyer, Immunität als Privileg, Berlin u. Neuwied a. Rh. 1966; Eduard Menzel, Die Privilegien und Immunitäten der internationalen Funktionäre, in: Verfassung und Verwaltung in Theorie und Wirklichkeit. Festschrift f. Wilhelm Laforet, München 1952; BVerfGE 40 (1976), S. 296-352.

[45] Vgl. Horst Rapp, Das Parteienprivileg des Grundgesetzes und seine Auswirkungen auf das Strafrecht, Tübingen 1970; Klaus Stern, Das Staatsrecht der Bundesrepublik Deutschland I, 2. Aufl., München 1984, S. 210 f., 442 f.

[46] Zur steuerlichen ‘Privilegierung’ der Landwirte vgl. Bundesverfassungsgericht, Beschluß v. 11. Mai 1970, in: NJW 1970, S. 1539 f.; mit Anmerkung v. Klaus Tipke, in: NJW 1970, S. 1875 f.

[47] Vgl. Clifton E. Wilson, Diplomatic privileges and immunities, Tuscon/Arizon 1967.

[48] Vgl. BGH, Urt. v. 10. Feb. 1969, in: JZ 1970, S. 26-28 (mit Anmerkung v. D. Leipold); Helmut Begemann, Das Haftungsprivileg des Richters im Strafrecht, in: NJW 1968, S. 1361-1364.

Diesen sog. Privilegien ist gemeinsam, dass sie keine Privilegien im Rechtssinne sind. Den modernen 'Privilegien' fehlt es an dem für die Privilegienlehre zentralen Aspekt der Ausnahme von der allgemeinen Gesetzgebung. Soweit es sich bei ihnen überhaupt um Rechtspositionen handelt, sind sie vielmehr selbst das Ergebnis der Gesetzgebungshoheit des Parlamentes. Am ehesten lassen sich diese modernen 'Privilegien' mit den 'iura singularia' vergleichen.[50] Aber auch dieser Vergleich trügt. Im Gegensatz zu den 'iura singularia' sind die heutigen Rechtspositionen selbst vom Gesetzgebungsorgan und eben nicht vom Regenten erlassen worden. Im modernen System der Gewaltenteilung ist eine derartige Differenzierung weder rechtlich möglich, noch ergibt sich daraus für Rechtspraxis oder -theorie in irgendeiner Form ein Kenntnisgewinn.

Das Privileg spielt somit nur noch eine Rolle als - sachlich unrichtiger - Ausdruck für politisch nicht gewollte, insbesondere rechtliche, Positionen. Dennoch macht auch die Rechtsprechung der Neuzeit vom Begriff des Privilegs reichlich Gebrauch. „Abweichungen vom allgemeinen Regelrecht",[51] womit letztlich alles bezeichnet werden kann, was nicht wirklich alle betrifft oder betreffen kann, werden vielfach von der Rechtsprechung unter dem Stichwort Privileg behandelt und oft als rechtswidrig angesehen.

Die Verwendung des Privilegs als politisches Schlagwort zeigt sich etwa an den Schlagzeilen „Banken ohne Last und Privilegien"[52] und „Gerechte Last für alle. Eine gute Steuerreform muß Privilegien abschaffen".[53] Selbst in der im Hinblick auf historischen Ballast unverdächtigen modernen Informationsgesellschaft dient der Privilegienbegriff als Schlagwort der politische Auseinandersetzung: „Voraussichtlich wird genau dies dann zum neuen Luxus: Ich kann es mir leisten, kein Auto fahren zu müssen, und bald gehören die zu den Privilegierten, die sich die Uninformiertheit leisten können".[54] Auch die steuerliche Behandlung bestimmter Kapitalanlagen wird mit dem Begriff des Privilegs belegt.[55]

Für den Begriff des Privilegs gilt damit auch in moderner Zeit: „Man hat diesem Ausdrucke zuweilen eine ganz ungebührliche Ausdehnung gegeben, und dadurch die

49 Vgl. Harald Bogs, Probleme des Geistlichenprivilegs im Wehrrecht, in: Der Staat 9 (1970), S. 43-66; Erich Schickedanz, Geistlichenprivileg im Wehrrecht und Gleichheitssatz, in: NJW 1970, S. 1871 f.

50 Vgl. dazu oben Kap. 1 I. 1.

51 So Heinz Mohnhaupt, Die Unendlichkeit des Privilegienbegriffs, in: Das Privileg im europäischen Vergleich 1, hrsg. v. Barbara Dölemeyer u. Heinz Mohnhaupt, Frankfurt a. M., S. 1-11, 2.

52 Frankfurter Allgemeine Zeitung, Nr. 187, 14. August 1999, S. 11; zum sog. 'Sparkassenprivileg'.

53 Die Zeit, Nr. 30, 22. Juli 1999, 54. Jahrgang, S. 1; die insbesondere auf die 'Privilegien' der Landwirte gerichtet ist.

54 Praktische Ignoranz, Stephan Selle über Nachrichtenschwemme und den Wert von Information, in: MACup 06/1998, S. 3.

55 Schönfels, Rüdiger von, Letzte Schonzeit, Das Kabinett hat das Ende des Steuerprivilegs von Kapitallebensversicherungen abgenickt, in: Wirtschaftswoche 36/1999 v. 2. Sept. 1999, S. 184-188, 184.

Abneigung, welches unser nach Gleichheit des Rechte strebendes Zeitalter gegen die Privilegien nährt, auch auf Institutionen hingelenkt, welche durchaus nicht den Charakter von Privilegien an sich tragen".[56] Es stammt aus dem Jahre 1852. Auch der Ausspruch von Joseph Pözl hat somit nichts an Aktualität eingebüßt: „Das Wort „Privilegium" gehört zu denjenigen, welche man in unseren Tagen fast unbedingt perhorrescirt, weil man die Sache, welche man damit bezeichnet, nicht mehr für zeitgemäß hält".[57]

[56] Johann Caspar Bluntschli, Allgemeines Staatsrecht, geschichtlich begründet, München 1852, S. 318.

[57] Joseph Pözl, Art. Privilegium, in: Deutsches Staats-Wörterbuch, hrsg. v. Johann Caspar Bluntschli u. Karl Ludwig Theodor Brater, Bd. 8, Stuttgart u. Leipzig 1864, S. 372-376, 372.

QUELLEN- UND LITERATURVERZEICHNIS

A. Quellen

Albrecht, Eduard: Rezensionen über Maurenbrechers Grundsätze des heutigen deutschen Staatsrechts, Sonderausgabe MCMLXII, Wissenschaftliche Buchgesellschaft Darmstadt, Erstmals veröffentlicht: Göttingische gelehrte Anzeigen, 150. u. 151. Stück vom 21.September 1837, S. 1489-1504; 152. Stück vom 23. September 1837, S. 1508-1515.

Allgemeines deutsches encyclopädisches Handwörterbuch oder wohlfeilstes Taschen-Conversations-Lexikon für Alle Stände, In alphabetischer Ordnung, 36 Bände, Augsburg 1828-1831.

Allgemeines Gesetzbuch für die Preussischen Staaten, Erster Theil, Berlin 1791, Nachdruck Frankfurt a. M. 1985.

Allgemeines Handwörterbuch der philosophischen Wissenschaften, nebst ihrer Literatur und Geschichte, Nach dem heutigen Standpuncte der Wissenschaft bearbeitet und herausgegeben von Wilhelm Traugott Krug, 5 Bände, Leipzig 1827-1829.

Allgemeines Landrecht für die Preussischen Staaten, Erster Theil, Zweyter Theil, Zweyte Auflage, Berlin 1794.

Allgemeines Landrecht für die Preussischen Staaten, Unter Weglassung der obsoleten oder aufgehobenen Vorschriften, und Einschaltung der jüngeren noch geltenden Bestimmungen, Kommentar in Anmerkungen von Christian Friedrich Koch, In zwei Theilen oder vier Bänden, Berlin 1852-1854.

Allgemeines Landrecht für die Preussischen Staaten, Unter Andeutung der obsoleten und aufgehobenen Vorschriften und Einschaltung der jüngeren noch geltenden Bestimmungen, herausgegeben mit Kommentar in Anmerkungen von Christian Friedrich Koch, Nach des Verfassers Tode bearbeitet von Franz Förster u.a., Erster Band, Sechste Ausgabe, Berlin 1874.

Allgemeines Landrecht für die Preussischen Staaten nebst den ergänzenden und abändernden Bestimmungen der Reichs- und Landesgesetzgebung, Mit Erläuterungen von Hugo Rehbein und Otto Reincke, Erster Band (Theil I, Titel 1-11.), Dritter Band (Theil II, Titel 1-8.), Zweite, verbesserte Auflage, Berlin 1882.

Ancillon, Jean Pierre Frédéric: Ueber den Geist der Staatsverfassungen und dessen Einfluß auf die Gesetzgebung, Berlin 1825.

[Anonym: Rez. zu] Lobethan, Abhandlung, in: Revision der Literatur f. d. Jahre 1785-1800, Erg, Bl. zur Allgem. Literaturzeitung, 2. Jg., 1802, Sp. 9-13.

Arend, Rudolf: Monopole und Privilegien im heutigen Verwaltungsrecht. Dorsten 1931.

Aretin, Johann Christian von: Vertheidigung der Landesfürstlichen Rechte gegen die Feinde der neuen Constitution in Deutschland, Nürnberg: Friedrich Campe 1837.

Arndt, Adolf: Die Verfassungs-Urkunde für den Preußischen Staat, Mit Einleitung, vollständigem Kommentar, Anlagen und Sachregister, Fünfte, gänzlich umgearbeitete und verbesserte Auflage, Berlin: J. Guttentag 1904.

Bähr, Otto: Der Rechtsstaat, Eine publicistische Skizze, Kassel 1864, Neudruck Aalen 1969.

Barth, Anton: Vorlesungen über sämmtliche Hauptfächer der Staats- und Rechtswissenschaft, Zum Selbststudium für jeden Staatsbürger verständlich bearbeitet, Zweiter Band, Enthaltend den Beschluß des Naturrechts, dann von dem römischen Privatrechte den allgemeinen Theil und einen Theil des Sachenrechts, Augsburg 1835.

Bartenstein, Johann Christoph von: Natur- und Völkerrecht, Wien u. Erlangen 1790.

Bauer, Anton, Lehrbuch des Naturrechts, Marburg 1808.

Behr, Wilhelm Joseph: Systematische Darstellung des Rheinischen Bundes aus dem Standpunkte des öffentlichen Rechts, Frankfurt a. M. 1808, Nachdruck Glashütten im Taunus 1971.

Bekker, Ernst Immanuel: System des heutigen Pandektenrechts, Zwei Bände, Weimar 1886 u. 1889.

Berger, Johann Heinrich von: Oecoomia juris, Ad usum hodiernum accomodati, 7. Aufl., Leipzig 1771.

Bernatzik, Edmund: Rechtsprechung und materielle Rechtskraft, Verwaltungsrechtliche Studien. Wien 1886.

Beseler, Georg: System des gemeinen deutschen Privatrechts, 2. Auflage, Berlin 1866.

Bielitz, Gustav Alexander: Praktischer Kommentar zum allgemeinen Landrechte für die preußischen Staaten, Erster Band, welcher die Erläuterungen der Publikations-Patente, der Einleitung und der fünf ersten Titel des ersten Theils enthält, Erfurt 1823, Siebenter Band, welcher die Erläuterungen des neunten, zehnten, elften, zwölften, dreyzehnten und vierzehnten Titels des zweyten Theils enthält, Erfurt 1829.

Bluntschli, Johann Caspar: Allgemeines Staatsrecht, geschichtlich begründet. München 1852.

Ders.: Allgemeines Staatsrecht, 3. Aufl., 2 Bde. München 1863.

Ders.: Allgemeines Staatsrecht, 5. Aufl., Bd. 1, Lehre vom modernen Staat. Stuttgart 1876.

Bluntschli´s Staatswörterbuch in drei Bänden auf Grundlage des deutschen Staatswörterbuchs von Bluntschli und Brater in elf Bänden, in Verbindung mit mehreren Gelehrten bearbeitet und herausgegeben von Edgar Löning, 3 Bände, Zürich 1870-1871.

Boehmer, Justus Henning: Introductio in ius publicum universale ex genuinis iuris naturae principiis deductum et in usum iuris publici particularis quarum cunque rerum publicarum adornatum, Editio secunda emendiator, Halle u. Magdeburg 1726.

Bohonovsky, Joseph: Von dem Rechte des Regenten, Gesetze über bürgerliche Rechtsverhältnisse abzuändern, und den Wirkungen einer Abänderung auf bestehende Privatgeschäfte der Unterthanen, Mit einer Vorrede vom Herrn Gönner über die Frage: inwie feren Zunft- und Gewerbssachen eine Justizsache seyen? Landshut 1803.

Bollmann, Johannes: Das Staatsrecht der Freien Hansestädte Bremen und Lübeck, Tübingen 1914.

Bornemann, Wilhelm: Systematische Darstellung des Preussischen Civilrechts mit Benutzung der Materialien des Allgemeinen Landrechts, Erster Band, enthaltend die geschichtliche Einleitung, die Fundamentallehren des preußischen Rechts, und die Lehre vom Besitz, Berlin 1834.

Bornhak, Conrad: Grundriß des Deutschen Staatsrechts, 2. Aufl., Leipzig 1910.

Ders.: Preußisches Staatsrecht, Drei Bände, Freiburg i. B. 1888-1890.

Ders., Allgemeine Staatslehre, Berlin 1896.

Ders.: Das Polizeiverfügungsrecht in Preußen, in: Verwaltungsarchiv 5 (1897), S.137-181.

Ders.: Grundriß des Verwaltungsrecht in Preußen und dem Deutschen Reiche, 2. Aufl., Leipzig 1909.

Brauchitsch, Max v.: Die neuen preußischen Verwaltungsgesetze, Bd. 1, Organisationsgesetze der inneren Verwaltung, Berlin 1881.

Briegleb, Johann Christian: Grundsätze der philosophischen Rechtsgelehrsamkeit zum Gebrauch seiner Zuhörer, Coburg 1788.

Brinz, Alois: Lehrbuch der Pandekten, Vier Bände, Erlangen u. Leipzig 1873-1892.

Brünneck, Götz von: Privilegium, Individualrechtssatz und Verfügung (mit einem Anhang über § 795 BGB.), Heidelberg 1933.

Brunnquell, August: Staatsrecht des teutschen Bundes und der Bundesstaaten, Politisch und rechtlich erörtert, Ein Beitrag zu den Schriften von Klüber und Dresch, 2 Abtheilungen, Erfurt 1824.

Brunnquell, Johann Salomo: Eröffnete Gedanken, Von dem allgemeinen Staats-Rechte und dessen Höchst-nützlichen Excolirung, Jena 1721.

Bühler, Ottmar: Die subjektiven öffentlichen Rechte und ihr Schutz in der deutschen Verwaltungsrechtsprechung, Berlin u.a. 1914.

Ders.: [Rez. zu] Otto Mayers Deutsches Verwaltungsrecht (Zweite Auflage.), Seine Bedeutung für die Praxis und die kommende Zeit der Verwaltungsreform, in: Verwaltungsarchiv 27 (1919), S. 283-313.

Bülau, Friedrich: Darstellung der Verfassung und Verwaltung des Königreichs Sachsen, Aus staatsrechtlichen und politischem Gesichtspunkte, Erster Theil, Leipzig 1833.

Burkardt, Joseph Vincens: Staats-Wissenschafts-Lehre mit Rücksicht auf die gegenwärtige Zeit, Leipzig 1821.

Claproth, Justus: Entwurf eines allgemeinen Gesetzbuch, Göttingen 1777.

Conversations-Lexikon, oder Handwörterbuch für die gebildeten Stände begründet von Loebel, Renatus Gotthelf und fortgesetzt von V. W. Franke, 6 Bände, Leipzig 1796-1808, 2 Bände Nachträge Leipzig 1809-1811.

Cucumus, Conrad: Lehrbuch des Staatsrechts der konstitutionellen Monarchie Baierns, Würzburg 1825.

Dabelow, Christoph Christian: Lehrbuch des Staats- und Völkerrechts der Deutschen. Erster Theil, welcher das Staatsrecht der Deutschen enthält, Halle 1795.

Darjes, Joachim Georg: Discours über sein Natur- und Völker-Recht, Auf Verlangen herausgegeben, Drey Theile, Jena 1762-1763.

Dernburg, Heinrich: Pandekten, 3 Bände, Berlin 1884, 1886 und 1887.

Ders.: Das bürgerliche Recht des Deutschen Reichs und Preußens, Erster Band, Die allgemeinen Lehren, 3. Aufl., Halle 1906.

Ders.: Lehrbuch des Preußischen Privatrechts, Erster Band, Halle 1875.

Deutsches Staats-Wörterbuch, In Verbindung mit deutschen Gelehrten herausgegeben von Johann Caspar Bluntschli, Unter Mitredaktion von Karl Brater, 11 Bände, Stuttgart und Leipzig 1857-1870.

Döhler, Jacob Friedrich: Abhandlung von den Rechten der obersten Gewalt oder Majestätsrechten und Regalien, 2. Aufl., Nürnberg 1785.

Dokumente zur Deutschen Verfassungsgeschichte, Hrsg. v. Ernst Rudolf Huber, 2 Bde., 3. Aufl., Stuttgart u. a. 1978 u. 1986.

Dresch, Leonhard von: Oeffentliches Recht des deutschen Bundes und der deutschen Bundestaaten, Erster Theil, Oeffentliches Recht des deutschen Bundes, Tübingen 1820, Erste Fortsetzung. Tübingen 1821.

Ders.: Grundzüge des baierschen Staatsrechtes zum Gebrauche bei seinen Vorlesungen entworfen, Ulm 1823.

Droste-Hülshoff, Clemens August von: Lehrbuch des Naturrechtes oder der Rechtsphilosophie, 2. Aufl., Bonn 1831.

Eccius, Max Ernst: Binding, [Rez. zu] Deutsches Verwaltungsrecht. Von Otto Mayer. Erster Band. Leipzig 1895, in: Beiträge zur Erläuterung des Deutschen Rechts, in besonderer Beziehung auf das Preußische Recht... Fünfte Folge. Fünfter Jahrgang... Berlin 1896, S. 434.

Eckhardt, Ernst: Die Grundrechte vom Wiener Kongress bis zur Gegenwart, Ein Beitrag zur deutschen Verfassungsgeschichte, Breslau: M. & H.Marcus 1913.

Egger, Franz: Das natürliche öffentliche Recht, Erster Band, Wien u. Triest 1809.

Eggers, Georg Wilhelm von: Versuch eines systematischen Lehrbuchs des natürlichen Staatsrechts. Altona: Johann Friedrich Hammerich 1790.

Eichmann, Johann Bernhard Christoph: Erklärungen des Bürgerlichen Rechts nach Anleitung des Herrn Ordinarius Hellfelds Lehrbuchs der Pandecten, Zwey Theile, Berlin u. Stralsund: Gottlieb August Lange: 1779 u. 1781.

Ekendahl, Daniel Georg von: Allgemeine Staatslehre, Drei Theile, Neustadt a. d. Orla 1833-1835.

Enneccerus, Ludwig: Allgemeiner Teil des Bürgerlichen Rechts. Fünfzehnte, neubearbeitete Auflage von Hans Nipperdey. Tübingen 1959.

Entwurf eines Allgemeinen Gesetzbuchs für die Preußischen Staaten, Erster Theil, Berlin u. Leipzig 1784.

Ergänzungen und Erläuterungen der Preußischen Rechtsbücher durch Gesetzgebung und Wissenschaft, Unter Benutzung der Akten Eines Hohen Justiz-Miniterii und der Gesetz-Revisions-Arbeiten, Herausgegeben von Gräff u.a. Zweiter Supplementband zur ersten Ausgabe, Bearbeitet von Gräff u.a. Erste Abtheilung, Breslau.

Erhard, Christian Daniel: Versuch einer Critik des allgemeinen Gesetzbuchs für die preussischen Staaten, Ersten Theils erster Band, Dresden u. Leipzig 1792.

Escher, Heinrich: Handbuch der praktischen Politik, Zwei Bände, Leipzig 1863 u. 1864.

Feder, Georg Heinrich: Grundlehren zur Kenntnis des Menschlichen Willens und der natürlichen Gesetze des Rechtverhaltens, Zwey Theile, Zweyte Auflage, Göttingen 1785.

Fischer, Friedrich Christoph Jonathan: Lehrbegriff sämtlicher Kameral- und Policeyrechte, Sowol von Teutschland überhaupt als insbesondre von den Preußischen Staaten, 3 Bde., Frankfurt a. d. Oder 1785.

Fleiner, Fritz: Institutionen des Deutschen Verwaltungsrechts, 3. Aufl., Tübingen 1913.

Förstemann, Theodor: Principien des preußischen Polizeirechts, Dargest. u. in ihren Grundlagen geprüft, Berlin 1869.

Förster, Franz/Eccius, Max Ernst: Preußisches Privatrecht, I. Band, Sechste Auflage (Dritte der neuen Bearbeitung.), Berlin: Georg Reimer 1892.

Fraenkel: Apotheker-Privilegium und Enteignung. in: Deutsche Juristen-Zeitung 7 (1902), S. 530.

Fredersdorff, Leopold Friedrich: System des Rechts der Natur auf bürgerliche Gesellschaften, Gesetzgebung und das Völkerrecht angewandt, Braunschweig 1790.

Fries, Jacob Friedrich: Die Verfassung und Verwaltung deutscher Staaten nach staatsrechtlichen Ansichten historisch-philosophisch dargestellt und geprüft, Eine neue Ausgabe der Schrift „vom Deutschen Bund und Deutscher Staatsverfassung", Heidelberg 1831, Nachdruck 1971.

Fuchs, Anton: Was ist ein Eingriff in ein Privilegium? In: Der Jurist 7 (1842), S. 144-154.

Die Fünf französischen Gesetzbücher in deutscher Sprache nach den besten Uebersetzungen, Zweibrücken 1827.

Fürstenthal, Johann August Ludwig: Institutionen des allgemeinen Preußischen Civil- und Criminalrechts mit Vergleichung der vorzüglichern Systeme des gemeinen Rechts und Bemerkung der wichtigsten Abweichungen des gemeinen, besonders des Römischen Rechts; ein Handbuch zum Gebrauche bei Vorlesungen und für das Selbst-Studium, Berlin: A. Hirschwald 1827.

Gans, Eduard: Beiträge zur Revision der Preußischen Gesetzgebung, Berlin: Duncker & Humblot 1830-1832.

Gaertner, Gustav: Ueber die wissenschaftliche Behandlung des deutschen Staatsrechtes, Zwei Abhandlungen nebst einem Systeme des deutschen Staatsrechtes, Bonn 1839.

Gareis, Carl: Allgemeines Staatsrecht, in: Handbuch des Oeffentlichen Rechts, Erster Band, Erster Halbband, Freiburg i. Br. u. Tübingen 1883, S.1-186.

Gaupp, Ludwig: Handbuch des öffentlichen Rechts, Dritter Band, Erster Halbband, Zweite Abtheilung, Das Staatsrecht des Königreichs Württemberg, Freiburg i. Br. u. Tübingen 1884.

Gebauer, Gustav Christian: Singularia de privilegiis, Göttingen 1749.

Gerber, Carl Friedrich von: Grundzüge eines Systems des Deutschen Staatsrechts, Leipzig 1865.

Ders.: Grundzüge eines Systems des deutschen Staatsrechts, Zweite vermehrte Auflage, Leipzig 1869.

Ders.: Ueber Privilegienhoheit und Dispensationsgewalt im modernen Staate, in: Ders.: Gesammelte juristische Abhandlungen, Jena 1872, S.470-490.

Gerlach, Gottlob Wilhelm: Grundriß der philosophischen Rechtslehre, Halle 1824.

Gerstäcker, Karl Friedrich Wilhelm: Systematische Darstellung der Gesetzgebungskunst sowohl nach ihren allgemeinen Prinzipien, als nach den, jedem ihrer Haupttheile, der Civil-, Criminal-, Polizei-,Prozeß-, Finanz, Militär-, Kirchen- und Constitutions-Gesetzgebung eigenthümlichen Grundsätzen, in vier Theilen, Zweiter Theil, Frankfurt a. M. 1837.

Gesetzrevision (1825-1848), II. Abteilung, Öffentliches Recht, Zivilrecht und Zivilprozeßrecht, Band 1, Öffentliches Recht und Sachenrecht I, Zwei Halbbände, Herausgegeben und eingeleitet von Werner Schubert, Vaduz: Topos 1981.

Gierke, Otto von: Deutsches Privatrecht, Erster Band, Allgemeiner Teil und Personenrecht, Leipzig 1895, Unveränderter Nachdruck München u. Leipzig 1936.

Glück, Christian Friedrich: Ausführliche Erläuterung der Pandekten nach Hellfeld, Ein Commentar, Erster Theil, Zweyte durchgängig verbesserte und vermehrte Auflage, Erlangen 1797.

Gönner, Nicolaus Thaddäus: Teutsches Staatsrecht. Landshut 1804.

Göschen, Johann Friedrich Ludwig: Vorlesungen über das gemeine Civilrecht, Aus dessen hinterlassenen Papieren herausgegeben von Albrecht Erxleben, Drei Bände, Göttingen 1838-1840.

Grabe, Karl O.: Vermischte Betrachtungen über Regenten und Unterthanen, Herrschaft und Landeshoheit, insbesondere deren Umfang, Einschränkungen und Gränzen, Frankfurt u. Leipzig 1780.

Grävell, Maximilian Carl Friedrich Wilhelm: Der Regent, Eine Fortsetzung der Untersuchungen über den Menschen und Bürger für gebildete Leser, In zwey Theilen, Erster Theil, Stuttgart 1823.

Gros, Karl Heinrich: Lehrbuch der philosophischen Rechtswissenschaft oder des Naturrechts, Tübingen 1802.

Ders.: Lehrbuch der philosophischen Rechtswissenschaft oder des Naturrechts, 4. Aufl., Stuttgart u. Tübingen 1822.

Grossing, Franz Rudolf von: Freimüthige Betrachtungen über den Entwurf eines allgemeinen subsidiarischen Gesezbuchs für die Preussischen Staaten, Erste Betrachtung, Von den Gesezen überhaupt, in: Leipziger Magazin für Rechtsgelehrte 1 (1784), S. 456-474.

Grotefend, Georg August: Lehrbuch des Preußischen Verwaltungsrechts, 2 Tle., Berlin 1890 und 1892.

Ders. [Hrsg.]: Preußisch-Deutsche Gesetz-Sammlung 1806-1899, Die Gesetz-Sammlung für den preußischen Staat, das Bundes-Gesetzblatt für den Norddeutschen Bund und das Reichs-Gesetzblatt, Dritte, ganz neu bearbeitete Auflage von Grotefend's „Gesetze und Verordnungen“, Neue Ausgabe, Dritter Band 1875-1885, Düsseldorf: L. Schwan 1900.

Grünler, J.: Beiträge zum Staatsrecht des Königreichs Sachsen, (Auswärtiges Staatsrecht), Dresden u. Leipzig 1838.

Gutjahr, Karl Theodor: Entwurf des Naturrechts, Leipzig: Gottfried Martini 1799.

Häberlin, Carl Friedrich: Handbuch des Teutschen Staatsrechts nach dem System des Herrn Geheimen Justizrath Pütter, Zum gemeinnützigen Gebrauch der gebildetern Stände in Teutschland, mit Rücksicht auf die neuesten merkwürdigsten Ereignisse bearbeitet, Zwei Bände, Neue Auflage, Frankfurt am Main und Leipzig 1794.

Hänel, Albert: Studien zum Deutschen Staatsrechts, Zwei Bände, Zweiter Band, Zwei Hefte, Leipzig 1873, 1880 und 1888.

Handwörterbuch der Preußischen Verwaltung, In Verbindung mit Baerecke, Broicher u.a. bearbeitet und herausgegeben von Bitter, 2 Bände, 2. Aufl., Leipzig 1911.

Handwörterbuch des Sächsischen Verwaltungsrechts von Curt von der Mosel unter Mitwirkung von Carl Gustav von der Mosel, 12. Aufl., Leipzig 1912.

Handwörterbuch der Württembergischen Verwaltung in Verbindung mit einer größeren Zahl von Mitarbeitern bearbeitet und hrsg. v. Friedrich Haller, Stuttgart 1915.

Hartleben, Franz Joseph: Meditationes ad pandaectas, Frankfurt a.M.: Andreae 1778.

Hatschek, Julius: Institutionen des deutschen und preußischen Verwaltungsrechts, Leipzig und Erlangen 1919.

Ders.: Lehrbuch des deutschen und preußischen Verwaltungsrechts, Siebente u. achte veränderte Auflage herausgegeben von Paul Kurtzig. Leipzig 1931.

Held, Joseph von: Grundzüge des allgemeinen Staatsrechts oder Institutionen des öffentlichen Rechts, Leipzig 1868.

Heusler, A.: Rechtsgutachten betreffend die rechtliche Natur der Eisenbahnconcession im Allgemeinen und den Process der Westschweizerischen Bahngegen die

Schweizer Eidgenossenschaft über die Ausführung eines vierten Zuges auf der Broyethalbahn im Besondern, Basel 1877, in: Drei Rechtsgutachten betreffend die rechtliche Natur der Eisenbahnconcession im Allgemeinen und den Process der Westschweizerischen Bahngegen die Schweizer Eidgenossenschaft über die Ausführung eines vierten Zuges auf der Broyethalbahn im Besondern erstattet auf Veranlassung der Conferenz schweizerischer Bahnverwaltungen, Basel u. Genf 1877.

Hiersemenzel, Carl Christian Eduard: Vergleichende Übersicht des heutigen Römischen und Preußischen gemeinen Privatrechts, Tl. 1, Berlin 1852.

Historisch-kritisch-exegetischer Kommentar zur neuen und alten Ausgabe des allgemeinen Landrechts, Herausgegeben von Johann Christoph Merckel, Breslau u. Leipzig 1804.

Höpfner, Ludwig Julius Friedrich: Naturrecht des einzelnen Menschen der Gesellschaften und der Völker, Johann Christian Krieger 1780.

Hofacker, Carl Christian: Principia juris civilis romano germanici, 2. Aufl., Tübingen 1800.

Hoffbauer, Johann Christian: Naturrecht aus dem Begriffe des Rechts entwickelt, Halle 1793.

Hoffmann, Ludwig: Die staatsbürgerlichen Garantieen oder über die wirksamsten Mittel, Throne gegen Empörungen, und die Bürger in ihren Rechten zu sichern, An meinen Fürsten, Erster Theil, Stuttgart u. Tübingen 1828.

Holtzendorff, Franz von: Die Principien der Politik, Berlin 1869.

Huber, Ernst Rudolf: Wirtschaftsverwaltungsrecht, Institutionen des öffentlichen Arbeits- und Unternehmensrechts, Tübingen 1932.

Hufeland, Gottlieb: Ueber den eigenthümlichen Geist des römischen Rechts im Allgemeinen und im Einzelnen mit Vergleichungen neuer Gesetzgebungen, Eine Reihe von Abhandlungen, welche zugleich als erläuterndes Handbuch über die ungewöhnlichern Darstellungen in dem Lehrbuch des gemeinen Civilrechts dienen können, Zwei Theile, Gießen 1815 und 1816.

Huhn, Eugen H. Th.: Allgemeines und deutsches Staatsrecht, Volkstümliche Darstellung. Leipzig 1865.

Inama-Sternegg, Karl Theodor von: Verwaltungslehre in Umrissen zunächst für den academischen Gebrauch bestimmt, Innsbruck 1870.

Jakob, Ludwig Heinrich: Philosophische Rechtslehre oder Naturrecht, Halle 1795.

Ders.: Grundsätze der Policeygesetzgebung und der Policeyanstalten, 2 Bde., Halle u. Leipzig 1809.

Jargow, Christoph George: Einleitung zu der Lehre von den Regalien oder Majestätischen Rechten eines Regenten, und sonderlich der Chur- und Fürsten des Heil. Römischen Reiches Teutscher Nation, Aus ächten Grundsätzen zusammen getragen und von neuem übersehen, in verschiedenen Stücken erläutert und verbessert, nach Anleitung des in Appendice beygefügten unterm 18.April 1755 geschlossenen neuen Mecklenburgischen Landesvergleiches und Fundamental-Erbvertrages auf Mecklenburgische Lande brauchbar gemacht und herausgegeben, Rostock u. Wismar 1757.

Jellinek, Georg: Gesetz und Verordnung, Staatsrechtliche Untersuchungen auf rechtsgeschichtlicher und rechtvergleichender Grundlage, Freiburg i. Br. 1887, Neudruck Aalen 1964.

Ders.: [Rez. zu] Otto Mayer, Deutsches Verwaltungsrecht, 2 Bände, Leipzig 1895/96, in: Verwaltungsarchiv 5 (1897), S. 304-314.

Jellinek, Walter: Der fehlerhafte Staatsakt und seine Wirkungen, Eine verwaltungs- und prozeßrechtliche Studie, Tübingen 1908.

Jordan, Silvester: Lehrbuch des allgemeinen und deutschen Staatsrechts, Erste Abtheilung, die Grundzüge des allgemeinen Staatsrechts, die geschichtliche und allgemeine Einleitung in das deutsche Staatsrecht und das deutsche Bundesrecht enthaltend, Kassel 1831.

Jürgens, Karl H.: Ueber die Notwendigkeit durchgreifender Reformen bei der gegenwärtigen Lage Deutschlands, Mit einleitenden Bemerkungen über die von Herrn von Strombeck vor Kurzem behandelte Frage: Was ist Rechtens, wenn die oberste Staatsgewalt dem Staatszwecke entgegenhandelt? Braunschweig 1831.

Kamptz, von: [Rez. zu] Mayer, Otto, Deutsches Verwaltungsrecht. I. Bd. 1895. II. Bd. 1896, in: Das Recht I (1897), S. 125-126.

Karpe, Franz Samuel: Darstellung der Philosophie ohne Beynahmen in einem Lehrbegriffe, als Leitfaden bey der Anleitung zum liberalen Philosophieren, Des Lehrbegriffs der praktischen Philosophie dritter Theil, Philosophische Rechtslehre, Wien 1803.

Kayser, von: Apotheker-Privilegium und Enteignung II., in: Deutsche Juristen-Zeitung 8 (1903), S. 28.

Keil, Alfred von: [Rez. zu] Mayer, Otto, Deutsches Verwaltungsrecht, I. Bd, in: Juristisches Literaturblatt 7 (1895), S. 46-47.

Kirchenheim, Arthur von: Einführung in das Verwaltungsrecht, Nebst Grundriß, Stuttgart 1885.

Ders.: [Rez. zu] Mayer, Otto, Deutsches Verwaltungsrecht, in: Centralblatt für Rechtswissenschaft 16 (1897), S. 110-113.

Klein, Ernst Ferdinand: Grundsätze der natürlichen Rechtswissenschaft nebst einer Geschichte derselben, Halle 1797.

Klie, Werner: Die Ablösung der Apothekenbesitzrechte und ihre Rechtsfolgen, Hamburg 1931.

Klüber, Johann Ludwig: Einleitung zu einem neuen Lehrbegriff des teutschen Staatsrechtes, Erlangen 1803.

Ders.: Staatsrecht des Rheinbundes, Lehrbegriff, Tübingen 1808.

Ders.: Oeffentliches Recht des teutschen Bundes und der Bundesstaaten, Frankfurt a. M. 1817.

Ders.: Oeffentliches Recht des teutschen Bundes und der Bundesstaaten, 2. Aufl., Erste Abtheilung: Enthaltend die Einleitung und das öffentliche Recht des Bundes, Frankfurt a. M. 1822.

Ders.: Oeffentliches Recht des teutschen Bundes und der Bundesstaaten, 4. Aufl., Mit des Verfassers Biographie, Frankfurt a. M. 1840.

Koechy, Christian Heinrich Gottlieb: Meditationen über die interessantesten Gegenstände der heutigen Civilrechtsgelahrtheit, Erster Band, Leipzig 1795.

König, Alfred: Das Dispensationsrecht des Herzogs in den Herzogtümern Sachsen-Coburg und Gotha, Gotha 1911.

Kormann, Karl: System der rechtsgeschäftlichen Staatsakte, Verwaltungs- und prozeßrechtliche Untersuchungen zum allgemeinen Teil des öffentlichen Rechts, Berlin 1910.

Ders.: [Rez. zu] Lewinsky, H., Die verkäufliche Apothekenkonzession. - Die Apothekenbetriebsrechte in Preußen. Beide Berlin, 1911 bzw. 1912, in: Kritische Vierteljahresschrift für Gesetzgebung und Rechtswissenschaft 51 (1913), Dritte Folge, Band XV, S.602-616.

Kreittmayr, Wiguläus X. von: Anmerkungen über den Codicem Maximilianeum Bavaricum civilem, Bd. 1, München 1758, Nachdruck München 1985.

Kreuzer, Franz: Der Kampf um Privilegien, in: Neue deutsche Hefte, Beiträge zur europäischen Gegenwart, Jahrgang 5 (1958/1959), S. 657-660.

Krug, Wilhelm Traugott: Allgemeines Handwörterbuch der philosophischen Wissenschaften nebst ihrer Literatur und Geschichte, 5 Bde., 2.Aufl., Leipzig 1832-1838.

Ders.: Dikäopolitik oder neue Restauration der Staatswissenschaft mittels des Rechtsgesetzes, Leipzig 1824.

Kuby, Erich: Privilegien zerstören die Ordnung, in: Der Ruf, Unabhängige Blätter der jungen Generation, Nr. 1, 3. Jahrgang (1948), S. 1-2.

Kuhn, Otto: Die Trennung der Justiz und Administration, Ein Beitrag zur Staatsphilosophie und zum positiven deutschen Staatsrechte, Leipzig: Otto Wigand 1840.

Laband, Paul: Das Staatsrecht des Deutschen Reiches, Zwei Bände, Tübingen 1876 und 1878.

Ders.: Das Staatsrecht des Deutschen Reiches, 4. Aufl., 4 Bde., Tübingen u. Leipzig 1901.

Ders.: Das Staatsrecht des Deutschen Reiches, In vier Bänden, 5. Aufl., Tübingen 1911-1914, Neudruck Aalen 1964.

Ders.: Deutsches Reichsstaatsrecht, Neubearbeitung auf der Grundlage der 3. Auflage des kleinen Staatsrechts des Deutschen Reichs, Das öffentliche Recht der Gegenwart, In Verbindung mit einer grossen Anzahl hervorragender Schriftsteller des In- und Auslandes herausgegeben von Georg Jellinek, Paul Laband und Robert Piloty, Tübingen 1907.

Ders.: Deutsches Reichsstaatsrecht, Bearbeitet von Otto Mayer. 7. Aufl., Tübingen 1919, Neudruck Aalen 1969.

Ders.: Das Gnadenrecht in Finanzsachen nach preussischem Recht, in: Archiv für öffentliches Recht 7 (1892), 168-211.

Lamprecht, Georg Friedrich: Versuch eines vollständigen Systems der Staatslehre mit Inbegriff ihrer beiden wichtigsten Haupttheile der Polizei- und Kameral- oder Finanzwissenschaft zum academischer Vorlesungen, Erster Band welcher den ersten Theil und die eine Hälfte des zweiten enthält, Berlin 1784.

Landé, Paul: Das Allgemeine Landrecht für die preußischen Staaten in seiner jetzigen Gestalt, Ausgabe mit Anmerkungen, Zweite verbesserte Auflage, Berlin 1888.

Leist, Justus Christoph: Lehrbuch des teutschen Staatsrechts, Nebst einem Abdruck des Luneviller Friedens, des Friedens von Campio Formio, des den ersteren ratificirenden Reichsschlusses, des Reichsdeputationshauptschlusses und des denselben genehmigenden Reichsschlusses, Göttingen 1803.

Leuthier, Ernst Valentin: Vorbereitung zu weiterer Erkenntnis des allgemeinen Staatsrechtes, Für Jünglinge die sich den Studien widmen, Leipzig 1800.

Lewinsky, Hermann: Die Apothekenbetriebsrechte in Preußen, 2. Aufl., Berlin 1917.

Lindner, Dominikus: Die Lehre vom Privileg nach Gratian und den Glossatoren des Corpus iuris canonici. München 1917.

Lobethan, Friedrich Georg August: Abhandlung über die Lehre von Privilegien überhaupt und Buchhändlerprivilegien insbesondre, Dispensationen und Immunitäten, Leipzig 1796.

Loening, Edgar: Lehrbuch des Deutschen Verwaltungsrechts, Leipzig 1884.

Lüders, Joachim Heinrich Christian: Nähere Betrachtung der Lehre von der Concurrenz mehrer Privilegien, in: Niedersächsisches Archiv für Jurisprudenz und juristische Litteratur 2 (1788), S. 485-495.

Maaß, Johann Gebhard Ehrenried: Grundriß des Naturrechts, Zum Gebrauche bei Vorlesungen, Leipzig 1808.

Madihn, Ludwig Gottfried: Grundsätze des Naturrechts, Zum Gebrauch seiner Vorlesungen, Zwey Theile, Frankfurt a. d. Oder 1789 u. 1796.

Majer, Johann Christian: System der Staats-Regierung im Grundrisse, Hof 1803.

Martini, Karl Anton von: Lehrbegriff des Natur-, Staats- und Völkerrechts, Aus dem Lateinischen, Dritter Band, welcher das allgemeine Staatsrecht enthält, Wien 1783.

Ders.: Allgemeines Recht der Staaten, Zweite in vielen Stücken verbesserte Uebersetzung, Wien 1788.

Ders.: Erklärung der Lehrsätze über das allgemeine Staats- und Völkerrecht des Freyherrn von Martini, Nach dem Geiste der Vorlesungen an der Wiener hohen Schule, Erster Theil, Allgemeines Staatsrecht, Wien 1791, Neudruck Aalen 1969.

Martitz, Friedrich: Das Gnadenrecht in Finanzsachen nach preussischem Recht, in: Archiv für öffentliches Recht 7 (1892), S.168-211.

Materialien der Deutschen Reichs-Verfassung, Sammlung sämmtlicher auf die Reichs-Verfassung, ihre Entstehung und Geltung bezüglichen Urkunden u. Verhandlungen, einschließlich insbesondere derjenigen des constituirenden Norddeutschen Reichstages 1867, hrsg. v. E. Bezold, 3 Bde., Berlin 1872-73, Neudruck Glashüten i.T. 1976.

Maurenbrecher, Romeo: Grundsätze des heutigen deutschen Staatsrechts, Systematisch entwikkelt, Frankfurt a. M. 1837.

Mayer, Friedrich Franz von: Grundzüge des Verwaltungs-Rechts und -Rechtsverfahrens, Tübingen 1857.

Ders.: Grundsätze des Verwaltungs-Rechts mit besonderer Rücksicht auf gemeinsames deutsches Recht, sowie auf neuere Gesetzgebung und bemerkenswerthe Entscheidungen der obersten Behörden zunächst der Königreiche Preußen, Baiern und Württemberg, Tübingen 1862.

Mayer, Otto: Theorie des Französischen Verwaltungsrechts, Strassburg 1886.

Ders.: [Rez. Zu] Bernatzik, Edmund: Rechtsprechung und materielle Rechtskraft, Verwaltungsrechtliche Studien. Wien 1886, in: Archiv für öffentliches Rechts 1 (1886), S. 720-725.

Ders.: Zur Lehre vom öffentlichrechtlichen Vertrage, in: Archiv für öffentliches Recht 3 (1888), S. 3-86.

Ders.: Deutsches Verwaltungsrecht, Zwei Bände, Leipzig 1895 u. 1896.

Mayer, Otto: Das Staatsrecht des Königreichs Sachsen, Tübingen 1909.

Mayer, Otto: Deutsches Verwaltungsrecht, Zweite Auflage, Zwei Bände, München u. Leipzig 1914 u. 1917.

Mayer, Otto: Deutsches Verwaltungsrecht, 2 Bände, 3.Auflage, Heidelberg 1924.

Meiners, Christoph: Geschichte der Ungleichheit der Stände unter den vornehmsten Europäischen Völkern, Zwey Bände, Hannover 1792.

Merkel, Adolf: Allgemeines Verwaltungsrecht, Wien u. Berlin 1927.

Meyer, Georg: Lehrbuch des deutschen Verwaltungsrechts, Zwei Theile, Leipzig 1883 u. 1885.

Ders.: Lehrbuch des Deutschen Verwaltungsrechtes, Nach dem Tode des Verfassers in dritter Auflage bearbeitet von Franz Dochow, Leipzig 1910.

Ders.: Lehrbuch des Deutschen Staatsrechtes. Leipzig 1878.

Ders.: [Rez. zu] Laband, Paul: Das Staatsrecht des Deutschen Reiches, Erster Band, in: Annalen des Deutschen Reichs für Gesetzgebung, Verwaltung und Statistik 1876, S. 656-681.

Ders.: [Rez. zu] Laband, Paul: Das Staatsrecht des Deutschen Reiches, Zweiter Band, in: Annalen des Deutschen Reichs für Gesetzgebung, Verwaltung und Statistik 1878, S. 369-384.

Ders.: Lehrbuch des Deutschen Staatsrechtes, Nach dem Tode des Verfassers in Sechster Auflage bearbeitet von Gerhard Anschütz, Leipzig 1905.

Ders.: Der Staat und die erworbenen Rechte, Leipzig: Duncker & Humblot 1895, Staats- und völker-rechtliche Abhandlungen, hrsg. v. Georg Jellinek u. Georg Meyer, Bd. 1, 2. Heft.

Milhauser, Friedrich: Das Staatsrecht des Königreichs Sachsen, mit Einschluß des Privatfürstenrechts und der völkerrechtlichen Verhältnisse, systematisch dargestellt, In zwei Bänden, Erster Band, Leipzig 1839.

Mirus, Alexander: Uebersichtliche Darstellung des Preußischen Staats-Rechts nebst einer kurzen Entwicklungs-Geschichte der Preußischen Monarchie, Berlin 1833.

Mohl, Robert von: Das Staatsrecht des Königreichs Württemberg, Zwei Theile, Tübingen 1829 u. 1831.

Ders.: Das Staatsrecht des Königreichs Württemberg, Zweite Auflage, Zwei Bände, Tübingen 1840.

Ders.: Encyklopädie der Staatswissenschaften, Tübingen 1859.

Ders.: Staatsrecht, Völkerrecht und Politik. Monographien, Drei Bände, Tübingen 1860, 1862 und 1869, Nachdruck 1962.

Ders.: Die Geschichte und Literatur der Staatswissenschaften in Monographien dargestellt, 3 Bände, Erlangen 1855, 1856 u. 1858.

Morgenstern, Leopold von: Mensch, Volksleben und Staat, in natürlichen Zusammenhange, Erster Band, Leipzig 1855.

Moser, Johann Jacob: Von denen kayserlichen Regierungs-Rechten und Pflichten, nach denen Reichs-Gesetzen und dem Reichs-Herkommen, wie auch aus denen Teutschen Staats-Rechts-Lehrern und eigener Erfahrung; mit beygefügter Nachricht von allen dahin einschlagenden öffentlichen und wichtigen neusten Staats-Geschäften, sodann denen besten, oder doch neuesten, und in ihrer Art einigen, Schrifften davon, Erster Theil, Franckfurt am Mayn, 1772, Neues Teutsches Staatsrecht, Band 5, Nachdruck Osnabrück 1967.

Ders.: Von der Landeshoheit in Gnadensachen, Nach denen Reichs-Gesezen und dem Reichs-Herkommen, wie auch aus denen Teutschen Staats-Rechts-Lehrern, und eigener Erfahrung; Franckfurt und Leipzig, 1773, Neues teutsches Staatsrecht, Band 16, 7, Neudruck Osnabrück 1968.

Motive zu dem Entwurfe eines Bürgerlichen Gesetzbuches für das Deutsche Reich, Band I. Allgemeiner Theil, Amtliche Ausgabe, Zweite unveränderte Auflage, Berlin 1896.

Moy, Ernst von: Lehrbuch des bayerischen Staatsrechts, Mit Benützung der Protokolle der zur Revision der Verfassung vom Jahre 1808 und zur Berathung der Verfassungs-Urkunde vom 26. Mai 1818 in den Jahren 1815 und 1818 abgehaltenen Ministerial-Conferenzen, Zwei Theile mit je zwei Abtheilungen, Regensburg 1840, 1841, 1843 und 1846.

Murhard, Friedrich: Die kurhessische Verfassungsurkunde, erläutert und beleuchtet nach Maßgabe ihrer einzelnen Paragraphen, Ein Handbuch für Landstände, Geschäftsmänner, konstitutionelle Staatsbeamte und Staatsbürger, Zwei Abtheilungen, Kassel 1834 u. 1835.

Neff: Uebersicht der neueren Verhältnisse des ehemaligen Reichsadels in den Staaten des rheinischen Bundes, so wie sie bisher gesetzlich bestimmt und bekannt gemacht worden sind, in: Der Rheinische Bund 7 (1808) 19.-21. Heft, S. 199-242.

Nibler: Einige Worte über die Trennung der Gerichte in Civil- und Administrativgerichte, In: Archiv für die Civilistische Praxis 3 (1820), S. 374-398.

Opitz, Hugo Gottfried: Das Staatsrecht des Königreichs Sachsen, Zwei Bände, Leipzig 1884 u. 1887.

Oppenheim, Heinrich Bernhard: Philosophie des Rechts und der Gesellschaft, Aus der „Neuen Encyklopädie für Wissenschaft und Künste“ Band V. besonders abgedruckt, Stuttgart 1850.

Ostermann, Wilhelm: Grundsätze des preußischen Staatsrechts, Dortmund 1841.

Parey, Karl: Handbuch des Preußischen Verwaltungsrechts für den praktischen Gebrauch bearbeitet, Zwei Bände, Berlin 1887.

Pfaff, Leopold/ Hofmann, Franz: Commentar zum österreichischen allgemeinen bürgerlichen Gesetzbuche, Erster Band, Zwei Abtheilungen, Wien 1877 u. 1882.

Pfizer, Carl von: Ueber die Grenzen zwischen Verwaltungs= und Civiljustiz und über die Form bei Behandlung der Verwaltungsjustiz, Stuttgart 1828.

Pölitz, Karl Heinrich Ludwig: Beleuchtung des Entwurfs eines Staatsgrundgesetzes für das Königreich Hannover, wie solcher der niedergesetzten Commission von Seiten der landesherrlichen Commissarien im November 1831 vorgelegt worden ist, Leipzig 1831.

Ders.: Staatswissenschaftliche Vorlesungen für die gebildeten Stände in constitutionellen Staaten, Erster Band, Leipzig 1831.

Ders.: Die Staatswissenschaften im Lichte unsere Zeit, Erster Theil: Natur- und Völkerrecht; Staats- und Staatenrecht, und Staatskunst, Zweiter Theil: Volkswirthschaft; Staatswirthschaft und Finanzwissenschaft, und Polizeiwissenschaft, Leipzig 1823.

Ders.: Die Staatswissenschaften im Lichte unsere Zeit, Erster Theil: Natur- und Völkerrecht; Staats- und Staatenrecht, und Staatskunst, Zweite, berichtigte und vermehrte Auflage, Leipzig 1827.

Pözl, Joseph: Lehrbuch des Bayerischen Verfassungsrechts, 4. Aufl., München 1870.

Ders.: Lehrbuch des Bayerischen Verwaltungsrechts, 3. Aufl., München 1871.

Ders.: Art. Privilegium, in: Deutsches Staats-Wörterbuch, hrsg. v. Johann Caspar Bluntschli u. Karl Ludwig Theodor Brater, Bd. 8, Stuttgart u. Leipzig 1864, S. 372-376, 372.

Prazak, Georg: Beiträge zum Budgetrecht und zur Lehre von den formellen Gesetzen, in: Archiv für öffentliches Recht, 2. Band, Freiburg im Breisgau 1887, S.441-492.

Puchta, Georg Friedrich: Vorlesungen über das heutige römische Recht, Aus dessn Nachlaß herausgegeben von Adolf August Friedrich Rudorff, 4. Aufl., Zwei Bände, Leipzig 1854 u. 1855.

Pufendorf, Samuel: De statu imperii Germanici ad laelium fratrem, dominum Trezolani, Genf 1667.

Pütter, Johann Stephan: Erörterungen und Beyspiele des Teutschen Staats- und Fürstenrechts, Zwey Bände, Göttingen 1793 u. 1794.

Ders.: Beyträge zum Teutschen Staats- und Fürsten-Rechte, Göttingen: Vandenhöck 1777, Zweyter Theil, Göttingen 1779.

Ders.: Kurzer Begriff des Teutschen Staatsrechts, Zweyte verbesserte Auflage, Göttingen 1768.

Ders.: Litteratur des teutschen Staatsrechts, Drey Theile, Göttingen: Witwe Vandehoek 1776, 1781 u. 1783, Fortgesetzt und ergänzt von Johann Ludwig Klüber, Vierter Theil, Erlangen 1791.

Quistorp, Johann Christian: Kleinere juristische Schriften, Erste Sammlung, Bützow u. Wismar 1772.

Rhamm, Albert: Das Staatsrecht des Herzogtums Braunschweig, Bearbeitet, zum Teil nach Otto´s braunschweigischem Staatsrecht, Tübingen 1908.

Randa: Bemerkungen zur Nordbahnfrage (Zur Lehre vom Privileg, staatsrechtlichen Vertrag und von der Enteignung.), In: Zeitschrift für das Privat- und Öffentliche Recht der Gegenwart 12 (1885), S.695-711.

Raumer, Friedrich von: Über die geschichtliche Entwicklung der Begriffe von Recht, Staat und Politik, Leipzig: F.A. Brockhaus 1826.

Regelsberger, Ferdinand: Pandekten, Erster Band, Leipzig 1893.

Rehm, Herrmann: Die rechtliche Natur der Gewerbs-Konzession, München 1889.

Ders.: [Rez. zu] Otto Mayer, Deutsche Verwaltungsrecht. 2 Bände. Leipzig 1895/96, in: Archiv für öffentliches Recht 12 (1897), S. 590-595.

Reidenitz, Daniel Christoph: Naturrecht, Königsberg: Friedrich Nicolovius 1803.

Reinhold, Ernst: Die Wissenschaften der praktischen Philosophie im Grundrisse, Erste Abtheilung: Philosophische Rechtslehre, Jena 1837.

Reitemeier, Johann Friedrich: Allgemeines Deutsches Gesetzbuch aus den unveränderten brauchbaren Materialien des gemeinen Rechts in Deutschland, Erste Abtheilung, Das Bürgerrecht, Erster Band, Frankfurt a. d. Oder 1801.

Rochau, August Ludwig von: Grundsätze der Realpolitik, angewendet auf die Staatlichen Zustände Deutschlands. Stuttgart 1853.

Röder, Karl David August: Grundzüge des Naturrechts oder der Rechtsfilosofie, Heidelberg 1846.

Rönne, Ludwig von: Das Staats-Recht der Preußischen Monarchie, 2 Bde., Leipzig 1856-1863.

Ders.: Das Staats-Recht der Preußischen Monarchie, 4. Aufl., 4 bde., Leipzig 1881-1884.

Rosin, Heinrich: Das Polizeiverordnungsrecht in Preußen, Verwaltungsrechtlich entwickelt und dargestellt, Breslau 1882.

Rößig, Carl Gottlob: Die Grundsätze des Natur- und Völkerrechts, des allgemeinen Staats- und allgemeinen bürgerlichen Rechts, Zweyter Theil welcher das allgemeine Staatsrecht und allgemeine bürgerliche Recht enthält, Leipzig 1794.

Ders.: Lehr- und Handbuch der Politik, mit Rücksicht auf die neuere praktische Staatsklugheit, Leipzig 1805.

Roth, Paul: Bayrisches Civilrecht, Erster Theil, Tübingen 1871.

Roth, Johann Richard von: Staatsrecht deutscher Reichslande akademischen Vorlesungen gewidmet, Zwey Theile, Frankfurt u. Leipzig 1788 u. 1792.

Rotteck, Carl von: Lehrbuch des Vernunftrechts und der Staatswissenschaften, In 4 Bänden, Band 2, Lehrbuch der allgemeinen Staatslehre, Neudruck der 2. Aufl., Stuttgart 1840, Aalen 1964.

Rudhart, Ignaz von: Das Recht des deutschen Bundes, Ein Lehrbuch zu dem Gebrauche bei Vorlesungen an deutschen Universitäten, Stuttgart u. Tübingen 1822.

Ders.: Ueber die Gewerbe, den Handel und die Staatsverfassung des Königreichs Bayern, Erlangen 1827.

Rüdiger, Johann Christian Christoph: Lehrbegriff des Vernunftrechts und der Gesetzgebung, Halle 1798.

Sammets, Johann Gottfried: Vorlesungen über das gesamte Naturrecht nach dem Gundlingischen Lehrbuche, Hrsg. u. mit kurzen biographischen Nachrichten begleitet von Friedrich Gottlob Born, Leipzig: Kleefeld 1799.

Sarwey, Otto von: Das Staatsrecht des Königreichs Württemberg, Zwei Bände, Tübingen: H. Laupp 1883.

Ders.: Allgemeines Verwaltungsrecht, in: Handbuch des Oeffentlichen Rechts, Erster Band, Allgemeiner Theil, Zweiter Halbband, Freiburg i. Br. u. Tübingen 1884, S. 1-173.

Savigny, Friedrich Karl von: System des heutigen römischen Rechts, Erster Band, Berlin 1840.

Schäffle, Eberhard Friedrich: Zur rechtsphilosophischen Theorie des Ausnahmerechts, in: Zeitschrift für die gesamte Staatswissenschaft 47 (1891), S. 633-654.

Scheidemantel, Heinrich Gottfried: Das Staatsrecht nach der Vernunft und den Sitten der vornehmsten Völker betrachtet, Drei Theile, Jena 1770-1773.

Ders.: Das allgemeine Staatsrecht überhaupt und nach der Regierungsform, Jena 1775, Reprint 1979.

Ders.: Repertorium des teutschen Staats und Lehnrechts ehemals von einer Gesellschaft ungenannter Gelehrten mit einer Vorrede des Herrn Buders herausgegeben nunmehro mit Zusätzen und neuen Artikeln weit über die Hälfte vermehrt und durchaus verbessert, Vierter Teil von Carl Friedrich Häberlin, Vier Teile, Leipzig 1782-1795.

Scheuffelhuth, Carl Jakob: Grundsätze der natürlichen Rechtslehre, Halle: Hemmerde u. Schwetschke 1799.

Schlayer: Darstellung der Lehre von den Privilegien nach den Quellen des gemeinen Rechts, Ein civilistischer Versuch, in: Zeitschrift für Civilrecht und Prozeß 12 [Neue Folge] (1855), S.58-95.

Schlosser, Johann Georg: Briefe über die Gesetzgebung überhaupt und den Entwurf des preußischen Gesezbuchs insbesondere, Frankfurt 1789.

Schmalz, Theodor von: Das reine Naturrecht, Königsberg 1792.

Ders.: Das natürliche Staatsrecht, Königsberg 1794.

Ders.: Handbuch des teutschen Staatsrechts, Zum Gebrauch academischer Vorlesungen, Halle 1805.

Ders.: Das teutsche Staats-Recht, Ein Handbuch zum Gebrauche academischer Vorlesungen, Berlin 1825.

Ders.: Die Wissenschaft des natürlichen Rechts, Leipzig 1831.

Schmelzing, Julius: Staatsrecht des Königreichs Baiern, Zwei Theile, Leipzig 1820 u. 1821.

Schmid, Karl Ernst: Lehrbuch des gemeinen deutschen Staatsrechts, Erste Abtheilung, Jena 1821.

Schmidt, Ludwig Heinrich: Repetitorium des Allgemeinen Staatsrechts für Studirende und Prüfungs-Candidaten, Bearbeitet nach den gebräuchlichen Lehrbüchern, Leipzig 1875.

Schmidt, Paul: Allgemeine Staatslehre, Zwei Bände, Leipzig 1901 u. 1903, Nachdruck Aalen 1969.

Schmitthenner, Friedrich: Grundlinien des allgemeinen oder idealen Statsrechts, Giessen 1845.

Schuller, Anton: Handbuch der Gesetze über ausschließende Privilegien auf neue Erfindungen, Entdeckungen und Verbesserungen im Gebiethe der Industrie, enthaltend den Originaltext der in den bedeutenderen Staaten dießfalls geltenden Gesetze, Patente, Verordnungen u. dgl., mit nebenstehender deutscher Übersetzung jener, die in fremden Sprachen erlassen wurden, und erläuternden Anmerkungen, Wien 1843.

Ders.: Betrachtungen über das österreichische Privilegienpatent vom 31.März 1832 und über Privilegiengesetzgebung überhaupt, Ein Beitrag zur Philosophie des positiven Rechts, in: Zeitschrift für österreichische Rechtsgelehrsamkeit und politische Gesetzkunde 1 (1841), S.57-64.

Schulze-Gaevernitz, Hermann von: System des Deutschen Staatsrechts, Erste Abtheilung, Einleitung in das Deutsche Staatsrecht, Leipzig 1865.

Ders.: Das preussische Staatsrecht auf Grundlage des deutschen Staatsrechts dargestellt, Zwei Bände, Leipzig 1872 u. 1877.

Ders.: Das preussische Staatsrecht auf Grundlage des deutschen Staatsrechts dargestellt, Zweite Auflage, Zwei Bände, Leipzig 1888.

Schunck, Friedrich Christoph Karl: Staatsrecht des Königreichs Baiern, Erster Band, Erlangen 1824.

Seckendorff, Gustav Anton von: Grundzüge der philosophischen Politik, Ein Handbuch bei Vorträgen, Leipzig u. Altenburg 1817.

Sedlmayer, Georg: Bemerkungen über den Staatsverein, und die Wesentlichen Rechte der höchsten Gewalt nach Grundsätzen des allgemeinen Staatsrechts, Salzburg 1809.

Seligmann, Ernst: Der Begriff des Gesetzes im materiellen und formellen Sinne, Berlin u. Leipzig 1886.

Seume, Johann Gottfried: Apokryphen, 1806 u. 1807, Zit. nach: Ders., Prosaschriften, Mit einer Einleitung von Werner Kraft, Darmstadt 1974.

Seydel, Max: Bayerisches Staatsrecht. 7 Bände. München 1884-1887, Freiburg i. Br. 1889-1893 u. Freiburg i. Br. u. Leipzig 1894.

Ders.: Bayerisches Staatsrecht, Zweite durchgesehene Auflage, 4 Bde., Freiburg i. Br. u. Leipzig 1896.

Ders.: Grundzüge einer allgemeinen Staatslehre, Würzburg 1873, Fotomechanischer Nachdruck Hamburg 1967.

Ders.: [Rez. zu] Otto Mayer, Deutsche Verwaltungsrecht. 1. Band. Leipzig 1895, in: Kritische Vierteljahresschrift für Gesetzgebung und Rechtswissenschaft III 2 (1896), S. 242-252.

Sibeth, Friedrich Wilhelm: Versuch eines Entwurfs des Vernunft-Rechts, Rostock 1790.

Sieyès, Emanuel: Abhandlung über die Privilegien, Was ist der dritte Stand? Hrsg. v. Rolf Hellmut Foerster, Frankfurt am Main: Insel 1968.

Simon, Heinrich: Das Preussische Staatsrecht, Zwei Theile, Breslau 1844.

Sintenis, Carl Friedrich Ferdinand: Das practische gemeine Civilrecht, Dritte verbesserte Auflage, 3 Bände, Leipzig 1868-1869.

Skarda, Ludwig Jakob: Das österreichische Privilegienrecht in politischer, civilrechtlicher und technischer Beziehung erläutert durch Beispiele, Rechtsfälle und Formulare, Nebst einem Anhang über die bezüglich der Dampfschiff-Fahrt, Dampfmaschinen und Eisenbahnen erlassenen gesetzlichen Vorschriften, Wien 1842.

Stammler, Rudolf: Privilegien und Vorrechte, Rede zum Antritte des Rektorates der vereinigten Friedrichs-Universität Halle-Wittenberg, Gehalten am 12. Juli 1903. Halle 1903.

Steinitz, Julius: Dispensationsbegriff und Dispensationsgewalt auf dem Gebiete des deutschen Staatsrechts, Breslau 1901.

Stengel, Karl Freiherr von: Lehrbuch des Deutschen Verwaltungsrechts, Stuttgart 1886.

Stenger, Heinrich: Versuch eines Kommentars über das Allgemeine Landrecht für die Preußischen Staaten, In Briefen, Erster Band, Erste Abtheilung, Leipzig u. Züllichau 1797.

Stephani, Heinrich: Grundlinien der Rechtswissenschaft oder des sogenannten Naturrechts, Erlangen: Johann Jakob Palm 1797, Zweiter Theil, Frankfurt u. Leipzig 1798.

Stoerk, Felix: Handbuch der Deutschen Verfassungen, Die Verfassungsgesetze des Deutschen Reiches und seiner Bundesstaaten nach dem gegenwärtigen Gesetzstande bearbeitet und herausgegeben, Leipzig 1884.

Struben, David Georg: Gründlicher Unterricht von Regierungs- und Justiz-Sachen, worinn untersuchet wird: Welche Geschäfte ihrer Natur und Eigenschaft nach vor die Regierungs- oder Justiz-Collegia gehören? Hildesheim 1733.

Struve, Gustav von: Grundzüge der Staatswissenschaft, 4 Bände, Mannheim 1847-1848.

Ders.: Das öffentliche Recht des deutschen Bundes, Zwei Theile, Mannheim 1846.

Sturm, August: Recht und Rechtsquellen, Eine Abhandlung, Kassel 1883.

Tafinger, Wilhelm Gottlieb: Lehrsätze des Naturrechts, Tübingen 1794.

Thibaut, Anton Friedrich Justus: System des Pandekten-Rechts, 8. Ausgabe, 2 Bde., 1833. Nachdruck Frankfurt am Main 1982.

Ders.: Versuche über einzelne Theile der Theorie des Rechts, Zweyte verbesserte Ausgabe, Zwey Bände, Jena 1817, Neudruck Aalen 1970.

Thomas, Anton: Lehrbuch der natürlichen Rechtswissenschaft, Frankfurt a. M. 1803.

Thon, August: Das Gesetz im formellen und materiellen Sinne mit Beziehung auf die gleichbenannte Abhandlung von Albert Hänel, In: Archiv für öffentliches Recht 5 (1890), S. 149-168.

Thöne, Johann Franz: Fundamental-Lehren des Preußischen Privatrechts, einschließlich der Abfassungsgeschichte des Allgemeinen Landrechts und der Lehre von dem Besitz und der Verjährung, systematisch bearbeitet, Erster Band, Leipzig 1833.

Thudichum, Friedrich: Verfassungsrecht des Norddeutschen Bundes und des Deutschen Zollvereins, Tübingen 1870.

Treitschke, Heinrich von: Die Gesellschaftswissenschaft, Ein kritischer Versuch, Leipzig 1859.

Troxler, Ignaz Paul Vitel: Philosophische Rechtslehre der Natur und des Gesetzes mit Rücksicht auf die Irrlehren der Liberalität und Legitimität, Zürich 1820.

Ueber den deutschen Adel und dessen Reform in geschichtlicher, staatsrechtlicher, nationalökonomischer und politischer Beziehung mit Rücksicht auf die neuesten Erscheinungen in Preußen, in: Zwei Kapitel aus einem Manuscripte über deutsche Angelegenheiten, S. 37-108, Leipzig 1841.

Ueber den Umfang der richterlichen Gewalt mit besonderer Beziehung auf Württemberg, in: Jahrbücher der Gesetzgebung und Rechtspflege im Königreiche Württemberg, hrsg. v. Karl Christian Hofacker, Ersten Bandes erstes Heft, Stuttgart 1824, S. 165-208.

Ulbrich, Josef: Grundzüge des österreichischen Verwaltungsrechtes mit Berücksichtigung der Rechtssprechung des Verwaltungsgerichtshofes, Prag und Leipzig 1884.

Ders.: Der Rechtsbegriff der Verwaltung, in: Zeitschrift für das Privat- und Öffentliche Recht der Gegenwart 9 (1892), S. 1-36.

Ungewitter, Franz H.: Populäre Staatswissenschaft oder Staatswissenschaftliches Handbuch, Halle 1845.

Unterholzner, Karl August Dominicus: Allgemeine Einleitung in das juristische Studium, Zum Gebrauche von Vorlesungen über die sogenannte Encyclopädie und Methodologie, München u. Burghausen 1812.

Vollgraff, Karl: Die Systeme der praktischen Politik im Abendlande, Dritter Theil, Charakteristik oder Charakter- und Kultur-Statistik der germanisch-slawischen oder modernen Völker Europa's als Einleitung zur nodernen Politik, Vierter Theil, Moderne Politik oder über die Verhältnisse der modernen Staaten untereinander so wie die praktischen, historischen und rechtlichen Principien der Beherrschungs, Verfassungs- und Verwaltungs-Formen im modernen Abendlande überhaupt, Giessen 1828 u. 1829.

Von dem Staate und den wesentlichen Rechten der höchsten Gewalt, Göttingen 1794.

Vorträge über Recht und Staat von Carl Gottlieb Svarez (1746-1798), hrsg. v. Hermann Conrad und Gerd Kleinheyer, Köln und Opladen 1960.

Voß, Christian Daniel: Handbuch des allgemeinen Staatswissenschaft nach Schlözers Grundriß, Erster Theil, Leipzig: Weidmann 1796, Zweyther Theil, Politik, Erster Band, Leipzig 1797.

Ders.: Auserlesene Bibliothek der allgemeinen Staatswissenschaft, für Staats- und Geschäftsmänner, Gelehrte, Freunde und beflissene dieser Wissenschaft, Zweyter Band, Leipzig 1796.

Wächter, Carl Georg: Handbuch des im Königreiche Württemberg geltenden Privatrechts, Zwei Bände, Stuttgart 1839 u. 1842. Nachdruck Frankfurt a. M. 1985.

Waitz, Georg: Grundzüge der Politik nebst einzelnen Ausführungen, Kiel 1862.

Wagner, Johann Jacob: Ueber die Trennung der legislativen und executiven Staatsgewalt, Ein Beitrag zur Beurtheilung des Werthes landständischer Verfassungen, München 1804.

Walcker, Carl: Grundriß des Allgemeinen Staatsrechts für Studierende und Gebildete mit besonderer Berücksichtigung der Gneist'schen Forschungen und der neuesten preußischen Gesetzgebung, Berlin 1875.

Warnkönig, Leopold August: Juristische Encyclopädie oder organische Darstellung der rechtswissenschaft mit vorherrschender Rücksicht auf Deutschland, Zum Gebrauch bei Vorlesungen und zum Selbststudium, Erlangen 1853.

Ders.: Rechtsphilosophie als Naturlehre des Rechts. Freiburg i. Br. 1839.

Wasmuth, Johann Georg Friedrich: Tractatio de privilegiorum natura generatim et in specie de modis, quibus finiuntur vel amittuntur, Goettingae 1787.

Wedekind, Georg: Ueber Freiheit und Gleichheit, Eine Anrede an seien Mitbürger, gehalten in der Gesellschaft der Volksfreunde zu Mainz am 30sten Oktober im ersten Jahre der Freiheit und Gleichheit.

Weiler, Georg von: Ueber Verwaltung und Justiz und über die Gränzlinie zwischen beiden, Ein Beitrag zur Staatswissenschaft, Mannheim 1826.

Weiß, Christian: Lehrbuch der Philosophie des Rechts, Vorlesungen und zum Privatgebrauch, Leipzig 1804.

Weiß, Karl Eduard: System des öffentlichen Rechts des Großherzogthums Hessen, Erster Band, Darmstadt 1837.

Ders.: System des deutschen Staatsrechts, Regensburg 1843.

Weiße, Christian Ernst: Lehrbuch des Königlich Sächsischen Staatsrechts, Zwei Bände, Leipzig 1824 u. 1827.

Wildner von Maithstein, Ignaz: Wie lassen sich die Gefahren, welche für das Privatrecht aus der Nichtuntersuchung der Neuheit eines zu priviligierenden Gegenstandes hervorgehen, beseitigen? In: Der Jurist 4 (1840), S.170-176.

Ders.: Gedanken über Liebe und Recht, Freiheit und Zwang, Unabhängigkeit und Abhängigkeit, Gleichheit und Ungleichheit der Rechte, Wien 1839.

Windscheid, Bernhard: Lehrbuch des Pandektenrechts, Erster Band, Düsseldorf 1862.

Ders.: Lehrbuch des Pandektenrechts, Erster Band, Achte Auflage, unter vergleichender Darstellung des deutschen bürgerlichen Rechts bearbeitet von Theodor Kipp, Frankfurt a. M. 1900.

Wippermann, Eduard: Beiträge zum Staatsrechte, Erster Beitrag: Über die Natur des Staates, Göttingen 1844.

Wolff, Christian: Grundsätze des Natur- und Völckerrechts, worinn alle Verbindlichkeiten und alle Rechte aus der Natur des Menschen in einem beständigen Zusammenhange hergeleitet werden, Halle 1754, Nachdruck Aalen 1980.

Wörterbuch des Deutschen Verwaltungsrechts, In Verbindung mit vielen Gelehrten und höheren Beamten hrsg. v. Karl Freiherrn von Stengel, In zwei Bänden, Freiburg i. Br. 1890.

Wörterbuch des Deutschen Verwaltungsrechts, Zweite, völlig neugearbeitete und erweiterte Auflage, hrsg. v. Max Fleischmann, Zwei Bände, Tübingen 1911 u. 1913.

Zachariä, Heinrich Albert: Deutsches Staats- und Bundesrecht, Zwei Abtheilungen, Göttingen 1841 u. 1842.

Ders.: Deutsches Staats- und Bundesrecht, Zwei Theile, Dritte vermehrte und verbesserte Auflage, Göttingen 1865 u. 1867.

Ders.: Die deutschen Verfassungsgesetze der Gegenwart, einschließlich der Grundgesetze des deutschen Bundes und der das Verfassungsrecht der Einzelstaaten direct betreffenden Bundesbeschlüsse, gesammelt und mit Einleitungen und Anmerkungen herausgegeben, Göttingen: Dieterich 1855, Erste Fortsetzung, Göttingen: Dieterich 1858, Zweite Fortsetzung, Göttingen 1862.

Zachariä von Lingenthal, Karl Salomo: Über die vollkommenste Staats-Verfassung, Leipzig 1800.

Ders.: Anfangsgründe des philosophischen Privatrechtes, Nebst einer Einleitung in die philosophische Rechtswissenschaft überhaupt, Leipzig: Sommer 1804.

Ders.: Das Staatsrecht der Rheinischen Bundesstaaten und das Rheinische Bundesrecht erläutert in einer Reihe Abhandlungen, I. Von dem rechtlichen Gesichtpuncte, aus welchem die den Standesherren durch die Rheinische Bundesacte zugesicherten Rechte zu betrachten sind, S. 3-42, Heidelberg 1810.

Ders.: Vierzig Bücher vom Staate, Band 3, Regierungslehre, Erster Band, Heidelberg 1826.

Ders.: Vierzig Bücher vom Staate, Umarbeitung des früher von demselben Verfasser unter demselben Titel herausgegebenen Werkes, Vierter Band, Heidelberg 1840.

Ders.: Über die Erziehung des Menschengeschlechts durch den Staat, Leipzig: Gerhard Fleischer 1802.

Ders.: Die Wissenschaft der Gesetzgebung, Als Einleitung zu einem allgemeinen Gesetzbuche, Leipzig 1806.

Zedler, Johann Heinrich: Grosses volständiges Universal-Lexikon aller Wissenschaften und Künste, welche bishero durch menschlichen Verstand und Witz erfunden und verbessert worden, 64 Bände, 4 Supplement Bände, Leipzig u. Halle 1732-1750, Nachdruck Graz 1961-1977.

Zeiller, Franz Edler von: Commentar über das allgemeine bürgerliche Gesetzbuch für die gesammten Deutschen Erbländer der Oesterreichischen Monarchie, Bd. 1, Wien u. Triest 1811.

Zoepfl, Heinrich: Grundsaetze des allgemeinen und des constitutionell-monarchischen Staatsrechts, Dritte, vermehrte und verbesserte Ausgabe, Heidelberg 1846.

Ders.: Grundsätze des gemeinen deutschen Staatsrechts, mit besonderer Rücksicht auf das allgemeine Staatsrecht und auf die neuesten Zeitverhältnisse, Fünfte, durchaus vermehrte und verbesserte Auflage, Zwei Theile, Leipzig und Heidelberg 1863, Nachdruck Kronberg/Taunus 1975.

Zorn, Philipp: Das Staatsrecht des deutschen Reiches, 2 Bände, Berlin u. Leipzig 1880 u. 1883.

Ders.: Das Staatsrecht des deutschen Reiches, Zwei Bände, Berlin 1895 u. 1897.

Zweyte Auflösung der Aufgabe: Sind alle Monopolien ohne Unterschied dem Wohl der bürgerlichen Gesellschaft nachtheilig oder giebt es von dieser Regel gewisse Ausnahmen und welches sind die Einschränkungen, unter welchen Monopolien unschädlich seyn können, in: Schlettweins Neues Archiv 1786, Bd. 3, S. 183-195.

B. Sekundärliteratur

Abaus, Pict: Rebus sic stantibus. Köln u.a. 1993.

Badura, Peter: Das Verwaltungsrecht des liberalen Rechtsstaates, Methodische Überlegungen zur Entstehung des wissenschaftlichen Verwaltungsrechts, Göttingen 1967.

Becker, Klaus: Die behördliche Erlaubnis des absolutistischen Fürstenstaates, Marburg 1970.

Begemann, Helmut: Das Haftungsprivileg des Richters im Strafrecht, in: NJW 1968, S. 1361-1364.

Beier, Friedrich Karl: Gewerbefreiheit und Patentschutz, Zur Entwicklung des Patentrechts im 19. Jahrhundert, in: Wissenschaft und Kodifikation des Privatrechts im 19.Jahrhundert, IV. Eigentum und industrielle Entwicklung. Wettbewerbsordnung und Wettbewerbsrecht, hrsg. v. Helmut Coing u. Walter Wilhelm, Frankfurt a. M. 1979. S. 183-205.

Beyer, Wilhelm R.: Immunität als Privileg, Eine verfassungsrechtliche Studie gegen die Abgeordnetenprivileg, Berlin u. Neuwied a. Rh. 1966.

Bindschedler, Ursula: Die Dispensation unter besonderer Berücksichtigung der Dispensation von öffentlich-rechtlichen Pflichten im Verwaltungsrecht des Kantons Zürich, Winterthur 1958.

Bogs, Harald: Probleme des Geistlichenprivilegs im Wehrrecht, in: Der Staat 9 (1970), S. 43-66.

Boockmann, Hartmut: Stauferzeit und spätes Mittelalter, Deutschland 1125-1517, Sonderausgabe in der Sammlung Siedler.

Bullinger, Martin: Zu den Handlungsformen und Handlungsprinzipien der öffentlichen Verwaltung nach deutschem und englischem Recht, Stuttgart 1962.

Colshorn, H.: Privilegien im alten Hamburg und in Schleswig-Holstein, in: Börsenblatt für den Deutschen Buchhandel, Nr. 82 v. 11. Oktober 1963, S. 1866-1869.

Dann, Otto: Gleichheit und Gleichberechtigung, Das Gleichheitspostulat in der alteuropäischen Tradition und in Deutschland bis zum ausgehenden 19. Jahrhundert, Berlin 1980.

Dennewitz, Bodo: Die Systeme des Verwaltungsrechts, Ein Beitrag zur Geschichte der modernen Verwaltungswissenschaft, Hamburg 1948.

Dölemeyer, Barbara: Vom Privileg zum Gesetz, Am Beispiel österreichischer Erfindungsprivilegien, in: Ius Commune XV (1988), S. 57-71.

Dies.: Kodifikationen und Projekte deutscher Einzelstaaten: Preußen, in: Helmut Coing, Handbuch der Quellen und Literatur der neueren europäischen Privatrechtsgeschichte III 2, München 1982, S. 1491-1502.

Dies.: Erfinderprivilegien und Patentgesetzgebung am Beispiel der Habsburgermonarchie, in: Das Privileg im europäischen Vergleich, Bd. 2, hrsg. v. Barbara Dölemeyer u. Heinz Mohnhaupt, Frankfurt a. M. 1999, S. 309-333.

Dölemeyer, Barbara u. Klippel, Diethelm: Der Beitrag der deutschen Rechtswissenschaft zur Theorie des gewerblichen Rechtsschutzes und Urheberrechts, in: Gewerblicher Rechtsschutz und Urheberrecht in Deutschland, Festschrift zum hundertjährigen Bestehen der Deutschen Vereinigung für gewerblichen Rechtsschutz und Urheberrecht und ihrer Zeitschrift, hrsg. v. der Vereinigung durch Friedrich-Karl Beier u.a., Bd. 1, Weinheim: VCH 1991, S. 185-237.

Eisenhardt,Ulrich: Die kaiserlichen privilegia de non appellando, Köln 1980.

Engert, Markus: Die historische Entwicklung des Rechtsinstituts Verwaltungsakt, Frankfurt a. M. u.a. 2002.

Erichsen, Hans-Uwe: Verfassungs- und verwaltungsrechtliche Grundlagen der Lehre vom fehlerhaften belastenden Verwaltungsakt und seiner Aufhebung im Prozeß, - Ein dogmengeschichtlicher Beitrag zu Rechtsbindung, Rechtswidrigkeit und Rechtsschutz im Bereich staatlicher Eingriffsverwaltung, Frankfurt a. M. 1971.

Erler, Adalbert: Alle Menschen sind vor dem Gesetz gleich, Die Geschichte des Gleichheitsgrundsatzes, Hannover 1967.

Feist, Hans-Joachim: Die Entstehung des Verwaltungsrechts als Rechtsdisziplin, München 1967.

Franz, Günter (Hrsg.): Staatsverfassungen, 3. Aufl., Darmstadt 1975.

Gieg, Georg: De tacita conditione rebus sic stantibus, Würzburg 1992.

Gieseke, Ludwig: Vom Privileg zum Urheberrecht, Die Entwicklung des Urheberrechts in Deutschland bis 1845, Göttingen 1995.

Hattenhauer, Hans: Zwischen Hierarchie und Demokratie, Eine Einführung in die geistesgeschichtlichen Grundlagen des geltenden deutschen Rechts, Karlsruhe: C.F. Müller 1971.

Ders.: Die geistesgeschichtlichen Grundlagen des deutschen Rechts, 3. Aufl., Heidelberg: C.F. Müller 1983.

Ders.: Einführung, in: Allgemeines Landrecht für die Preußischen Staaten von 1794, 3. Aufl., Neuwied 1993, S. 1-16.

Heyen, Erk Volkmar: Otto Mayer, Studien zu den geistigen Grundlagen seiner Verwaltungsrechtswissenschaft, Berlin 1981.

Hörstel, Reinhard: Die Entschädigungspflicht des Staates bei Aufhebung gewerblicher Privilegien, Heidelberg 1950.

Hoffmann, Egon Friedrich: Der urheberrechtliche Privilegienschutz in Bayern, München 1954.

Huber, Ernst Rudolf (Hrsg.): Dokumente zur deutschen Verfassungsgeschichte, Bd. 1, Stuttgart 1961.

Hueber, Alfons: Otto Mayer, Die „juristische Methode" im Verwaltungsrecht, Berlin 1982.

Ishikawa, Toshiyuki: Friedrich Franz von Mayer, Begründer der „juristischen Methode" in deutschen Verwaltungsrecht, Berlin 1992.

Jesch, Dietrich: Gesetz und Verwaltung, Eine Problemstudie zum Wandel des Gesetzmäßigkeitsprinzips, 2., unveränderte Auflage, Tübingen 1968.

Kaufmann, Franz Xaver: Diskurse über Staatsaufgaben, in: Dieter Grimm (Hrsg.) unter Mitarbeit von Evelyn Hagenah, Staatsaufgaben, Baden-Baden 1994, S. 15-41.

Keil, Herbert: Die Problematik von Erlaubnis, Genehmigung und Konzession, Göttingen 1954.

Kleinheyer, Gerd: Die kaiserlichen Wahlkapitulationen, Geschichte, Wesen und Funktion, Karlsruhe 1968.

Klippel, Diethelm: Politische Freiheit und Freiheitsrechte im deutschen Naturrecht des 18. Jahrhunderts, Paderborn 1976.

Ders.: Historische Wurzeln und Funktionen von Immaterialgüter- und Persönlichkeitsrechten im 19. Jahrhundert, in: Zeitschrift für Neuere Rechtsgeschichte 4 (1982), S. 132-155.

Ders.: Politische Theorien im Deutschland des 18. Jahrhunderts, in: Aufklärung. Interdisziplinäre Halbjahresschrift zur Erforschung des 18. Jahrhunderts und seiner Wirkungsgeschichte, Jahrgang 2, Heft 2, Hamburg: Felix Meiner 1987, Aufklärung als Prozeß, hrsg. v. Rudolf Vierhaus, S. 57-88.

Ders.: Naturrecht als politische Theorie, Zur politischen Bedeutung des deutschen Naturrechts im 18. und 19. Jahrhundert, in: Aufklärung als Politisierung - Politisierung der Aufklärung, hrsg. v. Hans Erich Bödeker u. Ulrich Herrmann, Hamburg 1987, S. 267-293.

Ders.: Art. Staat und Souveränität VI-VIII, in: Geschichtliche Grundbegriffe, Lexikon zur politisch-sozialen Sprache in Deutschland, Bd. 6, S. 98-128.

Ders.: Die Idee des geistigen Eigentums in Naturrecht und Rechtsphilosophie des 19. Jahrhunderts, in: Historische Studien zum Urheberrecht in Europa, Entwicklungslinien und Grundfragen, hrsg. v. Elmar Wadle, Berlin 1993.

Ders.: Naturrecht und Rechtsphilosophie in der ersten Hälfte des 19.Jahrhunderts, in: Naturrecht - Spätaufklärung - Revolution, hrsg. v. Otto Dann u. Diethelm Klippel, Hamburg 1995, S. 270-292.

Ders.: Das Privileg im deutschen Naturrecht des 18. und 19. Jahrhunderts, in: Das Privileg im europäischen Vergleich, Band 1, hrsg. v. Barbara Dölemeyer u. Heinz Mohnhaupt, Frankfurt a. M. 1997, S. 329-345.

Ders.: Der liberale Interventionsstaat, Staatszweck und Staatstätigkeit in der deutschen politischen Theorie des 18. und der ersten Hälfte des 19. Jahrhunderts, in: Recht und Rechtswissenschaft im mitteldeutschen Raum, Symposium für Rolf Lieberwirth anläßlich seines 75. Geburtstages, hrsg. v. Heiner Lück, Köln u.a.; Böhlau 1998, S. 77-103.

Ders.: Das Privileg in der deutschen Staatsrechtslehre des 19. Jahrhunderts, in: Das Privileg im europäischen Vergleich, Band 2, hrsg. v. Barbara Dölemeyer u. Heinz Mohnhaupt, Frankfurt a.M. 1999, S. 285-308.

Klippel Diethelm u. Pahlow, Louis: Freiheit und aufgeklärter Absolutismus. Das allgemeine Landrecht in der Geschichte der Menschen- und Bürgerrechte, in: Reformabsolutismus und ständische Gesellschaft. Zweihundert Jahre Preußisches Allgemeines Landrecht, Berlin 1998, S. 215-253.

Köbler, Ralf: Die „clausula rebus sic stantibus“ als allgemeiner Rechtsgrundsatz, Tübingen 1991.

Ders.: Lexikon der europäischen Rechtsgeschichte, München: C.H.Beck 1997.

Koppitz, Hans Joachim: Zur Form der Anträge auf Bewilligung kaiserlicher Druckprivilegien durch den Reichshofrat und zu den Gründen ihrer Ablehnung, in: Das Privileg im europäischen Vergleich, Bd. 1, hrsg. v. Barbara Dölemeyer u. Heinz Mohnhaupt, Frankfurt a. M. 1997, S. 347-376.

Koselleck, Reinhard: Preußen zwischen Reform und Revolution, Allgemeines Landrecht, Verwaltung und soziale Bewegung von 1791 bis 1848, 3. Aufl. unveränd. Nachdr. d. 2., berichtigten Auflage von 1975, Stuttgart 1981.

Ders.: Einleitung zu: Geschichtliche Grundbegriffe, Historisches Lexikon zur politisch-sozialen Sprache in Deutschland, Bd. 1, Stuttgart 1972, S. XIIIff.

Krause, Friedrich: Die Neuordnung des Deutschen Schornsteinfegerwesens durch das Gesetz zur Änderung der Gewerbeordnung für das Deutsche Reich vom 13. April 1935 (RGBl. I S. 508) und die Verordnung über das Schornsteinfegerwesen vom 28. Juli 1937 /RGBl. I S. 831), Leipzig 1940.

Krause, Hans-Georg: Art. Privileg, mittelalterlich., in: Handwörterbuch zur deutschen Rechtsgeschichte 3 (1984), Sp. 1999-2005.

Krause, Peter: Rechtsformen des Verwaltungshandelns, Überlegungen zu einem System der Handlungsformen der Verwaltung, mit Ausnahme der Rechtssetzung, Berlin 1974.

Kroeschell, Karl: Deutsche Rechtsgeschichte, Bd. 3 (seit 1650), 2. Aufl., Opladen 1993

Landwehr, Götz: Das Allgemeine Landrecht in der Rechtspraxis seiner ersten Jahre - dargestellt an den Vorschriften des ersten Anhangs zum ALR aus dem Jahre 1803, in: Hans Hattenhauer u. Götz Landwehr, Das nachfriederizianische Preußen (1786-1806), Heidelberg 1988, S. 67-129.

Link, Christoph: Herrschaftsordnung und bürgerliche Freiheit, Grenzen der Staatsgewalt in der älteren deutschen Staatslehre, Wien u.a. 1979.

Lutz, Heinrich: Zwischen Habsburg und Preußen, Deutschland 1815-1866, Berlin 1994.

Menzel, Eduard: Die Privilegien und Immunitäten der interantionalen Funktionäre, in: Verfassung und Verwaltung in Theorie und Wirklichkeit. Festschrift f. Wilhelm Laforet (Veröffentlichungen des Instituts für Staatslehre u. Politik 3), München 1952.

Mieck, Ilja: Preussische Gewerbepolitik in Berlin 1806-1844, Staatshilfe und Privatinitiative zwischen Merkantilismus und Liberalismus, Mit einer Einführung von Wolfram Fischer und Otto Büsch, Berlin 1965.

Mitteis, Heinrich: Lehnrecht und Staatsgewalt, Weimar 1933.

Mohnhaupt, Heinz: Potestas legislatoria und Gesetzesbegriff im Ancien Régime, in: Ius Commune IV (1972), S. 188-239.

Ders.: Untersuchungen zum Verhältnis Privileg und Kodifikation im 18. und 19.Jahrhundert, in: Ius Commune V (1975), S. 71-121.

Ders.: Privatrecht in Privilegien, in: Vorträge zur Geschichte des Privatrechts in Europa, Symposium in Krakau 9.-12. Oktober 1979, Frankfurt a. M. 1981, S.58-75.

Ders.: Vom Privileg zum Verwaltungsakt. Beobachtungen zur dogmengeschichtlichen Entwicklung in Deutschland seit der Mitte des 18. Jahrhunderts, in: Wissenschaft und Recht der Verwaltung seit dem Ancien Régime, Europäische Ansichten, hrsg. v. Erk Volkmar Heyen, Frankfurt a. M. 1984, S. 41-58.

Ders.: I diritti di privilegio e i diritti di libertà nella Germania del XVIII e XIX secolo, in: Saperi della borgesia e storia dei concetti fra Otto e Novecento, A cura die Raffaella Gherardi e Gustavo Gozzi, Bologna 1995, S. 17-51.

Ders.: Privilegien und „gemeines Wohl" im ALR sowie deren Behandlung durch Theorie und Praxis im 19. Jahrhundert, in: 200 Jahre Allgemeines Landrecht für die preußischen Staaten, Wirkungsgeschichte und internationaler Kontext, hrsg. v. Barbara Dölemeyer u. Heinz Mohnhaupt, Frankfurt a. M. 1995, S. 105-144.

Ders.: Die Unendlichkeit des Privilegienbegriffs, Zur Einführung in das Tagungsthema, in: Das Privileg im europäischen Vergleich, Bd. 1. hrsg. v. Barbara Dölemeyer u. Heinz Mohnhaupt, Frankfurt a. M. 1997, S. 1-11.

Ders.: Erteilung und Widerruf von Privilegien nach der gemeinrechtlichen Lehre vom 16. bis 19. Jahrhundert, in: Das Privileg im europäischen Vergleich, Bd. 1, hrsg. v. Barbara Dölemeyer u. Heinz Mohnhaupt, Frankfurt a. M. 1997, S. 93-121.

Möller, Horst: Fürstenstaat oder Bürgernation, Deutschland 1763-1815, Sonderausgabe in der Sammlung Siedler.

Mussgnug, Reinhard: Der Dispens von gesetzlichen Vorschriften, Heidelberg 1964.

Österreichische Fabriksprivilegien vom 16. bis ins 18.Jahrhundert und ausgewählte verwandte Quellen zur Frühgeschichte der Industrialisierung, hrsg. v. Gustav Otruba unter Mitarbeit v. Manfred Lang u. Harald Steindl, Wien:Hermann Böhlaus Nachf. 1981.

Otruba, Gustav: Von den „Fabriksprivilegien" des 17. und 18.Jahrhunderts zum „Österreichischen Fabriksrecht" 1838, In: Scripta Mercaturae 2 (1976), S. 75-107.

Pahlow, Louis: Justiz und Verwaltung, Zur Theorie der Gewaltenteilung im 18. und 19. Jahrhundert, Goldbach 2000.

Pauly, Walter: Der Methodenwandel im deutschen Spätkonstitutionalismus, Ein Beitrag zu Entwicklung und Gestalt der Wissenschaft vom Öffentlichen Recht im 19. Jahrhundert, Tübingen 1993.

Putzger, Historischer Weltatlas, 101. Aufl. 1990.

Rapp, Horst: Das Parteienprivileg des Grundgesetzes und seine Auswirkungen auf das Strafrecht, Eine Untersuchung über den Umfang der aus Art. 21 GG folgenden

Privilegierung des Parteiwesens und die davon ausgehenden Sperrwirkungen für die Anwendung strafrechtlicher Tatbestände auf parteikonnexe Handlungen (Juristische Studien 18), Tübingen 1970.

Rittmann, Albrecht: Der Begriff des Verwaltungsakts - Herkunft und Bedeutung -, in: Baden-Württembergische Verwaltungspraxis (BWVPr) Heft 12 - 1979, S. 266-267.

Rupp, Hans Heinrich: Die Dogmatik des Verwaltungsrechts und die Gegenwartsaufgaben der Verwaltung, in: DVBl. 1971, S. 669-674.

Schickedenz, Erich: Geistlichenprivileg im Wehrrecht und Gleichheitssatz, in: NJW 1970, S. 1871 f.

Schlumbohm, Jürgen: Freiheit, Die Anfänge der bürgerlichen Emanzipationsbewegung in Deutschland im Spiegel ihres Leitwortes, Düsseldorf 1975.

Schmidt-DeCaluwe, Raimund: Der Verwaltungsakt in der Lehre Otto Mayers, Staatstheoretische Grundlagen, dogmatische Ausgestaltung und deren verfassungsbedingte Vergänglichkeit, Tübingen 1999.

Schulze, Rainer: Geschichte der neueren vorkonstitutionellen Gesetzgebung, Zu Forschungsstand und Methodenfragen eines rechtshistorischen Arbeitsgebiets, in: SZGerm 98 (1981), S. 157-235.

Schwennicke, Andreas: Die Entstehung der Einleitung des Preußischen Allgemeinen Landrechts von 1794, Frankfurt am Main 1993.

Silberstein, Marcel: Erfindungsschutz und merkantilistische Gewerbeprivilegien, Winterthur 1961.

Ders.: Die „clausula rebus sic stantibus“ im Verwaltungsrecht, in: Staat, Kirche, Wissenschaft in einer pluralistischen Gesellschaft, Festschrift zum 65. Geburtstag von Paul Mikat, Hrsg. v. Dieter Schwab u.a. Berlin 1989. S. 775-789.

Stolleis, Michael: Verwaltungsgeschichte und Verwaltungslehre 1866-1914, in: Deutsche Verwaltungsgeschichte, Band 3, Das Deutsche Reich bis zum Ende der Monarchie, hrsg. v. Kurt G.A. Jeserich u.a., Stuttgart 1984, S. 85-108.

Ders.: Geschichte des öffentlichen Rechts in Deutschland, Erster Band, Reichspublizistik und Policeywissenschaft 1600-1800, München 1988, Zweiter Band, Staatsrechtslehre und Verwaltungswissenschaft 1800-1914, München 1992, Dritter Band, Staats- und Verwaltungswissenschaft in Republik und Diktatur 1914-1945, München 1999.

Thieme, Hans: Die Funktion der Regalien im Mittelalter, in: SZGerm 62 (1942), S. 57-88.

Tipke, Klaus: Anmerkung zu Bundesverfassungsgericht, Beschluß v. 11. Mai 1970, in: NJW 1970, S. 1539 f., in: NJW 1970, S. 1875 f.

Treue, Wilhelm: Die Entwicklung des Patentwesens im 19.Jahrhundert in Preußen und im Deutschen Reich, In: Wissenschaft und Kodifikation des Privatrechts im 19. Jahrhundert, IV. Eigentum und industrielle Entwicklung, Wettbewerbsordnung und Wettbewerbsrecht, hrsg. v. Helmut Coing u. Walter Wilhelm, Frankfurt a. M.1979, S. 183-205.

Vierhaus, Rudolf: Herrschaftsverträge, Wahlkapitulationen, Fundamentalgesetze, Göttingen 1977.

Wadle, Elmar: Der langsame Abschied vom Privileg, Das Beispiel des Urheberrechts, in: Das Privileg im europäischen Vergleich, Bd. 1, hrsg. v. Barbara Dölemeyer u. Heinz Mohnhaupt, 1997, S. 377-399.

Ders.: Vor- und Frühgeschichte des Urheberrechts? Zur Diskussion über die Privilegien gegen den Nachdruck, in: UFITA 106 (1987), S. 95-107.

Ders.: Goethes Gesuch um ein Nachdruckprivileg des Deutschen Bundes und die preußische Politik, in: NJW 1999, S. 2545-2551.

Ders.: Privilegienpraxis in Preußen: Privilegien zum Schutz gegen Nachdruck 1815-1832, in: Das Privileg im europäischen Vergleich, Bd. 2, hrsg. v. Barbara Dölemeyer u. Heinz Mohnhaupt, Frankfurt a. M. 1999, S. 335-362.

Walz, Robert: Privilegien zum württembergischen Privilegienrecht, in: Das Privileg im europäischen Vergleich, Bd. 1, hrsg. v. Barbara Dölemeyer u. Heinz Mohnhaupt, Frankfurt a. M. 1997, S. 419-462.

Weitzel, Jürgen: Funktion und Gestalt der Gerichtsprivilegien, in: Das Privileg im europäischen Vergleich, Bd. 1, hrsg. v. Barbara Dölemeyer u. Heinz Mohnhaupt, Frankfurt a. M. 1997, S. 191-206.

Willoweit, Dietmar: Gewerbeprivileg und natürliche Gewerbefreiheit, Strukturen des preußischen Gewerberechts im 18.Jahrhundert, in: Vom Gewerbe zum Unternehmen, Studien zum Recht der gewerblichen Wirtschaft im 18. und 19. Jahrhundert, hrsg. v. Karl Otto Scherner u. Dietmar Willoweit, Darmstadt 1982, S. 60-111.

Ders.: War das Königreich Preußen ein Rechtsstaat? In: Staat, Kirche, Wissenschaft in einer pluralistischen Gesellschaft, Festschrift zum 65. Geburtstag von Paul Mikat, hrsg. v. Dieter Schwab u.a. Berlin: Duncker & Humblot 1989, S. 451-464.

Wilson, Clifton E.: Diplomatic privileges and immunities, Tuscon/Arizon 1967.

Winkler, Günther: Der Bescheid, Ein Beitrag zur Lehre vom Verwaltungsakt, Wien 1956, Unveränderter Nachdruck Wien 1989.

RECHTSHISTORISCHE REIHE

Band 1 Studien zu den germanischen Volksrechten. Gedächtnisschrift für Wilhelm Ebel. Vorträge gehalten auf dem Fest-Symposion anläßlich des 70. Geburtstages von Wilhelm Ebel am 16. Juni 1978 in Göttingen. Götz Landwehr (Hrsg.) 1982.

Band 2 Hans Poeschel: Die Statuten der Banken, Sparkassen und Kreditgenossenschaften in Hamburg und Altona von 1710 bis 1889. 1978.

Band 3 Thomas Kolbeck: Juristenschwemmen, Untersuchungen über den juristischen Arbeitsmarkt im 19. und 20. Jahrhundert. 1978.

Band 4 Norbert Hempel: Richterleitbilder in der Weimarer Republik. 1978.

Band 5 Rolf Stratmann: Die Scheinbußen im mittelalterlichen Recht. 1978.

Band 6 Martin C. Lockert: Die niedersächsischen Stadtrechte zwischen Aller und Weser. Vorkommen und Verflechtungen. Eine Bestandsaufnahme. 1979.

Band 7 Joachim Rückert/Wolfgang Friedrich: Betriebliche Arbeiterausschüsse in Deutschland, Großbritannien und Frankreich im späten 19. und frühen 20. Jahrhundert. Eine vergleichende Studie zur Entwicklung des kollektiven Arbeitsrechts. 1979.

Band 8 Peter Bender: Die Rezeption des römischen Rechts im Urteil der deutschen Rechtswissenschaft. 1979.

Band 9 Friedrich Karl Alsdorf: Untersuchungen zur Rechtsgestalt und Teilung deutscher Ganerbenburgen. 1980.

Band 10 Dietmar Willoweit/Winfried Schich (Hrsg.): Studien zur Geschichte des sächsisch-magdeburgischen Rechts in Deutschland und Polen (Sammelband). 1980.

Band 11 Brigitte Hempel: Der Entwurf einer Polizeiordnung für das Herzogtum Sachsen-Lauenburg aus dem Jahre 1591. 1980.

Band 12 Klaus-Detlev Godau-Schüttke: Rechtsverwalter des Reiches. Staatssekretär Dr. Curt Joël. 1981.

Band 13 Rainer Polley: Anton Friedrich Justus Thibaut (AD 1772-1840) in seinen Selbstzeugnissen und Briefen. Teil 1: Abhandlung. Teil 2: Briefwechsel. Teil 3: Register zum Briefwechsel. 1982.

Band 14 Michael Wettengel: Der Streit um die Vogtei Kelkheim 1275-1276. Ein kanonischer Prozeß.1981.

Band 15 Otto Wilhelm Krause: Naturrechtler des sechzehnten Jahrhunderts. Ihre Bedeutung für die Entwicklung eines natürlichen Privatrechts. 1982.

Band 16 Helga Spindler: Von der Genossenschaft zur Betriebsgemeinschaft. Kritische Darstellung der Sozialrechtslehre Otto von Gierkes. 1982.

Band 17 Holger Otte: Gustav Radbruchs Kieler Jahre 1919 - 1926. 1982.

Band 18 Rüdiger Teuner: Die fuldische Ritterschaft 1510 - 1656. 1982.

Band 19 Gerhard Dilcher/Rudolf Hoke/Gian Savino Pene Vidari/Hans Winterberg (Hrsg.): Grundrechte im 19. Jahrhundert. 1982.

Band 20 Karl-Hans Schloßstein: Die westfälischen Fabrikengerichtsdeputationen - Vorbilder, Werdegang und Scheitern. 1982.

Band 21 Birger Schulz: Der Republikanische Richterbund (1921-1933). 1982.

Band 22 Engelbert Krause: Die gegenseitigen Unterhaltsansprüche zwischen Eltern und Kindern in der deutschen Privatrechtsgeschichte. 1982.

Band 23 Meent W. Francksen: Staatsrat und Gesetzgebung im Großherzogtum Berg (1806-1813). 1982.

Band 24 Gerd von Sonnleithner: Bearbeitung des Handelsrechts durch Ignaz von Sonnleithner in seinem "Leitfaden über das österreichische Handels- und Wechselrecht". 1982.

Band 25 Rudolf Palme: Rechts-, Wirtschafts- und Sozialgeschichte der inneralpinen Salzwerke bis zu deren Monopolisierung. 1983.

Band 26 Helen Bosshard: Pestalozzis Staats- und Rechtsverständnis und seine Stellung in der Aufklärung. 1983.

Band 27 Jens Jessen: Die Selbstzeugnisse der deutschen Juristen. Erinnerungen, Tagebücher und Briefe. Eine Bibliographie. 1983.

Band 28 Günter Martin Jensen: Das Domanium Waldeck. Die rechtliche Zuordnung eines Fürstenvermögens. 1984.

Band 29 Johann Heinrich Kumpf: Petitionsrecht und öffentliche Meinung im Entstehungsprozeß der Paulskirchenverfassung 1848/49. 1983.

Band 30 Sabine Frey: Rechtsschutz der Juden gegen Ausweisungen im 16. Jahrhundert. 1983.

Band 31 Dietrich Joswig: Die germanische Grundstücksübertragung. 1984.

Band 32 Andreas Baryli: Konzessionssystem contra Gewerbefreiheit. Zur Diskussion der österreichischen Gewerberechtsreform 1835 bis 1860. 1984.

Band 33 Gerhard Oberkofler: Studien zur Geschichte der österreichischen Rechtswissenschaft. 1984.

Band 34 Rudolf Lauda: Kaufmännische Gewohnheit und Burgrecht bei Notker dem Deutschen. Zum Verhältnis von literarischer Tradition und zeitgenössischer Realität in der frühmittelalterlichen Rhetorik. 1984.

Band 35 Jens Jensen: Die Ehescheidung des Bischofs Hans von Lübeck von Prinzessin Julia Felicitas von Württemberg-Weiltingen AD 1648-1653. Ein Beitrag zum protestantischen Ehescheidungsrecht im Zeitalter des beginnenden Absolutismus. 1984.

Band 36 Horst Schröder: Friedrich Karl von Savigny. Geschichte und Rechtsdenken beim Übergang vom Feudalismus zum Kapitalismus in Deutschland. 1984.

Band 37 Andreas Hatzung: Dogmengeschichtliche Grundlagen und Entstehung des zivilrechtlichen Notstands. 1984.

Band 38 Matthias Klasen: Das Billwerder Landrecht. Landrecht und Landgericht in den Hamburger Elbmarschen. 1985.

Band 39 Rainer Jamin: Aufbau, Tätigkeit und Verfahren der Auseinandersetzungsbehörden bei der Durchführung der preußischen Agrarreformen. 1985.

Band 40 Henry Winter: Teilschuld, Gesamtschuld und unechte Gesamtschuld. Zur Konzeption der §§ 420 ff. BGB - Ein Beitrag zur Entstehungsgeschichte des BGB. 1985.

Band 41 Hermann Eichler: Verfassungsbewegung in Amerika und Europa. 1985.

Band 42 Dagmar Bandemer: Heinrich Albert Zachariae. Rechtsdenken zwischen Restauration und Reformation. 1985.

Band 43 Eva-Christine Frentz: Das Hamburgische Admiralitätsgericht (1623-1811). Prozeß und Rechtsprechung. 1985.

Band 44 Karl Lillig: Rechtsetzung im Herzogtum Pfalz-Zweibrücken während des 18. Jahrhunderts. Ein Beitrag zur Geschichte der territorialen Rechtsbildung. 1985.

Band 45 Walter Weber: Die Entwicklung der Sparkassen zu selbständigen Anstalten des öffentlichen Rechts. Ein Beitrag zur Entwicklung des Anstaltsbegriffs im 19. Jahrhundert. 1985.

Band 46 Bärbel Baum: Der Stabreim im Recht. Vorkommen und Bedeutung des Stabreims in Antike und Mittelalter. 1986.

Band 47 Hans Popp: Die nationalsozialistische Sicht einiger Institute des Zivilprozeß- und Gerichtsverfassungsrechts. 1986.

Band 48 John Karl-Heinz Montag: Die Lehrdarstellung des Handelsrechts von Georg Friedrich von Martens bis Meno Pöhls. Die Wissenschaft des Handelsrechts im ersten Drittel des 19. Jahrhunderts. 1986.

Band 49 Volker D. Anhäusser: Das internationale Obligationenrecht in der höchstrichterlichen Rechtsprechung des 19. Jahrhunderts. 1986.

Band 50 Udo Beer: Die Juden, das Recht und die Republik. Verbandswesen und Rechtsschutz 1919-1933. 1986.

Band 51 Herbert Grziwotz: Der moderne Verfassungsbegriff und die "Römische Verfassung" in der deutschen Forschung des 19. und 20. Jahrhunderts. 1986.

Band 52 Ralf Conradi: Karl Friedrich Eichhorn als Staatsrechtslehrer. Seine Göttinger Vorlesung über "Das Staatsrecht der deutschen Bundesstaaten" nach einer Kollegmitschrift aus dem Wintersemester 1821/22. 1987.

Band 53 Dieter Dannreuther: Der Zivilprozeß als Gegenstand der Rechtspolitik im Deutschen Reich 1871 - 1945. Ein Beitrag zur Geschichte des Zivilprozeßrechts in Deutschland. 1987.

Band 54 Stephan Felix Pauly: Organisation, Geschichte und Praxis der Gesetzesauslegung des (Königlich) Preußischen Oberverwaltungsgerichtes 1875 - 1933. 1987.

Band 55 Rüdiger Schulz: Die Entstehung des Seerechts des Allgemeinen Deutschen Handelsgesetzbuches unter besonderer Berücksichtigung der Bestimmungen über die Reederei, den Schiffer und die Schiffsmannschaft. 1987.

Band 56 Reinhold Reis: Deutsches Privatrecht in den Weistümern der Zenten Schriesheim und Kirchheim. 1987.

Band 57 Jürgen Christoph: Die politischen Reichsamnestien 1918 - 1933. 1987.

Band 58 Gerhard Oberkofler/Eduard Rabofsky: Hans Kelsen im Kriegseinsatz der k.u.k.-Wehrmacht. Eine kritische Würdigung seiner militärtheoretischen Angebote. 1988.

Band 59 Arne Wulff: Staatssekretär Prof. Dr. Dr. h.c. Franz Schlegelberger. 1876-1970. 1991.

Band 60 Gerhard Köbler (Hrsg.): Wege europäischer Rechtsgeschichte. Karl Kroeschell zum 60. Geburtstag. 1987.

Band 61 Rüdiger Hütte: Der Gemeinschaftsgedanke in den Erbrechtsreformen des Dritten Reichs. 1988.

Band 62 Markus Göldner: Politische Symbole der europäischen Integration. Fahne, Hymne, Hauptstadt, Paß, Briefmarke, Auszeichnungen. 1988.

Band 63 Wolfgang Kröner: Freiheitsstrafe und Strafvollzug in den Herzogtümern Schleswig, Holstein und Lauenburg von 1700 bis 1864. 1988.

Band 64 Werner Gaile: Die Norder Theelacht. 1988.

Band 65 Karl v. Kempis: Andreas Gaill (1526 - 1587). Zum Leben und Werk eines Juristen der frühen Neuzeit. 1988.

Band 66 Wolf-Rüdiger Osburg: Die Verwaltung Hamburgs in der Franzosenzeit. 1811-1814. 1988.

Band 67 Christian Schudnagies: Hans Frank. Aufstieg und Fall des NS-Juristen und Generalgouverneurs. 1988.

Band 68 Otmar Jung: Senatspräsident Freymuth. Richter, Sozialdemokrat und Pazifist in der Weimarer Republik. Eine politische Biographie. 1989.

Band 69 Joachim Lohner: Das landeshauptmannschaftliche Gericht in Oberösterreich zu Beginn der Neuzeit. Eine Darstellung des oberösterreichischen Prozeßrechts am obersten Territorialgericht des Landes anhand der oberösterreichischen Landtafel.1989.

Band 70 Bernd Klemann: Rudolf von Jhering und die Historische Rechtsschule. 1989.

Band 71 Adalbert Langer: Männer um die österreichische Zivilprozeßordnung 1895. Zusammenspiel / Soziales Ziel. 1990.

Band 72 Robert-Dieter Klee: Die Landessuperintendentur Lauenburg. Ursprung und Entwicklung sowie Ende der Sonderstellung des Kirchenkreises Herzogtum Lauenburg durch die nordelbische Kirchenvereinigung. 1989.

Band 73 Heinrich Herrmann: Die Gehöferschaften im Bezirk Trier. 1989.

Band 74 Wilhelm Brauneder, Franz Baltzarek (Hrsg.): Modell einer neuen Wirtschaftsordnung. Wirtschaftsverwaltung in Österreich 1914 - 1918. 1991.

Band 75 Thomas Dreyer: Die "Assecuranz- und Haverey-Ordnung" der Freien und Hansestadt Hamburg von 1731. 1990.

Band 76 Bernhard Sendler: Die Rechtssprache in den süddeutschen Stadtrechtsreformationen. 1990.

Band 77 Brigitte Lehmann: Ehevereinbarungen im 19. und 20. Jahrhundert. 1990.

Band 78 Michael Sunnus: Der NS-Rechtswahrerbund (1928-1945). Zur Geschichte der nationalsozialistischen Juristenorganisation. 1990.

Band 79 Stefan Schulz: Die historische Entwicklung des Rechts an Bienen. (§§ 961 - 964 BGB). 1990.

Band 80 Gerhard Lingelbach, Heiner Lück (Hrsg.): Deutsches Recht zwischen Sachsenspiegel und Aufklärung. Rolf Lieberwirth zum 70. Geburtstag dargebracht von Schülern, Freunden und Kollegen, herausgegeben von Gerhard Lingelbach und Heiner Lück. 1991.

Band 81 Manfred Krohn: Die deutsche Justiz im Urteil der Nationalsozialisten 1920 - 1933. 1991.

Band 82 Angelika Kühn: Privilegierung nationaler Minderheiten im Wahlrecht der Bundesrepublik Deutschland und Schleswig-Holsteins. 1991.

Band 83 Georg Brun: Leben und Werk des Rechtshistorikers Heinrich Mitteis unter besonderer Berücksichtigung seines Verhältnisses zum Nationalsozialismus. 1991.

Band 84 Wolfgang Simon: Claudius Freiherr von Schwerin. Rechtshistoriker während dreier Epochen deutscher Geschichte. 1991.

Band 85 Friedrich-Carl Wachs: Das Verordnungswerk des Reichsdemobilmachungsamtes. Stabilisierender Faktor zu Beginn der Weimarer Republik. 1991.

Band 86 Jens-Uwe Petersen: Die Vorgeschichte und die Entstehung des Mieterschutzgesetzes von 1923 nebst der Anordnung für das Verfahren vor dem Mieteinigungsamt und der Beschwerdestelle. 1991.

Band 87 Ulrike Haibach: Familienrecht in der Rechtssprache. Die historische Entwicklung zentraler Ausdrücke des geltenden Familienrechts. 1991.

Band 88 Joern Christian Nissen: Die Beratungen des Seeversicherungsausschusses der Akademie für Deutsches Recht zu einem neuen Seeversicherungsgesetz (1934-1939). Ein Beitrag zur Entwicklung der allgemeinen Lehren des Seeversicherungsrechts unter besonderer Berücksichtigung des Handelsgesetzbuchs und der Allgemeinen Deutschen Seeversicherungs-Bedingungen 1919. 1991.

Band 89 Diethard Bühler: Die Entstehung der allgemeinen Vertragsschluß-Vorschriften im Allgemeinen Deutschen Handelsgesetzbuch (ADHGB) von 1861. Ein Beitrag zur Kodifikationsgeschichte des Privatrechts im 19. Jahrhundert. 1991.

Band 90 Gerhard Oberkofler: Die Vertreter des Römischen Rechts mit deutscher Unterrichtssprache an der Karls-Universität in Prag. Vom Vormärz bis 1945. 1991.

Band 91 Ulrich Andermann: Ritterliche Gewalt und bürgerliche Selbstbehauptung. Untersuchungen zur Kriminalisierung und Bekämpfung des spätmittelalterlichen Raubrittertums am Beispiel norddeutscher Hansestädte. 1991.

Band 92 Heinz Marcus Hanke: Luftkrieg und Zivilbevölkerung. Der kriegsvölkerrechtliche Schutz der Zivilbevölkerung gegen Luftbombardements von den Anfängen bis zum Ausbruch des Zweiten Weltkrieges. 1991.

Band 93 Kirsten Kraglund: Familien- und Erbrecht. Materielles Recht und Methoden der Rechtsanwendung in der Rechtsprechung des Oberappellationsgerichts der vier Freien Städte Deutschlands zu Lübeck. 1991.

Band 94 Reinhard Lorenz: Die politische und rechtliche Stellung des Proletariats in Preußen in der Zeit zwischen den Reformen und der Revolution 1848/49. 1991.

Band 95 Eric Hilgendorf: Die Entwicklungsgeschichte der parlamentarischen Redefreiheit in Deutschland. 1991.

Band 96 Hans J. Reiter: Die Handelsgesellschaft Villeroy & Boch von der Gründung 1836 bis zum Jahr 1878. 1992.

Band 97 Martin Johannes Heller: Reform der deutschen Rechtssprache im 18. Jahrhundert. 1992.

Band 98 Michael Kotulla: Die Tragweite der Grundrechte der revidierten preußischen Verfassung vom 31.01.1850. 1992.

Band 99 Michael Siefener: Hexerei im Spiegel der Rechtstheorie. Das crimen magiae in der Literatur von 1574 bis 1608. 1992.

Band 100 Andreas Ebert-Weidenfeller: Hamburgisches Kaufmannsrecht im 17. und 18. Jahrhundert. Die Rechtsprechung des Rates und des Reichskammergerichtes. 1992.

Band 101 Enno Bommel: Die Entstehung der Verwirkungslehre in der Krise des Positivismus. 1992.

Band 102 Ralph Steppacher: Die Berücksichtigung der bäuerlichen Postulate bei der Entstehung des ZGB und der Revision des OR. Ein Beitrag zur schweizerischen Kodifikationsgeschichte (1893 - 1912). 1992.

Band 103 Martin Fleckenstein: Die Todesstrafe im Werk Carl Joseph Anton Mittermaiers (1787 - 1867). Zur Entwicklungsgeschichte eines Werkbereichs und seiner Bedeutung für Theorie- und Methodenbildung. 1992.

Band 104 Jörn Eckert: Der Kampf um die Familienfideikommisse in Deutschland. Studien zum Absterben eines Rechtsinstitutes. 1992.

Band 105 Jörg Grotkopp: Beamtentum und Staatsformwechsel. Die Auswirkungen der Staatsformwechsel von 1918, 1933 und 1945 auf das Beamtenrecht und die personelle Zusammensetzung der deutschen Beamtenschaft. 1992.

Band 106 Andreas Rohde: Die Garantiehaftung des Vermieters und ihr Verhältnis zum Unmöglichkeitsrecht in dogmengeschichtlicher und modernrechtlicher Sicht. 1992.

Band 107 Tjark Siefke Kunstreich: Gesamtvertretung. Eine historisch-systematische Darstellung. 1992.

Band 108 Jürgen Krüger: Blindheit und Königtum. Die Blindheit des Königs Georg V. von Hannover als verfassungsrechtliches Problem. 1992.

Band 109 Wolfgang Putschek: Ständische Verfassung und autoritäre Verfassungspraxis in Österreich 1933-1938 mit Dokumentenanhang. Verfassung und Verfassungswirklichkeit. Mit einem Anhang: Denkschriften von Rechtsanwalt Dr. Erich Führer 1936/37. 1993.

Band 110 Klaus Hofmann: Die Verdrängung der Juden aus öffentlichem Dienst und selbständigen Berufen in Regensburg 1933-1939. 1993.

Band 111 Franz Kilger: Die Entwicklung des Telegraphenrechts im 19. Jahrhundert mit besonderer Berücksichtigung der technischen Entwicklung. Telegraphenrecht im 19. Jahrhundert. 1993.

Band 112 Wilhelm Brauneder (Hrsg.): Heiliges Römisches Reich und moderne Staatlichkeit. 1993.

Band 113 Thomas Heinrich: Das preußische Nichtehelichenrecht: Von der Aufklärung zur Reaktion. 1993.

Band 114 Gerald Kohl: Jagd und Revolution. Das Jagdrecht in den Jahren 1848 und 1849. 1993.

Band 115 Christian Schudnagies: Der Kriegs- oder Belagerungszustand im Deutschen Reich während des Ersten Weltkrieges. Eine Studie zur Entwicklung und Handhabung des deutschen Ausnahmezustandsrechts bis 1918. 1994.

Band 116 Elisabeth Bellmann: Die Internationale Kriminalistische Vereinigung (1889-1933). 1994.

Band 117 Julia Pfannkuch: Volksrichterausbildung in Sachsen 1945-1950. 1993.

Band 118 Jörg Offen: Von der Verwaltungsgemeinschaft des BGB von 1896 zur Zugewinngemeinschaft des Gleichberechtigungsgesetzes von 1957. 1994.

Band 119 Dorothee Kohlhas-Müller: Untersuchungen zur Rechtsstellung Theoderichs des Großen. 1995.

Band 120 Monika Rose: Das Gerichtswesen des Herzogtums Pfalz-Zweibrücken im 18. Jahrhundert. Ein Beitrag zur territorialen Gerichtsbarkeit im Alten Reich. 1994.

Band 121 Jörn Eckert / Hans Hattenhauer (Hrsg.): Bibel und Recht. Rechtshistorisches Kolloquium 9. - 13. Juni 1992 an der Christian-Albrechts-Universität zu Kiel. 1994.

Band 122 Robert Martin Mizia: Der Rechtsbegriff der Autonomie und die Begründung des Privatfürstenrechts in der deutschen Rechtswissenschaft des 19. Jahrhunderts. 1995.

Band 123 Walther Graf von Plettenberg: Das Fortleben des Liber Iudiciorum in Asturien/León (8. - 13. Jh.). 1994.

Band 124 Wolfgang Schulz: Das deutsche Börsengesetz. Die Entstehungsgeschichte und wirtschaftlichen Auswirkungen des Börsengesetzes von 1896. 1994.

Band 125 Frank Hagemann: Der Untersuchungsausschuß Freiheitlicher Juristen. 1949 – 1969. 1994.

Band 126 Andreas Rethmeier: "Nürnberger Rassegesetze" und Entrechtung der Juden im Zivilrecht. 1995.

Band 127 Edith Grether: Die Poesie der Throne. Die Juristen in der Fruchtbringenden Gesellschaft. 1995.

Band 128 Anna Bartels-Ishikawa: Der Lippische Thronfolgestreit. Eine Studie zu verfassungsrechtlichen Problemen des Deutschen Kaiserreiches im Spiegel der zeitgenössischen Staats. 1995.

Band 129 Jörg Schmidt: Otto Koellreutter 1883-1972. Sein Leben, sein Werk, seine Zeit. 1995.

Band 130 Christian Hattenhauer: Wahl und Krönung Franz II. AD 1792. Das Heilige Reich krönt seinen letzten Kaiser - Das Tagebuch des Reichsquartiermeisters Hieronymus Gottfried von Müller und Anlagen. 1995.

Band 131 Jutta v. der Decken: Das Seearbeitsrecht im Hamburger Stadtrecht von 1301 bis 1603. 1995.

Band 132 Detlev Schmidt: Die Reform des Rechts der Handelsvertreter von 1953. 1995.

Band 133 Gabi Roßdeutscher: Privatautonomie im Scheidungsrecht. Scheidungsbezogene Vereinbarungen in den letzten 200 Jahren. 1995.

Band 134 Harald Kahlenberg: Leben und Werk des Rechtshistorikers Walther Merk. Ein Beispiel für das Verhältnis von Rechtsgeschichte und Nationalsozialismus. 1995.

Band 135 Michael Steitz: Adelbert Düringer am Reichsgericht (1902-1915). Seine aktienrechtlichen Entscheidungen und sein Einfluß auf das Aktienrecht in Deutschland. 1995.

Band 136 Christian Becker: Beata Justorum Translatio. Juristen in schleswig-holsteinischen Leichenpredigten. 1996.

Band 137 Christoph Seiler: Vom Allgemeinen Landrecht zum Bürgerlichen Gesetzbuch. Dargestellt am Beispiel der höchstrichterlichen Judikatur zum kaufrechtlichen Sachmängelgewährleistungsrecht. 1996.

Band 138 Bernd Mayer: Die Vertrauensmännerausschüsse auf den preußischen Steinkohlegruben an der Saar. Entstehung und Wirken. Eine rechtshistorische Untersuchung. 1996.

Band 139 Rochus Scholl: Juden und Judenrecht im Herzogtum Pfalz-Zweibrücken. Ein Beitrag zur Rechtsgeschichte eines deutschen Kleinstaates am Ende des alten Reiches. 1996.

Band 140 Meike Bursch: Judentaufe und frühneuzeitliches Strafrecht. Die Verfahren gegen Christian Treu aus Weener/Ostfriesland 1720-1728. 1996.

Band 141 Markus Hillenbrand: Fürstliche Eheverträge. Gottorfer Hausrecht 1544 - 1773. 1996.

Band 142 Ulf Häder: Das gemeinschaftliche Oberappellationsgericht thüringischer Staaten in Jena. Ein Beitrag zur Geschichte des Gerichtswesens im 19. Jahrhundert. 1996.

Band 143 Andreas Bauer: Das Gnadenbitten in der Strafrechtspflege des 15. und 16. Jahrhunderts. Dargestellt unter besonderer Berücksichtigung von Quellen der Vorarlberger Gerichtsbezirke Feldkirch und des Hinteren Bregenzerwaldes. 1996.

Band 144 Christian Wirth: Der Jurist Johann Andreas Georg Friedrich Rebmann zwischen Revolution und Restauration. 1996.

Band 145 Stefanie Müller: Die Rechtsprechung des Hanseatischen Oberlandesgerichts zum persönlichen Eherecht in Hamburgischen Gerichtsfällen von 1879 -1900. 1996.

Band 146 Jean-Nicolas Morisset: Der Frachtvertrag in der *Ordonnance de la marine* von 1681. 1996.

Band 147 Dirk Lentfer: Die Glogauer Landesprivilegien des Andreas Gryphius von 1653. 1996.

Band 148 Wencke Mull: Die Haftung für Einsturzschäden nach den §§ 836-838 BGB in der Rechtsprechung des Reichsgerichts. 1996.

Band 149 Renate Zelger: Teufelsverträge. Märchen, Sage, Schwank, Legende im Spiegel der Rechtsgeschichte. 1996.

Band 150 Guido Kraß: Das Arrestverfahren in Frankfurt am Main im Spätmittelalter. 1996.

Band 151 F. Benedict Heyn: Die Entwicklung des Eisenbahnfrachtrechts von den Anfängen bis zur Einführung des Allgemeinen Deutschen Handelsgesetzbuches (ADHGB). 1996.

Band 152 Thomas Lang: Die Staats- und Verfassungslehre Carl Salomo Zachariaes. 1996.

Band 153 Michael Hebeis: Karl Anton von Martini (1726-1800). Leben und Werk. 1996.

Band 154 Gerald Hubert: Die Diskussion um die rechtliche Natur der Bizone in den Jahren 1947-1949. 1996.

Band 155 Christof Horn: Die Rechtsprechung des Reichsgerichts in Ehescheidungssachen der Jahre 1900 bis 1905. 1996.

Band 156 Hermann Nehlsen / Georg Brun (Hrsg.): Münchener rechtshistorische Studien zum Nationalsozialismus. 1996.

Band 157 Jan Otto Clemens Kehrberg: Die Entwicklung des Elektrizitätsrechts in Deutschland. Der Weg zum Energiewirtschaftsgesetz von 1935. 1997.

Band 158 Johannes Tradt: Der Religionsprozeß gegen den Zopfschulzen (1791-1799). Ein Beitrag zur protestantischen Lehrpflicht und Lehrzucht in Brandenburg-Preußen gegen Ende des 18. Jahrhunderts. 1997.

Band 159 Dietmar Olsen: Das kaufrechtliche Sachmängelgewährleistungsrecht des Code civil in der Rechtsprechung deutscher Gerichte im 19. Jahrhundert. Ein Beitrag zur Ablösung der Partikularrechte durch das BGB. 1997.

Band 160 Ulrich Bernhardt: Die Deutsche Akademie für Staats- und Rechtswissenschaft „Walter Ulbricht" 1948-1971. 1997.

Band 161 Claudia Susan Hoppe: Die Bürgschaft im Rechtsleben Hamburgs von 1600 bis 1900. 1997.

Band 162 Franz-Rudolf Ecker: Die Entwicklung des Bergrechts im Saarbrücker Steinkohlenrevier bis zum Ende des 18. Jahrhunderts. Ein Vergleich mit dem älteren deutschen Bergrecht. 1997.

Band 163 Anne Katrin Rückert: Politik und Privatrecht in der „konservativen Revolution". 1997.

Band 164 Gisbert Laube: Der Reichskunstwart. Geschichte einer Kulturbehörde 1919-1933. 1997.

Band 165 Nicolas Lührig: Die Diskussion über die Reform der Juristenausbildung von 1945 bis 1995. 1997.

Band 166 Regula Gerber Jenni: Die Emanzipation der mehrjährigen Frauenzimmer. Frauen im bernischen Privatrecht des 19. Jahrhunderts. 1997.

Band 167 Mischa A. Färber: Das gemeinschaftliche Testament in der höchstrichterlichen Rechtsprechung zum Allgemeinen Preußischen Landrecht und zum BGB. Ein Beitrag zur Ablösung der Partikularrechte durch das BGB. 1997.

Band 168 Catherine Antoinette Gasser: Philipp Lotmar 1850-1922. Professor der Universität Bern. Sein Engagement für das Schweizerische Arbeitsrecht. 1997.

Band 169 Lars Immisch: Der sozialistische Richter in der DDR und seine Unabhängigkeit. Der Versuch eines Rechtsvergleiches zum Unabhängigkeitsbegriff in der bundesdeutschen Rechtsordnung. 1997.

Band 170 Jessica Jacobi: Besitzschutz vor dem Reichskammergericht. Die friedenssichernde Funktion der Besitzschutzklagen am Reichskammergericht im 16. Jahrhundert, dargestellt anhand von Kameralisten. 1998.

Band 171 Ewald Hügemann: Die Geschichte des öffentlichen und privaten Mietpreisrechts vom Ersten Weltkrieg bis zum Gesetz zur Regelung der Miethöhe von 1974. 1998.

Band 172 Lutz Rentzow: Die Entstehungs- und Wirkungsgeschichte der Vernewerten Landesordnung für das Königreich Böhmen von 1627. 1998.

Band 173 Sabine Stürmer: Mühlenrecht im Herzogtum Pfalz-Zweibrücken während des 18. Jahrhunderts. Ein Beitrag zum Wirtschaftsrecht eines deutschen Kleinstaates im Alten Reich. 1998.

Band 174 Mario Bogisch: *Nemo testis in re sua*. Das Problem der Zeugnisfähigkeit bei der Anwendung der deutschen Zivilprozeßordnung von 1877. 1998.

Band 175 Rainer Oßwald: Pactane sunt servanda? Freiwilligkeit, Zwang und Unverbindlichkeitserklärungen im islamischen Vertragsrecht malikitischer Schule. 1998.

Band 176 Bettina Kern: Der preußische BGB-Entwurf von 1842. 1998.

Band 198 Frank Martin Krauss: Das geteilte Eigentum im 19. und 20. Jahrhundert. Eine Untersuchung zum Fortbestand des Teilungsgedankens. 1999.

Band 199 Matthias Frey: Die spanische Aktiengesellschaft im 18. Jahrhundert und unter dem Código de Comercio von 1829. 1999.

Band 200 Alexandra Gilde: Die Stellung der Frau im Reichsstrafgesetzbuch von 1870/71 und in den Reformentwürfen bis 1919 im Urteil der bürgerlichen Frauenbewegung. Eine Analyse ausgewählter Straftatbestände. 1999.

Band 201 Malte Dießelhorst / Arne Duncker: Hans Kohlhase. Die Geschichte einer Fehde in Sachsen und Brandenburg zur Zeit der Reformation. 1999.

Band 202 Jörg Hillmann: Territorialrechtliche Auseinandersetzungen der Herzöge von Sachsen-Lauenburg vor dem Reichskammergericht im 16. Jahrhundert. 1999.

Band 203 Carsten Engler: Die Kommanditgesellschaft (KG) und die stille Gesellschaft im Allgemeinen Deutschen Handelsgesetzbuch (ADHGB) von 1861. 1999.

Band 204 Vesta Hoffmann-Steudner: Die Rechtsprechung des Reichsgerichts zu dem Scheidungsgrund des § 49 EheG (EheG 1938) in den Jahren 1938-1945. 1999.

Band 205 Michaela Thiele: Die Auflösung von Arbeitsverhältnissen aufgrund Anfechtung und außerordentlicher Kündigung nach der Rechtsprechung des Reichsarbeitsgerichts (1927-1945). 2000.

Band 206 Peter Landau / Hermann Nehlsen / Mathias Schmoeckel (Hrsg.): Karl von Amira zum Gedächtnis. 1999.

Band 207 Marcus Flinder: Die Entstehungsgeschichte des Zivilgesetzbuches der DDR. 1999.

Band 208 Boris Franz Leo Bromm: Die Entstehungsgeschichte des Berufs des Handelsvertreters. Unter besonderer Berücksichtigung der Sozialgesetzgebung in den Jahren von 1871-1933. 2000.

Band 209 Winfried C. J. Eberstein: Das Tierschutzrecht in Deutschland bis zum Erlaß des Reichs-Tierschutzgesetzes vom 24. November 1933. Unter Berücksichtigung der Entwicklung in England. 1999.

Band 210 Patrick Deller: Der „nach dem Vertrage" vorausgesetzte Gebrauch (§ 459 Absatz 1 Satz 1 BGB). Eine kaufrechtliche Untersuchung unter Berücksichtigung rechtshistorischer wie rechtsvergleichender Grundlagen. 2000.

Band 211 Eckard Freiherr von Bodenhausen: Haftung des Geschäftsherrn für Verrichtungsgehilfen im Straßen- und Schienenverkehr. Eine Analyse der Entscheidungen des Reichsgerichts zu § 831 BGB (1900-1945). 2000.

Band 212 Birte Gast: Der Allgemeine Teil und das Schuldrecht des Bürgerlichen Gesetzbuchs im Urteil von Raymond Saleilles (1855-1912). 2000.

Band 213 Hansjörg Michael Huber: Koloniale Selbstverwaltung in Deutsch-Südwestafrika. Entstehung, Kodifizierung und Umsetzung. 2000.

Band 214 Ulf Björner: Die Verfassungsgerichtsbarkeit im Norddeutschen Bund und Deutschen Reich (1867-1918). Eine rechtshistorische Untersuchung über Gerichtsbarkeit im Spannungsfeld von Politik und Recht innerhalb der von Bismarck geschaffenen deutschen Bundesstaaten. 2000.

Band 215 Mathias Freiherr von Rosenberg: Friedrich Carl von Savigny (1779-1861) im Urteil seiner Zeit. 2000.

Band 216 Reinhard Binder-Krieglstein: Österreichisches Adelsrecht 1868-1918/19. Von der Ausgestaltung des Adelsrechts der cisleithanischen Reichshälfte bis zum Adelsaufhebungsgesetz der Republik unter besonderer Berücksichtigung des adeligen Namensrechts. 2000.

Band 217 Claudia-Regine Nerius: Johannes Lehmann-Hohenberg (1851-1925). Eine Studie zur völkischen Rechts- und Justizkritik im Deutschen Kaiserreich. 2000.

Band 218 Ludger Meuten: Die Erbfolgeordnung des Sachsenspiegels und des Magdeburger Rechts. Ein Beitrag zur Geschichte des sächsisch-magdeburgischen Rechts. 2000.

Band 219 Christoph Alexander von Wilcken: Die Reformbestrebungen zum Genossenschaftsgesetz in der Frühzeit der Bundesrepublik. Die Beratungen der Sachverständigenkommission zur Überprüfung des Genossenschaftsrechts 1954 bis 1958 und der Referentenentwurf von 1962. 2000.

Band 220 Verein Junger RechtshistorikerInnen Zürich (Hrsg.): ¿Rechtsgeschichte(n)? ¿Histoire(s) du droit? ¿Storia/storie del diritto? ¿Legal Histori(es)? Europäisches Forum Junger Rechtshistorikerinnen und Rechtshistoriker Zürich 28.-30. Mai 1999. 2000.

Band 221 Hans Christian Schüler: Die Entstehungsgeschichte der Bundesnotarordnung vom 24. Februar 1961. 2000.

Band 222 Nils-Eberhard Schramm: Die Vereinigung demokratischer Juristen (1949-1999). 2000.

Band 223 Silke Anke Torp: Das Rechtsverhältnis zwischen den Eltern und ihren Kindern. Dienstleistungspflicht, Aussteuer und Ausstattung. Eine Analyse der Rechtsprechung des Reichsgerichts und des Reichsarbeitsgerichts zu den Vorschriften der §§ 1616 bis 1625 des Bürgerlichen Gesetzbuches in der Zeit von 1900 bis 1945. 2000.

Band 224 Martin Jürgen Maaß: Die Geschichte des Eigentumsvorbehalts, insbesondere im 18. und 19. Jahrhundert. 2000.

Band 225 Stefanie Langer: Rechtswissenschaftliche Itinerarien. Lebenswege namhafter europäischer Juristen vom 11. bis zum 18. Jahrhundert. 2000.

Band 226 Ulrich Schmitz: Der Unterhaltsanspruch des nichtehelichen Kindes gegen seinen Erzeuger. Die rechtsgeschichtliche und dogmatische Entwicklung im deutschen Recht. 2000.

Band 227 Sebastian Günther: Friedrich Carl von Savigny als Grundherr. 2000.

Band 228 Henning Ibs: Hermann J. Held (1890-1963). Ein Kieler Gelehrtenleben in den Fängen der Zeitläufe. 2000.

Band 229 Matthias Rücker: Wirtschaftswerbung unter dem Nationalsozialismus. Rechtliche Ausgestaltung der Werbung und Tätigkeit des Werberats der deutschen Wirtschaft. 2000.

Band 230 Hendrik Sandmann: Die Entwicklung von Begriff und Inhalt des Wirtschaftsrechts durch die Rechtswissenschaft in der Weimarer Republik. 2000.

Band 231 Sibylle Müller: Gibt es Menschenrechte bei Samuel Pufendorf? 2000.

Band 232 Karin Olechowski-Hrdlicka: Die gemeinsamen Angelegenheiten der Österreichisch-Ungarischen Monarchie. Vorgeschichte – Ausgleich 1867 – Staatsrechtliche Kontroversen. 2001.

Band 233 Johannes Mierau: Die juristischen Abschluß- und Diplomprüfungen in der SBZ/DDR. Ein Einblick in die Juristenausbildung im Sozialismus. 2001.

Band 234 Jörg Wolff (Hrsg.): Stillstand, Erneuerung und Kontinuität. Einsprüche zur Preußenforschung. 2001.

Band 235 Friedo Schröder: Die anwaltliche Tätigkeit während der nationalsozialistischen Herrschaft. Eine Analyse der anwaltlichen Argumentation in Zivilprozessen anhand der vorhandenen Prozeßakten der Landgerichte Frankenthal, Wiesbaden, Limburg und Frankfurt und der Handakten der *jüdischen Konsulenten* des OLG-Bezirks Frankfurt. 2001.

Band 236 Der Code pénal des Königreichs Westphalen von 1813 mit dem Code pénal von 1810 im Original und in deutscher Übersetzung. Herausgegeben und mit einer Einleitung versehen von Werner Schubert. 2001.

Band 237 Klaus Richter: Deutsches Kolonialrecht in Ostafrika 1885-1891. 2001.

Band 238 Kai von Lewinski: Deutschrechtliche Systembildung im 19. Jahrhundert. 2001.

Band 239 Alexander Herzog: Sittenwidrige Rechtsgeschäfte in der höchstrichterlichen Rechtsprechung aus den Jahren 1948-1965. 2001.

Band 240 Claudia Rönnau: Die Beratungen des Wasserrechtsausschusses der Akademie für Deutsches Recht zu einem Reichswassergesetz (1934-1941). Ein Beitrag zur Dogmatik der Begriffe *Gemeingebrauch* und *Sondergebrauch* in der Zeit des Nationalsozialismus. 2001.

Band 241 Momme Rohlack: Kriegsgesellschaften (1914-1918). Arten, Rechtsformen und Funktionen in der Kriegswirtschaft des Ersten Weltkrieges. 2001.

Band 242 Rolf Geyer: Der Gedanke des Verbraucherschutzes im Reichsrecht des Kaiserreichs und der Weimarer Republik (1871-1933). Eine Studie zur Geschichte des Verbraucherrechts in Deutschland. 2001.

Band 243 Felix Lorenz Benjamin Lehmann: Der Rote Adlerorden. Entstehung und rechtliche Grundlagen (1705-1918). 2002.

Band 244 Marc Ludwig: Der Pfändungsschutz für Lohneinkommen. Die Entstehungs- und Entwicklungsgeschichte der Vorschriften zum Schutz vor Lohnpfändung in Deutschland. 2001.

Band 245 Alexander Wachter: Dorfschule zwischen Pastor und Schulmeister. Zur Säkularisierung des niederhessischen Schulwesens im 19. Jahrhundert. 2001.

Band 246 Richard Scholz: Analyse der Entstehungsbedingungen der reichsgerichtlichen Aufwertungsrechtsprechung. Untersuchung unter besonderer Berücksichtigung der konservativen Geldpolitik der Reichsbank und der Inflationspolitik der Reichsregierung. 2001.

Band 247 Judith Laeverenz: Märchen und Recht. Eine Darstellung verschiedener Ansätze zur Erfassung des rechtlichen Gehalts der Märchen. 2001.

Band 248 Christina Schenk: Bestrebungen zur einheitlichen Regelung des Strafvollzugs in Deutschland von 1870 bis 1923. 2001.

Band 249 Nils Werner: Die Prozesse gegen die Landvolkbewegung in Schleswig-Holstein 1929/32. Ein Beitrag zur Justizkritik in der späten Weimarer Republik. 2001.

Band 250 Wolfgang Walter: Das Duell in Bayern. Ein Beitrag zur bayerischen Strafrechtsgeschichte. 2002.

Band 251 Jörn Eckert / Kjell Å. Modéer (Hrsg.): Geschichte und Perspektiven des Rechts im Ostseeraum. Erster Rechtshistorikertag im Ostseeraum 8.–12. März 2000. 2001.

Band 252 Jan Könighaus: Die Inauguration der Christian-Albrechts-Universität zu Kiel 1665. Symbolgehalt und rechtliche Bedeutung des Universitätszeremoniells. 2002.

Band 253 Andreas Görgen: Rechtssprache in der Frühen Neuzeit. Eine vergleichende Untersuchung der Fremdwortverwendung in Gesetzen des 16. und 17. Jahrhunderts. 2002.

Band 254 Ralf Schäfer: Die Rechtsstellung der Haigerlocher Juden im Fürstentum Hohenzollern-Sigmaringen von 1634-1850. Eine rechtsgeschichtliche Untersuchung. 2002.

Band 255 Regine Schmalhorst: Die Tierhalterhaftung im BGB von 1896. Die Entstehung und Änderung des § 833 BGB sowie eine Analyse der Rechtsprechung des Reichsgerichts bis 1908. 2002.

Band 256 Thomas Hense: Konrad Beyerle. Sein Wirken für Wissenschaft und Politik in Kaiserreich und Weimarer Republik. 2002.

Band 257 Christian Mahlmann: Die Strafrechtswissenschaft der DDR. Klassenkampftheorie und Verbrechenslehre. 2002.

Band 258 Henning Kahmann: Die Bankiers von Jacquier & Securius 1933–1945. Eine rechtshistorische Fallstudie zur "Arisierung" eines Berliner Bankhauses. Mit einem Geleitwort von John Kornblum. 2002.

Band 259 Volker Friedrich Drecktrah: Die Gerichtsbarkeit in den Herzogtümern Bremen und Verden und in der preußischen Landdrostei Stade von 1715 bis 1879. 2002.

Band 260 Andreas Klass: Standes- oder Leistungselite? Eine Untersuchung der Karrieren der Wetzlarer Anwälte des Reichskammergerichts (1693-1806). 2002.

Band 261 Wolfgang Eder: Das italienische Tribunale Speciale per la Difesa dello Stato und der deutsche Volksgerichtshof. Ein Vergleich zwischen zwei politischen Gerichtshöfen. 2002.

Band 262 Albrecht Cordes / Bernd Kannowski (Hrsg.): Rechtsbegriffe im Mittelalter. 2002.

Band 263 Thomas Hildebrandt: Die Brandenburgischen Provinziallandtage von 1841, 1843, und 1845 anhand ausgewählter Verhandlungsgegenstände. 2002.

Band 264 Jan Finzel: Georg Adam Struve (1619–1692) als Zivilrechtler. 2003.

Band 265 Björn Carsten Frenzel: Das Selbstverständis der Justiz nach 1945. Analyse der Rolle der Justiz unter Berücksichtigung der Reden zur *Wiedereröffnung* der Bundes- und Oberlandesgerichte. 2003.

Band 266 Nils Reichhelm: Die marxistisch-leninistische Staats- und Rechtstheorie Karl Polaks. 2003.

Band 267 Raik Schneider: Altrechtliche Personenzusammenschlüsse. Ihre Entwicklung unter besonderer Berücksichtigung des Rechts des Großherzogtums Sachsen-Weimar-Eisenach sowie der Herzogtümer Sachsen-Meiningen und Sachsen-Gotha. 2003.

Band 268 Anke Meier: Die Geschichte des deutschen Konkursrechts, insbesondere die Entstehung der Reichskonkursordnung von 1877. 2003.

Band 269 Stefan Jens Jordan: Leben und Werk des Tübinger Rechtsprofessors Wilhelm Gottlieb Tafinger 1760–1813. 2003.

Band 270 Stefanie Hubig: Die historische Entwicklung des § 23 ZPO. Zum Ursprung und Fortleben des Vermögensgerichtsstandes im deutschen Prozeßrecht des 19. Jahrhunderts. 2003.

Band 271 Michael G. Perband: Der Grundsatz der freien Beweiswürdigung im Zivilprozeß (§ 286 ZPO) in der Rechtsprechung des Reichsgerichts. 2003.

Band 272 Mathias Bouveret: Die Stellung des Staatsoberhauptes in der parlamentarischen Diskussion und Staatsrechtslehre von 1848 bis 1918. 2003.

Band 273 Barbara Széchényi: Rechtliche Grundlagen bayerischer Zensur im 19. Jahrhundert. 2003.

Band 274 Sylvia Scharfenberg: Die Entstehungsgeschichte des Beurkundungsgesetzes vom 28. August 1969. 2003.

Band 275 Urte Nesemann: Die schwedische Familiengesetzgebung von 1734 bis zu den Reformgesetzen von 1915 bis 1920 und deren Einfluss auf die Gesetzgebungsprojekte der Weimarer Republik. Unter besonderer Berücksichtigung der Rechtsstellung der Frau und des unehelichen Kindes. 2003.

Band 276 Alexandra Brück: Die Polizeiordnung Herzog Christians von Braunschweig-Lüneburg vom 6. Oktober 1618. 2003.

Band 277 Torsten Landwehr: Das Kommissionsgeschäft in Rechtswissenschaft, Gesetzgebung und Rechtspraxis vom 16. bis zum Ende des 18. Jahrhunderts. 2003.

Band 278 Tassilo Wilhelm Maria Englert: Deutsche und italienische Zivilrechtsgesetzgebung von 1933–1945. Parallelen in der Rechtsetzung und gegenseitige Beeinflussung unter besonderer Berücksichtigung des Familien- und Erbrechts. 2003.

Band 279 Tobias Prang: Der Schutz der Versicherungsnehmer bei der Auslegung von Versicherungsbedingungen durch das Reichsgericht. 2003.

Band 280 Thorsten Lieb: Privileg und Verwaltungsakt. Handlungsformen der öffentlichen Gewalt im 18. und 19. Jahrhundert. 2004.